Rudolf Czernin

DAS ENDE DER TABUS

Rudolf Czernin

Das ENDE der TABUS

Aufbruch in der Zeit-geschichte

5., durchgesehene Auflage

LEOPOLD STOCKER VERLAG
GRAZ – STUTTGART

Umschlaggestaltung: Mag. Ursula Wöss, Graz
Bildnachweis:
Archiv für Kunst und Geschichte, Berlin:
Bildseite 4 unten, 11 oben rechts und unten, Seite 12

Bundesarchiv Koblenz:
Bildseite 8 beide oben, Seite 15 oben und Mitte

Ullstein Bilderdienst, Berlin:
Bildseite 9 oben, Seite 13 unten, Seite 14 oben und unten

Süddeutsche Zeitung:
Bildseite 13 oben

Johann Hochwallner:
Bildseite 6, Seite 7 unten

Dr. Hans Pichler:
Bildseite 8 beide Bilder unten

Katholisches Militärbischofsamt Bonn:
Bildseite 7 oben

Internationale Pressebildagentur Votava, Wien:
Bildseite 4 oben links, Seite 11 oben links

Die restlichen Bilder entstammen Verlags- und Privatarchiven.

Die Deutsche Bibliothek – CIP-Einheitsaufnahme

Czernin, Rudolf:
Das Ende der Tabus : Aufbruch in der Zeitgeschichte / Rudolf Czernin. –
Graz ; Stuttgart : Stocker, 1998
   ISBN 3-7020-0832-2

Hinweis:
Dieses Buch wurde auf chlorfrei gebleichtem Papier gedruckt.
Die zum Schutz vor Verschmutzung verwendete Einschweißfolie ist aus Polyethylen chlor-
und schwefelfrei hergestellt. Diese umweltfreundliche Folie verhält sich grundwasserneutral,
ist voll recyclingfähig und verbrennt in Müllverbrennungsanlagen völlig ungiftig.

ISBN 3-7020-0832-2
Alle Rechte der Verbreitung, auch durch Film, Funk und Fernsehen, fotomechanische
Wiedergabe, Tonträger jeder Art, auszugsweisen Nachdruck oder Einspeicherung und Rück-
gewinnung in Datenverarbeitungsanlagen aller Art, sind vorbehalten.
© Copyright by Leopold Stocker Verlag, Graz 1998; 5., durchgesehene Auflage 2001; Nachdruck 2005
Printed in Austria
Gesamtherstellung: Ueberreuter Buchproduktion, Korneuburg

INHALT

WARUM DIESES BUCH?	9
1. Die „Umerziehung"	11
Das Nürnberger Militärtribunal	27
2. Hitlers sozialpolitische Erfolge – das erste Tabu	31
Wirtschafts- und Sozialpolitik im Dritten Reich	36
Soziale Leistungen und Errungenschaften im Dritten Reich	43
3. Hitlers „Machtergreifung" und die Hauptmotive seiner Politik	47
Die Hauptmotive in Hitlers Politik	50
Antibolschewismus	53
4. Revision von Versailles	57
Der Anschluß Österreichs	66
Sudetenland	70
Protektorat Böhmen und Mähren	76
5. Polen und die Kriegsschuldfrage – das zweite Tabu	81
Der Hitler-Stalin-Pakt	91
Der Schritt zum Krieg	94
Alleinschuld Deutschlands?	102
Rußlands Stoß nach Westen	106
Die weitere Entwicklung im Westen	107
Der Angriff auf Frankreich	111
Die Kollaboration	116
Die Ausweitung des Krieges im Süden	122
Kriegserklärung an die USA	125
Molotows Besuch in Berlin und Rudolf Heß' Schottland-Flug	127
„Unternehmen Barbarossa"	129
6. Antisemitismus	141
Die Phase der Diskriminierung	148
Das Haavara-Agreement	159
Die „Zentralstelle für jüdische Auswanderung"	161
Die Evian-Konferenz	164
Die Phase der Massendeportationen	166

Die Wannsee-Konferenz 172
Hitlers Reichstagsrede 177
Jüdische Auswanderung während des Krieges 178
Weiße Flecken der Holocaust-Forschung 182
Das Tabu der sechs Millionen 185
Zur Diskussion der Todesursachen 190

7. Die Verbrechen der Sieger und ehemaligen Kriegsgegner 205
Angeblich deutsche Kriegsverbrechen 207
Die Wehrmachtsuntersuchungsstelle 212
Die Verbrechen der Roten Armee 215
Die Rote Armee in Deutschland 222
Der anglo-amerikanische Luftterror 230
Verbrechen der Tito-Partisanen und der Engländer 238
Verbrechen der Amerikaner und Franzosen
    an deutschen Kriegsgefangenen 251
Die Vertreibung der Sudetendeutschen 253
Die Vertreibung der Deutschen aus Ostdeutschland 259
Die Charta der deutschen Heimatvertriebenen 268

ZUSAMMENFASSUNG 271

ANHANG 273

PERSONENREGISTER 280

VERWENDETE LITERATUR 284

„DAS BUCH IST DAS MASS UNSERER FREIHEIT"

Aus der Rede des portugiesischen Staatspräsidenten Dr. Jorge Sampaio
anläßlich der Eröffnung der Internationalen Frankfurter Buchmesse
am 15. Oktober 1997.

WARUM DIESES BUCH?

Es gibt Themenbereiche der Zwischenkriegszeit, Kriegszeit und Nachkriegszeit, die in der offiziellen Zeitgeschichtsliteratur kaum eine objektive Behandlung erfahren haben, die entstellt, verdrängt, ausgeblendet oder überhaupt totgeschwiegen werden. Einer der Gründe hierfür ist, daß ein Geschichtsbild konstruiert wird, bei dem es weniger auf die objektive, unvoreingenommene historische Wahrheit ankommt als vielmehr darauf, daß es „volkspädagogisch erwünscht" ist, wie Golo Mann es einmal bezeichnet hat.

Ausgehend von dieser Tatsache, daß das offizielle, gängige Geschichtsbild sich nicht immer mit der historischen Wahrheit deckt, möchte dieses Buch als kleiner Beitrag zur Überwindung historischer Unwahrheiten und Vorurteile verstanden werden. Denn der Autor ist der festen Überzeugung, daß sich auf geschichtlichen Unwahrheiten auf Dauer kein tragfähiges Nachbarschaftsverhältnis zwischen Staaten und Völkern begründen läßt. Er ist ferner der Meinung, daß einzig und allein die historische Wahrheit – wie unbequem und unerwünscht sie auch sein mag – die einzige Grundlage für das Zusammenleben in Frieden, Freiheit, gegenseitigem Vertrauen und gegenseitiger Achtung ist, was sowohl für die innerstaatlichen als auch für die zwischenstaatlichen, die menschlichen und die politischen Beziehungen gilt. Denn: Lüge entzweit, Wahrheit vereint. In diesem Sinne bietet sich ein Zitat aus dem Buch des jüdischen Autors J. C. Burg, „Schuld und Schicksal", an: „Mithelfen, die Wahrheit zu finden, ohne die es keine Zukunft geben kann, und ohne die wir alle in einem Meer des Hasses und der Rache ertrinken werden."

1. KAPITEL

Die „Umerziehung"

Es ist nichts Außergewöhnliches, und es war wohl immer so, daß die Sieger bestimmen, was „historische Wahrheit" ist und daß daher „Geschichte" von ihnen interpretiert und geschrieben wird. Es ist aber etwas Außergewöhnliches, und es war wohl noch nie so, daß eine solch einseitige Geschichtsschreibung von den Besiegten ohne weiteres geglaubt, widerspruchslos hingenommen und kritiklos an die nachfolgenden Generationen weitergegeben wird: Ein überzeugender Beweis für den unglaublichen und durchschlagenden Erfolg der nach dem Zweiten Weltkrieg von den Siegermächten planmäßig in Gang gesetzten und von den Besiegten fortgesetzten „Re-education" – der „Umerziehung". Überdies ein soziologisches Phänomen mit pathologischen Zügen.

Der führende US-Publizist Walter Lippmann meinte: „Erst wenn die Kriegspropaganda der Sieger Eingang in die Geschichtsbücher der Besiegten gefunden hat und von der nachfolgenden Generation auch geglaubt wird, kann die Umerziehung als wirklich gelungen angesehen werden." Ein Blick in unsere Schulbücher, ein Gespräch mit Menschen der Nachkriegsgeneration bestätigen Lippmanns Aussage. Was er fordert, hat bereits Honoré de Balzac (1799–1850) festgestellt: „Es gibt zwei Arten von Weltgeschichte: die eine ist die offizielle, verlogene, für den Schulunterricht bestimmte; die andere ist die geheime Geschichte, welche die wahren Ursachen der Ereignisse birgt."

Das geistige und politische Leben in Westdeutschland und Österreich ist nach 1945 entscheidend und nachhaltig von der Umerziehung geprägt worden. Viele Deutsche und Österreicher stellten sich bereitwillig der Umerziehungspolitik nach dem Krieg zur Verfügung. Diese Hilfskräfte und Handlanger der Sieger waren nach strengen Maßstäben ausgesucht und geschult worden; sie wurden anschließend auf die einflußreichsten Posten, vornehmlich in Justiz, Schule, Universität, dem gesamten Bildungswesen, Verlagswesen, Kulturbetrieb und Massenmedien „gehoben", wobei die Beherrschung der Massenmedien in ihrer meinungsbildenden Funktion für die „Umerzieher" das wichtigste Werkzeug war und bis heute noch ist. Mit dem Zulassungssystem hatten die Westalliierten nach dem Zweiten Weltkrieg ein wirksames Mittel in der Hand, eine gigantische Gehirnwäsche ganz in ihrem Sinn zu steuern. Denn Zeitungen, Zeitschriften, Buchverlage, Sender, etc. brauchte eine Lizenz der Besatzungsmacht, um arbeiten zu können. Die präsumtiven Lizenzträger wurden sorgfäl-

tigst ausgesucht. Bloß Gegner des Nationalsozialismus gewesen zu sein, war zwar unabdingbare Voraussetzung, genügte aber noch lange nicht. Fragebögen, ausgeklügelte psychologische Tests und psychiatrische Tiefeninterviews sollten feststellen, ob die Kandidaten nicht nur eine einwandfrei westlich-demokratische Gesinnung, sondern auch eine ebensolche Persönlichkeitsstruktur hatten. Dazu dienten u.a. Fragen wie die nach dem Zeitpunkt des ersten Geschlechtsverkehrs und Aufsätze zu Themen wie „Die Kollektivschuld der Deutschen", was Caspar von Schrenck-Notzing in seinem Standardwerk „Charakterwäsche. Die Politik der amerikanischen Umerziehung in Deutschland" ausführlich belegt. Damit sorgte die Personalpolitik, vor allem bei den Massenmedien, dafür, daß nur umerziehungstreue Personen an die leitenden und meinungsprägenden Stellen kamen. Nur der bereitwillige „Nachbeter" der offiziellen Ideologie und offiziellen „historischen Wahrheit", wie sie die Siegermächte festlegten, hatte eine Chance, sich in allen Bereichen des Bildungs-, Kultur- und Informationswesens durchzusetzen. Bis heute zählen die ehemaligen Lizenzzeitungen zu den führenden meinungsbildenden Blättern, ihre Herausgeber haben Generationen von Journalisten ausgebildet und nebenbei damit ein Vermögen gemacht. Noch mehr aber tragen heute Hörfunk und Fernsehen das Prägezeichen der Umerziehung, ja in mancherlei Hinsicht sogar noch stärker als in den ersten Nachkriegsjahren. Den Umerziehern kam es vor allem darauf an, ein „volkspädagogisch erwünschtes Geschichtsbild" (Golo Mann) zu konstruieren, das heißt ein Geschichtsbild, bei dem es nicht auf die Erforschung, Erklärung und Analysierung historischer Fakten und Zusammenhänge ankommt, nicht auf die objektive, unvoreingenommene Suche nach historischer Wahrheit, sondern in erster Linie auf die sozialpsychologische Wirkung eines solchen Geschichtsbildes. Denn der eigentliche Kern der Nachkriegsumerziehung war nicht eine historische Belehrung oder eine Art politischer Umschulung in Sachen Demokratie, Parlamentarismus, Rechtsstaat, Menschenrechte, etc. – was es alles im Hitlerregime nicht gab und was daher verständlich gewesen wäre, den Menschen zu erklären und nahezubringen; der eigentliche Kern war „ein sozialpsychologisch untermauerter Eingriff in unbewußte Seelenbereiche, mit dem Ziel, einen vermeintlichen deutschen Volkscharakter zu ändern", wie Caspar von Schrenck-Notzing in „Charakterschwäche" schlüssig nachgewiesen hat. Das bedeutet also: Negative und gefährliche Eigenschaften oder Wesenszüge, die angeblich nur die Deutschen kennzeichnen, nur ihnen spezifisch sind und eine permanente Bedrohung des Friedens, der Freiheit, der internationalen Beziehungen und guter Nachbarschaft mit anderen Staaten bedeuten, zu ändern, auszumerzen. Solche sind etwa: Intoleranz, Aggressivität, Militarismus, Kriegslüsternheit, Expansionsdrang, Herrschsucht u.a.m. Für alle Zukunft dürfe keine Gefahr mehr vom „Furor teutonicus" oder der angeblich typischen deutschen „faschistischen Persönlichkeitsstruktur" (Adorno) drohen.
Dieses von den Angloamerikanern konstruierte Deutschlandbild der unmittel-

baren Nachkriegszeit wurde weitgehend durch den Bestseller des US-Autors Louis Nizer „What to do with Germany" geprägt. Darin heißt es u.a.: „Die Deutschen haben eine Philosophie entwickelt, die aus dem Kriege eine Religion macht und aus Massenmord einen Kult. Sie betrachten es als ihre Mission, alle anderen Völker zu versklaven… Dafür sind 2000 Jahre deutschen Wesens verantwortlich. Es gibt eine deutsche Verschwörung gegen den Weltfrieden und gegen jeden freien Menschen. Sie ist dem Volk angeboren… Der Nazismus ist keine neue Theorie, die aus den Ungerechtigkeiten des Versailler Vertrages oder aus wirtschaftlicher Not entstanden ist. Er ist ein Ausdruck der deutschen Aspirationen, die in allen Jahrhunderten ihren Ausdruck fanden." – Nizers Buch machte die deutsche Frage klar und durchsichtig. Wie Schrenck-Notzing berichtet, verteilte Präsident Roosevelt Nizers Buch an seine Kabinettsmitglieder; General Eisenhower versandte 100.000 Exemplare und ließ alle Offiziere seines Stabes Aufsätze über das Buch schreiben.

Auch die im März 1940 von Sir Robert Vansittart, ab 1937 erster diplomatischer Berater im Foreign Office und damit einer der einflußreichsten Männer des Britischen Empire, verfaßte Denkschrift „Black Record", die innerhalb von zwei Monaten vier Auflagen erzielte, übte auf die Nachkriegsumerziehungspolitik der Sieger und den Deutschenhaß großen Einfluß aus. Darin fordert Vansittart u.a.: „Wir bekämpfen den Charakter der Deutschen. Wenn wir und bis wir diesen Charakter und die Art und Weise, wie er zum Ausdruck kommt, nicht in einem langwierigen Prozeß ändern, haben wir keine Zukunft. Wir werden dann vielmehr Deutschland und der Finsternis angehören." Er bezeichnet die Deutschen als „Würger" und meint an anderer Stelle: „Hitler ist kein Zufall. Er ist das natürlich fortgesetzte Produkt einer Rasse, die von den frühesten Tagen der Geschichte an räuberisch und kriegslüstern war… Im angeborenen Bösen der deutschen Denkungsart – der Art des gesamten deutschen Volkstums – ist das Problem der Welt zu finden."

Im Dienst der Umerziehung stehende deutsche und österreichische Historiker, Autoren, Publizisten und Mediengewaltige übernahmen bereitwillig diese Sicht der Dinge und gaben sie vervielfältigt weiter. In diesem Zusammenhang meint der US-Historiker und Politologe David P. Calleo in seinem Buch „The German problem reconsidered": „Viele deutsche Autoren scheinen eine Art perversen Vergnügens daran zu finden, ihrem Volk eine einzigartige Schlechtigkeit zuzuschreiben, die es von der übrigen Menschheit unterscheidet." Auch dieses Phänomen der Selbstzerfleischung und eines nationalen Masochismus kann man noch fünfzig Jahre nach dem Krieg in Werken der deutschen Literatur, des Films, auf deutschen Bühnen und in den Massenmedien immer wieder feststellen.

Dieses „volkspädagogisch erwünschte Geschichtsbild" hatte demnach, kurz und vereinfacht ausgedrückt, ungefähr so auszusehen: Hitler war ein wahnsinniger Parvenü und der größte Verbrecher aller Zeiten. Seine vom deutschen Volk getragene und gutgeheißene Politik war von vornherein darauf ausgerichtet, einen Krieg zu entfesseln, um die Welt zu erobern, die Völker zu unter-jochen und alle Juden, derer er habhaft werden konnte, umzubringen. (Die Rede von seinem „Griff nach der Weltherrschaft" ist in den Geschichtsbüchern der meisten Länder auch tatsächlich festgehalten.) Das Dritte Reich und das NS-Regime waren in keinem einzigen Aspekt, keinem einzigen Detail positiv, son-dern in jeder Hinsicht und in allen Bereichen von Anbeginn her zutiefst ver-werflich, verbrecherisch und schlechthin der Inbegriff des Bösen auf der Welt, während die westlichen Alliierten die Bannerträger des Guten waren, trotz (manche sagen mit) der verbündeten Sowjetunion. Daher war der Zweite Welt-krieg, den Hitler ausschließlich und allein verschuldete, im Grund genommen ein Kreuzzug des Guten gegen das Böse. Die westlichen Alliierten kämpften für Freiheit, Unabhängigkeit, Demokratie, Toleranz, Gerechtigkeit, Selbstbe-stimmung, Menschenrechte, kurz: für lauter erhabene, humanitäre, edle Ziele und christlich-abendländische Werte. Sie kämpften letztlich für die Errettung der europäischen Zivilisation vor dem Ansturm der Nazibarbarei. England sei „die starke Zufluchtsstätte, welche die großen Taten des menschlichen Fort-schritts bewahrt hat und jetzt zum Schlüssel für die christlich-abendländische Zivilisation geworden ist" (aus einer Rede Churchills an das englische Volk am 14. Juli 1940). Die Deutschen hingegen haben Hitler nicht nur an die Macht gewählt und seine Politik tatkräftig unterstützt, sondern auch bis zuletzt in blin-dem Gehorsam und treuer Gefolgschaft zu ihrem „Führer" für das gerade Gegenteil all dessen gekämpft. Deshalb trifft sie die Mitschuld an Hitlers Poli-tik und an allen Verbrechen des Nationalsozialismus, insbesondere am Holo-caust.

Gerade diese Schuldzuweisung, d.h. dem Bewußtsein der Deutschen ein Gefühl der Schuld für alles, was die Nazis verbrochen haben, einzuhämmern und sie damit zu belasten, schien und scheint immer noch eines der Hauptziele der Umerziehung, das sie auch mit unglaublichem Erfolg erreicht hat.

Zur Untermauerung, Verfestigung und Absicherung dieses einseitigen Geschichtsbildes gegen jeden Zweifel, jede Kritik oder gar Leugnung wurden ab 1945 Tabus aufgerichtet, über die jede weitere Diskussion untersagt wurde, wie etwa die ausschließliche Kriegsschuld Deutschlands oder die „Einmalig-keit" und „Unvergleichbarkeit" der Nazi-Verbrechen sowie die „Endlösung" der Judenfrage als physische Vernichtung. Auch die Behauptung, alles am und im Dritten Reich wäre grundsätzlich negativ, böse und verbrecherisch, wurde tabuisiert. Diese Tabus, die aus „volkspädagogischen" Gründen gleich einem Geßlerhut errichtet wurden, den jeder, insbesondere jeder Historiker bei Straf-androhung zu respektieren hat, gelten seither nach offizieller Version als „offen-kundige Tatsachen" oder „historisch gesicherte Ergebnisse, die keines Bewei-ses bedürfen" – eine Formulierung, die sich auch die Justiz zu eigen machte, um jeden, der diese Tabus auch nur zum Teil in Frage stellt, deren Grundlagen bezweifelt oder sie gar leugnet, nicht nur mundtot zu machen, sondern auch zunehmend strafrechtlich verfolgen zu können. Letzteres ist eine ganz einmalige, noch nie dagewesene, rechtsstaatlich unvertretbare und mit der Verfassung unvereinbare juristische Abnormität. Denn das deutsche Grundgesetz erklärt in Artikel 5/1 ausdrücklich: „Jeder hat das Recht, seine Meinung in Wort, Schrift und Bild frei zu äußern und zu verbreiten." Gleiches gilt auch in der österreichischen Verfassung. Und in der Erklärung der Menschenrechte durch die Vereinten Nationen (Dezember 1948) heißt es: „Jeder Mensch hat das Recht auf freie Meinungsäußerung. Dieses Recht umfaßt die Freiheit, Meinungen unangefochten zu vertreten sowie Informationen und Ideen mit allen Kommunikationsmitteln ohne Rücksicht auf Grenzen zu suchen, zu empfangen und zu verbreiten." Neonazistische politische Betätigung hingegen ist ein anderes Kapitel, welches zu Recht unter Strafsanktionen gestellt ist, da jede Staats- und Regierungsform das Recht hat, ihren Bestand gegen ihre Feinde zu verteidigen. Dies müßte allerdings durch ein gleichlautendes Verbot kommunistischer Betätigung ergänzt werden, da beide auf die Beseitigung der Demokratie abzielen.

Zu diesem Thema schrieb der Mitherausgeber der „Frankfurter Allgemeinen Zeitung", F. Karl Fromme, am 22. April 1994 unter dem Titel „Strafrecht und Wahrheit": „Historische Wahrheit kann nicht durch das Strafrecht festgeschrieben werden; einem Liberalität verpflichteten Staat steht das nicht gut an, so schmerzlich oder peinlich es im Einzelfall sein mag."

Die amtlich sanktionierte Geschichtsforschung der ersten rund zwanzig Nachkriegsjahre stellte sich größtenteils voll und ganz in den Dienst der Umerziehung und befaßte sich in ihren zahllosen, einander zum Verwechseln ähnlichen Publikationen fast ausschließlich mit dem weiteren Ausbau, der Steigerung und Aufblähung und damit der weiteren Verfestigung dieser Tabus. Ihre Bemühungen sowie jene der offiziellen Berichterstattung und veröffentlichten Meinung im deutschen und österreichischen Hörfunk und Fernsehen dienen bis heute immer noch vordringlich diesem „volkspädagogisch" wichtigen Ziel.

So sind die Deutschen seit 1945 systematisch und in jeder Hinsicht festgeschmiedet an die Verbrechen des Nationalsozialismus, an die tatsächlichen genauso wie an die angeblichen. Sie sind belastet mit dem Dogma der Kollektivschuld, wobei der Begriff „Auschwitz" eine zentrale Stellung einnimmt. Nicht nur die Vätergeneration wird als „Tätergeneration" von den Umerziehern – ihren eigenen Söhnen – pauschal angeklagt, obwohl diese nie im Leben in einer vergleichbaren Prüfungssituation gestanden haben, nie eine Diktatur kannten und ihnen daher vielleicht sogar der rechte Maßstab fehlt. Auch die gegenwärtigen und kommenden Generationen sollen mit dem Stigma „Auschwitz" belastet bleiben. Nicht zuletzt, um damit die Deutschen auch weiterhin gefügig und erpreßbar zu machen. Das ist das Bestreben der unermüdlichen, linken Radikal-Umerzieher. Der Judenmord soll als Hinterlassenschaft Hitlers auch für die Deutschen der nächsten Generationen ein Brandmal bleiben. Jürgen Habermas, Professor für Philosophie, zur Zeit der bekannteste Vertreter der „Frankfurter Schule" als der wesentlichsten, radikal-linken Kaderschmiede der Umerziehung, trat in einem Artikel in „Die Zeit" vom 7. November 1986 entschieden dafür ein, daß etwas von der „kollektiven Mitschuld aller Deutschen auch noch auf die nächste und übernächste Generation übertragen werde".

Auch der Friedensnobelpreisträger Elie Wiesel schrieb ganz in diesem Sinne in „Legends of our time": „Jeder Jude sollte irgendwo in seinem Herzen eine Zone des Hasses bewahren, des gesunden, männlichen Hasses, gegen das, was der Deutsche verkörpert und was im Wesen des Deutschen liegt. Alles andere wäre ein Verrat an den Toten." Und das schreibt ein Mann, dem der Friedensnobelpreis verliehen wurde, unter anderem auf Antrag von 83 Abgeordneten des Deutschen Bundestages, welche die Preisverleihung als „eine große Ermutigung für all jene" bezeichneten, „die sich aktiv für den Prozeß der Versöhnung einsetzten". Nein, aus so einer Gesinnung des Hasses kann wohl niemals Versöhnung entstehen, sondern immer wieder nur neuer Haß.

Als Antwort auf Wiesel soll der jüdische Autor J. C. Burg (Ginsburg) aus seinem Buch „Schuld und Schicksal" zitiert werden: „Wer nicht imstande ist, sein Racheverlangen zu begraben, was auch immer ihm widerfahren sein mag – wer vielmehr aus unstillbarem Haß den Geist der Rache noch in kommende Generationen hineintragen will, der darf sich nicht beklagen, wenn man ihm alttestamentarische Unversöhnlichkeit ankreidet und wenn die von diesem Haß Betroffenen zwangsläufig zu Antisemiten werden – wozu es dann nicht einmal eines Hitlers bedürfte."

Und sind es nicht ebenfalls letztlich verderbenbringende Unversöhnlichkeit und ewiger Haß, wenn Simon Wiesenthal, der in Österreich als moralische Autorität gilt, sein illustriertes Werk über das KZ Mauthausen mit der geschmack- und pietätlosen Abwandlung eines Jesus-Wortes beginnt: „O Herr vergib ihnen NICHT, denn sie WUSSTEN, was sie tun"?

Solche Beispiele ließen sich beliebig fortsetzen. Im Grunde genommen bilden sie den Tenor einer bestimmten, weitverbreiteten und vielgelesenen Art gehässigster Nachkriegs-Umerziehungsliteratur, wie sie heute noch von angesehenen Autoren und renommierten Verlagen publiziert wird.

Jüngstes Beispiel dafür ist Daniel Jonah Goldhagens Buch „Hitlers willige Vollstrecker". Darin schließt der Autor von der antisemitischen Einstellung der zu Mordaktionen an Juden im Osten eingesetzten Angehörigen der Polizeibataillone auf die antisemitische Einstellung des gesamten deutschen Volkes, weil – so seine absurde Begründung – diese Polizisten und Judenmörder „ganz gewöhnliche Deutsche" gewesen seien, die aus allen Schichten der Bevölkerung kamen. „Normale Familienväter, kleine Angestellte, Arbeiter und Handwerker", die diesen Auftrag ohne geringsten Widerstand, ja mit Freude ausgeführt hätten. Daraus zieht Goldhagen den Schluß: „Wenn die Judenmörder gewöhnliche Deutsche waren, so waren die übrigen gewöhnlichen Deutschen ebenfalls potentielle Mörder. Hätten sie die Gelegenheit gehabt, so hätten sie die Juden genauso gemordet." Die auf diese Weise „bewiesene" antisemitische

16

Einstellung der Deutschen zur NS-Zeit leitet Goldhagen aus der Geschichte und Kultur der Deutschen ab, die sich schon immer durch einen besonders radikalen Antisemitismus ausgezeichnet hätten, der dann direkt zum Holocaust führte.

Goldhagen hat sich offensichtlich nicht genügend mit der Geschichte des Antisemitismus befaßt. Denn sonst müßte er wissen, daß dieser im russischen Zarenreich, in Polen, den baltischen Staaten, ja auch in Österreich zur Zeit Luegers und Schönerers unvergleichlich radikaler war als zur gleichen Zeit in Deutschland. Seine Behauptung, in Deutschland hätte sich der Antisemitismus schon immer durch besondere Radikalität ausgezeichnet, ist daher historisch falsch und völlig unwissenschaftlich. Goldhagen, den der Herausgeber des „Spiegel", Rudolf Augstein, als „jüdischen Scharfrichter" tituliert, geht es ausschließlich darum, die Kollektivschuldthese neuerlich zu „beweisen" und in alttestamentarischer Unversöhnlichkeit aufzuheizen, um Deutschland weiterhin im Zustand der Selbstzerknirschung und Erpreßbarkeit zu halten.

Übersehen dabei die Radikal-Umerzieher und Kollektivschuldverfechter aber nicht etwas ganz Wesentliches? Nämlich die fatale Ähnlichkeit ihrer haßerfüllten Rede von der „Schuld der Deutschen" mit der ebenso haßerfüllten und so verhängnisvollen Rede von der „Schuld der Juden", die ja ein Hauptargument der Nazis für die Judenverfolgung war? War nicht kollektive Schuldzuweisung gerade das Charakteristische am nationalsozialistischen Antisemitismus? Wird hier nicht eine braune Lüge durch eine Lüge der Umerziehung ersetzt? – Das sollten die Umerzieher einmal bedenken, wenn sie es mit der Völkerversöhnung und dem Ende des Hasses, was sie ja auch gleichzeitig predigen, tatsächlich ernst meinen. Meinen sie es aber wirklich ernst? Oder brauchen manche von ihnen, von der Art eines Elie Wiesel oder Daniel J. Goldhagen, vielleicht nicht gar den Haß zur Erhaltung der eigenen Identität? Sind sie sich denn nicht bewußt, daß einzig und allein die historische Wahrheit und Gerechtigkeit imstande sind, den Teufelskreis des Hasses zu sprengen, der immer neue Opfer fordern wird, wenngleich die Wahrheit oft unbequem, unerwünscht und auch den Ankläger belastend ist?

Nachdem die Geschichtsschreibung den strengen Vorschriften der „Volkspädagogik" unterworfen wurde, setzten eine Behinderung, Verzerrung, Veränderung, ja eine Verteufelung der Geschichte ein. Durch die Errichtung von Tabus als „offenkundige Tatsachen" oder „historisch gesicherte Ergebnisse, die keines Beweises bedürfen" und deren Infragestellung bei Strafandrohung amtlich verboten wurde, ist die Geschichtswissenschaft in einem zuvor noch nie gekannten Ausmaß behindert, gehemmt und blockiert worden, wodurch sie ihrer eigentlichen Aufgabe – der freien und unvoreingenommenen Suche nach historischer Wahrheit – beraubt wurde. Jede unbefangene und sachliche Diskussion über zeitgeschichtliche Fragen aus der Epoche des Dritten Reiches wurde erschwert oder überhaupt unmöglich gemacht. Infolgedessen ist die Behauptung, die NS-Zeit sei so gründlich erforscht wie kaum eine andere historische

Epoche, ganz schlicht und einfach falsch. Auf ihrer historischen Landkarte gibt es noch sehr viele weiße Flecken und ein weites Betätigungsfeld für Historiker, die nicht dem „volkspädagogisch erwünschten" Geschichtsbild verpflichtet sind.

Das gesamte deutsche Volk, insbesondere die junge Generation, wurde durch die Umerziehung planmäßig und bewußt in eine historische Verdummung, tatsächliche Unwissenheit und eine geistesgestörte Geschichtslosigkeit gestoßen. Denn die „Umerzieher" der Nachkriegszeit wußten genau, daß die Zerstörung des Geschichtsbewußtseins deshalb eine so zentrale Rolle spielt, weil Herabsetzung, Entwürdigung, Kriminalisierung und Verteufelung der Geschichte den geistigen Bestand eines Volkes im Kern treffen. „Ein Volk, das sich seiner Vergangenheit berauben, seine Erinnerung verzerren und seinen Selbstwert verstümmeln läßt, entwurzelt seine Existenz", meint in diesem Zusammenhang Hellmut Diwald, ehemaliger Professor für Mittlere und Neuere Geschichte an der Universität Erlangen und Nürnberg, in seinem 1990 erschienenen Buch „Deutschland ewig Vaterland".

So begann mit der Umerziehung die „desinformierte Gesellschaft". Sie wird einerseits geprägt durch bewußtes Verschweigen, Ausblenden oder Unterdrücken historischer Wahrheiten und Zusammenhänge, andererseits durch tabuisierte Behauptungen und Lügen. In diesem Sinn schreibt F. Otto Miksche, ehemaliger Planungsoffizier im persönlichen Stab von General de Gaulle und Verfasser zahlreicher zeitgeschichtlicher Bücher und Studien, in seinem 1990 erschienenen Buch „Das Ende der Gegenwart": „...Die auf allen Instrumenten der Massenmedien spielende Geschichtsfälschung und Desinformation bildete die Begleitmusik der alliierten Nachkriegspolitik, die ohne die weltweite Propaganda ihr Fundament verloren hätte. Systematisch wurde das deutsche Volk zum alleinigen und kollektiven Schuldbewußtsein erzogen, was zum Großteil auch gelungen ist." Gelungen bis zur Würdelosigkeit und dem teilweisen Verlust der Selbstachtung, was nicht mehr mit dem erzwungenen Schweigen und Verdrängen erklärt werden kann, sondern nur mehr mit einem psychischen Defekt. „Historische Vorgänge eines solchen Ausmaßes", meinte in diesem Sinne im Jahre 1983 der deutsche Bundesminister Friedrich Zimmermann, „können nicht ohne tiefgreifenden geistigen Schaden verdrängt werden."

Durch den Eingriff in die Geistesverfassung, die Gesinnung und Bewußtseinsstruktur eines gesamten Volkes über viele Jahre hinweg, was Diwald als „ein Unterfangen, das einmalig in der Geschichte ist", bezeichnet, ist der Schuldkomplex der Deutschen, der großteils auf gezielt falschen Informationen über die deutsche Vergangenheit beruht und dessen Schwerpunkt der Begriff „Auschwitz" bildet, nach nun schon fünfzig Jahren Umerziehung so aufgetürmt und verinnerlicht, daß er tatsächlich gewisse Züge eines nationalen Masochismus aufweist und sogar das Handeln, Denken und Reden so mancher Politiker bestimmt und verwirrt.

Der renommierte amerikanische Historiker Prof. Dr. Harry Elmer Barnes dia-

18

gnostizierte in seinem 1980 erschienenen Werk „Revisionism, a key to peace"
bei den Deutschen als Folge der Umerziehung „einen Fall von geradezu unbe-
greiflicher Selbstbezichtigungssucht ohnegleichen in der Geschichte der
Menschheit". Er kenne jedenfalls kein anderes Beispiel dafür, „daß ein Volk
diese nahezu wahnwitzige Sucht zeigt, die dunklen Schatten der Schuld auf
sich zu nehmen".
Es ist tatsächlich unfaßbar, daß Deutsche weiterhin so fanatisch für das
Geschichtsbild der Sieger von 1945 eintreten und es gegen alle historische Wahrheit zu verewigen trachten. Das beweist, daß die von den Siegern eingeleitete Umerziehung längst zum Selbstläufer geworden ist. Die Deutschen
bekämpfen sich selber. Mehr konnte die Umerziehung nicht erreichen.
Wenn schon nicht von Historikern oder Publizisten, so müßte man doch wenigstens von Politikern erwarten können, ihr eigenes Volk, die mit der Kollektivschuld belasteten und mit dem „Kainsmal Auschwitz" stigmatisierten Deutschen, zu entlasten und alle Möglichkeiten hierzu abzuwägen, auszuloten und
anzuwenden, ohne damit eine Rehabilitierung des Naziregimes und eine Verharmlosung seiner Verbrechen zu beabsichtigen. Unglaublicherweise werden
aber statt dessen von führenden Repräsentanten dieses Volkes im In- und Ausland erhobene Kollektivvorwürfe aufgegriffen und nicht selten noch gesteigert.
Werden international angesehene ausländische Historiker und Publizisten, die
Entlastendes schreiben, vortragen, begründen und reichlichst dokumentieren,
mundtot gemacht und sogar mit Einreise- und Redeverbot belegt. Werden
Gesetze zur Bestrafung der Entkräftung von Vorwürfen und Tabus verabschie-
det. Wird von deutschen Medien und Politikern dem deutschen Volk seine aus
der Geschichte abzuleitende „Schuld" und „Erbärmlichkeit" vor Augen geführt, ohne daß ihnen in ihrer eigenen Überheblichkeit zu Bewußtsein kommt,
daß sie selbst diesem so geschmähten Volk angehören und daher eigentlich nicht
besser sind als die für alle Zukunft mit der Kollektivschuld Belasteten.
Dazu eine jüdische Stimme, die das deutsche Volk verteidigt. Der Oberrabbiner
Dr. Goldstein hielt kurz vor seinem Tod (17. April 1962) vor mehreren Hundert Bonner Studenten eine Rede, in der er unter anderem folgendes ausführte: „Das Wort ‚Kollektivschuld' hat ein hervorragender und weiser Mann
geprägt, vor dem ich mich tief verneige, wenngleich ich feststellen muß, daß
ich es als das dümmste Wort empfinde, das ich in meinem langen Leben gehört
habe… Die Erde scheint verrückt geworden, sie hat zu bluten begonnen und
blutet bis zum heutigen Tage, wir sind noch immer nicht geheilt… Es gibt keinen Punkt in der Geographie und keinen Tag im Kalender, da man nicht unter
den Juden den Scheiterhaufen angezündet hatte. Frankreich und Spanien, England und Rußland und Deutschland und fast alle anderen haben daran teil…
Man erfand in der ersten Zeit nach der deutschen Kapitulation das ekle Wort
von der Kollektivschuld. Als es nicht mehr haltbar schien, kam das nicht weniger ekle Wort von der ‚Kollektivscham' auf. Beide Worte empfinde ich als
unmoralisch und unsittlich. Ich bin der Letzte, der Schuld hinwegdiskutiert,

19

aber es ist immer nur individuelle Schuld. Die Schuld weniger hundert oder tausend Verbrecher. Jene aber zur Verantwortung zu ziehen, die an diesen Verbrechen keinen Anteil haben, vielleicht damals noch gar nicht geboren waren, das ist in meinen Augen Heuchelei, ja Schlimmeres..." Dr. Goldstein hat mit diesen Worten nicht nur das deutsche Volk in seiner Gesamtheit in Schutz genommen, woran sich jeder deutsche Politiker ein Beispiel nehmen sollte, sondern ihm auch eine neue und große Zukunft prophezeit. Er sagte: „Ich habe eine Vision. Ich sehe die Zeichen der Zukunft, und die Zukunft ist nah. Viele Zeichen deuten darauf hin, und der Zeitpunkt ist nah, da die ganze Kulturwelt sich an Deutschland wenden wird, da die deutsche Nation aufgerufen ist, das Gute und das Moralische für uns alle zu vertreten. Ich begrüße mit Freude Eure große Zukunft, die Eurer großen und ruhmreichen Vergangenheit würdig ist... Nicht Eure Feinde bestimmen die Zukunft, sondern Ihr. Die Zukunft wird über die Haßerfüllten hinwegrollen..." – Ein wahrhaft großer Mann, dessen Gesinnung Welten trennen von jener eines Simon Wiesenthal oder gar Elie Wiesel.

Vereinzelt gibt bzw. gab es aber auch deutsche Politiker, die Rückgrat besaßen und Mut zur historischen Wahrheit bewiesen, wie etwa Konrad Adenauer, als er am 27. Januar 1950 im Deutschen Bundestag die namenlosen Verbrechen der Titopartisanen anprangerte und die Weltöffentlichkeit aufrief, sich dagegen zu empören, oder den ehemaligen CDU-Fraktionsvorsitzenden Alfred Dregger, der in einer Rede zum Volkstrauertag 1986 im Bundestag die Ehre der deutschen Soldaten und die Sinnhaftigkeit ihres Kampfes, insbesondere im Osten, verteidigte, was bei der gesamten Linken scharfe Angriffe gegen ihn auslöste. Auch der ehemalige Ministerpräsident von Bayern, Franz Josef Strauß, gehört dazu, als er etwa in einem Interview in der „Welt" am 19. Januar 1987 in Anspielung auf den deutschen Schuldkomplex verlangte, daß die Deutschen sich nun endlich wieder „eines aufrechten Ganges befleißigen sollten", was ebenfalls bei den linken Meinungsmachern in den Medien Zorn und Entrüstung auslöste. In ähnlichem Sinn schrieb Otto von Habsburg nach vierzehnjähriger Erfahrung als Europaparlamentarier in der „FAZ" vom 10. Februar 1993: „Die größte Belastung für die Arbeit als Europa-Politiker sind die allzu zahlreichen deutschen Politiker, die tief gebeugt durch die Gegend schleichen und die Welt ununterbrochen um Verzeihung bitten, daß sie überhaupt leben."

Obwohl seit rund zehn Jahren der ausschließlich in Schwarzweißmalerei abgefaßten Geschichtsschreibung eine distanziertere, differenziertere und objektivere gegenübersteht, die die erstere zum Rückzug gezwungen hat, ist die Umerziehung noch keineswegs abgeschlossen. Sie ist noch lange kein beendeter historischer Vorgang. Ganz im Gegenteil – sie muß weitergehen, und zwar verstärkt weitergehen. Vor allem deshalb, um gefährdetes und bereits verlorenes Terrain zu verteidigen bzw. wiederzugewinnen. Denn durch die sogenannte revisionistische Literatur der letzten zehn bis fünfzehn Jahre ist ihr weitgehend der Boden unter den Füßen entzogen worden, indem nicht nur das „volkspädagogisch erwünschte" Geschichtsbild zugunsten eines wissenschaftlich fundierten und differenzierten in vielerlei Hinsicht widerlegt wurde, sondern auch die darin aufgerichteten Tabus ins Wanken gebracht oder in Frage gestellt wurden. Und zwar ganz zwangsläufig in Frage gestellt wurden, sozusagen notgedrungenerweise. Denn die Geschichte ist eben nicht so einfach, nicht nur schwarz-weiß, wie umerziehungstreue und parteipolitisch gesteuerte Historiker sie seit Jahrzehnten darstellen. Ein redlicher, gewissenhafter und um Objektivität bemühter Historiker kann gar nicht in die Tiefe gehen, ohne dabei die errichteten Tabus zu verletzen. Er kann sich nicht mit sogenannten „historisch gesicherten Ergebnissen, die keines Beweises bedürfen" einfach abfinden und sie ungeschaut übernehmen, ohne sie zu hinterfragen, ohne sie auf ihre tasächliche, wissenschaftliche Absicherung hin zu überprüfen. Eine Geschichtsschreibung, die den Anspruch auf Wissenschaftlichkeit erhebt, darf sich einfach nicht den Vorschriften der „Volkspädagogik" unterwerfen.

Mit revisionistischer Literatur ist selbstverständlich nicht jene Art Literatur gemeint, der es in erster Linie darauf ankommt, das NS-Regime im allgemeinen und Hitler im speziellen zu rechtfertigen oder zu rehabilitieren; gemeint sind durchaus ernstzunehmende Werke politisch unabhängiger und international angesehener Wissenschaftler und Historiker, vor allem in den Staaten der Sieger des Zweiten Weltkrieges, namentlich in den USA, England und Frankreich, von denen im Verlaufe dieses Buches die Rede sein wird. Ebenso gehören deutsche Historiker dazu, wie z. B. der jüngst verstorbene Hellmut Diwald oder Ernst Nolte, der 1987 mit seinem bedeutenden Werk „Der europäische Bürgerkrieg 1917–1945" den sogenannten „Historikerstreit" ausgelöst hat.

Diese Autoren haben längst erkannt, daß die Deutschen keineswegs an all dem schuld sind, was ihnen seit Jahrzehnten angelastet wird. Sie haben vielmehr erkannt, daß, solange die Sieger des Zweiten Weltkrieges den Deutschen all ihre Verbrechen lediglich (und bestenfalls) großzügig „verzeihen", ohne ihre eigenen Verbrechen nicht nur an unschuldigen Menschen, sondern auch am Frieden, und ohne ihre eigene Mitschuld am Krieg wahrhaben zu wollen und zuzugeben, daß es keine echte Versöhnung zwischen den Völkern Europas geben kann. Sie wissen, daß Völkerversöhnung und echtes Vertrauen nur auf der Basis der historischen Wahrheit und der ausgleichenden Gerechtigkeit möglich sind – und niemals in einer durch Haß, Heuchelei, Lüge, kollektiver Schuldzuweisung und Verleumdung vergifteten Atmosphäre. Aus dieser Erkenntnis und im Sinne der Wiederherstellung eines moralischen Ausgleichs haben sie das mühsame, verdienst- und verantwortungsvolle Werk der zeitgeschichtlichen Revision auf sich genommen.

Während sich diese wissenschaftlich fundierte und reichhaltigst dokumentierte Geschichtsforschung in den USA, England und Frankreich völlig frei und unabhängig entwickelt und ihre Publikationen enorme Auflagen erzielen, wird sie innerhalb Deutschlands und Österreichs mit wenigen Ausnahmen negiert, unterdrückt oder zumindest der „Verharmlosung" beschuldigt – eines Mindestvorwurfs, dem heute bei uns fast jeder wirklich seriöse, gewissenhafte und redliche Historiker ausgesetzt ist.

Im übrigen sind doch alle Wissenschaften praktisch dauernd „in Revision", da alte Theorien und Erkenntnisse sich gegenüber neuen Theorien und Erkenntnissen bewähren müssen oder abzutreten haben. Wenn daher in der Geschichtswissenschaft neue Erkenntnisse gewonnen werden – etwa durch Öffnung der Archive und Freigabe von Dokumenten, die bislang unter Verschluß lagen (was der Fall ist) –, so muß das Geschichtsbild „revidiert" werden, ob „erwünscht" oder nicht. Seit Jahrhunderten ist es die Pflicht jedes Wissenschaftlers, scheinbar gängige Lehrmeinungen und „Wahrheiten" von Zeit zu Zeit an neuesten Erkenntnissen und Quellen zu überprüfen, also zu „revidieren". In allen wissenschaftlichen Disziplinen – daher auch in der Geschichtswissenschaft – war gerade dies in Verbindung mit dem Zweifel der Anstoß zur Wahrheitsfindung. Hat doch bereits 1917 Max Weber, wohl einer der bedeutendsten unter den Sozialwissenschaftlern, einer Wissenschaft, die in engster Verbindung mit der Geschichtswissenschaft steht, das ständige Wachhalten des Zweifels an scheinbar gesicherten Meinungen betont und diesen Zweifel sogar als „Vater der Erkenntnis" bezeichnet. Wer so einen „Vater" hat, steht heute in bestimmten Fällen vor Gericht. Dort wird entschieden, was „historische Wahrheit" ist. Eine Orwellsche Vision scheint Realität geworden zu sein: Das „Wahrheitsministerium". Auf welch schwachen Beinen müssen „Wahrheiten" stehen, die vom Gesetz geschützt und von Polizei und Staatsanwälten bewacht werden?

Es sind vor allem die neomarxistischen Epigonen der „Frankfurter Schule" und die im „Marsch durch die Institutionen" erfolgreichen 68er, die an einflußreichen Stellen in Justiz, Gesetzgebung, politischen Parteien und Massenmedien sich am hartnäckigsten gegen jede Art von Revision der Zeitgeschichte zur Wehr setzen. Dafür haben sie in letzter Zeit eine neue Waffe zur Diffamierung aller Andersdenkenden gefunden: die sogenannte „Political correctness" (PC). In Verbindung mit der „Historical correctness" ist sie nichts anderes als der letzte Versuch, der Öffentlichkeit ein einseitiges – oft bewußt antideutsches – Geschichtsbild zu vermitteln.

In der Erklärung eines vierzehnköpfigen Autorenrates einer im Sommer 1996 in Weimar versammelten Gruppe namhafter deutscher Schriftsteller und Publizisten (darunter auch der ehemalige Herausgeber der „FAZ" und bekannte Hitler-Biograph Joachim Fest), die sich gegen die PC aussprachen, heißt es: „Politische Korrektheit ist die Diktatur von Tabus und Meinungen." Und dann weiter: „Die Welt braucht frei und selbständig denkende Menschen, Rebellen, die gegen den Strom von Vorurteilen schwimmen und die mutig für ihre Überzeugung eintreten, auch wenn sie damit gegen weithin anerkannte ‚politisch korrekte' Gebote verstoßen."

Menschen mit eigener Überzeugung, kritischem Urteil, Selbstbewußtsein als Deutsche, sind in den Augen und nach dem Willen der Umerzieher offenbar das Letzte, was man in diesem Land wiederaufzurichten versuchen darf. Ist es doch nach fünfzig Jahren Umerziehung und Charakterwäsche endlich gelungen, all das mehr oder weniger auszumerzen und Begriffe wie Treue und Pflichterfüllung, Heimatverbundenheit und Ehre als „ewig gestrig", faschistoid" oder zumindest antiquiert und lächerlich zu desavouieren. Um zu verhindern, daß diese Begriffe geistig-moralischen Inhaltes jemals wieder allgemeine Anerkennung finden und damit gültige Werte werden, ist kein Mittel zu schändlich. Jüngster Beweis dafür ist die Anti-Wehrmachtsausstellung: „Vernichtungskrieg. Verbrechen der Wehrmacht 1941–1944". Eine neue Dimension der Hetze gegen das deutsche Soldatentum. Der Besiegte muß entehrt werden. Da dies die Deutsche Wehrmacht bisher noch nicht (oder kaum) war und es überdies nach dem Willen der Umerzieher im Dritten Reich nichts gegeben haben darf, was nicht verbrecherisch gewesen wäre, so muß nun endlich auch die Wehrmacht in das „volkspädagogisch erwünschte" Geschichtsbild einbezogen werden – zu einem späten, aber klug gewählten Zeitpunkt. Denn fünfzig Jahre nach Kriegsende sind fast alle führenden Wehrmachtsangehörigen bereits tot und können sich nicht mehr dagegen zur Wehr setzen.

Die Mehrzahl der Medien wie des politischen Establishments stand den Absichten der Ausstellungsmacher positiv gegenüber; Kritik wagten nur wenige. In Österreich war es vor allem die „Kronen Zeitung", die das Konzept der Ausstellung als solches angriff, da es den Krieg an der Ostfront nur aus einer Perspektive zeige, ohne auf die Begleitumstände wie Partisanenkrieg etc. einzugehen und damit beim unbefangenen Besucher automatisch einen verzerrten, manipulierten Eindruck hinterlassen müsse. In Deutschland war es das zweitgrößte politische Wochenmagazin „Focus", das Mut bewies und schon am 2. Februar 1998 den Ausstellungsmachern nachweisen konnte, in einem Fall wissentlich eine falsche Bildunterschrift verwendet zu haben. Statt „Juden, die sich vor dem Erschießen ihrer Kleidung entledigen müssen", zeigt das Bild zwangsverpflichtete Arbeiter, die sich zu einem Bad in einem See vorbereiten. Damals titelte die Wochenzeitung: „Heer entlarvt sich selbst als Lügner und Fälscher." Im Laufe des Jahres 1999 verdichteten sich die Fälschungsvorwürfe dann so sehr, daß Hauptsponsor Jan Philipp Reemtsma kurz vor der geplanten Präsentation der Schau in New York diese am 5. November zum Zwecke der Überarbeitung aus dem Verkehr zog. Ausschlaggebend dafür waren die Veröffentlichungen eines polnischen und eines ungarischen Historikers. Bogdan Musial hatte bei neun Bildern nachweisen können, daß diese keine Verbrechen der Wehrmacht, sondern vielmehr des sowjetischen Geheimdienstes NKWD zeigen, der kurz vor dem Vorstoß der Wehrmacht in Ostpolen (aber auch in vielen russischen Städten) Massaker an echten oder vermeintlichen Gegnern der Sowjetmacht verübt hatte. Zwei Bilder zeigen z.B. solche in der Stadt Zloczow von der Wehrmacht exhumierte Opfer, die später in einem feierlichen Begräbnis bestattet worden sind. Musial und der ungarische Historiker Krisztian Ungvary kamen im Zuge getrennter Untersuchungen zum Schluß, daß nur 10% der gezeigten Bilder eindeutig Taten der Wehrmacht belegen. Die restlichen 90% sind fragwürdig, weisen fehlerhafte

23

Bildunterschriften auf oder zeigen überhaupt keine bzw. deutlich nicht von der Wehrmacht begangene Verbrechen. Und selbst bei den verbleibenden 10% müßte von Fall zu Fall geklärt werden, ob es sich um kriegsrechtlich gedeckte Maßnahmen oder echte Kriegsverbrechen handelte.

Die Veröffentlichungen der beiden osteuropäischen Historiker bewirkten eine Art Dammbruch: plötzlich waren auch in Deutschland und Österreich weit mehr deutlich kritische Stimmen zu hören. Die renommierte „Frankfurter Allgemeine Zeitung" verglich die Manipulationen der Ausstellungsmacher sogar mit staatlich gelenkten „Desinformationskampagnen" einstiger totalitärer Länder.

Warum aber hat kein deutscher Historiker (mit Ausnahme von D. Schmidt-Neuhaus – siehe Anhang S. 273f.) die vielen Fehler und Täuschungen aufgedeckt? „Focus"-Chefredakteur Helmut Markwort: „Die Antwort geben Geschichtsprofessoren nur, wenn unsereiner verspricht, seinen Namen nicht zu nennen: ‚Jeder Historiker hat sofort gesehen, wie schlampig und suggestiv die Ausstellung eingerichtet war, aber wer hat schon Lust, sich öffentlich fertig machen zu lassen?' Die Verfolger anders Denkender haben es weit gebracht" („Focus" 43/1999). Die Wiener „Presse" meinte sogar, die Zunft der Historiker als solche sei durch die Vorgänge rund um die Wehrmachtsausstellung in Verruf geraten. Dies bestätigte im „Presse"-Gespräch am 16. November 1999 Univ.-Prof. Stefan Karner, Leiter des Boltzmann-Instituts für Kriegsfolgenforschung, betonte jedoch: „Die Medien haben da mindestens soviel Schuld auf sich geladen wie die Historiker. Manche Journalisten sind offensichtlich auf dem linken Auge blind. Es hat nur wenige gegeben, die differenziert berichtet haben." Dabei sei stets bekannt gewesen, daß das Quellenmaterial der Ausstellung zumeist aus den Beständen der „Außerordentlichen Kommission zur Feststellung von Verbrechen des deutschen Besatzers in der Sowjetunion" stammte, einer direkt dem Geheimdienstchef Berija unterstellten stalinistischen Propagandaabteilung. Daher hätten auch, so Karner, russische Historiker über die Ausstellungsmethode den Kopf geschüttelt und bemerkt: „So hat man bei den Kommunisten seinerzeit Ausstellungen gemacht." Hierzulande sei man für Kritik aber gleich ins rechte Eck gestellt worden: „Die ‚Faschismuskeule' war greifbar."

Deutliche Worte findet auch Univ.-Prof. Horst Möller, Leiter des Münchner Instituts für Zeitgeschichte, in einem „Focus"-Interview (43/1999) über das manipulative Konzept von Ausstellungsmacher Hannes Heer:

„Herr Heer ist kein so harmloser Mensch wie er gern vorgibt. Diesen Effekt hat er beabsichtigt. Das ist der Einhämmerungseffekt – frei nach le Bon, den schon Hitler zitiert hat: immer wieder dasselbe wiederholen, dann wird das schon einsickern. Nämlich daß die Wehrmacht zumindest in solchem Umfang an Verbrechen beteiligt war, daß man sie insgesamt als ein Instrument des Verbrechens bezeichnen muß." – „Focus" darauf: „War sie das?" – Möller: „Meines Erachtens nicht." – „Focus": „Heer schreibt im Begleitband zur Ausstellung, ‚große Teile der Truppe' hätten ‚Mordlust und Sadismus,

Gefühlskälte und sexuelle Perversion' mitgebracht. Hat die Forschung darüber Erkenntnisse?" – Möller: „Das ist eine dieser völlig unbelegbaren Meinungen von Herrn Heer. Er sagt aber nichts über die Überlebenschance eines deutschen Rekruten an der Ostfront. Die lag zwischen zwei Wochen und drei Monaten. Sie starben wie die Fliegen. Heer sagt nichts über die Partisanen, deren Aktionen kollektive Panik bei den jungen, schlecht ausgebildeten Soldaten ausgelöst haben. Er verwendet aber zahlreiche Bilder, die Verhaftungen und Hinrichtungen von Partisanen zeigen."

In eine solche Ausstellung trieb man also schulenweise die Kinder, um ihnen zu suggerieren, ihre Großväter wären sexuell perverse, mordlustige Sadisten gewesen, wie Hannes Heer selbst schrieb. Heer war einstiger Spitzenfunktionär des militanten „Kommunistischen Studentenbundes" und Mitglied der Deutschen Kommunistischen Partei (DKP). Unter anderem war er angeklagt wegen Landfriedensbruchs, Widerstand gegen die Staatsgewalt (1969), Nötigung und gefährlicher Körperverletzung. Das ist die Vita jenes Mannes, der gegen die tapfere Deutsche Wehrmacht zu Felde zieht und dafür nicht nur den Beifall linker Politiker und Intellektueller, sondern auch noch Unterstützung durch unsere Steuergelder erhielt.

Ende des Jahres 2001 soll die Ausstellung, von Fehlern gesäubert, in der einseitigen und manipulativen Tendenz aber unverändert, erneut starten. Der Konzernerbe, Multimillionär und Marxist Jan Philipp Reemtsma hat als Gründer und Mäzen des „Instituts für Sozialforschung" in Hamburg wiederum Geldmittel für eine Fortführung der Diffamierungskampagne beigesteuert.

Als Gegenüberstellung und Kontrast zu diesen widerwärtigen Tendenzen in Deutschland sollen abschließend einige Aussagen von Politikern, Militärs und Historikern zitiert werden.

Am 5. April 1951 erklärte Konrad Adenauer im Deutschen Bundestag: „Die Kriegsverbrecher, diejenigen, die wider die Gesetze der Menschlichkeit oder gegen die Regeln der Kriegsführung verstoßen haben, verdienen nicht unser Mitleid und unsere Gnade. Aber der Prozentsatz derjenigen, die wirklich schuldig sind, ist so außerordentlich gering und so außerordentlich klein, daß damit der Ehre der früheren Deutschen Wehrmacht kein Abbruch geschieht."

Am 3. Dezember 1952 sagte Adenauer vor dem Deutschen Bundestag: „Ich möchte heute vor diesem Hohen Haus im Namen der Regierung erklären, daß wir alle Waffenträger unseres Volkes, die im Rahmen der hohen soldatischen Überlieferung ehrenhaft zu Lande, auf dem Wasser, in der Luft gekämpft haben, anerkennen. Wir sind überzeugt, daß der gute Ruf und die Leistung des deutschen Soldaten, trotz aller Schmähungen, in unserem Volk noch lebendig sind und auch bleiben werden. Es muß unsere Aufgabe sein – und ich bin sicher, wir werden sie lösen –, die sittlichen Werte des deutschen Soldatentums mit der Demokratie zu verschmelzen."

In einem Brief vom 17. Dezember 1952 schrieb Adenauer an den „Senior" der Waffen-SS, Generaloberst Paul Hausser: „Sehr geehrter Herr Generaloberst!

25

Einer Anregung nachkommend teile ich mit, daß die von mir in meiner Rede vom 3. Dezember 1952 vor dem Deutschen Bundestag abgegebene Ehrenerklärung für die Soldaten der früheren Deutschen Wehrmacht auch die Angehörigen der Waffen-SS umfaßt, soweit sie ausschließlich als Soldaten ehrenvoll für Deutschland gekämpft haben."

Am 3. Dezember 1954 sagte der österreichische Bundeskanzler Dr. Alfons Gorbach im österreichischen Parlament: „Der Dienst gegenüber einer höheren Gemeinschaft und die Erfüllung der beschworenen Pflicht bis zur bewußten Hingabe des Lebens sind und bleiben, ob im Frieden oder im Krieg, der überzeugendste Ausdruck höchster sittlicher Kraft und müssen für uns unantastbar sein. Nur eine niedrige und schäbige Gesinnung kann einer so unerhörten seelischen Barbarei fähig sein, den Millionen der Toten des letzten Weltkrieges und ihren Angehörigen über die Opfer hinaus auch noch den Sinn der Opfer rauben zu wollen und sie als sinn- und zwecklos, ja als schändlich und strafwürdig hinzustellen. Der Streit des Tages und das Gezänk der Meinungen müßten doch wenigstens vor den Gräbern der Toten ein Ende finden. Hier kommt uns nur eines zu: Stumm die Hände zu falten und in Ehrfurcht unser Haupt zu beugen."

Unter Regierungschefs wie Adenauer oder Gorbach wäre eine solche Wanderausstellung wohl unmöglich gewesen.

Vor dreißig Jahren hielt der damalige Bundesverteidigungsminister Kai-Uwe von Hassel anläßlich der Eröffnung der Heeresunteroffiziersschule in der Generaloberst-Beck-Kaserne eine Ansprache, in der er u.a. ausführte: „...Die Ehre hat dem deutschen Soldaten niemand zu nehmen vermocht. Seien Sie stolz auf Ihre Väter! Eifern Sie ihnen in Treue und Pflichterfüllung nach! Mit Tausenden Ihrer Kameraden erfüllen Sie Ihre Pflicht, wie es die Väter getan haben." – Dazu ist kurz anzumerken, daß die Väter ihre Pflicht getan haben getreu ihrem Soldateneid, der mit den Worten begann: „Ich schwöre bei Gott diesen heiligen Eid..."

Ende der fünfziger Jahre veröffentlichte die militärgeschichtliche Abteilung der israelischen Armee eine von ihr angestellte internationale Befragung, bei der es um die Bewertung der Armeen der Welt ging. In Europa wurde sie zuerst in der „Südost-Tagespresse" in Graz und später im „Tagesspiegel" in Berlin veröffentlicht, ansonsten aber erwartungsgemäß weithin unterdrückt. Man hatte an mehr als eintausend Militärspezialisten der ganzen Welt einen umfangreichen Fragebogen geschickt. Zu den Teilnehmern der Befragung zählten jüdische Weltkriegsteilnehmer hoher Dienstgrade, berühmte Militärschriftsteller zahlreicher Länder, Journalisten vom Fach, Generäle, Admirale, Militärattachés und Professoren der Kriegsakademien. Unter den beteiligten Prominenten befanden sich z.B. US-General Marshall, der bedeutendste britische Militärgeschichtler Sir Basil Liddel Hart, der einstige französische Kriegsminister General König, US-jüdische Kriegsautoren wie Leon Uris und Herman Wouk. Unter anderem war zu beantworten: Welche Armee betrachten Sie als die beste?

Welche Soldaten waren die diszipliniertesten und tapfersten? Die Organisatoren der Befragung hatten ein Punktesystem ausgearbeitet. Das Optimum, das jeder Befragte vergeben konnte, lag bei 100 Punkten. Die Auswertung der ausgefüllten Fragebogen ergab, daß die internationale Expertenschaft sowohl für den Ersten als auch für den Zweiten Weltkrieg die deutschen Soldaten als die besten der Welt einstufte. Für den Ersten Weltkrieg mit 86, für den Zweiten Weltkrieg mit 93 Punkten.

Auch der US-amerikanische Militärschriftsteller jüdischer Herkunft Martin van Creveld räumt in seiner 1982 erschienenen Untersuchung zum Zweiten Weltkrieg „Fighting Power, German and U.S. Performance 1939–1945" dem Wehrmachtssoldatentum einen Spitzenrang ein, indem er schreibt: „Die Wehrmacht war ein großartiger Kampfverband, der hinsichtlich Moral, Elan und innerem Zusammenhalt unter den Armeen des zwanzigsten Jahrhunderts nicht seinesgleichen fand."

Der britische Feldmarschall Alexander schrieb in seinen Memoiren: „Die deutschen Soldaten sind von einem starken Sinn für Pflicht und Disziplin beseelt gewesen und haben überall tapfer und zäh gekämpft. Ihre hohe Kampfmoral haben sie sich bis zuletzt bewahrt." Und: „Wir kämpften gegen die besten Soldaten der Welt."

Der französische Militärhistoriker Philippe Masson meinte in seinem, auch auf deutsch bereits in der dritten Auflage erschienenen Buch „L'histoire de l'armee allemand": „Diese Überlegenheit (der deutschen Armee) kann durch eine simple Feststellung untermauert werden: Den ganzen Krieg über und auf allen Gebieten ist die Wehrmacht ein Modell für alle feindlichen Armeen."

Basil Liddel Hart 1951 in der Londoner „Times": „...Reiste man nach dem Krieg durch die befreiten Länder, so hörte man allenthalben das Lob der deutschen Soldaten und nur zu oft wenig freundliche Betrachtungen über das Verhalten der Befreiungstruppen."

In seiner Rede in Berlin anläßlich der 50. Wiederkehr des Kriegsendes sagte der sozialistische Präsident der Republik Frankreich, François Mitterrand: „Ich habe erfahren, welche Tugenden, welchen Mut das deutsche Volk besitzt. Bei den deutschen Soldaten, die in so großer Zahl starben, kommt es mir kaum auf die Uniform an und noch nicht einmal auf die Ideen, die ihren Geist bestimmten. Sie hatten Mut. Sie waren in diesem Sturm losmarschiert unter Einsatz ihres Lebens. Sie haben seinen Verlust für eine schlechte Sache hingenommen, aber wie sie es taten, hat mit dieser Sache nichts zu tun. Es waren Menschen, die ihr Vaterland liebten – dessen muß man sich gewahr sein." – Beschämend für die anwesenden deutschen Politiker, von denen kein einziger jemals auch nur ähnliche Worte für die Gefallenen des Zweiten Weltkrieges fand.

Solche Beispiele ließen sich noch in großer Zahl fortsetzen. Die angeführten mögen hinreichende und kompetente Antwort gegenüber dem Zerrbild der Anti-Wehrmachts-Ausstellung sein. Es ist bemerkenswert, daß zur gleichen Zeit Tausende Wehrmachtsangehörige, die in der Sowjetunion wegen angeblicher

Kriegsverbrechen verurteilt worden waren, von russischen Gerichten rehabili-
tiert wurden, und sogar der Bürgermeister des ehemaligen Stalingrad meinte,
es sei „an der Zeit, auch den deutschen Gefallenen von Stalingrad Achtung zu
erweisen und ihre Gräber würdig zu gestalten".

Der Ehrenvorsitzende der CDU/CSU-Fraktion im Bundestag, Alfred Dregger,
bezeichnete die Ausstellung als „schlimmes Werk des Unfriedens" und der „fanatischen Wut". Im Grunde verdiene sie „nur Verachtung, besser Nichtbeachtung."
Und der langjährige Präsident des Verbandes der Historiker Deutschlands,
Christian Maier, nannte sie „eine haarsträubende, demagogische Ausstellung".
Unverständlich bleibt, daß der deutsche Bundespräsident, der Kanzler und die
übrigen Spitzenpolitiker der CDU schweigen, wenn offizielle Stellen ihre Hand
zur Diffamierung von Millionen ehemaliger deutscher Soldaten reichen. Ist es
Unsicherheit und politische Ängstlichkeit, oder ist es schon Ausdruck einer
erbärmlich feigen Geisteshaltung?

Das Nürnberger Militärtribunal

Die Tabus, wie etwa Alleinkriegsschuld der Deutschen, Einmaligkeit und
Unvergleichbarkeit der Naziverbrechen oder die 6-Millionen-Zahl der Holocaustopfer, wurden erstmalig vom alliierten Militärgerichtshof in Nürnberg aufgestellt. Die heutige offizielle Geschichtsschreibung, die Politik, die Medien
und die schulische Erziehung sind von den Nürnberger Schuldsprüchen zutiefst
geprägt.

Wie ist es überhaupt zu den Nürnberger Kriegsverbrecherprozessen und zum
sogenannten Internationalen Militärtribunal (IMT) gekommen?

Darüber berichtet – wohl als zuverlässige und höchst kompetente Quelle –
Nahum Goldmann, langjähriger Präsident des Jüdischen Weltkongresses und
der zionistischen Weltorganisation sowie Mitbegründer des Staates Israel, in
seinem Buch „Das jüdische Paradox" (Titel der Originalausgabe: „Le paradox
juif", erschienen 1976, Paris).

Demnach hatte der Jüdische Weltkongreß während des Zweiten Weltkrieges in
New York ein Institut für jüdische Angelegenheiten geschaffen. Seine Leiter
waren zwei bedeutende litauische Juden, Jacob und Nebemiah Robinson (auch
Goldmann war litauischer Jude). Nach ihren Plänen wurden laut Goldmann
„absolut revolutionäre" Ideen entwickelt: das Nürnberger Gericht und die deutsche Wiedergutmachung, die dann später Goldmann in direkten Verhandlungen mit Adenauer durchsetzte.

Goldmann: „Die Bedeutung des Internationalen Gerichtshofes in Nürnberg
wird heute nicht ganz richtig eingeschätzt. Denn nach internationalem Recht
war es damals in der Tat unmöglich, Militärs, die ihre Befehle befolgt hatten,
zu bestrafen." – Goldmann zufolge war es Jacob Robinson, der diese „ausge-
fallene, sensationelle" Idee hatte. Als er sie den Juristen des amerikanischen

Obersten Gerichtshofes unterbreitete, hielten sie ihn für „verrückt", wie Goldmann berichtet. „Was haben denn diese nazistischen Offiziere so Außergewöhnliches getan?" fragten sie ihn. „Man könne sich vorstellen, daß Hitler, und vielleicht auch noch Göring, vor Gericht kommen, aber doch nicht einfache Militärs, die Befehle ausgeführt und sich als loyale Soldaten verhalten haben." Das also war laut Goldmann der ablehnende Standpunkt amerikanischer Höchstrichter zur Idee eines Kriegsverbrecherprozesses.

„Wir hatten große Mühe", berichtet Goldmann weiter, „die Alliierten zu überzeugen; die Engländer waren eher dagegen, die Franzosen desinteressiert... Wir hatten endlich Erfolg, weil es Robinson gelang, den Richter am Obersten Gerichtshof, Robert Jackson, zu überzeugen."

Es wäre nun freilich von höchstem historischem Interesse, zu erfahren, wie und mit welchen Mitteln es Jacob und Nebemiah Robinson gelang, den nicht-jüdischen Höchstrichter Jackson total umzustimmen und von der Notwendigkeit eines Militärtribunals gegen deutsche Kriegsverbrecher zu überzeugen. Das wird man aber wohl nie erfahren, da sich Goldmann, der es ja wissen mußte, darüber ausschweigt und überdies nicht mehr lebt.

Allein schon die Bezeichnung des Nürnberger Militärtribunals als „international" ist eine Unwahrheit. Denn es war nicht international, da nur von den Siegermächten – Sowjetunion, USA, England und Frankreich – besetzt. Es war auch kein ordentlicher Gerichtshof, nicht nur wegen offensichtlicher Benachteiligung der Verteidigung und divergierenden Rechtsauffassungen zwischen den Vertretern der vier zu Gericht sitzenden Siegermächte, sondern vor allem wegen der Außerachtlassung elementarer Rechtsgrundsätze. „Nullum crimen sine lege" (kein Verbrechen ohne Gesetz) und „nulla poena sine lege" (keine Strafe ohne Gesetz) sind zwei fundamentale Grundsätze des traditionellen altrömischen Rechts, die bis heute im christlich-abendländischen Völkerrecht, wie es sich seit Beginn der Neuzeit entwickelt hat, ihre Gültigkeit bewahrt haben und von der Rechtsprechung jedes zivilisierten Staates, der den Anspruch auf Rechtsstaatlichkeit erhebt, angewendet und verwirklicht werden. Das „neue" Recht hingegen, welches der Nürnberger Gerichtshof auf der Grundlage des „Londoner Statuts" zur Anwendung brachte, konnte nur unter Außerachtlassung und grober Verletzung dieser elementaren Rechtsgrundsätze verwirklicht werden. Denn ihnen zufolge ist es gesetzwidrig, jemanden für ein Verbrechen zu bestrafen, das zur Zeit des Begehens durch eine legale, international anerkannte Regierung (und das war Hitler-Deutschland) nicht als solches betrachtet wurde. Gewiß war ein Teil der in Nürnberg Beschuldigten für ungeheure Verbrechen verantwortlich. Worum es jedoch geht, ist das Prinzip der Rechtmäßigkeit der Urteile, was immer auch Gegenstand der Anklage war. Und diese Rechtmäßigkeit war beim IMT nicht gegeben. Auch deshalb nicht, weil laut Artikel 19 des Londoner Statuts, das den rechtlichen Rahmen für das IMT festlegte, der Gerichtshof nicht an Beweisregeln gebunden war und jedes Beweismaterial, das ihm Beweiskraft zu haben schien, zulassen konnte. „Der Gerichtshof ist an Beweisregeln nicht gebunden, er soll in weitem Ausmaß ein schnelles und nicht formelles Verfahren anwenden und jedes Beweismittel, das ihm Beweiswert zu haben scheint, zulassen" (Artikel 19). Das Gericht durfte belastendes Material akzeptieren, ohne es auf seine Zuverlässigkeit hin zu überprüfen, und entlastendes Material ohne Begründung zurückweisen, was in unzähligen Fällen vorkam. Ferner besagte Artikel 21 des Londoner Statuts: „Der Gerichtshof soll nicht Beweise für allgemein bekannte Tatsachen fordern, sondern soll sie von Amts wegen zur Kenntnis nehmen..." Das heißt, daß der Gerichtshof selbst entschied, was „allgemein bekannte Tatsachen, die keines Beweises bedürfen" sind. Bis dahin waren diese „Tatsachen" allerdings keineswegs „allgemein bekannt".

In einer Ansprache vor dem Kenyon College sagte der US-Senator Robert Taft im Oktober 1946: „Ich glaube, daß die meisten Amerikaner die Kriegsverbrecherprozesse, die jetzt in Deutschland zum Abschluß gebracht worden sind, mit Unbehagen verfolgt haben... In diesen Prozessen ist das Prinzip amerikanischen Rechts verletzt, daß niemand nach einem später ergangenen Gesetz unter Anklage gestellt werden kann. Ein Gerichtsverfahren der Sieger gegen die Besiegten kann niemals unparteiisch sein, selbst wenn man noch so ängstlich bestrebt wäre, die äußeren Formen der Rechtsprechung zu wahren... Über diesem Urteilsspruch hängt von vornherein der Geist der Rache, und Rache hat nur selten mit Gerechtigkeit zu schaffen. Der Tod der elf verurteilten Männer am Galgen ist für Amerika ein Schandfleck, der uns noch lange belasten wird."

Die in den Anklagepunkten erhobenen Feststellungen bilden bis heute die Grundlage für all das, was als unumstößlich, d.h. für all das, was als „offenkundige Tatsachen, die keines Beweises bedürfen", gilt. Somit hat das Nürnberger Tribunal die Norm gesetzt für die Geschichtsschreibung sowie für die bis heute praktizierte Rechtsprechung in allen Verfahren nach dem Verbotsgesetz.

2. KAPITEL

Hitlers sozialpolitische Erfolge – das erste Tabu

Nahezu tabuisiert ist die Behauptung, daß alles am und im Dritten Reich grundsätzlich negativ, böse und verbrecherisch gewesen sei.

Wenn das Dritte Reich und das NS-Regime nun tatsächlich in keinem einzigen Aspekt, auf keinem einzigen Gebiet positiv waren, sondern in jeder Hinsicht, in allen Belangen und allen Bereichen von Anbeginn her nur negativ, böse und verbrecherisch, so bleibt es völlig unverständlich und unerklärbar, wieso die überwiegende Mehrheit der Deutschen diesem Regime zustimmte, Hitlers Politik guthieß und ihm in einem geradezu unglaublichen Durchhaltewillen sogar bis zum bitteren Ende und in den Untergang Gefolgschaft leistete. Es sei denn, man hält die Deutschen in ihrer überwiegenden Mehrheit für anlagemäßige Verbrecher, für Blinde oder für Idioten.

Wer das System des Dritten Reiches ausschließlich als „nationalsozialistische Gewaltherrschaft" oder Terrorregime wahrnimmt und bezeichnet, wie dies zahlreiche Historiker tun, ist völlig außerstand, zu erklären, weshalb so viele Millionen Menschen von diesem System dennoch gewonnen werden konnten. Es muß also – ob man es nun wahrhaben will oder nicht – im Dritten Reich und in Hitlers Politik neben Unrecht, Terror und Verbrechen offensichtlich auch Positives gegeben haben. Es müssen von Hitler beachtliche Leistungen erbracht und große Erfolge erzielt worden sein, die so überzeugend waren, daß sie die überwiegende Mehrheit des Volkes dem Nationalsozialismus zuführte. Heute gilt jeder, der dem zustimmt, automatisch als Neonazi oder zumindest als Sympathisant. Stimmt dies, dann müßte auch ein so bekannter und über jeden Verdacht erhabener Autor wie Sebastian Haffner ein Neonazi oder Sympathisant sein, wenn er in seinem vielbeachteten Erfolgsbuch „Anmerkungen zu Hitler" beispielsweise schreibt, daß es „eine ungeheure Leistung ist, fast das ganze Volk hinter sich zu vereinigen – und in weniger als zehn Jahren vollbracht, im wesentlichen nicht durch Demagogie, sondern – durch Leistung".

Auch der langjährige Leiter des eher linksgerichteten und weitgehend im Geiste der Umerziehung tätigen „Instituts für Zeitgeschichte" in München, der angesehene Historiker Martin Broszat, wäre ein Neonazi oder Sympathisant, da er 1985 in einem Aufsatz unter dem Titel „Plädoyer für die Historisierung des Nationalsozialismus" folgendes schrieb: „Nicht alles, was sich in der NS-

Zeit ereignete und historisch bedeutsam war, diente nur den diktatorischen und inhumanen Herrschaftszielen des Regimes... Die Schändlichkeit, die im Großen die Bilanz dieser Epoche ausmachte, kann nicht bedeuten, daß den vielen sozialen, wirtschaftlichen, zivilisatorischen Wirkungskräften, den zahlreichen Modernisierungsbestrebungen ihre geschichtliche Bedeutung allein durch die Verknüpfung mit dem Nationalsozialismus genommen wird."

Allein durch diese beiden Aussagen (neben zahlreichen anderer namhafter Historiker) ist das Tabu, wonach das Dritte Reich in jeder Hinsicht schlechterdings der Inbegriff des Bösen war, in Wahrheit längst gebrochen – und das noch dazu von prominenter Seite.

Außerdem weisen diese beiden Aussagen auf einen dem NS-Regime spezifischen Charakter hin, auf eine dem System innewohnende extreme Zwiespältigkeit, was durch die neuere Forschung vielfach belegt wird: Auf der einen Seite wurden Minderheiten aus rassisch-ideologischen oder politischen Gründen verfolgt, gedemütigt, eingesperrt, ermordet. Auf der anderen Seite wurden Bauernstand, ländliche Strukturen, Handwerk, Gewerbe, Mutterschaft, Familie, aber vor allen Dingen die sozialen Belange der Arbeiterschaft in einem solchen Ausmaß berücksichtigt und gefördert, wie dies damals in keinem anderen Land der Welt der Fall war. Dies mag wohl der eigentliche tiefere, sozialpsychologische Grund für die bis zuletzt erhaltene Stabilität des NS-Regimes und den Durchhaltewillen der Bevölkerung gewesen sein.

Hellmut Diwald formuliert in „Die Geschichte der Deutschen" auf prägnante Weise diesen extremen Dualismus im NS-Regime, wenn er meint: „Die Geschichte des Dritten Reiches ist ebenso eine Geschichte des Aufbruchs, der Befreiung und Zustimmung, der Begeisterung, der Opferbereitschaft und einer schier schrankenlosen Zukunftserwartung. Ebenso ist sie aber eine Geschichte der Entrechtung, der Verfolgung, des Schandbaren, der Rechtswillkür, des Verbrechens, der Unmenschlichkeit, der Folter, des Mordes." Das ist der historische Rahmen, den man sich beim Lesen dieses Buches stets vor Augen halten sollte.

In diesem Zusammenhang muß die erste große Mordtat, welche diese extreme Zwiespältigkeit des NS-Regimes auf krasseste Weise bloßlegt, kurz besprochen werden: der sogenannte Röhm-Putsch vom 30. Juni 1934.

Ernst Röhm war Offizier und übernahm im Januar 1931 als „Stabschef" die Führung der SA. Im Dezember 1933 wurde er zugleich Reichsminister. Im Juni 1934 trug er sich mit Plänen einer „zweiten Revolution", welche die immer noch zahlreichen „Reaktionäre" in Reichswehr und Wirtschaft ausschalten und ein auf der SA basierendes „Volksheer" schaffen sollte, dessen Befehlshaber und Kriegsminister er dann selbst sein würde. Indem er der Ansicht war, daß Hitler den „sozialistischen Gehalt" des Parteiprogramms – den es zweifellos gab – verraten habe, stellte sich die SA zugleich als eine neue Erscheinungsform der Linken bzw. des Sozialismus innerhalb der NSDAP dar. Dies bedeutete keine absolute Gegnerschaft zu Hitler, wohl aber

32

den Versuch, ihn aus dem Bündnis mit der „Reaktion" (Reichswehr und Wirtschaft) herauszubrechen, zu dem er sich im Interesse des Machtgewinns bereitgefunden hätte.

Die Reichswehr wurde in Alarmzustand versetzt und suchte Hitler zu Abwehrmaßnahmen gegen Röhm zu veranlassen, was ihr auch gelang, indem Hitler, gezwungen, zwischen SA und Reichswehr zu entscheiden, sich für letztere entschied, was ihm das Vertrauen des keineswegs nationalsozialistisch eingestellten Offizierskorps der Reichswehr (wie auch später der Wehrmacht) einbrachte. Teile der Parteiführerschaft (Göring, Himmler, Heydrich) verbündeten sich zur Beseitigung des gefährlichen Rivalen. Für den 30. Juni plante Röhm eine entscheidende Aktion. Am gleichen Tag nahm ihn Hitler in Bad Wiessee fest, wo sich Röhm mit der SA-Führungsspitze befand. In unmittelbarer Folge wurden Röhm und mit ihm weitere 82 Personen, vornehmlich SA-Führer, umgebracht. Aber auch der ehemalige Reichswehrminister General von Schleicher und General von Bredow wurden erschossen, Schleicher sogar mit seiner Frau. Daß der Röhm-Putsch eine bloße Erfindung der Nazis gewesen sei, um sich unbequemer Rivalen zu entledigen, und in seiner Gefährlichkeit hochstilisiert und weit übertrieben wurde, wie es häufig in der offiziellen Zeitgeschichtsliteratur dargestellt wird, ist falsch, wie unter anderem Werner Maser in seiner umfassenden und wie kaum ein anderes Werk dokumentierten Hitler-Biographie nachweist. Demnach waren am 28. Juni 1934 in verschiedenen Orten des Reiches Militäreinheiten zu Gegenaktionen zusammengezogen worden, während anderswo tausende, vielfach von ihren Arbeitsplätzen weggeholte SS-Leute auf ihre Einsatzbefehle gegen die SA warteten. In München z.B. stand die SA voll bewaffnet auf dem Königsplatz. Vier Lastwagen Gewehre, Pistolen, Karabiner, Maschinengewehre und Munition nahm die Schutzpolizei den SA-Einheiten allein im SA-Bezirk Hanau-Land ab. Röhm hatte beispielsweise am 15. Januar 1934 ein sechsseitiges Rundschreiben mit diversen konkreten Anweisungen im Verfügungsstil an den bayrischen Ministerpräsidenten, an den Innenminister und an das Justizministerium, an den Kommandeur der politischen Polizei, den bayrischen Reichsstatthalter und Gauleiter und selbst an Heinrich Himmler gesandt und darin erklärt, daß den von ihm geleiteten SA-Führern künftig die Rolle einer Kontrollinstanz mit Wächterfunktion neben der Reichsregierung zugestanden werden müsse.

Im Gepäck des Berliner SA-Führers Karl Ernst, der am 29. Juni in Bremen vom Schiff geholt wurde, mit dem er nach Teneriffa abreisen wollte, befanden sich 40.000 Mark und eine schriftliche Vollmacht Röhms, nach gelungenem Putsch in Frankreich als Botschafter einer von Röhm kontrollierten Regierung tätig zu werden.

Obwohl zweifelsfrei nachgewiesen ist, daß es sich tatsächlich um einen von langer Hand vorbereiteten, wohlorganisierten und unmittelbar bevorstehenden Putsch gehandelt hat, den es mit voller Berechtigung zu verhindern bzw. niederzuschlagen galt, war die Aktion dennoch eine Mordtat, hinter die sich nicht nur die gesamte Parteiführung stellte, sondern sogar der greise Reichspräsident von Hindenburg sowie der Reichswehrminister von Blomberg. Von beiden erhielt Hitler Danktelegramme. Wortlaut des Hindenburg-Telegramms: „Aus den mir erstatteten Berichten ersehe ich, daß Sie durch Ihr entschlossenes Zugreifen und die tapfere Einsetzung Ihrer eigenen Person alle hochverräterischen Umtriebe im Keime erstickt haben. Sie haben das deutsche Volk aus einer schweren Gefahr gerettet. Hierfür spreche ich Ihnen meinen tiefempfundenen Dank und meine aufrichtige Anerkennung aus."

Am 30. Juli 1934 wurde ein „Gesetz über die Maßnahmen der Staatsnotwehr" veröffentlicht, in dem es hieß, daß die zur Niederwerfung hoch- und landesverräterischer Angriffe am 30. Juni, 1. und 2. Juli 1934 vollzogenen Maßnahmen (die Morde) als „Staatsnotwehr rechtens waren".

Auch wenn es sich tatsächlich um Staatsnotwehr gegen einen unmittelbar bevorstehenden Umsturzversuch gehandelt hat, so gibt es in allen zivilisierten Staaten Gesetze gegen Hoch- und Landesverrat sowie Gerichte, welche diese Gesetze anwenden, häufig unter Verhängung der Todesstrafe. So lief es aber nicht ab; die Mordaktion geschah auf Befehl Hitlers und wurde von Himmlers SS-Männern durchgeführt, ohne daß ein Verfahren eingeleitet, ein Schuldnachweis geführt, ein Gericht tätig geworden wäre. Von „rechtens" kann daher überhaupt keine Rede sein.

Die einzig ernstzunehmende Begründung wurde von Hitler selbst in seiner Reichstagsrede vom 13. Juli 1934 vorgebracht: „In dieser Stunde war ich verantwortlich für das Schicksal der deutschen Nation und damit des deutschen Volkes oberster Gerichtsherr. Meuternde Divisionen hat man zu allen Zeiten durch Dezimierung wieder zur Ordnung gerufen. Nur EIN Staat hat von seinen Kriegsartikeln keinen Gebrauch gemacht, und dieser Staat ist dafür auch zusammengebrochen: Deutschland. Ich wollte nicht das junge Reich dem Schicksal des alten ausliefern."

Wenngleich diese Begründung subjektiv ernstzunehmen ist, so bedeutet sie dennoch in keiner Weise eine Rechtfertigung oder gar Entschuldigung dieser abscheulichen Tat, vor allem, da Hitler die Gelegenheit gleich mitbenutzte, sich anderer gefährlicher Gegner aus dem konservativen Lager, wie des schon erwähnten General Schleicher oder Edgar Julius Jungs, zu entledigen. Aber selbst wenn dies nicht geschehen wäre; Deutschland hat seit damals aufgehört, ein Rechtsstaat zu sein.

Die fast einhellige Zustimmung zu diesen Liquidierungen ist nur dann zu verstehen, wenn man weiß, wie verhaßt die SA wegen ihres selbstherrlichen, eigenmächtigen und brutalen Auftretens im Volk geworden war. Die Beseitigung ihrer Führung und damit ihre praktische Entmachtung wurden tatsächlich als eine Art befreiendes Gewitter empfunden und zugleich als Abwendung der Gefahr eines bevorstehenden Umsturzes, wobei man sich vor Augen halten muß, daß die Mitgliederzahl der SA fünfmal so hoch war wie jene der Reichswehr, nähmlich rund 500.000 Mann. Allein schon dadurch stellte sie eine Gefahr und eine Art Staat im Staate dar. Das sollten all jene bedenken, die heute, im nachhinein, den Deutschen von damals einen Pauschalvorwurf daraus machen, nicht schon an dieser ersten großen Mordtat den verbrecherischen Charakter des NS-Regimes erkannt und die notwendigen Konsequenzen daraus gezogen zu haben. Wer die Zwiespältigkeit und extreme Widersprüchlichkeit im NS-Regime nicht sieht bzw. nicht sehen will, sondern immer nur die eine Seite vor Augen hat – die des Verbrechens, der Morde –, erfaßt nicht die komplexe Wirklichkeit des Dritten Reiches.

Die eigentliche Aufgabe seriöser und objektiver Geschichtsforschung liegt doch gerade darin, historische Ereignisse, Entwicklungen, Zusammenhänge und Taten – unabhängig von ihrer Bedeutung – zuerst zu erklären und im Rahmen des Möglichen verstehbar zu machen. Das ist ein unverrückbares Grundprinzip historischer Forschung. Wobei etwas verstehbar machen noch lange nicht heißt, auch Verständnis dafür zu haben, es zu rechtfertigen oder gar zu entschuldigen. Denn „verstehen" und „verständlich" ist absolut nicht das gleiche. Beides kann sich gegenseitig ausschließen.

Es muß daher auch über das Positive, über die Leistungen und Erfolge Hitlers, gesprochen werden. Nicht jedoch – und das sei mit besonderem Nachdruck betont –, um damit tatsächlich geschehene Verbrechen zu beschönigen, zu rechtfertigen oder auch nur zu relativieren, sondern einzig und allein, um die auf breitester Basis tatsächlich erfolgte und alle sozialen Schichten erfassende Zustimmung zu diesem Regime und zu Hitler erklärbar und verstehbar zu machen. Denn geschichtliche Ereignisse und Entwicklungen dieses Ausmaßes und dieser Tragweite lassen sich nicht verstehen, wenn ihre politischen, ökonomischen, sozialen und auch sozialpsychologischen Voraussetzungen und Zusammenhänge nicht erforscht und erklärt werden. Aus diesem Grund besteht heute eine augenfällige und eklatante Diskrepanz zwischen dem einseitigen Schwarz-weiß-Geschichtsbild des Dritten Reiches, so wie es in der etablierten Literatur über weite Strecken dargestellt wird einerseits, und den zunehmend differenzierten Ergebnissen unvoreingenommener und objektiver Geschichtsforschung vor allem der letzten rund zehn Jahre, die das breite Publikum jedoch nicht erreichen, weil diese Ergebnisse systematisch unterdrückt und verschwiegen werden, andererseits.

Nun zur Frage nach den tatsächlichen und unbestreitbaren Leistungen und Erfolgen, die es neben Unrecht, Terror und Verbrechen in Hitlers Politik gegeben hat. Unter den positiven Leistungen und spektakulären Erfolgen Hitlers müssen vor allem seine – alles andere in den Schatten stellende – Wirtschafts- und Sozialpolitik genannt werden. Denn sie waren es in erster Linie, die ihm die volle Zustimmung und Anhängerschaft der überwiegenden Mehrheit des Volkes aus allen sozialen Schichten einbrachten; insbesondere und zuallererst die Zustimmung der gesamten Arbeiterschaft. Es gibt heute kaum mehr einen ernstzunehmenden Historiker, der dies bestreitet.

Wirtschafts- und Sozialpolitik im Dritten Reich

Das Wirtschaftssystem des Dritten Reiches war weder Kapitalismus im eigentlichen Sinn noch sozialistische Planwirtschaft. Denn: Sowohl auf maximalen Profit – als eines der Grundgesetze kapitalistischer Wirtschaft – als auch auf Verstaatlichung des Privateigentums an den Produktionsmitteln – als eines der Grundgesetze sozialistischer Planwirtschaft – wurde verzichtet. Die Produktionsmittel blieben in der Hand der Unternehmer, um die Privatinitiative als treibenden Motor der Wirtschaft zu erhalten. Der Profit wurde allerdings auf ein solches Maß begrenzt, daß er einerseits die Privatinitiative nicht spürbar und nachhaltig hemmte oder behinderte, andererseits Profitexzesse und damit zu Lasten der Konsumenten gehende schädliche Auswüchse des kapitalistischen Systems verhinderte beziehungsweise hintanhielt. Überdies wurde der die Preise hochtreibende Zwischenhandel so weit als möglich ausgeschaltet.

Hitler suchte nach einem „Dritten Weg" zwischen Kapitalismus und Sozialismus, der die offensichtlichen Vorteile freien Unternehmertums, privater Initiative und wirtschaftlicher Konkurrenz – bei gleichzeitiger Begrenzung hemmungslosen Profitstrebens – mit den Vorteilen einer in Grenzen gehaltenen und den freien Marktmechanismus als Regulator des Systems nicht behindernden staatlichen Wirtschaftslenkung verband. Aber nicht in Form eines sogenannten „gemischten Systems", bei dem neben dem Sektor privater Wirtschaft ein zweiter Sektor verstaatlichter Wirtschaft besteht, wie z.B. in Österreich nach 1945. Entgegen der vor 1933 verbreiteten Meinung, Hitler würde von Nationalökonomie nichts verstehen, hat er bewiesen, sehr wohl etwas davon zu verstehen. Denn er hat das Wesentliche erfaßt, durchdacht und mit unglaublichem Erfolg angewendet.

Um diesen Erfolg von Hitlers Wirtschafts- und Sozialpolitik zu ermessen, muß man sich vor Augen halten, daß es im Januar 1933, im Monat seiner Machtübernahme, rund 6,5 Millionen Arbeitslose gab. Wenn man ihre Familien, die ja mitbetroffen waren, dazuzählt, so stand mithin fast ein Drittel der Bevölkerung Deutschlands am Existenzminimum und vielfach noch darunter. Dabei ist zu bedenken, daß Arbeitslosigkeit von damals mit Arbeitslosigkeit von heute nicht zu vergleichen ist. Nicht nur, weil sie seinerzeit zu 100 % echte Arbeitslosigkeit war, ohne einen hohen Prozentsatz Arbeitsunwilliger und Sozialschmarotzer, wie es heute der Fall ist, sondern auch wegen der damit verbundenen tatsächlichen Not und Hoffnungslosigkeit, die es heute dank unserer Sozialgesetzgebung und des engmaschigen sozialen Auffangnetzes gottlob in dieser Härte und diesem Ausmaß nicht mehr gibt.

Im Dezember 1934, also nach nur einem Jahr, war diese Zahl um rund 2 Millionen gesunken; 1936 war sie beseitigt. Nach vier Hitler-Jahren gab es somit Vollbeschäftigung und einen – bis dahin präzedenzlosen und alle sozialen Schichten erfassenden – Wirtschaftsaufschwung wie in keinem anderen Land. Als eine der unmittelbaren Reaktionen darauf kehrte praktisch die gesamte deutsche Arbeiterschaft der SPD und KPD, in denen sie straff organisiert und geistig beheimatet war, den Rücken, um zu Hitler umzuschwenken, womit er die kommunistische Gefahr, die es in höchstem Maße gab, bannte und den Marxismus überwand.

In seiner Rede vom 23. März 1933 vor dem Reichstag gab Hitler eine feierliche Versicherung ab. Die Schlußworte lauteten: „Die Parteien des Marxismus und seine Mitläufer haben vierzehn Jahre Zeit gehabt (Dauer der Weimarer Republik; R. C.), ihr Können zu beweisen. Das Ergebnis ist ein Trümmerfeld. Nun, deutsches Volk, gib uns die Zeit von vier Jahren, und dann urteile und richte uns!..." Er hat sein Wort gehalten. Die Bilanz der ersten vier Jahre war überwältigend.

Die von Hitler eingeleiteten und angewandten wirtschaftlichen und sozialen Erneuerungen sowie die Modernisierungswirkungen seines Kurses gewannen für die Entwicklung in der Bundesrepublik insofern eine spezifische Bedeutung, als sie von den Begründern der „sozialen Marktwirtschaft", insbesondere von Röpke und Erhard, zum Teil übernommen und eingebaut wurden, was freilich niemals offiziell zugegeben werden konnte. Denn auch die „soziale Marktwirtschaft" wurde laut Röpke als eine Art „dritter Weg" bezeichnet, den er als Lösung zwischen Kapitalismus und Sozialismus vorschlug und der – sehr ähnlich wie im Dritten Reich – im wesentlichen zwei Hauptrichtungen verfolgte: Einerseits grundsätzliches Festhalten an den liberalen Prinzipien bei gleichzeitiger Absage an das verhängnisvolle Prinzip des wirtschaftlichen „Laissez faire", d.h. Festhalten an den wichtigsten Grundsätzen kapitalistischer Wirtschaftsordnung, wie Privateigentum an den Produktionsmitteln, Konkurrenz, Marktmechanismus. Andererseits viel stärkere Betonung und Einbindung der sozialen Komponente und erheblich vermehrter staatlicher Interventionismus mit dem Hauptzweck und Ziel, mögliche Fehlentwicklungen, Ungerechtigkeiten und Auswüchse des kapitalistischen Wirtschaftssystems hintanzuhalten bzw. von vornherein zu verhindern. Der unglaubliche Erfolg dieses Wirtschaftssystems ist bekannt. Es ist das sogenannte „Deutsche Wirtschaftswunder" der Nachkriegszeit.

Weniger bekannt hingegen, weil systematisch unterdrückt und verschwiegen, ist der mindestens ebenso unglaubliche Erfolg des Wirtschaftssystems im Dritten Reich, den heute selbst überzeugte Gegner des Nationalsozialismus zugeben, wie z.B. Sebastian Haffner, wenn er in seinem Nachwort zu Walter Kempowskis Buch „Haben Sie Hitler gesehen?" schreibt: „Von Hitlers Wirtschaftswunder spricht heute keiner mehr. Es hat's aber gegeben, und es war für die Mitlebenden ein größeres Wunder als später (1948–1955) die Erhard'sche Wiederaufbaukonjunktur."

Da dieser Erfolg von der offiziellen Geschichtsinterpretation jedoch nicht zugegeben werden kann, weil es im Dritten Reich nichts Positives geben darf, wurde die Behauptung aufgestellt, daß Vollbeschäftigung nur durch Hitlers massive, von Anbeginn für einen europäischen Angriffskrieg geplante Aufrüstung erreicht werden konnte. Dies ist eine der zahlreichen Legenden, die sich trotz eindeutiger Widerlegung durch die nackten Zahlen und Wirtschaftsstatistiken hartnäckig hält.

Die Vollbeschäftigung für alle Arbeitsfähigen ist bis 1936 – das Jahr, in dem sie erreicht wurde – entgegen dieser Legende nicht durch forcierte Aufrüstung erreicht worden, sondern durch ein äußerst wirksames Arbeitsbeschaffungs- und Investitionsprogramm mit den Schwerpunkten Industrie (nicht primär Rüstungsindustrie), Landwirtschaft, Verkehr, Straßen- bzw. Autobahnbau, Energiewesen, Wohnungsbau, öffentliche Verwaltung. Erst ab 1935/36 begann die Aufrüstung – zunächst in einem für eine Großmacht ganz normalen Rahmen –, um dann ab 1937 eine wichtigere Rolle zu spielen. Auf Hochtouren und mit absoluter Priorität lief sie erst ab 1943/44, also mitten im Krieg, wovon in einem späteren Kapitel noch zu sprechen sein wird.

Zu diesem Thema schreibt Sebastian Haffner in „Anmerkungen zu Hitler": „Es ist oft behauptet worden, Hitlers Wirtschaftswunder und sein militärisches Wunder seien im Grunde dasselbe gewesen, die Arbeitsbeschaffung sei ganz oder doch im wesentlichen durch die Aufrüstung erfolgt. Das stimmt nicht. Gewiß schaffte die allgemeine Wehrpflicht einige hunderttausend potentielle Arbeitslose von der Straße... Aber die große Mehrheit der sechs Millionen Arbeitslosen, die Hitler vorgefunden hatte, fand ihre Wiederbeschäftigung in ganz normalen zivilen Industrien..."

Zum gleichen Thema schreibt u.a. der US-Historiker Burton Klein von der Harvard-Universität in „Germanys economic preparation for war" (1955): „Bis zur Zeit der deutschen Wiederbesetzung des Rheinlandes im Frühjahr 1936 war die Wiederaufrüstung hauptsächlich ein Mythos..." Oder: „Von einem Aufrüstungsprogramm, das so umfangreich gewesen sei, daß es eine grundlegende Wiederbelebung der zivilen Produktion verhindert hätte, kann keine Rede sein." Und schließlich noch: „Die öffentlichen Ausgaben für nicht-militärische Zwecke waren 1937 und 1938 viel höher als irgendein früherer Höchststand."

In diesem Zusammenhang ist noch eine andere Legende erwähnenswert: Jene um den Autobahnbau, der, wie schon erwähnt, einen Schwerpunkt in Hitlers Arbeitsbeschaffungsprogramm bildete, obwohl nur 5 % aller Arbeitslosen, nämlich 220.000 Menschen, damit beschäftigt waren. Der Bau von Autobahnen – so behauptet die Umerziehungsliteratur standhaft – sei vor allem im Hinblick auf den geplanten Krieg für den Massentransport von Kriegsmaterial unternommen worden. Dabei weiß jeder Feldwebel (und auch der Gefreite Hitler), daß die Eisenbahn für den Massentransport schweren und überschweren Kriegsmaterials, wie Panzer oder schwere Artillerie, viel geeigneter ist als die Autobahn, schon allein deshalb, weil die Betondecke für solch überschwere Massentransporte zu dünn war. Nichtsdestotrotz hat sogar diese alberne Legende Eingang in die Schulbücher gefunden und scheint deshalb unausrottbar.

Nach katastrophaler wirtschaftlicher Lage in den letzten Jahren der Weimarer Republik ist es Hitler somit tatsächlich gelungen, innerhalb von vier Jahren die

Massenarbeitslosigkeit zu beseitigen und einen alle gesellschaftlichen Schichten erfassenden Wohlstand zu schaffen, der alle Erwartungen im In- wie auch im Ausland übertraf. Um diesen Erfolg zumindest abzuschwächen – denn ganz leugnen kann man ihn nicht –, wird in einigen Darstellungen behauptet, die Wirtschaftskrise wäre im Sommer 1932 an ihrem Tiefpunkt gestanden, und es hätte bereits im Herbst des gleichen Jahres einen zwar langsamen, aber deutlich registrierbaren Aufschwung gegeben. Das ist falsch, denn das damalige statistische Reichsamt bezeichnete das gesamte Jahr 1932 als „Depression" und erst die zweite Hälfte 1933 als „Erholung", wie Hans Jürgen Eitner in „Hitlers Deutsche" eindeutig nachweist.

Diese unglaubliche Wende war die entscheidende Voraussetzung für die Stabilisierung des NS-Regimes und die Unterstützung von Hitlers Politik durch die überwiegende Mehrheit des Volkes. „Erst damit gewinnt Hitler neun Zehntel aller Deutschen für sich", schrieb Golo Mann rückblickend im Juli 1982 im „Rheinischen Merkur".

Für diese neun Zehntel bedeutete das Dritte Reich in der Tat die Rückkehr zu normalen Zeiten, geordneten Verhältnissen, zu geregelter Arbeit, sozialer Sicherheit, gesichertem Einkommen, wirtschaftlicher Prosperität und, vor allem, zur Wiederherstellung des Vertrauens in die Zukunft als dem eigentlichen Fundament wirtschaftlicher Gesundung. Dabei wurde der Übergang von der Depression zur Wirtschaftsblüte ohne Inflation erreicht – bei völlig stabilen Löhnen und Preisen. Dies ist später nicht einmal Ludwig Erhard gelungen. Dieses unglaubliche Finanzkunststück war vor allem das Werk von Hitlers Wirtschaftsminister Hjalmar Schacht. Aber Hitler hatte ihn – der nie ein „Nazi" war – geholt. Selbst Rudolf Augstein, Herausgeber des linksliberalen „Spiegel" und gewiß nicht für Nazi-Sympathie anfällig, schrieb 1989 in einem Artikel „100 Jahre Hitler": „Man mußte damals ein Gegner, ja ein Feind Hitlers sein, um das, was er tat, schlecht zu finden... Es war jetzt bald unmöglich, ein Antinazi zu werden, wenn man es nicht schon war."

Diese allgemeine Zustimmung zu Hitlers Politik fand auch ihren Niederschlag in der Zusammensetzung der NSDAP. Die zeitgenössische Interpretation, derzufolge sie vornehmlich eine Kleinbürgerbewegung war, weder für die Ober- noch für die Unterschicht attraktiv, ist grundfalsch. Selbst ein Historiker wie Martin Broszat wendet sich gegen diese Legende. Die NSDAP war vielmehr die erste wirkliche Integrationspartei.

Ebenso unzutreffend und töricht ist jenes Hitlerbild, das ihn als ungebildeten, halb wahnsinnigen Diktator mit Schaum vor dem Mund präsentiert, der sich in Wutanfällen auf den Teppich wirft, um sich schlägt und ihn zerbeißt. Ganz in diesem Sinn schreibt Ernst Nolte in seinem umfassenden Werk „Streitpunkte" über Hitler: „Es kann sich unmöglich um einen bloßen Bohemien, Faulpelz, ungebildeten Kuchenverschlinger und nicht einmal um einen bloßen Fanatiker gehandelt haben, der sich mit Hilfe einer Schar von Landsknechten, Dummköpfen, Säufern, Prahlhänsen und Nichtstuern auf der Grundlage von Hintertreppenintrigen die Macht über ein modernes Land verschaffte und dessen Bevölkerung durch einen gnadenlosen Terror in einen sinnlosen und von vornherein verlorenen Krieg hineinzwang..."

Im gleichen Zusammenhang ist das vom deutsch-jüdischen Emigranten Peter Stern 1981 erschienene Buch „Hitler – Der Führer und das Volk" von besonderem Interesse. Darin erklärt der Autor als sein Ziel, „Verständnis für die scheinbar unerklärliche Anziehungskraft Hitlers zu gewinnen" und scheut vor der Behauptung nicht zurück, die wahre Natur des Mannes werde durch die Clownerie eines Charlie Chaplin oder durch die witzlose Komödie eines Bert Brecht eher verschleiert und trivialisiert denn erklärt; ja es sei der gesamten schönen Literatur nicht gelungen, „die zentrale Gestalt der deutschen und europäischen Geschichte im ersten Drittel des 20. Jahrhunderts zu erhellen..."

Nach Sterns Auffassung darf und muß wieder festgestellt werden, daß Hitlers politischer Erfolg „in der deutschen Geschichte seinesgleichen nicht hatte" und daß einer ganzen Reihe von militärischen Erfolgen Hitlers „in der modernen Geschichte nichts zur Seite gestellt werden kann".

Ein wirklich objektives Bild dieses zweifellos ganz außergewöhnlichen Menschen wird in der Flut der Hitlerliteratur nur in wenigen seriösen und wissenschaftlich fundierten Werken vermittelt, wie (neben den erwähnten) etwa in den Hitler-Biographien von Joachim Fest oder Werner Maser, und, was seine Jugend betrifft, in Brigitte Hamanns „Hitlers Wien", in Verbindung mit August Kubizeks „Adolf Hitler – Mein Jugendfreund", das Hamann als eine reichhaltige und für die frühe Zeit Hitlers einzigartige Quelle bezeichnet. Vor allem aber sind „Hitlers Tischgespräche" von Henry Picker zu nennen, die in der Weltpresse als eine „unersetzliche Primärquelle" und als „a scientific document of the highest order" bezeichnet werden. Denn diese Niederschriften, die nicht im nachhinein aus der Erinnerung oder aufgrund von überlieferten Dokumenten entstanden sind, sondern unmittelbar und sofort von Picker als täglichem Tischgast bei Hitlers allabendlicher Tafelrunde während des Krieges gemacht wurden, halten fest, wie Hitler sich im Kreis seiner etwa 26 Mitarbeiter im Führerhauptquartier gab. Wie er seine Auffassungen, Entscheidungen und Maßnahmen interpretierte und sich zu den Problemen des Lebens und des Glaubens, des Volkes, der Staatsverwaltung, der Wirtschafts- und Sozialpolitik, aber ebenso auch der Kunst, der Geschichte und der Kultur stellte. Picker: „Hitler verstand es, gleichsam mit magischem Zwang Deutsche wie Ausländer in seinen Bann zu ziehen und auch widerstrebende Zuhörer zu seiner Ansicht zu bekehren. Lag das an der Fülle seiner Beispiele oder an seiner erstaunlichen Intelligenz...? Lag seine Wirkung in der Unzahl an Detailkenntnissen, mit denen er, der Autodidakt, seine Besucher verblüffte und die er ständig durch Lesen zu erweitern bestrebt war...? Oder lag es an der verblüffenden Phantasie oder an seinem ausgeprägten Gefühl persönlicher Überlegenheit...?" Und an anderer Stelle: „Für den Leser, der glaubt, daß Hitler... in seinem persönlichen Umgang durch Allüren eines Räuberhauptmannes gekennzeichnet gewesen sein muß, mögen meine Aufzeichnungen deutlich machen, daß Hitler seinen unwahrscheinlichen Nimbus im Gegenteil durch betont menschliches Auftreten, größte Selbstbeherrschung, spartanisch einfachste Lebensführung und eine geradezu virtuose Einzel- und Massenbehandlung erlangte."

Hitler können geniale Züge nicht abgesprochen werden – wozu allerdings bemerkt werden muß, daß Genialität keineswegs nur im positiven Sinn zu verstehen ist. Sie kann auch Züge bis hin zum Diabolischen aufweisen.

Es ist eine Tatsache, daß Hitler sich zu Recht vom deutschen Volk gestützt wußte, und zwar jenseits aller politischen Meinungen und unterschiedlichen Weltanschauungen – auch von der katholischen Kirche.

Vermutlich unter dem Eindruck von Hitlers erster Rundfunkansprache, dem „Aufruf der Reichsregierung an das Deutsche Volk" vom 1. Februar 1933, worin er u.a. das Christentum als „die Basis unserer gesamten Moral" bezeichnete, und im Hinblick auf den unmittelbar bevorstehenden Abschluß des Konkordates zwischen dem Deutschen Reich und dem Vatikan erklärte im Juni 1933 der damalige Nuntius in Berlin und spätere Papst Pius XII., Eugenio Pacelli: „Für einen frommen Katholiken in Deutschland ist es konsequent, ein Nationalsozialist zu sein."

Von einem tatsächlichen Widerstand der Kirche, wie sich die heutige Zeitgeschichtsforschung nachzuweisen bemüht, konnte keine Rede sein. Denn, wie Hellmut Diwald in seinem Werk „Die Geschichte der Deutschen" nachweist, beschränkte sich die katholische Kirche nach Abschluß des Konkordates am 30. Juli 1933 auf eine gewisse Distanz zum NS-Regime, bei der allerdings die Zustimmung gegenüber der Ablehnung überwog und die, im großen und ganzen, nur von vereinzelten Widerstands- und Protestaktionen mutiger Priester durchbrochen wurde. Beispielhaft dafür war der Bischof von Münster, Clemens Graf von Galen, dem es dank seiner mutigen Predigten, in denen er die Verantwortlichen als „Mörder" bezeichnete, gelang, das Euthanasieprogramm zu stoppen.

Im übrigen war „aller Widerstand", auch der zivile um Goerdeler und der militärische um Stauffenberg, „ein Widerstand ohne Volk", wie Joachim Fest in seinem Standardwerk „Staatsstreich – Der lange Weg zum 20. Juli" schreibt und dazu vermerkt, daß die laufenden Stimmungsberichte des Sicherheitsdienstes (SD) nach den Tagen des Attentats auf Hitler am 20. Juli 1944 sogar eine steigende Popularität Hitlers ergaben.

Auch im Ausland war man über den unglaublichen Erfolg von Hitlers Wirtschafts- und Sozialpolitik verblüfft. Dies um so mehr, als man überzeugt war, er würde an unüberwindlichen Hindernissen scheitern. Für diese Erfolge wurde Deutschland bewundert und zugleich beneidet. Sogar Hitlers erbittertster Feind und großer Gegenspieler im Zweiten Weltkrieg, Winston Churchill, sagte in einer Rede vom 11. November 1937: „Man mag Hitlers System verabscheuen und dennoch seine patriotische Leistung bewundern. Sollte unser Land einmal besiegt werden, so hoffe ich, daß wir einen ebenso bewundernswerten Vorkämpfer finden, der unseren Mut neu belebt und uns auf unseren Platz unter den Nationen zurückführt." Auch in seinem Buch „Great Contemporaries" schreibt er in ähnlichem Sinn, daß er hoffe, Großbritannien würde einen Hitler finden, „wenn es jemals in so furchtbare Situationen gelangen sollte wie Deutschland nach dem Ersten Weltkrieg".

Ein Jahr zuvor, am 17. September 1936, schrieb der ehemalige englische Kriegspremier und unerbittliche Feind Deutschlands in Versailles, Lloyd George, im „Daily Express" die folgenden Sätze: „Ich bin eben von einem Besuch in Deutschland zurückgekehrt. Ich habe jetzt den berühmten deutschen Führer gesehen und auch etliches von dem großen Wechsel, den er herbeigeführt hat. Was immer man von seinen Methoden halten mag – es sind bestimmt nicht die eines parlamentarischen Landes –, besteht kein Zweifel, daß er einen wunderbaren Wandel im Denken des Volkes herbeigeführt hat. Zum erstenmal nach dem Krieg herrscht ein allgemeines Gefühl der Sicherheit. Die Menschen sind fröhlicher. Über das ganze Land verbreitet sich die Stimmung allgemeiner Freude. Es ist ein glücklicheres Deutschland... Dieses Wunder hat ein Mann vollbracht. Die Tatsache, daß Hitler sein Land von der Furcht einer Wiederholung jener Zeit der Verzweiflung, der Armut und Demütigung erlöst hat, hat ihm im heutigen Deutschland unumstrittene Autorität verschafft. Es ist nicht die Bewunderung, die einem Volksführer gezollt wird. Es ist die Verehrung eines Nationalhelden, der sein Land aus völliger Hoffnungslosigkeit und Erniedrigung errettet hat. Er ist der George Washington Deutschlands, der Mann, der seinem Land Unabhängigkeit von allen Bedrückern gewann."

Der britische Außenminister Anthony Eden beschreibt in seinen Memoiren „Facing the dictators" u.a. ein Gespräch mit Hitler aus dem Jahre 1934: „Er wußte genau, worüber er sprach, und je länger das Gespräch fortschritt, um so mehr zeigte er sich als vollständiger Kenner und Meister des Gesprächsthemas. Nicht ein einziges Mal fand er sich in einer Lage, in der er auf von Neurath (damaliger deutscher Außenminister) oder auf irgendeinen Beamten der Wilhelmstraße zurückgreifen mußte."

Wenn schon ausländische Staatsmänner mit einer natürlichen Distanz zum Dritten Reich zu solchen Urteilen gelangten, wie kann man dann den Deutschen den Kollektivvorwurf machen, aus damaliger Sicht – und nicht aus der von nach 1945 – für Hitler gewesen zu sein, wo doch die halbe Welt ihn bewunderte, hofierte und Deutschland beneidet wurde? Beneidet vor allem von der Arbeiterschaft in den europäischen Nachbarländern wegen der sozialen Leistungen und Errungenschaften, die einem Industriearbeiter außerhalb Deutschlands als Erfüllung eines für ihn unerreichbaren Wunschtraumes erscheinen mußten. Dazu nun im folgenden einige Beispiele.

Soziale Leistungen und Errungenschaften
im Dritten Reich

Die Organisation „Kraft durch Freude" (KdF), eine Unterorganisation der „Deutschen Arbeitsfront" (DAF), der Nachfolgerin der aufgelösten Gewerkschaften, war die populärste NS-Organisation. Sie erfand das Wort „Freizeitgestaltung". Es wurden Urlaubsfahrten, Ausflüge, Sportkurse (sogar Tennis, Reiten, Fechten), Volkswagen-Sparen etc. angeboten – Dinge, die die vorangegangenen Gewerkschaften nicht präsentieren konnten und die es erst heute, im modernen sozialen Wohlfahrtsstaat, wieder gibt. Vor 1933 konnten sich Arbeiter Urlaubsreisen finanziell kaum leisten oder ins Theater gehen, einen Sport erlernen, wie z.B. Tennis oder Reiten, Weiterbildungskurse besuchen. Eine Reise auf einem Luxusdampfer war für sie etwas ganz Unvorstellbares, das sie nur aus dem Kino kannten – ein Privileg für die reiche Oberklasse. Auf Anordnung Hitlers wurde eine KdF-Flotte gebaut. 1937 lief die „Wilhelm Gustloff" vom Stapel, 1938 die „Robert Ley", beide in Komfort und technischem Standard Luxusdampfern ebenbürtig. Die „Robert Ley", das größere Schiff von beiden, bot 1700 Passagieren allen Komfort: Theatersaal, drei Speisesäle, Sporthalle, Leseraum mit Bibliothek. Den Passagieren standen 48 Badezimmer, 10 Duschen, 145 Toiletten zur Verfügung. Für Krankheitsfälle waren zwei Ärzte und ein Zahnarzt an Bord. Bei Kriegsausbruch 1939 besaß „Kraft durch Freude" zwölf Schiffe mit 200.000 BRT, die dann im Krieg als Truppentransporter und Lazarettschiffe dienten. Die KdF-Schiffe beförderten jährlich rund 100.000 Passagiere. Es gab nur eine Einheitsklasse für Zwei- und Vierbettkabinen. Eine zehntägige KdF-Urlaubsreise nach Spitzbergen kostete z.B. alles in allem 76 Reichsmark, eine achttägige Ostsee-Urlaubsreise 32 RM, bei einem Durchschnitts-Industrie-Wochenlohn von 28 RM. Und der damals berühmt gewordene vierzehntägige Madeira-Urlaub nur 50 RM. Diese KdF-Reisen, die sich jeder Industriearbeiter leisten konnte, waren ein absolutes Novum moderner Sozialtouristik, wie es dies nicht einmal heute gibt.
Ein weiteres Beispiel ist der Volkswagen. Hitler hatte 1933 die damals phantastisch anmutende Idee, ein staatlich subventioniertes Kleinauto für die breiten Massen bauen zu lassen. In seiner Rede vom 7. März 1934, zur Eröffnung der internationalen Automobilausstellung in Berlin, forderte er das autobahnfeste Volksauto für zwei Erwachsene und drei Kinder. Es sollte 100 km/h schnell sein, 6,5 Liter Benzin je 100 km verbrauchen, einen luftgekühlten Motor gegen winterliches Einfrieren haben und unter 1.000 RM kosten. Zum Vergleich: Der „Hanomag"-Zweisitzer, das damals kleinste und billigste Auto, kostete rund 2.000 RM. Hitler wollte, daß das Auto „vom Luxusobjekt einzelner zum Gebrauchsobjekt für alle" wird. Konstrukteur des gegen den Willen der etablierten deutschen Autoindustrie geforderten Volkswagens wurde der weltbekannte sudetendeutsche Ingenieur Ferdinand Porsche (1875–1951).
Heute, da in den westlichen Industrieländern das Auto vom Luxusobjekt für

Reiche längst zum Gebrauchsobjekt für fast jeden geworden ist, kann man sich kaum mehr vorstellen, was es damals für einen Industriearbeiter bedeutete, Autobesitzer zu sein und damit ein Stück praktischer „Freiheit" zu erhalten, die ihm Ausflüge in die freie Natur, Urlaubsreisen mit der Familie, Spritztouren zu Freunden etc. ermöglichte und ihn zugleich mit den „Oberen", zumindest in dieser Hinsicht, gleichstellte. Der Volkswagen war eine zukunftweisende soziale Errungenschaft, die es ihresgleichen auf der Welt nicht gab – außer in Amerika, wo Henry Ford, Hitlers Vorbild für dieses Projekt, ähnliches unternahm – und die den Massen tatsächlich ein neues Lebensgefühl vermittelte, das nicht unwesentlich dazu beitrug, Klassengegensätze und Neid – Nährboden des Marxismus – abzubauen.

Ein drittes Beispiel ist die „Nationalsozialistische Volkswohlfahrt", die NSV. Am 24. März 1934 wurde sie, mit der Inneren Mission, der Caritas und dem Deutschen Roten Kreuz zusammengeschlossen, zur dominierenden Organisation. 1939 hatte die NSV über 11 Millionen Mitglieder und rund 1,25 Millionen freiwillige Helfer. Sie wurde damit nach der DAF (Deutschen Arbeitsfront) die zweitgrößte Massenorganisation und die größte Organisation für Volksfürsorge, die es nicht nur in Deutschland, sondern auf der ganzen Welt je gegeben hat. Ihre Hauptaufgaben waren: Winterhilfsaktionen, Kinderlandverschickung, Heime, Kriegsopferversorgung, Notküchen, u.a.m.. Das NSV-Hilfswerk „Mutter und Kind" war zuständig für kurzfristige wirtschaftliche Soforthilfe und langfristige vorbeugende Gesundheitspflege. Es befaßte sich ferner mit Arbeitsplatzhilfe, Fürsorge für werdende Mütter sowie Müttererholungsfürsorge, Ernährungsbeihilfen für Bedürftige, Erziehungsberatung, Haushaltshilfen für kinderreiche Familien und ähnliches. Nach dem Motto „Einer für alle, alle für einen!" sollte sich der Befürsorgte in seiner Not von der Gesamtheit – der „Volksgemeinschaft" – beachtet wissen und der Helfer sich seiner Verantwortung gegenüber Notleidenden bewußt werden.

Zu dieser zweifellos fortschrittlichen und für die damalige Zeit ganz einmaligen und beispielhaften sozialen Hilfeleistung ist allerdings eines hinzuzufügen, das ihren hohen humanitären und ethischen Stellenwert herabsetzt: Sogenannte Asoziale, d.h. Trinker, Homosexuelle, Dirnen, Arbeitsscheue sowie Angehörige „minderwertiger" Rassen, wie z.B. Juden, blieben von der NSV ausgeschlossen. Sie wurden der privaten und kirchlichen Fürsorge anheimgegeben.

Was zum Abschluß noch erwähnenswert erscheint, ist die Agrarpolitik der NS-Regierung zugunsten des überaus gefährdeten Bauernstandes. Dies um so mehr, als sie heute für all jene, denen der Erhalt der bäuerlichen Landwirtschaft ein Anliegen ist, selbstverständlich uneingestanden und ganz verschwiegen weitgehend als Vorbild dient.

Seit 1933 wurde für die Landwirtschaft mit der Festsetzung von Preisen, Erzeugungskontingenten und Einzelhandels-Gewinnspannen die freie Marktwirtschaft praktisch aufgehoben. Die Inlandspreise wurden von den schwankenden und spekulativen Weltmarktpreisen abgeschirmt. Die Marktordnung des Dritten Reiches schützte den Produzenten bei guten Ernten vor Schleuderpreisen und bei schlechten den Verbraucher vor Preistreibern (wie auch in der Industrie der Konsument vor Preistreibern durch Begrenzung des Profits geschützt wurde). In keinem Wirtschaftszweig wurde das ökonomische Risiko derart verringert wie in der Landwirtschaft. Dies hatten die Bauern in der vorangegangenen schweren Wirtschaftskrise gefordert. Hitler erfüllte diese Forderung in ungeahnter Weise. Während bis 1932 die Erlöse in der Landwirtschaft auf zwei Drittel von 1928 abgesunken waren, stiegen sie bis 1938 um 67 % auf 10,7 Milliarden RM und übertrafen damit das Ergebnis von 1928 ganz beträchtlich. Die deutsche Landwirtschaft war 1938/39 im großen und ganzen saniert, der Bauernstand erhalten und gestärkt, wozu das am 29. September 1933 ergangene „Reichserbhofgesetz" wesentlich beigetragen hatte. In Anlehnung an das alte deutsche „Anerbenrecht" enterbte es die Miterben zugunsten des erstgeborenen „Anerben". Diesem Gesetz zufolge waren Erbhöfe, von denen es etwa 650.000 gab, „grundsätzlich unveräußerlich, unpfändbar und unbelastbar". Damit wurden die mittleren bäuerlichen Besitzverhältnisse (ab 7,5 Hektar) stabilisiert, aber auch die enterbten Bauernsöhne verstärkt in die Stadt zu einträglicher Arbeit gelenkt. Nur Eigentümer von Erbhöfen durften sich Bauern nennen. Alle anderen, je nach Hektargröße: Landwirte, Gutsbesitzer oder Großgrundbesitzer. Das Bauerntum im Dritten Reich erhielt somit unter den Berufsständen eine nahezu romantisch-verklärte Sonderstellung, was seinen bleibenden Eindruck bei den Bauern nicht verfehlte.

45

3. KAPITEL

Hitlers „Machtergreifung" und die Hauptmotive seiner Politik

Der zumeist verwendete Ausdruck „Machtergreifung" ist irreführend, da er die Vermutung der Usurpation nahelegt. Hitler hat die Macht nicht „ergriffen", sondern er wurde am 30. Januar 1933 auf völlig legale, verfassungsmäßige Weise vom Staatsoberhaupt, dem greisen Feldmarschall Paul von Hindenburg, in das Amt des Reichskanzlers berufen. Die eigentliche Zäsur – nämlich das Ende der Weimarer Republik und der Beginn der nationalsozialistischen Herrschaft – fällt jedoch nicht auf den 30. Januar, sondern auf den 23. März 1933. Denn an diesem Tag stimmte der Reichstag, in dem noch die alten politischen Parteien vertreten waren, mit der überwältigenden Mehrheit von 444 Ja- gegen 94 Nein-Stimmen dem sogenannten „Ermächtigungsgesetz" zu, welches die Weimarer Verfassung außer Kraft setzte. Erst durch dieses Gesetz erhielt Hitler die absolute Macht. Die Abgeordneten des Reichstages stimmten nicht nur mit zwei Dritteln (was genügt hätte), sondern sogar mit vier Fünfteln aller Stimmen für das Ermächtigungsgesetz. Somit vollzog sich auch Hitlers zweiter Schritt – jener zur Erringung der absoluten Macht – auf völlig legale, demokratische Weise. Dabei muß man bedenken, daß er selbst und seine Partei, die NSDAP, von Anbeginn, schon lange bevor sie an die Macht kamen, immer wieder öffentlich und ganz unmißverständlich erklärt hatten, mit den Grundlagen der Weimarer Demokratie nichts zu tun haben zu wollen, ja daß sie von Demokratie, Mehrparteiensystem und Parlamentarismus überhaupt nichts hielten und grundsätzlich antidemokratisch eingestellt seien. Dies resultierte aus Hitlers Überzeugung, daß die Demokratie außerstand sei, die marxistische und damit kommunistische Gefahr zu bannen, womit er im Hinblick auf die Weimarer Republik nicht unrecht hatte. Es trifft daher nicht zu, wie oft behauptet wird, daß Hitler und seine Parteigänger das Volk hinters Licht geführt, ein falsches Spiel getrieben oder mit irreführenden Versprechungen oder Versicherungen die totale Macht erschlichen hätten. Alle Abgeordneten der alten Parteien, die am 23. März 1933 die Vollmacht erteilten, wußten bzw. mußten wissen, daß Hitler und seine NSDAP mit Mehrparteiensystem, Parlamentarismus und Demokratie brechen würden, sobald sie an die Macht kämen. Es ist daher erstaunlich, daß sie dennoch dem Ermächtigungsgesetz, das offiziell „Gesetz zur Behebung der Not von Volk und Reich" hieß, mit überwältigender Mehrheit zustimmten und sich damit praktisch selbst aufgaben. Joachim Fest spricht in diesem Zusammenhang in seinem Buch „Staatsstreich – Der lange Weg zum 20. Juli" vom „widerstandslosen Erlöschen aller formierten politischen Kräfte von links bis rechts".

Die Zustimmung lag wohl daran, daß infolge der politischen, wirtschaftlichen und sozialen Krisensituation in der Weimarer Republik Volk und Reich tatsächlich in äußerster Not waren. Denn man muß bedenken, daß von den vierzehn Jahren ihres Bestehens die ersten fünf (1919–1923) eine Zeit des begrenzten Bürgerkrieges zwischen Kommunisten einerseits sowie Reichswehr und Freikorps andererseits waren. Allein in diesen ersten fünf Jahren ereigneten sich mehr als zwanzig kommunistische blutige Aufstände und Umsturzversuche mit zahlreichen Toten, die alle direkt aus Moskau gesteuert wurden und die Errichtung einer „Diktatur des Proletariats" nach bolschewistischem Muster zum Ziel hatten. Überdies waren die ersten fünf Jahre von einer rasanten Inflation geprägt, die den Wert der deutschen Währung auf den billionsten Teil ihrer früheren Kaufkraft verringerte und damit den meisten Menschen ihre letzten Ersparnisse raubte. Und nach einigen ruhigen Jahren kam ab 1928/29 eine Zeit der Massenarbeitslosigkeit und bittersten sozialen Not, nicht zuletzt auch Folge der wirtschaftlichen Bestimmungen des Versailler Friedensdiktates, wie etwa Demontage der deutschen Wirtschaft, Beschlagnahme der deutschen Handelsflotte und aller modernen deutschen Industrieausrüstungen, Enteignung des deutschen Auslandsvermögens und Auferlegung der die Deutschen völlig auspowernden Reparationen in der Höhe von 132 Milliarden Goldmark.

Auch muß man sich vor Augen halten, daß infolge der permanenten parlamentarischen Instabilität die Deutschen in diesen vierzehn Jahren bei acht Reichstagswahlen siebzehn Kabinette unter zwölf verschiedenen Kanzlern erlebten. Niemals in den vierzehn Jahren gab es den Normalfall, daß die Regierungskoalition eine Regierungsperiode andauerte. Somit hat letzten Endes die Unfähigkeit der Weimarer politischen Parteien, eine funktionsfähige, stabile Demokratie zu errichten und zu erhalten, die Hitlerdiktatur heraufbeschworen. „Die Weimarer Demokratie scheiterte nicht an Hitler, sondern Hitler war die letzte Konsequenz ihres Scheiterns" (Mommsen).

Vor diesem historischen Hintergrund auf der einen, Hitlers genialer Rednergabe sowie der überzeugenden Kraft seiner Argumente auf der anderen Seite, muß man die Zustimmung zum Ermächtigungsgesetz sehen, um sie verständlich zu machen. Die Reden der Parteivorsitzenden im Reichstag scheinen dies zu bestätigen. So begründete etwa der Vorsitzende der Fraktion der Zentrumspartei, Prälat Kaas, das Ja seiner Parteigenossen u.a. so: „Die gegenwärtige Stunde kann für uns nicht im Zeichen der Worte stehen... Ihr einziges, ihr beherrschendes Gesetz ist das der raschen, bewahrenden, aufbauenden und rettenden Tat... Die Deutsche Zentrumspartei... setzt sich in dieser Stunde... bewußt und aus nationalem Verantwortungsgefühl über alle parteipolitischen und sonstigen Bedenken hinweg... Im Angesicht der brennenden Not, in der Volk und Staat gegenwärtig stehen, im Angesicht vor allem der Sturmwolken, die in Deutschland und um Deutschland aufzusteigen beginnen, reichen wir in dieser Stunde allen, auch früheren Gegnern, die Hand, um die Fortführung des nationalen Rettungswerkes zu sichern, die Wiederherstellung geordneten Staats- und Rechtslebens zu beschleunigen und chaotischen Entwicklungen einen festen Damm entgegenzusetzen... Daher gibt die Deutsche Zentrumspartei dem Ermächtigungsgesetz ihre Zustimmung."

Die Zustimmung der Bayerischen Volkspartei begründete bei der Reichstagssitzung der Abgeordnete Ritter von Lex u.a. mit folgenden Worten: „...Nach unserer Anschauung muß auch die weitestgehende Ermächtigung dort ihre Grenzen finden, wo die ewigen Fundamente einer christlichen und nationalen Volksgemeinschaft in Frage stehen... Die Ausführungen, die Sie, Herr Reichskanzler, in der Regierungserklärung heute gemacht haben, haben meine Bedenken gemildert. Wir sind daher in der Lage, dem Ermächtigungsgesetz unsere Zustimmung zu erteilen."

Für die Deutsche Staatspartei, die durch eine Listenverbindung mit der SPD in den Reichstag gelangt war, meldete sich bei der Debatte um das Ermächtigungsgesetz Reinhold Maier zu Wort, der spätere FDP-Minister und -Vorsitzende: „...Wir fühlen uns in den großen nationalen Zielen durchaus mit der Auffassung verbunden, wie sie heute von dem Herrn Reichskanzler vorgetragen wurde... Wir leugnen auch keineswegs, daß Notzeiten besondere Maßnahmen erfordern... Wir verstehen, daß die gegenwärtige Reichsregierung weitgehende Vollmachten verlangt... Im Interesse von Volk und Vaterland... werden wir unsere ernsten Bedenken zurückstellen und dem Ermächtigungsgesetz zustimmen."

Auch der Vorstand des Gewerkschaftsbundes gab am 9. April 1933 der Regierung Hitler folgende Erklärung ab: „Getreu seiner Aufgabe, am Aufbau einer sozialen Ordnung des deutschen Volkes mitzuwirken... erklärt sich der Allgemeine Deutsche Gewerkschaftsbund bereit, die von den Gewerkschaften in jahrzehntelanger Wirksamkeit geschaffenen Selbstverwaltungsorganisationen der Arbeitskraft in den Dienst des neuen Staates zu stellen."

Daß in Deutschland die NSDAP die Macht übernommen hatte und Hitler eine autoritäre bzw. diktatorische Staatsführung errichtete, war in der damaligen Zeit zudem nichts Außergewöhnliches oder Spezifisch-Deutsches. Es lag sozusagen im Trend der allgemeinen europäischen Nachkriegsentwicklung, die 1922 mit Mussolinis Faschismus in Italien begonnen und in der Folge in einem Großteil Europas zu mehr oder minder autoritären oder diktatorischen Regimen geführt hatte: Türkei 1923, Spanien 1923–1930 und dann wieder ab 1936, Polen 1926, Jugoslawien 1929, Portugal ab 1930, Rumänien 1932, Ungarn 1932, Österreich (Ständestaat) 1933. Ebenso hatten Bulgarien, Albanien und Griechenland vor dem Zweiten Weltkrieg autoritäre Regierungen. So sah die politische Kulisse im Hintergrund aus.

Es ist daher falsch, wenn die Geschichte so dargestellt wird, als hätte Hitler-

Deutschland eine damals heile, demokratische und humane Welt zerstört. Das Nachkriegseuropa, wie es von den Siegermächten nach dem Ersten Weltkrieg unter der Devise „to make the world safe for democracy" neu geordnet wurde, war alles andere als eine heile Welt. Der Sturz der Monarchien in Rußland, Deutschland und Österreich-Ungarn sollte den lang erwarteten, endgültigen Triumph der Demokratie in Europa bedeuten. Es kam aber ganz anders, als die Sieger dachten und beabsichtigten. Die Anzahl der autoritären und diktatorischen Regime vergrößerte sich laufend, und die Demokratien gingen bis zum Vorabend des Zweiten Weltkriegs zurück. Noch bevor der Name Hitler in der ganzen Welt bekannt war, beherrschten Diktaturen ein größeres Gebiet auf der politischen Landkarte Europas als parlamentarische Demokratien.

Die Hauptmotive in Hitlers Politik

Bevor von den wirklichen und unbestreitbaren Hauptmotiven in Hitlers Politik die Rede sein soll, werden zunächst einmal die angeblichen, von der offiziellen Zeitgeschichtsschreibung behaupteten Grundtendenzen seiner Politik kurz aufgezeigt. Dazu gehört vor allem die Behauptung, Hitler wollte die Welt erobern.

Ihre Erfinder, die in der unmittelbaren Umgebung des amerikanischen Präsidenten Roosevelt zu suchen sind, haben offensichtlich nicht bedacht, daß die Welt viel zu groß ist, als daß sie militärisch „erobert" werden könnte. Auch wurde nicht beachtet, daß für ein derart utopisches Science-Fiction-Unternehmen eine unzählige Millionen zählende Armee notwendig wäre, die allen anderen Armeen der zu erobernden Welt an technischer Ausrüstung und strategischem Können weit überlegen hätte sein müssen. Und, überdies, daß ein ebenfalls Millionen zählender Verwaltungsapparat bereitstehen müßte, der dann, nach errungenem Sieg, diese eroberte Welt auch „regiert", d.h. zumindest in Abhängigkeit hält und nach dem Willen des Eroberers verwaltet, damit das ganze Unternehmen überhaupt einen Sinn hat und nicht sogleich wieder auseinanderfällt. Denn ohne diese Voraussetzungen, über die weder Hitler noch sonst irgendein Mensch oder eine Macht auf der Welt je verfügten, ist diese Vorstellung einfach unsinnig. Dennoch wird sie von sehr vielen Leuten, sogar intelligenten, bis heute geglaubt und ist sogar in Schulbüchern festgehalten.

Zu diesem Thema schreibt der international angesehene Historiker John Lukacs, Professor für Geschichte an der Princeton University, in seinem Werk „Churchill und Hitler – Der Zweikampf": „...Was wollte Hitler? Dabei müssen wir uns von bestimmten Vorstellungen lösen... Hitler wollte nicht die ganze Welt erobern. Er wußte, daß ihm das niemals gelingen würde. Die Welt war zu groß, als daß eine Nation sie regieren könne..."

Genauso unsinnig ist die Behauptung, Hitler wollte die Welt beherrschen. Wer hingegen als programmatisches, außenpolitisches und ideologisches Hauptziel tatsächlich die Welt beherrschen und erobern wollte, war von Anfang an die Sowjetunion. Nicht etwa militärisch (weil das unmöglich ist), sondern durch Propaganda, Agenten, Fünfte Kolonnen, kommunistische Parteien, Subversion, Wühlarbeit, Terror und Gewalt, Auslösung nationaler Revolutionen im Zeichen der „Befreiung", Umstürze etc. Diese unleugbare historische Tatsache sollte vermutlich durch die Behauptung, Hitler wolle die Welt erobern und beherrschen, überdeckt, vergessen gemacht, camoufliert werden, um den Blick von der kommunistischen Weltbedrohung abzulenken. Nicht der Nationalsozialismus war ein „Exportartikel", wohl aber der Kommunismus. Er hatte einen „Missionsauftrag" zur „Befreiung" der Völker vom Joch des Kapitalismus.

Als ein weiteres angebliches Hauptmotiv in Hitlers Politik gilt die Gewinnung von „Lebensraum" im Osten. Dabei beruft man sich vor allem auf zwei Quellen bzw. Dokumente: auf Hitlers Buch „Mein Kampf" und auf das sogenannte „Hoßbach-Protokoll". Beide würden Hitlers festen Entschluß zu einem europäischen Angriffskrieg und dessen Vorbereitung beweisen.

Es stimmt, daß in „Mein Kampf" an vielen Stellen und mit Nachdruck von der Notwendigkeit der Lebensraumgewinnung die Rede ist. In diesem Buch – so wird daraufhin argumentiert – stünde schon alles Wesentliche, woraus klar zu erkennen sei, was Hitler wollte und wohin der Weg führte. Das ist ein Irrtum, denn es ist ein großer Unterschied zwischen dem, was ein revolutionär gesinnter, an der politischen Macht noch völlig unbeteiligter junger Parteiführer und Phantast schreibt, und dem, was er dann als Staatsmann und Regierungschef einer Großmacht, die Deutschland trotz verlorenem Krieg und Versailles noch immer war, tatsächlich tut beziehungsweise durch die gegebenen äußeren und inneren Umstände, Notwendigkeiten und Zwänge, mit denen er nun plötzlich konfrontiert wurde, zu tun genötigt ist. Daher ist die Bedeutung von „Mein Kampf" sehr relativ und äußerst schwankend; sie macht das Buch ungeeignet, als zuverlässige und beweiskräftige Primärquelle und Leitlinie für Hitlers spätere Politik herangezogen zu werden. Dafür ist auch bezeichnend, daß Hitler selbst in den ersten Monaten nach seiner Machtübernahme ein Verbot für die Presse erließ, selbständig Zitate aus „Mein Kampf" zu veröffentlichen, und zwar gerade mit der Begründung, daß die Gedanken eines oppositionellen Parteiführers nicht mit jenen eines Regierungschefs übereinstimmen. Selbst nach den Worten des langjährigen und keineswegs „revisionistischen" Leiters des linksorientierten Münchner „Instituts für Zeitgeschichte", des angesehenen Historikers Martin Broszat, hatte das außenpolitische Ziel der „Lebensraumgewinnung" im Osten „weitgehend die Funktion einer ideologischen Metapher, eines Symbols zur Begründung immer neuer Aktivitäten".

Auch Lukacs vertritt in seinem erwähnten Buch die Meinung, daß allein der Verweis auf „Mein Kampf" ungeeignet ist, die Lebensraumgewinnung im Osten als Hauptmotiv und Ziel in Hitlers Politik zu begründen, indem er schreibt: „Das mag vielleicht einmal sein großes Ziel gewesen sein. 1940 jedenfalls war es das nicht mehr. Lebensraum war allenfalls ein untergeordnetes, möglicherweise langfristiges Ziel, dessen Verwirklichung nach der Niederwerfung Rußlands anstand."

Anders sieht es hingegen aus, insofern sich das Motiv von Lebensraumgewinnung und Hitlers absolutem Kriegswillen auf das „Hoßbach-Protokoll" stützt, welches in der Tat viel beweiskräftiger erscheint, da es zu einer Zeit entstand, als Hitler bereits vier Jahre Regierungschef und Diktator war.

Am 5. November 1937 fand eine Besprechung mit dem Reichsaußenminister Freiherrn von Neurath und den Spitzen der Wehrmacht statt, bei der auch der Wehrmachtsadjutant Oberst Friedrich Hoßbach anwesend war. Bei dieser Besprechung äußerte sich Hitler laut Hoßbach dahingehend, „daß der Krieg kommen müsse, da die Frage des Lebensraumes für das deutsche Volk auf friedlichem Wege nicht zu lösen sei... Er wolle daher die Vorbereitungen für diesen Krieg anordnen."

Nun ist bekannt, daß Oberst Hoßbach ein erbitterter Gegner Hitlers und des NS-Regimes war. Die in seiner Niederschrift handschriftlich festgehaltenen Erklärungen sind eine nachträgliche, aus dem Gedächtnis verfaßte, den Inhalt der Besprechung zusammenfassende Aufzeichnung, die aber sonderbarerweise von keinem der bei der Besprechung Beteiligten abgezeichnet worden war. Dennoch wurde beim Nürnberger Kriegsverbrecherprozeß der „Hoßbach-Bericht" zum „bedeutendsten Dokument aller Zeiten" aufgemacht, da er wie kein anderes Dokument Hitlers festen Entschluß zur Vorbereitung und Entfesselung eines Angriffskrieges „beweise".

Was in Nürnberg vorgelegt wurde, war allerdings nicht der handschriftliche Originaltext, der nach wie vor verschollen ist, sondern die Fotokopie eines Mikrofilms, der laut US-Außenamt eine (allerdings nicht unterschriebene und auch nicht von Hoßbach stammende) Abschrift des Protokolls wiedergibt. In Nürnberg sagte Hoßbach aus, daß er „nicht mehr mit Sicherheit sagen könne, ob es sich bei der Fotokopie um eine genaue, wörtliche Wiedergabe seiner Niederschrift handle".

Wie dem auch sein mag – eines steht fest: Es handelt sich beim „Hoßbach-Protokoll" um ein äußerst dubioses Dokument, das vor einem ordentlichen, „normalen" Gerichtshof gewiß keine Beweiskraft hätte.

Namhafte Zeitgeschichtler bezweifeln die Echtheit dieses Dokuments, wie z.B. der US-Historiker David L. Hoggan, der es als „wertlos" bezeichnet, oder der Belgier Jacques de Launay in seinem Werk „L'histoire contemporaine", welches 1964 erschien. Er schließt seine Untersuchung mit den Worten: „Nur die Nürnberger Richter haben es ernst genommen." Aber nicht nur sie, sondern auch alle umerziehungstreuen Historiker nehmen es bis heute ernst.

Somit kann auch das Motiv der Lebensraumgewinnung zwar nicht wie jenes der Welteroberung als törichte Behauptung abgetan, aber dennoch als Hitlers Politik nicht wirklich bestimmend und als Hauptmotiv nachhaltig prägend vorerst einmal ausgeklammert werden. Im Zusammenhang mit Hitlers Krieg gegen die Sowjetunion werden wir darauf zurückkommen.

Nun aber zu den tatsächlichen und unbestreitbaren Hauptmotiven und -zielen in Hitlers Politik. Es sind dies: erstens Antibolschewismus bzw. Antimarxismus, zweitens Revision von Versailles und, drittens, Antisemitismus. Der Antibolschewismus als stets vorhandene Grundkomponente in Hitlers Politik wird im folgenden behandelt, der Revision von Versailles und dem Antisemitismus widmen sich eigene, ausführliche Kapitel.

Antibolschewismus

Schon als in Deutschland noch kaum jemand Hitler kannte, nahm er einen ganz entschiedenen Standpunkt gegen den Bolschewismus bzw. Marxismus ein. Bereits 1924 drückte Hitler vor dem Volksgericht seine innerste Absicht folgendermaßen aus: „Was mir vor Augen stand, das war vom ersten Tage an tausendmal mehr, als Minister zu werden. Ich wollte der Zerbrecher des Marxismus werden. Ich werde diese Aufgabe lösen..." Und er hat sie gelöst – nicht durch militärische Gewalt, sondern durch Ideen und durch seine Wirtschafts- und Sozialpolitik. „Wenn wir im Jahre 1933 nicht den Weg unserer neuen Wirtschaftspolitik beschritten hätten, wären wir von der bolschewistischen Revolution der erwerbslosen Massen hinweggefegt worden" (Hitlers Tischgespräche im Führerhauptquartier 1941–1942).

Seit dieser Zeit der zwanziger Jahre blieb der Antimarxismus ein Hauptkennzeichen der NS-Ideologie. Dabei stellt sich die historisch relevante Frage, ob der Nationalsozialismus primär und ursächlich als Antikommunismus gedeutet werden kann. Mit anderen Worten: Ob er vor allem als eine Reaktion des Bürgertums auf die Bedrohung durch den russischen Bolschewismus und den deutschen Kommunismus – als dessen verlängertem Arm – zu verstehen ist. Diese These hat erstmalig Ernst Nolte in seinem bedeutenden Werk „Der europäische Bürgerkrieg 1917–1945" dezidiert vertreten und überzeugend begründet. Seiner Meinung nach ist das Wesentliche am Nationalsozialismus dessen Verhältnis zum Marxismus und zum Kommunismus in der Form, die diese durch den Sieg der Bolschewiki in der Russischen Revolution gewonnen hatten. Für ihn ist der Antikommunismus Grundvoraussetzung des Nationalsozialismus. „Die eigentliche und am meisten bewegende Erfahrung Hitlers ist mit hoher Wahrscheinlichkeit die Erfahrung des Bolschewismus bzw. Marxismus" (Nolte).

Noltes Werk löste in Deutschland den sogenannten „Historikerstreit" aus, der in Wahrheit nach wie vor andauert und dessen noch ungewisser Ausgang für jeden an Zeitgeschichte Interessierten wohl zum Spannendsten gehört, was wir derzeit auf diesem Gebiet erleben. In vielen Medien scheint man davon allerdings noch nicht einmal Kenntnis genommen zu haben.

Fest steht jedenfalls, daß in der kommunistischen Bewegung immer die Auffassung dominierte, der Faschismus (womit immer zugleich auch der Nationalsozialismus gemeint ist) sei eine Reaktion des aufgeschreckten Bürgertums angesichts der drohenden „Proletarischen Revolution" in Deutschland. Darüber schrieb der Jude Karl Radek, der eigentlich Sobelsohn hieß und dem Präsidium der Kommunistischen Internationale angehörte, als deren Vertreter er 1923 im Auftrag Moskaus die Revolution in Deutschland schürte und vorbereitete, im Mai 1934 in „Der Platz des Faschismus in der Geschichte": Die faschistische Diktatur sei „der letzte Versuch, den unvermeidlichen Sieg des Proletariats zu verschieben". Wohlgemerkt: zu verschieben – nicht zu verhindern; so sicher waren sich die Bolschewiken des künftigen Sieges der proletarischen Weltrevolution.

Hier sei eine kurze Zwischenbemerkung angebracht: Wenn im Text von Personen, die namentlich genannt werden, deren jüdische Abstammung erwähnt wird, so geschieht dies, im Zusammenhang mit Bolschewismus und Kommunismus, lediglich aus historischem Interesse, da Juden sowohl in der Russischen Revolution als auch in der kommunistischen Weltbewegung zweifelsohne eine überaus große Rolle gespielt haben – eine historische Tatsache, die zu erwähnen mit Antisemitismus überhaupt nichts zu tun hat, wenngleich sie für Hitlers Antisemitismus ein gewichtiges Argument lieferte, wovon an späterer Stelle noch zu sprechen sein wird.

Nach der Auffassung Lenins und auch Stalins hatte die Weltrevolution und damit die Bolschewisierung der Welt – als das eigentliche Fernziel sowjetischer Außenpolitik – die kommunistische Machtergreifung in Deutschland zur Voraussetzung. Daher bildete Deutschland das erste Ziel der Revolution. Ganz in diesem Sinne schrieb Stalin in einem Brief vom 10. Oktober 1923 an den deutschen Kommunistenführer August Thalheimer: „Die kommende Revolution in Deutschland ist das wichtigste Weltereignis unserer Tage. Der Sieg der Revolution in Deutschland wird für das Proletariat in Europa und in Amerika eine größere Bedeutung haben als der Sieg der Russischen Revolution vor sechs Jahren. Der Sieg des deutschen Proletariats wird ohne Zweifel das Zentrum der Weltrevolution von Moskau nach Berlin versetzen..." (Zitat nach Nolte). Die von Stalin in diesem Zusammenhang gern zitierte Lenin-Parole lautet: „Wer Berlin hat, hat Deutschland. Wer Deutschland hat, hat Europa. Wer Europa hat, hat die Welt". Hier und nicht bei Hitler liegt der historisch erstmalige und eigentliche Welteroberungsplan als außenpolitischer Hauptprogrammpunkt des Bolschewismus, und zwar durch die Mittel der inneren Revolution, durch Terror, Subversion und Gewalt.

Die schweren Unruhen in Deutschland hatten schon am 3. November 1918 mit dem kommunistischen Aufstand in Kiel begonnen. In Bayern entfesselte der Jude Kurt Eisner am 7. November 1918 die kommunistische Revolution in München, der über 700 Menschen zum Opfer fielen; in der Folge trat er als Ministerpräsident an die Spitze der Regierung. Gleiches geschah in Ungarn, wo der Jude Béla Kun am 21. März 1919 in Budapest die „Diktatur des Proletariats" ausrief. In vielen Großstädten Deutschlands – in Dresden, Hamburg, Halle, Leipzig, Berlin –, in denen allein der kommunistische Aufstand von 1919 rund 1500 Tote gefordert hatte, tobten die roten Spartakisten, Anhänger des sogenannten „Spartakusbundes", einer linksradikalen, revolutionären Vereinigung unter Führung des Juden Karl Liebknecht und der Jüdin Rosa Luxemburg, die seit der Russischen Oktoberrevolution die bolschewistische Richtung in Deutschland vertraten. In der deutschen Novemberrevolution 1918 forderten sie das reine Rätesystem nach bolschewistischem Muster.

Im Ruhrgebiet brach im März 1920 ein kommunistischer Aufstand aus. Eine „Rote Armee" von rund 50.000 Mann besetzte Düsseldorf, Remscheid, Mühlheim, raubte und mordete nach bolschewistischem Vorbild. Nur mit Mühe gelang es der Reichswehr, die Revolte niederzuschlagen.

Es besteht gar kein Zweifel daran, daß die deutschen Kommunisten durch all diese bewaffneten, blutigen Aufstände und Umsturzversuche unter direkter Leitung Moskaus in Deutschland eine „Diktatur des Proletariats" nach dem Vorbild der Russischen Revolution errichten wollten. Hitler hatte dies von Anfang an richtig erkannt und daher, als seiner Meinung nach einzig wirksame Waffe, den Gegenterror gegen den roten Terror proklamiert, den dann die SA mit gleicher Härte und Brutalität ausübte.

Bei alldem ist zu bedenken, daß die Kommunistische Partei Deutschlands ständig Gewinne verbuchen konnte, so daß sie von 54 Abgeordneten im Mai 1928 auf 106 Abgeordnete Ende 1932 im Reichstag angestiegen war. Unter solchen Voraussetzungen übernahm Hitler am 30. Januar 1933 die Regierung. Es war tatsächlich so, daß seine Machtübernahme Moskaus damalige Bestrebungen in Deutschland völlig ausschaltete. In diesem Zusammenhang schreibt F. Otto Miksche in seinem vielbeachteten Buch „Das Ende der Gegenwart": „Es war geschichtlich gesehen das einzige Mal, daß es dem Kommunismus fast gelungen wäre, durch innere Revolution in ganz Europa Fuß zu fassen." Es ist absolut keine Dramatisierung oder Übertreibung der damaligen Situation, sondern historische Tatsache, daß Deutschland am Vorabend der Machtübernahme durch Hitler vor der Wahl stand, entweder kommunistisch oder nationalsozialistisch zu werden. Entweder Roter Stern oder Hakenkreuz.

Die Angst des bürgerlichen Deutschland vor einer bevorstehenden Revolution war daher durchaus begreiflich. Die Furcht vor einer Partei, die sich vorbehaltlos mit einem fremden Staat identifizierte, der nicht nur die soziale, sondern auch die physische Vernichtung des Bürgertums, aller Kapitalisten einschließlich der Großbauern (Kulaken), die Ausrottung aller „Klassenfeinde" mit unfaßbarer Grausamkeit und Brutalität, wie es dies in solchem Ausmaß noch nie auf der Welt gegeben hatte, in die Tat umsetzte, diese Furcht war verständlich, da von dieser Partei mit vollem Recht zu befürchten war, daß sie in Deutschland das gleiche tun wollte, sollte sie an die Macht gelangen. Gewiß, auch die NSDAP war eine radikale sozialrevolutionäre Partei, die im Fall ihrer Machtübernahme ebenfalls den demokratischen Staat beseitigen und eine Diktatur errichten würde – was jedermann wußte, da sie nie ein Hehl daraus gemacht hatte. Aber dennoch mußten die Zeitgenossen in den Kommunisten die weitaus extremere und bedrohlichere der beiden radikalen Parteien sehen. Somit war die zutiefst begründete Angst vor dem Kommunismus vermutlich die mächtigste Antriebskraft des Nationalsozialismus, der – zumindest als Antibolschewismus – damals im historischen Recht war.

„Das antibolschewistische Motiv war das am meisten europäische unter Hitlers Motiven. Er teilte es mit nahezu allen bürgerlichen Europäern und Amerikanern", meint Nolte. Selbst Churchill, der dann zum größten Hitler- und Deutschenhasser wurde, verfocht anfänglich den Gedanken, man müsse Deutschland nun, nach seiner Niederlage im Ersten Weltkrieg, zum festen Bollwerk gegen die Gefahren des Bolschewismus machen, zu einem „Damm friedlicher, gesetzmäßiger und geduldiger Stärke gegen die Flut der roten Barbarei, die vom Osten heranbrandet", wie ihn E. Malcolm Caroll in „Sowjet communism and western opinion 1919–1921" zitiert. „Communism must follow if Hitler fails" („Kommunismus muß folgen, wenn Hitler unterliegt"). Diese Behauptung stellte der britische Ex-Premierminister David Lloyd George am 13. Oktober 1933 in der Londoner Tageszeitung „Daily Mail" auf. Noch im Jahre 1937, als der britische Außenminister Lord Edward Halifax Hitler am 19. November auf dem Obersalzberg einen Besuch abstattete, bezeichnete er Deutschland als ein „Bollwerk des Westens gegen den Bolschewismus".

4. KAPITEL

Revision von Versailles

Ein weiteres, ebenfalls schon lange vor der Machtübernahme öffentlich bekanntgegebenes außenpolitisches Hauptziel Hitlers war die Revision von Versailles beziehungsweise, wie es damals hieß, die „Befreiung Deutschlands aus den Fesseln der Versailler Verträge". Es waren tatsächlich Fesseln, die dem Land auferlegt worden waren; in politischer, militärischer und vor allem in wirtschaftlicher Hinsicht mit katastrophalen sozialen Folgen: Rasante Geldentwertung, Massenarbeitslosigkeit, Massenelend etc., worauf schon hingewiesen wurde. Überdies handelte es sich um keine „Verträge" im juristischen Sinn. Denn was in Versailles ausgehandelt und vereinbart worden war, geschah ohne deutsche Beteiligung, das heißt: ohne Vertragspartner. Die Unterschrift, die unter Protest erfolgte, wurde durch Ultimatum unter Kriegsandrohung erzwungen. Es handelte sich also um ein Diktat, als welches Deutschland die Versailler Verträge von Anfang an zu Recht bezeichnete.

Mit diesem Motiv des Kampfes gegen Versailles stimmte Hitler nicht nur mit so gut wie allen Deutschen überein, sondern er bewegte sich damit zunächst auch ganz in den vertrauten Bahnen der Weimarer Revisionspolitik. Der Vorsatz, die „Fesseln von Versailles" abzuschütteln, bestimmte die gesamte deutsche Außenpolitik von 1919 bis 1939, unter Weimar ebenso wie unter Hitler. Feierlich hatten die alliierten Sieger des Ersten Weltkrieges das „Selbstbestimmungsrecht der Völker" – Hauptbestandteil der 14 Punkte Wilsons – zur Grundlage der Neuordnung Europas erklärt. So entstanden auf den Kadavern der alten Kaiserreiche und ihrer Ordnungen zahlreiche neue, kleine und souveräne Staaten. Der große, eklatantes Unrecht stiftende und folgenschwere Fehler der Siegermächte bestand – neben den Deutschland auferlegten exorbitanten Wirtschaftssanktionen – darin, daß sie das Selbstbestimmungsrecht der Völker nicht auch auf Rest-Österreich, die Sudetendeutschen in der Tschechoslowakei, die Untersteiermark, den polnischen Korridor und Westpreußen, Memel, Danzig, Elsaß-Lothringen und Südtirol angewendet haben. Dadurch wurden siebzigeinhalbtausend Quadratkilometer vom alten Reichsgebiet abgetrennt und über zehn Millionen Deutsche unter die Macht anderer Staaten gestellt, während der im November 1918 neugebildeten Republik „Deutschösterreich" im Artikel 188 des Friedensvertrages von St. Germain der von ihr gewünschte Anschluß an das Deutsche Reich kategorisch ebenso verboten wurde wie die Bezeichnung „Deutschösterreich". Die von den Besiegten alsbald erhobenen Proteste blieben ungehört und erfolglos.

In seiner berühmten Reichstagsrede vom 12. Mai 1919 führte der damalige Ministerpräsident der jungen Weimarer Republik, der Sozialdemokrat Philipp Scheidemann, unter anderem aus: „Ich frage Sie, wer kann als ehrlicher Mann – ich will gar nicht sagen als Deutscher –, nur als ehrlicher, vertragstreuer Mann solche Bedingungen eingehen? Welche Hand müßte nicht verdorren, die sich und uns in diese Fessel legt?... Wird dieser Vertrag wirklich unterschrieben, so ist es nicht Deutschlands Leiche allein, die auf dem Schlachtfeld von Versailles liegenbleibt. Daneben werden ebenso edle Leichen liegen: das Selbstbestimmungsrecht der Völker, die Unabhängigkeit freier Nationen, der Glaube an all die schönen Ideale, unter deren Banner die Entente zu fechten vorgab, und vor allem der Glaube an die Vertragstreue. Eine Verwilderung der sittlichen und moralischen Begriffe ohnegleichen, das wäre die Folge eines solchen Vertrages von Versailles."

In Konsequenz seiner Worte trat Scheidemann zurück. Er wollte nicht die Verantwortung auf sich laden, der „Versklavung des deutschen Volkes" zu dienen. Die neue Regierung Bauer unterzeichnete schließlich nach erheblichem Druck und massiven Drohungen den Vertrag.

„Niemals Versailles anerkennen", erklärte Gustav Stresemann, der 1923 Reichskanzler und zugleich Außenminister wurde. Es sah als eine seiner „wesentlichsten Aufgaben" die Wiedergewinnung Danzigs und des polnischen Korridors, welcher Ostpreußen vom übrigen Reich trennte.

In der deutschösterreichischen Nationalversammlung vom 9. September 1919 hieß es: „Die Nationalversammlung erhebt vor aller Welt feierlich ihren Protest dagegen, daß der Friedensvertrag von St. Germain unter dem Vorwand, die Unabhängigkeit Deutschösterreichs zu schützen, dem deutschösterreichischen Volk sein Selbstbestimmungsrecht nimmt und ihm die Erfüllung seines Herzenswunsches, seine wirtschaftliche, kulturelle und politische Lebensnotwendigkeit – die Vereinigung Deutschösterreichs mit dem deutschen Mutterland – verweigert." Ebenso blieben die Proteste der dreieinhalb Millionen Sudetendeutschen, die der neugegründeten Tschechoslowakei eingegliedert wurden, ungehört. Sie wurden von den Tschechen mit brutaler Gewalt daran gehindert, ihrem Wunsch nach Selbstbestimmung und Anschluß an Deutschösterreich und damit an das Deutsche Reich Ausdruck zu verleihen. So hatten z.B. am 4. März 1919 Abertausende auf friedlichen Kundgebungen in zahlreichen Dörfern und Städten des Sudetenlandes ihr Recht auf Selbstbestimmung gefordert. Tschechisches Militär schoß wahllos in die Versammlungen. 56 Tote und ein Vielfaches von Verletzten waren die Folgen.

Trotz aller Selbstsicherheit der Sieger, die von der Gerechtigkeit ihres Kampfes für „Freiheit" und „Demokratie", gegen „Absolutismus" und „Militarismus" überzeugt waren, gab es schon 1919 auch unter ihnen die Auffassung, daß die Friedensverträge in wesentlichen Punkten den Grundsätzen des geltenden Völkerrechts ebenso wie den hohen Idealen der in den vierzehn Punkten festgelegten Programmatik, insbesondere dem Selbstbestimmungsrecht, nicht nur widersprachen, sondern daß sie auch die Gefahr eines neuen Krieges heraufbeschworen. Leider konnte sich diese Auffassung nicht durchsetzen. Die Folgen sind bekannt.

So warnte zum Beispiel der englische Kriegspremierminister Lloyd George in einer Denkschrift vom 26. März 1919 vor einem neuen Krieg. Darin hieß es u.a.: „Ungerechtigkeit und Anmaßung, ausgespielt in der Stunde des Triumphes, werden nie vergessen und vergeben werden. Aus diesem Grunde bin ich auf das schärfste dagegen, mehr Deutsche, als unerläßlich nötig ist, der deutschen Herrschaft zu entziehen, um sie einer anderen Nation zu unterstellen. Ich kann kaum eine stärkere Ursache für einen künftigen Krieg erblicken, als daß das deutsche Volk… rings von einer Unzahl kleiner Staaten umgeben werden soll, von denen viele aus Völkern bestehen, die noch nie zuvor eine selbständige Regierung gehabt haben, aber jedes große Massen von Deutschen umschließt, die die Vereinigung mit ihrem Heimatland fordern."

Auch Winston Churchill bezeichnete in seinen Memoiren (I. Band) die wirtschaftlichen Bestimmungen des Vertrages von Versailles, insbesondere die gigantischen, mehrere Generationen belastenden Reparationsforderungen, als „bösartig" und „töricht". Wörtlich schreibt er: „Am Tisch der Friedenskonferenz von Versailles saßen zerstörerische Kräfte… Ich war zutiefst beunruhigt. Der politische und wirtschaftliche Teil waren von Haß und Rachsucht durchsetzt… Es waren Bedingungen geschaffen, unter denen Europa niemals wiederaufgebaut oder Menschen der Frieden zurückgegeben werden konnte." Und in den vom ehemaligen italienischen Ministerpräsidenten Francesco Nitti verfaßten Memoiren heißt es: „Ich mußte in Paris die Bestätigungsurkunde des Versailler Vertrages unterschreiben… Ich kannte von Grund auf diesen fluchwürdigen Vertrag und betrachtete ihn als den Ruin Europas, da er aus dem Geiste der Gewalt, der Lüge und des Raubes entstanden war."

Solche Beispiele ließen sich fortsetzen. Sie weisen alle eindeutig und unisono darauf hin, daß in den Friedensverträgen von Versailles und St. Germain der Keim zu einem neuen Krieg gelegt wurde. Die Friedensmacher waren sich bewußt, daß ihr Werk – die angebliche Neuordnung Europas auf der Grundlage des Selbstbestimmungsrechtes der Völker – auf Dauer nicht haltbar sein würde, denn sonst hätten sie in die Völkerbundakte vermutlich nicht die „Revisionsklausel" (Artikel XIX) aufgenommen, welche vorsah: „…Verträge… sowie internationale Verhältnisse, deren Aufrechterhaltung den Weltfrieden gefährden könnten, einer Nachprüfung zu unterziehen".

Obwohl nicht nur die Weimarer Republik sowie Deutschösterreich gegen Versailles bzw. St. Germain protestierten und auch namhafte Politiker und Staatsmänner der Siegermächte auf die Gefahren eines neuerlichen Krieges hinwiesen, obwohl sich die Welt der Existenz des durch Versailles geschaffenen Explosivstoffes bewußt war, fand bis zu Hitlers Machtantritt am 30. Januar 1933 eine entsprechende Nachprüfung jedoch nicht statt. Es mußte erst Hitler kommen – und dann der Zweite Weltkrieg. Daher wäre Hitler ohne Versailles undenkbar. Versailles ist somit nicht nur die primäre Ursache des Zweiten Weltkrieges, sondern zugleich auch Ursprung der nationalsozialistischen Bewegung. In diesem Sinn schrieb schon 1932 Theodor Heuss, der dann 1949 Präsident der Bundesrepublik wurde, in seinem Buch „Hitlers Weg" den zutreffenden Satz: „Die Geburtsstätte der nationalsozialistischen Bewegung ist nicht München, sondern Versailles."

Bis 1938 galt Hitlers Politik im wesentlichen der Beseitigung von Ungerechtigkeiten der Versailler Verträge – eine Politik, die jeder Deutsche nicht nur verstehen und begreifen konnte, sondern die im Prinzip auch durchaus legitim war, da sie die Verwirklichung des wichtigsten Grundsatzes der Friedensverträge, des Selbstbestimmungsrechts der Völker, für jene Millionen Deutsche zum Ziele hatte, denen dieses in Versailles bzw. St. Germain gegen ihren ausdrücklichen Wunsch und feierlichen Protest verweigert worden war, was insbesondere für das Sudetenland und Österreich galt. In diesem Zusammenhang schreibt Hellmut Diwald in „Die Geschichte der Deutschen": „Im Jahre 1938 wurde die Tatsache annulliert, daß 1919 das Gewaltrecht der Sieger über das Selbstbestimmungsrecht triumphierte; daß beide Staaten, Österreich und die Tschechoslowakei, ihre Existenz einer Vergewaltigung des Selbstbestimmungsrechtes verdanken."

Das Selbstbestimmungsrecht der Völker war für Hitler kein Schlagwort, sondern Instrument, um den Zusammenschluß des gesamten Deutschtums in einem Nationalstaat herbeizuführen – ein Bestreben, bei dem das moralische Recht auf Hitlers Seite stand. Mit welchen Mitteln und Methoden er dieses Recht allerdings anwendete und durchsetzte, ist eine andere Sache, die mit Moral nur wenig zu tun hatte, denn er bediente sich dabei der Drohung, der Erpressung und versetzte ganz Europa in Kriegsangst, um sein Ziel zu erreichen. Daß er dabei von vornherein einen Krieg plante und wollte, ist durch nichts bewiesen, außer man hält das dubiose „Hoßbach-Protokoll" für einen Beweis. Daß er allerdings die Möglichkeit eines Krieges einkalkulierte, ist unbestreitbar. Aber welcher Staatsmann täte dies bei der Verfolgung eines ähnlich weitgesteckten, außenpolitischen Zieles wie der Rückgewinnung der durch Versailles verlorengegangenen Gebiete nicht? Er muß jedes Risiko, auch das des Krieges, einkalkulieren, wenn er dieses Ziel erreichen will. Diesen Weg des Selbstbestimmungsrechtes der Völker verließ Hitler erst mit der Besetzung der Rest-Tschechei im Frühjahr 1939. Dadurch wurden die späteren, durchaus gemäßigten Forderungen an Polen in den Augen der Weltmächte desavouiert.

Um Deutschland wiederum die Geltung einer gleichberechtigten, europäischen Großmacht zu verschaffen und der Revisionspolitik Gewicht und Nachdruck zu verleihen, war die Wiederaufrüstung eine unerläßliche Voraussetzung. Im

Frühjahr 1935 wurde sie von Hitler verkündet – und zwar unmittelbar nachdem Frankreich die Einführung der zweijährigen Militärpflicht bekanntgegeben hatte, womit Hitler u.a. diesen Schritt rechtfertigte.

Es wäre grundfalsch, allein daraus schon auf Hitlers Kriegsabsicht zu schließen, denn die Wiederaufrüstung hatte zunächst lediglich die Wiederherstellung des militärischen Gleichgewichts mit Deutschlands Nachbarn zum Ziele – ein Ziel, das angesichts der Tatsache, daß diese Nachbarn durchwegs größere Armeen hatten beziehungsweise wesentlich moderner und stärker ausgerüstet waren, durchaus begreiflich und gerechtfertigt erschien. Die Friedensverträge von Versailles hatten Deutschland lediglich ein Hunderttausend-Mann-Heer zugestanden und ihm darüber hinaus die Produktion von schwerer Artillerie, Kampfflugzeugen, Panzern, Flugabwehrgeschützen und sonstigen schweren Waffen strikt untersagt, wodurch es völlig außerstand gesetzt wurde, sich im Kriegsfall wirksam verteidigen zu können.

Um die Frage der Auf- bzw. Abrüstung war es schon seit 1928 in der Weimarer Republik gegangen. Die Präambel der Deutschland betreffenden Bestimmungen über die Abrüstung bezeichnet diese ausdrücklich als den „ersten Schritt einer weltweiten Abrüstung". Der zweite Schritt erfolgte jedoch nie. Deutschlands Nachbarn rüsteten auf.

Dennoch drängte man seit 1928 deutscherseits auf die Aufnahme von Abrüstungsgesprächen, was schließlich im Dezember 1932 zu einem Fünf-Mächte-Abkommen führte, das die Abhaltung einer internationalen Abrüstungskonferenz im Rahmen des Völkerbundes beschloß und diese auch vorzubereiten hatte. Dabei müsse – so hieß es u.a. – einer der Grundsätze, welcher die Konferenz leiten sollte, darin bestehen, „...Deutschland und den anderen durch Vertrag (Versailles, R. C.) abgerüsteten Staaten die Gleichberechtigung zu gewähren".

Hitlers erste große Rede vom 17. Mai 1933 zur Frage der Außenpolitik wandte sich gerade diesem Problem zu, indem er u.a. ausführte: „Wenn Deutschland seit Jahren die Abrüstung aller fordert, so aus folgenden Gründen: Erstens ist die Forderung nach einer tatsächlich zum Ausdruck kommenden Gleichberechtigung eine Forderung der Moral, des Rechts und der Vernunft, die im Friedensvertrag selbst anerkannt worden ist und deren Erfüllung unlöslich verbunden wurde mit der Forderung der deutschen Abrüstung als Ausgangspunkt für die Weltabrüstung. Zweitens, weil umgekehrt die Disqualifizierung eines großen Volkes geschichtlich nicht ewig aufrechterhalten werden kann, sondern einmal ihr Ende finden muß. Denn wie lange, glaubt man, ein solches Unrecht einer großen Nation zufügen zu können?" Dann erklärte sich Hitler unter der Bedingung, daß die angrenzenden Staaten bzw. europäischen Großmächte dasselbe täten, zu einer massiven Abrüstung bereit, obwohl Deutschland damals nur ein Hunderttausend-Mann-Heer mit unzulänglicher Ausrüstung im Vergleich zu seinen Nachbarn hatte, und fuhr in seiner Rede fort: „Wenn aber die anderen Staaten nicht gewillt sind, die im Friedensvertrag von Versailles auch

61

sie verpflichtenden Abrüstungsbestimmungen durchzuführen, dann muß Deutschland zumindest auf der Forderung nach Gleichberechtigung bestehen." Einstimmig, also auch mit den Stimmen der Sozialistischen Partei Deutschlands (SPD), begrüßte der Reichstag, in dem damals außer den Kommunisten noch alle anderen Weimarer Parteien vertreten waren, diese Regierungserklärung und ebenso auch die darin von Hitler ausgesprochene Warnung: „...Die deutsche Regierung und das deutsche Volk werden sich aber unter keinen Umständen zu irgendeiner Unterschrift nötigen lassen, die eine Verewigung der Disqualifizierung Deutschlands bedeuten würde... Als dauernd diffamiertes Volk würde es uns auch schwerfallen, noch weiterhin dem Völkerbund anzugehören."

Nachdem in der Folge Deutschland mangels des Zugeständnisses der Gleichberechtigung aus dem Völkerbund ausgeschieden war, konnte es nur mehr eine Frage der Zeit sein, bis das Reich formell die Aufrüstung verkündete und in die Tat umsetzte. Dies erfolgte, wie schon gesagt, im Frühjahr 1935. Somit erscheint die Wiederaufrüstung zunächst und im Grunde genommen als notwendige „Nachrüstung", um den unzumutbaren Zustand der Diskriminierung durch Wiederherstellung des militärischen Gleichgewichts mit Deutschlands Nachbarn zu beseitigen. Dies sowie die Einführung der zweijährigen Militärpflicht in Frankreich waren jedoch nicht nur die einzigen Gründe, mit denen Hitler die Aufrüstung rechtfertigte. Es kamen noch andere hinzu, die ihn zu diesem Schritt veranlaßten.

Im Mai 1935 kam es zur Paraphierung eines Bündnis- und Beistandspaktes zwischen Frankreich und der Sowjetunion, der im Jahre darauf, nach Zustimmung des französischen Parlaments, ratifiziert wurde. Dieser Pakt wurde bereits im Juni 1935 durch einen gleichwertigen zwischen der Sowjetunion und der Tschechoslowakei ergänzt. Für Deutschland war dies deswegen alarmierend, weil dadurch die alte Einkreisungspolitik gegenüber dem Reich – wie vor dem Ersten Weltkrieg – wiederzuentstehen schien und die Tschechoslowakei überdies nicht nur für Deutschland, sondern auch in manchen westlichen Kreisen den begründeten Anschein erweckte, sich zu einem Vorposten des Bolschewismus in Europa gewandelt zu haben. Auch dies lieferte eine Rechtfertigung für die Aufrüstung Hitlers.

Bemerkenswert ist, daß der französisch-sowjetische Pakt in England großes Mißfallen sowohl in der Öffentlichkeit wie auch im Parlament und in der Regierung erregte. So daß der damalige britische Außenminister Sir Anthony Eden am 7. März 1936, unmittelbar nach Ratifizierung des Paktes, gegenüber seinem französischen Kollegen P. Etienne Flandin erklärte: Er habe „Auftrag von der britischen Regierung, die französische Regierung zu ersuchen, gegenüber Deutschland nichts zu unternehmen, was eine Kriegsgefahr hervorrufen könnte". In diesem Zusammenhang ist ein Interview aufschlußreich, das Hitler am 21. Februar 1936 dem französischen Schriftsteller und Journalisten Bertrand de Jouvenel für die Zeitung „Paris-Midi" gab, um sich auf diese Weise direkt an die französische Öffentlichkeit zu wenden und Frankreich ein Bündnisangebot zu unterbreiten. Es war der letzte Versuch, den Nachbarn von der Ratifizierung des Bündnispaktes mit der Sowjetunion abzubringen: „Jouvenel: ‚Sie wünschen die deutsch-französische Annäherung. Wird sie denn nicht durch den französisch-sowjetischen Vertrag gefährdet?' Hitler: ‚Meine persönlichen Bemühungen, eine solche Annäherung zu erreichen, werden trotzdem weiter andauern... Sind sie (die Franzosen) sich eigentlich klar darüber, was sie tun? Sie lassen in das diplomatische Spiel eine Macht eindringen (die Sowjetunion), die keinen anderen Wunsch hat, als zu ihren Gunsten die großen europäischen Nationen gegeneinander aufzuwiegeln. Man darf doch nicht übersehen, daß Sowjetrußland eine politische Macht ist, die über eine explosive, revolutionäre Idee und gigantische Überzeugungsmittel verfügt... Sie (die Franzosen) sollten über meine Bündnisangebote ernsthaft nachdenken. Niemals hat ein Mann an der Spitze Deutschlands ihnen solche Vorschläge unterbreitet und bekräftigt... Ich bringe ihnen, was kein anderer zuvor ihnen hätte bringen können: Ein Bündnis, das von 90 Prozent des deutschen Volkes gebilligt wird, von 90 Prozent, die hinter mir stehen. Ich bitte Sie, noch folgendes zu beachten: Es gibt im Leben der Völker einmalige Gelegenheiten. Heute könnte Frankreich, wenn es wollte, für immer mit der deutschen Gefahr Schluß machen, die ihre Kinder von Generation zu Generation fürchten lernen... Diese Chance ist ihnen gegeben! Ergreifen sie sie nicht, so denken Sie daran, welche schwere Verantwortung sie (die Franzosen) damit ihren Kindern gegenüber auf sich nehmen... Laßt uns Freunde sein!' "

Nach dem Interview richtete Jouvenel an Hitler die Frage, wieso er die offen feindlich gegen Frankreich gerichteten Stellen in „Mein Kampf" in Neuauflagen seines Buches nicht auf seine derzeitige Auffassung abstimme, worauf Hitler antwortete: „Sie wollen, daß ich mein Buch korrigiere wie ein Schriftsteller, der eine neue Bearbeitung seiner Werke herausgibt? Ich bin aber kein Schriftsteller. Ich bin Politiker. Meine Korrektur nehme ich in meiner Außenpolitik vor, die auf Verständigung mit Frankreich abgestellt ist... Meine Korrektur trage ich in das große Buch der Geschichte ein."

Der Inhalt dieses Interviews zeigt, wie wenig man sich auf Hitlers Buch „Mein Kampf" als zuverlässige Quelle, Beweis oder Leitlinie für seine spätere Politik berufen kann, wie schon an früherer Stelle erwähnt wurde. Denn seine Politik gegenüber Frankreich (und nicht nur diese) war gerade das Gegenteil dessen, was in „Mein Kampf" steht, wo Frankreich als „der Todfeind unseres Volkes" bezeichnet und in verbalem Radikalismus mit Haß, Verachtung und unversöhnlicher Feindschaft bedacht wird.

Von der Erklärung, die Hitler Jouvenel gegenüber machte, erhielt aber niemand in Frankreich vor der Abstimmung im Parlament (der Kammer) über die Ratifizierung des französisch-sowjetischen Bündnisses Kenntnis, die schließlich am 27. Februar stattfand. Denn zuvor, am 21. und 25. Februar, hatte Eduard Herriot, damaliger Präsident der Kammer, in zwei Reden alle Gründe vorgetragen, die für eine Ratifizierung sprachen, ungeachtet der Vorschläge Hitlers. Der Vertrag wurde ratifiziert. Erst am nächsten Morgen, dem 28. Februar, erschien das Interview im „Paris-Midi" zur großen Überraschung der Franzosen. Hätten sie schon vor der Abstimmung davon Kenntnis gehabt, wäre sie möglicherweise anders ausgefallen.

Im Jahre 1935 begann die Serie von Hitlers außenpolitischen Erfolgen. Es waren ja seine ursprünglichen territorialen Forderungen auf Neu- bzw. Wiedereingliederung überwiegend deutschsprachiger Gebiete keineswegs maßlos, wie immer behauptet wird. Hitler erkannte die Grenzen seiner Revisionspolitik, die ihm realpolitisches Kalkül sowie Staatsräson eingaben, indem er auf Rückforderung folgender Gebiete verzichtete: Auf Elsaß-Lothringen wegen eines guten Einvernehmens mit Frankreich, auf Eupen-Malmedy, auf Südtirol (um Italien als Bündnispartner zu gewinnen), auf die Provinzen Posen und Westpreußen, die nach Versailles Polen einverleibt worden waren, und schließlich auch auf die Rückgabe der ehemaligen deutschen Kolonien in Afrika.

Im folgenden sollen diese außenpolitischen Erfolge kurz nachgezeichnet und dann die letzten Tage und Stunden vor Kriegsausbruch ausführlicher besprochen werden.

Es begann mit der Wiedereingliederung des Saarlandes in das Deutsche Reich. Nachdem am 13. Januar 1935 unter internationaler Kontrolle des Völkerbundes im Saarland eine freie und geheime Volksabstimmung stattgefunden hatte, bei der sich 91% der Bevölkerung für die Rückkehr zu Deutschland entschieden, wurde am 1. März die Verwaltung des Saargebietes offiziell den deutschen Behörden zurückgegeben. Damit war jeder Anlaß zu territorialen Kontroversen zwischen Frankreich und Deutschland beseitigt. Dies um so mehr, als Hitler nach der Wiedereingliederung des Saarlandes vor dem Reichstag erklärte: „Deutschland verzichtet feierlich auf jeden Anspruch auf Elsaß-Lothringen. Nach der Rückkehr der Saar ist somit die deutsch-französische Grenze endgültig festgelegt." Dieser Verzicht auf Elsaß-Lothringen, das die deutsch-französischen Beziehungen seit den Zeiten Bismarcks belastet hatte, bedeutete zweifellos einen klugen und weitblickenden Schritt in Richtung endgültiger Wiederversöhnung mit Frankreich, welche Hitler, wie er immer wieder betonte, anstrebte, um im Westen Ruhe und für den Osten freie Hand zu haben, da er einen Krieg mit der Sowjetunion früher oder später für unvermeidlich hielt. Überdies widerlegt dieser Verzicht neuerlich die Behauptung, „Mein Kampf" sei eine zuverlässige Primärquelle für Hitlers Politik.

Der nächste große außenpolitische Erfolg Hitlers war das Flottenabkommen von 1935 zwischen England und Deutschland, demzufolge die zukünftige Stärke der bis dahin bedeutungslosen deutschen Kriegsmarine gegenüber der gesamten Flottenstärke des Britischen Weltreiches im Verhältnis 35 zu 100 stehen sollte, so daß sich England in seiner Seeherrschaft durch Deutschland nie bedroht zu fühlen brauchte. Diese Tonnage wurde übrigens bis Kriegsausbruch 1939 nicht annähernd erreicht.

Die systematische Liquidierung von Angehörigen herrschender Klassen war von Anfang an ein Wesensmerkmal kommunistischer Herrschaft. Als sich die Bolschewiken 1919 im Baltikum zurückziehen mußten, kam es unmittelbar vor ihrem Abmarsch noch an vielen Orten zu Massenerschießungen.

Oben: Opfer der Bolschewisten in Dorpat, drei der Toten sind Geistliche.

Unten rechts: Geiselmord in Riga unmittelbar vor dem Eintreffen der Befreier: Ermordete Frauen im Hof des Zentralgefängnisses, Mai 1919.

Unten links: Massaker an der Bevölkerung im kleinen Ort Wesenberg.

Durch Presseberichte und die zahlreichen Bücher russischer Flüchtlinge wußte in Deutschland jedermann, was die KPD mit ihrer Parole „Unser Beispiel: Sowjetrußland (unser Ausweg: Sowjetdeutschland" meinte. Noch deutlicher formulierte es ein kommunistischer Abgeordneter im Preußischen Landtag: „Für uns ist die Parole: Die Massen aufzurütteln zur Aufrichtung einer blutigen proletarischen Diktatur nach russischem Muster."
Auch ausländische Publizisten, wie der britische Ex-Premier Lloyd George (am 13. 10. 1933 in der Londoner Tageszeitung „Daily Mail") oder der amerikanische Journalist Knickerbocker (1932), sahen oft nur die Alternative zwischen Hitler und dem Bolschewismus.

Die Gründe für die überaus breite Zustimmung, die das nationalsozialistische Regime bei der deutschen Bevölkerung fand, waren vor allem die rasche Beseitigung der Arbeitslosigkeit, fortschrittliche Maßnahmen in der Sozialpolitik, aber auch geschickte Propaganda und die politische Ästhetik der Massenveranstaltungen, die der Nationalsozialismus bewußt einsetzte. Der bekannte Historiker Peter Reichel hat ein dieser Frage gewidmetes Buch demgemäß auch „Der schöne Schein des Dritten Reiches" betitelt.

Oben: Ein Bild vom „Reichsparteitag der Ehre", 1936.

Links: Durch die Organisation „Kraft durch Freude" wurde für den deutschen Arbeiter sogar die Teilnahme an Seereisen möglich, was wenige Jahre zuvor noch ein Wunschtraum fern jeder Realität gewesen wäre. Im Bild ein Dampfer der KdF.-Flotte.

Die erste Phase der nationalsozialistischen Judenpolitik war von Stigmatisierung und schrittweiser Ausgrenzung gekennzeichnet mit dem Ziel, möglichst viele zur Auswanderung zu bewegen. Das innerjüdische kulturelle Leben blühte in dieser Zeit – von den Machthabern im Sinne der Segregation geradezu gefördert – sogar auf. Oben rechts: Das dem Jüdischen Kulturbund zur Verfügung gestellte Theater in der Berliner Kommandantenstraße, das bis 1941 regelmäßig spielte. Mit dem Krieg setzte dann die Phase der Deportation in Ghettos und Konzentrationslager im Osten ein. Die Bemühungen um eine Auswanderungslösung rissen aber auch während des Krieges nie ganz ab.

Mit diesem Flottenabkommen wurde Deutschlands Wiederaufrüstung nicht nur de facto, sondern auch de jure durch Großbritannien anerkannt, vermutlich nicht aus besonderer Zuneigung zu Hitler-Deutschland, sondern aus purem politischem Kalkül. Denn es war schon immer (seit rund 300 Jahren) das Bestreben englischer Außenpolitik, das übermächtige Emporsteigen einer kontinentalen Macht zu weltpolitischer Bedeutung und europäischer Dominanz zu verhüten, das heißt also, das Gleichgewicht der Machtverhältnisse der europäischen Staaten untereinander aufrechtzuerhalten, was England stets als Voraussetzung für seine Welthegemonie betrachtete. Diesmal war es jedoch nicht mehr Deutschland, wie vor dem Ersten Weltkrieg, sondern Frankreich, dessen Aufstieg zu weltpolitischer Bedeutung und alleindominierender Macht in Europa verhütet werden sollte. Ein geschwächtes Deutschland und ein nach kontinentaler Vorherrschaft strebendes Frankreich lagen nicht im englischen Interesse der Erhaltung beziehungsweise, wie in diesem Fall, der Wiederherstellung des Gleichgewichts der Kräfte. Daher das Flottenabkommen mit Deutschland, worüber Frankreich begreiflicherweise empört war und was es als „moralisch unzulässig und juristisch unhaltbar" bezeichnete.

Der zweite Grund für die faktische Zustimmung Englands zur militärischen Wiederaufrüstung Deutschlands lag wohl darin, daß es in Hitler-Deutschland ein Bollwerk gegen die Sowjetunion und damit gegen das weitere Vordringen des Kommunismus sah. Wie schon erwähnt wurde, bezeichnete der britische Außenminister Lord Halifax anläßlich seines Besuches bei Hitler am 29. November 1937 auf dem Obersalzberg Deutschland als ein „Bollwerk gegen den Kommunismus" – eine Einstellung, die sich in England ab 1939 jedoch radikal ändern sollte, wovon an späterer Stelle noch die Rede sein wird.

Der nächste Schritt war die Besetzung der entmilitarisierten Zone im Rheinland. Das moralische Recht dazu stand auf Hitlers Seite, denn es ist für einen souveränen Staat tatsächlich etwas Unakzeptables und auch Naturwidriges, auf seinem Territorium auf Dauer eine entmilitarisierte Zone zu dulden. Früher oder später, mit oder ohne Hitler, wäre sie ohnedies verschwunden. Auch hier war der französisch-sowjetische Pakt der eigentliche Grund, der Bereinigung dieser Frage Priorität einzuräumen.

In den Morgenstunden des 7. März 1936 rückten unter dem Jubel der Bevölkerung je ein Bataillon in Aachen, Trier und Saarbrücken ein. Doch der Hauptteil der deutschen Truppen blieb auf rechtsrheinischem Gebiet und bildete Auffangstellen und Widerstandszonen für den Fall einer befürchteten französischen militärischen Gegenaktion, die Deutschland wegen seiner militärischen Unterlegenheit kaum hätte zurückweisen können. Daher war die Besetzung der entmilitarisierten Zone im Rheinland ein äußerst risikoreiches Unternehmen, das Hitler gegen die ausdrückliche Warnung seiner Generäle dennoch unternahm. So ist vermutlich auch seine Äußerung zu verstehen: „Die 48 Stunden nach dem Einmarsch im Rheinland sind die aufregendste Zeitspanne meines Lebens gewesen." Da die englische Regierung Frankreich von militärischen Gegen-

65

maßnahmen eindringlich abgeraten hatte, beschränkte es sich auf einen Protest. Hitler konnte wiederum einen außenpolitischen Erfolg für sich verbuchen, den ihm England gewährte und Frankreich zähneknirschend hinnahm. „Erstmals gewann jetzt die Nation das so lange vermißte Gefühl der Selbstachtung zurück, und daß die Zeit ein Ende habe, in der alle Welt mit ihr im Ton von Siegern sprechen konnte", schreibt Joachim Fest in „Staatsstreich – Der lange Weg zum 20. Juli".

Der Anschluß Österreichs

Am 13. März 1938 erfolgte der Anschluß Österreichs. Vier Monate zuvor, am 19. November 1937, hatte der britische Außenminister Lord Halifax anläßlich seines Besuches bei Hitler auch „Änderungen der europäischen Ordnung" zugestanden und zu den diesbezüglichen Fragen ausdrücklich „Österreich, die Tschechoslowakei und Danzig" genannt, wobei mit der Tschechoslowakei nur das Sudetenland und nicht das übrige Territorium gemeint war. Daraus konnte und mußte Hitler mit Recht schließen, daß England seine Revisionspolitik im Prinzip akzeptierte und geneigt war, ihm in Mitteleuropa freie Hand zu lassen, er daher beim geplanten Anschluß Österreichs von englischer Seite keinerlei Widerstand zu befürchten hatte. Auch nicht von Frankreich, das sich, wie schon die Besetzung des Rheinlands bewies, den englischen Wünschen fügte, indem es auf militärische Gegenmaßnahmen verzichtet hatte. Der einzig mögliche Widerstand gegen den Anschluß war von Italien zu erwarten, das für die Unabhängigkeit Österreichs eine Art Schutzmachtfunktion ausübte. Nicht aus besonderer Liebe freilich, sondern ebenfalls wieder nur aus politischem Kalkül. Würde Österreich nämlich durch den Anschluß an das Deutsche Reich seine Unabhängigkeit verlieren, so wäre Südtirol, das durch den Friedensvertrag von St. Germain Italien zugesprochen worden war, vermutlich das nächste Gebiet, das Hitler zurückfordern würde. Durch den ausdrücklichen Verzicht auf Südtirol hatte Hitler Mussolini jedoch umgestimmt und Italien auf seine Seite gezogen. Am Abend des 11. März 1938 erhielt er die Nachricht, daß Mussolini mit dem Anschluß Österreichs einverstanden sei. Umgehend kabelte Hitler nach Rom: „Duce, das werde ich Ihnen nie vergessen", was sich dann auch am 12. September 1943 in der abenteuerlichen Befreiung Mussolinis durch deutsche Fallschirmjäger und den SS-Sturmbannführer Otto Skorzeny bewahrheitete.

Österreich selbst hatte ja schon vom ersten Tag seines Bestehens als selbständiger und souveräner Staat den Anschluß an Deutschland gewünscht und sich selbst als Bestandteil des Deutschen Reiches bezeichnet. Nachdem am 12. November 1918 die Republik ausgerufen worden war, wurde von der Provisorischen Nationalversammlung einstimmig ein Gesetz beschlossen, in dem es u. a. hieß: „...Deutschösterreich ist ein Bestandteil der deutschen Republik". Dieser Passus mußte dann auf Druck der Siegermächte durch Gesetz vom 21.

Oktober 1919 wieder außer Kraft gesetzt werden. Am 13. November 1918 erklärte der damalige sozialdemokratische Staatskanzler Dr. Karl Renner vor der Provisorischen Nationalversammlung: „Unser Volk ist in Not und Unglück; das Volk, dessen Stolz es immer war, das Volk der Dichter und Denker zu sein, unser deutsches Volk des Humanismus... ist im Unglück tief gebeugt. Aber gerade in dieser Stunde, da es so leicht und bequem und vielleicht auch so verführerisch wäre, seine Rechnung abgesondert zu stellen, um vielleicht von der List der Feinde Vorteile zu erhaschen, in dieser Stunde soll unser Volk in allen Gauen wissen – wir sind ein Stamm und eine Schicksalsgemeinschaft." In diesem Sinn verkündete er dann, daß Österreich nur den „Weg der eigenen deutschen Schicksalsgemeinschaft" gehen könne.

In der deutschösterreichischen Nationalversammlung vom 9. September 1919 wurde der Wunsch nach dem Anschluß so ausgedrückt: „Die Nationalversammlung erhebt vor aller Welt feierlich ihren Protest dagegen, daß der Friedensvertrag von St. Germain unter dem Vorwand, die Unabhängigkeit Deutschösterreichs zu schützen, dem deutschösterreichischen Volk sein Selbstbestimmungsrecht nimmt und ihm die Erfüllung seines Herzenswunsches... die Vereinigung mit dem deutschen Mutterland, verweigert."

Somit bestand Österreich als selbständiger Staat von 1918 bis 1938 nicht etwa, weil es das selbst wollte, sondern nur deshalb, weil man ihm das Recht verweigert hatte, sich 1919 dem Deutschen Reich auf dem Weg der Selbstbestimmung anzuschließen. Der Wortführer des Austromarxismus und spätere Staatssekretär für auswärtige Angelegenheiten Otto Bauer schrieb in einer Broschüre aus dem Jahre 1919 unter dem Titel „Der Weg zum Sozialismus": „Der Anschluß an Deutschland bahnt uns also den Weg zum Sozialismus. Darum muß der Kampf um den Sozialismus hierzulande zunächst geführt werden als ein Kampf um den Anschluß an Deutschland." Am 10. November 1928, zehn Jahre, nachdem die Republik ausgerufen worden war und durch Gesetz beschlossen hatte, sich „Bestandteil der Deutschen Republik" zu nennen, erklärte Österreichs vormaliger Staatskanzler Dr. Karl Renner: „Heute, zehn Jahre nach dem 10. November 1918, und immerdar halten wir in Treue an diesem Beschluß fest und bekräftigen ihn... Der Friede von St. Germain hat das Selbstbestimmungsrecht der Deutschen in Österreich vernichtet... Laßt Österreichs Bürger frei abstimmen, und sie werden mit 99 von 100 Stimmen die Wiedervereinigung mit Deutschland beschließen." Wieder rund zehn Jahre später ging diese Wunschprophezeiung Renners in Erfüllung.

Drei Tage vor dem Einmarsch deutscher Truppen, am 9. März 1938, beschloß der damalige österreichische Kanzler Kurt Schuschnigg plötzlich, die Frage der Unabhängigkeit Österreichs zum Gegenstand einer Volksabstimmung zu machen, die bereits am 13. März stattfinden sollte. Nur drei Tage, um eine Volksabstimmung in einem Land, in dem es nicht einmal Wahllisten gab, vorzubereiten und ordnungsgemäß abzuhalten, war wohl kaum möglich. Abgesehen davon, daß dafür das in der Verfassung festgesetzte Wahlalter von 21 Jahren auf 24 hinaufgesetzt wurde, wodurch die Abstimmung schon allein anfechtbar gewesen wäre, gab es überdies beschränkende Durchführungsbestimmungen: Zum Beispiel jene, daß die Mitglieder der Wahlkommissionen in den Abstimmungslokalen der „Vaterländischen Front" angehören mußten und keine anderen Personen anwesend sein durften.

Die „Vaterländische Front" war eine von Dollfuß ins Leben gerufene Organisation, die alle politischen Parteien ersetzen und als einziges Instrument der politischen Willensbildung dienen sollte. Sie wurde in der Folge zum Sammelbecken aller Gegner des Nationalsozialismus wie auch des Austromarxismus.

Des weiteren sahen die Durchführungsbestimmungen vor, daß die offiziellen Abstimmungszettel nur mit dem Wort „Ja" bedruckt werden sollten. Wer mit „Nein" – also für den Anschluß – stimmen wollte, mußte einen eigenen Zettel des gleichen Formates (5 x 8 cm) mitbringen und das Wort „Nein" daraufschreiben. Es waren somit nur vorgedruckte Ja-Stimmzettel vorgesehen, keine Nein-Stimmzettel. Unter solchen Bedingungen, die der Wahlmanipulation und dem Wahlbetrug Tür und Tor geöffnet hätten, wäre die Volksabstimmung für Schuschnigg wohl nur günstig ausgefallen. Es war daher von vornherein anzunehmen, daß Hitler sich damit nicht einverstanden erklären würde. Am 11. März ließ er Schuschnigg durch Seyß-Inquart ultimativ auffordern, diese Pseudovolksabstimmung unverzüglich abzusetzen und einer in vier Wochen abzuhaltenden, freien und geheimen Volksabstimmung nach dem Modell der Saarabstimmung zuzustimmen. Andernfalls würden deutsche Truppen Österreich besetzen. Schuschnigg lehnte ab und wandte sich in seiner Bedrängnis an Mussolini. Dieser riet ihm, von der geplanten Volksabstimmung in dieser Form abzusehen. Schuschnigg lehnte wiederum ab. Daraufhin erklärte Mussolini: „Man kann kaum dümmer sein. Unter diesen Umständen interessiert mich Österreich nicht mehr…" Und Hitler erhielt das bereits erwähnte Telegramm. Die Folgen sind bekannt.

Die daraufhin am 12. März 1938 einmarschierenden deutschen Truppen wurden von der Bevölkerung mit Blumen und mit frenetischem Jubel begrüßt. Hitlers Fahrt im offenen Wagen über Braunau, Linz und St. Pölten nach Wien gestaltete sich zu einem Triumphzug sondergleichen. In allen Dörfern und Städten war die Bevölkerung auf den Straßen, um ihm einen enthusiastischen Empfang zu bereiten. Bei seinem triumphalen Eintreffen in Wien am 14. März ließ Kardinal Innitzer, Erzbischof von Wien, alle Kirchenglocken läuten, nachdem er sich zuvor bei Hitler telefonisch die Erlaubnis dazu geholt hatte. Von den Kirchtürmen wehten Hakenkreuzfahnen. Nicht nur am „Heldenplatz" – ganz Österreich wurde von einem Freudentaumel erfaßt, wie es ihn in diesem Land wohl noch nie zuvor gegeben hatte und sogar Hitler überwältigte. All dies ist in Bild und Ton festgehalten und dokumentiert durch die Hitlers Wagen begleitende „Wochenschau".

Für Tausende allerdings war es kein Tag des Jubels und der Freude, sondern einer der Trauer und der Tränen – der Beginn eines Leidensweges; hinaus aus der Heimat, dem geliebten Zuhause, in die Emigration, in die Konzentrationslager – in den Tod. Denn mit Hitler kamen auch die einst verfemten österreichischen Nationalsozialisten revanche- und rachelüstern aus dem Exil zurück sowie all jene, die aus österreichischen Gefängnissen – sogenannten Anhaltelagern – freikamen. Sie waren es vor allem, die unverzüglich begannen, offene Rechnungen zu begleichen, unliebsame Personen zu verhaften, in die KZs zu schicken, Juden in den Straßen Wiens auf die entwürdigendste Art und Weise zu belästigen, zu erniedrigen und zu demütigen – vor den Augen der glotzenden Stadtbevölkerung mit dem angeblich „goldenen Wiener Herz".

Am 10. April fand eine Volksabstimmung über den Anschluß statt. Sie fiel fast genauso aus, wie es Karl Renner zehn Jahre zuvor prophezeit hatte: 99,7 % stimmten mit Ja. So unglaublich diese Zahl auch scheinen mag: es gibt keinen Beweis für Manipulationen. Allerdings fehlten in Österreich als Wähler tausende Verhaftete oder Geflohene, Kommunisten, NS-Gegner und Juden. Sie hätten den Prozentsatz gewiß gesenkt, aber nur unwesentlich.

Der österreichische Episkopat erließ im Hinblick auf die Volksabstimmung folgende Erklärung: „Am Tage der Volksabstimmung ist es für uns Bischöfe selbstverständliche Pflicht, uns als Deutsche zum Deutschen Reich zu bekennen." Selbst Karl Renner, der nach dem Zweiten Weltkrieg Regierungschef und dann Bundespräsident der neugegründeten Republik Österreich wurde, erklärte eine Woche vor der Volksabstimmung am 3. April: „... als Sozialdemokrat und somit als Verfechter des Selbstbestimmungsrechtes der Nationen, als erster Kanzler der Republik Deutschösterreich und gewesener Präsident ihrer Friedensdelegation in St. Germain werde ich mit Ja stimmen". Damit wurde sowohl den österreichischen Katholiken als auch den Sozialdemokraten seitens ihrer höchsten Repräsentanten offiziell empfohlen, für den Anschluß zu stimmen, was zweifellos zu dem verblüffend hohen Prozentsatz an Ja-Stimmen wesentlich beigetragen hat.

Die Eingliederung Österreichs in das Deutsche Reich wurde mit Berufung auf ein sogenanntes „Anschlußgesetz" vollzogen – ohne Widerstand, weder seitens der Westmächte noch des österreichischen Volkes.

Obwohl nicht direkt zum Thema gehörend, ist vor dem Hintergrund dieser historischen Fakten die heutige Selbstdarstellung Österreichs nicht uninteressant, denn sie stellt geradezu ein Musterbeispiel opportunistischer Geschichtsumdeutung dar. In der „Moskauer Erklärung" vom 1. November 1943 forderten die Alliierten USA, England und UdSSR, Österreich nach Beendigung des Krieges als „erstes Opfer" der nationalsozialistischen Aggression zu bezeichnen und als eigenen, unabhängigen Staat wiederherzustellen. Die Österreicher, geborene Opportunisten, nutzten ihre Chance: Alles, was nicht in dieses Bild „Opfer Österreich" paßt, wird seit Kriegsende 1945 konsequent ausgeblendet, verschwiegen, geleugnet, verdrängt, was man dann „Vergangenheitsbewältigung" nennt. Verdrängt wird vor allem eines: Die unleugbare Tatsache, daß es die

Sozialdemokraten gewesen sind, die vom ersten Tage an, nachdem 1918 die Republik ausgerufen worden war, immer für den Anschluß waren. Einen vom „Opfer" sehnlicher herbeigeführten und gewünschten Akt der „Aggression" oder des „Überfalls", wie man den Anschluß auch nennt, hat es in der Weltgeschichte wohl noch nie gegeben.

Sudetenland

Schwieriger und gefährlicher als der Anschluß Österreichs war die Sudetenkrise, da Gebietsansprüche gegenüber der Tschechoslowakei deren territoriale Integrität in Frage stellten und diese überdies durch das tschechisch-französisch-sowjetrussische Paktsystem abgesichert war. Zur Beilegung der – durch Hitlers Drohung einerseits, durch das Paktsystem andererseits – eine Kriegsgefahr heraufbeschwörenden Krise wurde auf Anregung Mussolinis am 28. September 1938 die Münchner Konferenz einberufen, an der die führenden Staatsmänner Englands (Chamberlain), Frankreichs (Daladier) und Italiens (Mussolini) teilnahmen.

Die herrschende Meinung über die Münchner Konferenz kommt am deutlichsten im sogenannten Nachbarschaftsvertrag vom 1. Dezember 1992 zwischen der Bundesrepublik Deutschland und der Tschechoslowakei zum Ausdruck. Denn dort heißt es schon in der Präambel wörtlich, daß das Münchener Abkommen vom 29. September 1938 der „tschechoslowakischen Republik durch das nationalsozialistische Regime unter Androhung von Gewalt aufgezwungen wurde". Deshalb konnte nach dem Krieg die Gültigkeit dieses Abkommens rückwirkend, ab dem Zeitpunkt der Münchner Konferenz, annulliert werden, da ein Abkommen oder ein Vertrag, der durch Androhung von Gewalt zustande kommt, nach internationalem Recht von vornherein ungültig ist.

Die Hinnahme einer solchen Bewertung des Münchener Abkommens wirft die Frage auf, ob sein Text deutscherseits überhaupt gelesen wurde und die Vorgeschichte bekannt war. Denn wer die geschichtlichen Fakten kennt, weiß, daß diese Bewertung historisch falsch ist. Die seinerzeitige tschechoslowakische Regierung unter Edvard Beneš war am Zustandekommen des Abkommens maßgebend beteiligt. Heißt es doch schon im Einleitungssatz: „Deutschland, das Vereinigte Königreich, Frankreich und Italien sind unter Berücksichtigung des Abkommens, das hinsichtlich der Abtretung des sudetendeutschen Gebietes bereits grundsätzlich erzielt wurde..." Das Abkommen wurde also bereits vor München grundsätzlich erzielt. Es basiert auf dem zwischen Prag und London beziehungsweise Prag und Paris geführten Notenwechsel vom 19. und 21. September 1938. Darin hatten England und Frankreich der tschechoslowakischen Regierung dringend empfohlen, das deutsch besiedelte Gebiet der Tschechoslowakei an das Deutsche Reich abzutreten, eine dringende Aufforderung,

70

welche die Prager Staatsführung unter Beneš am 21. September 1938 angenommen hatte. Eine Woche vor München!

Grundlage dieser dringenden Empfehlung war der Bericht des englischen Staatsmannes Lord Walter Runciman, den er im Auftrag der britischen Regierung nach wochenlangen Recherchen und Informationen in der Tschechoslowakei erstellt hatte. In diesem ausführlichen Situationsbericht kam Runciman zu folgendem Schluß: „Für mich ist es völlig klar geworden, daß diese Grenzbezirke zwischen der Tschechoslowakei und Deutschland (das Sudetenland) unverzüglich das Recht völliger Selbstbestimmung erhalten müssen. Falls eine Abtretung unvermeidlich wird – und ich glaube, daß dem so ist –, dann ist es besser, wenn sie raschestens und ohne Aufschub stattfindet... Der einzig mögliche Ausweg liegt in der Anerkennung des Selbstbestimmungsrechts der Völker, und es ist künftig vergeblich, zu hoffen, daß Sudetendeutsche und Tschechen zusammenarbeiten können." – Sie hätten aber vielleicht zusammenarbeiten und friedlich zusammenleben können, wenn der Begründer der Tschechoslowakei, ihr erster Präsident Thomas G. Masaryk, und vor allem sein damaliger Außenminister Edvard Beneš ihr in Versailles gegebenes Versprechen gehalten hätten, die Tschechoslowakei „nach Schweizer Muster" aufzubauen. Da – wie schon gesagt – die Prager Regierung die Aufforderung zur Abtretung des Sudetenlandes bereits eine Woche vor München angenommen hatte, ist es falsch, zu behaupten, die Abtretung sei erst dort beschlossen worden. In München wurde nicht die Abtretung beschlossen, sondern die Durchführungsmodalitäten und der Zeitplan festgelegt. So heißt es im Punkt 2 des Münchner Vertrages: „Das Vereinigte Königreich, Frankreich und Italien vereinbaren, daß die Räumung des Gebietes bis zum 10. Oktober 1938 vollzogen wird, und zwar ohne Zerstörung irgendwelcher bestehender Einrichtungen..." Die Abtretung des Sudetenlandes war völkerrechtlich gedeckt und daher wirksam. Durch die nachträgliche Annullierung des Münchner Abkommens konnte sie daher nach Völkerrecht nicht aufgehoben bzw. rückgängig gemacht werden, sondern nur nach „Siegerrecht". Demnach beruht der Nachbarschaftsvertrag vom 1. Dezember 1992 zwischen der Bundesrepublik Deutschland und der Tschechoslowakei auf einer geschichtlichen Unwahrheit.

Die vier in München vertretenen Mächte hatten damit untereinander in voller Übereinstimmung territoriale Bestimmungen der Versailler Friedensverträge auf dem Verhandlungsweg und auf der Grundlage des Selbstbestimmungsrechtes der Völker revidiert. Im Rückblick stellt sich die Münchner Konferenz „als die letzte Gelegenheit dar, bei der die europäischen Mächte ein europäisches Problem in eigener Regie und unter Ausschluß sowohl der Sowjetunion wie auch der USA lösten", schreibt Ernst Nolte in „Der europäische Bürgerkrieg 1917–1945".

Beim Abschied von München wurden die Teilnehmer der Konferenz, Mussolini als deren Initiator, Chamberlain und Daladier, stürmisch als Retter des Friedens gefeiert. Nach seiner Rückkehr waren in England die Begeisterung und

Huldigung für den englischen Premierminister beispiellos. Für das Volk geriet er zum Helden des Tages, da er den Frieden bewahrt hatte. Auch im französischen Parlament wurde bei einer Abstimmung am 4. Oktober 1938 das Münchener Abkommen mit stürmischem Beifall und der überwältigenden Mehrheit von 535 gegen 75 Stimmen angenommen – darunter 72 kommunistische. Und im US-Magazin „Time" wurde Hitler als der „Mann des Jahres 1938" lobend präsentiert.

Das einzige Land, dessen Haß sich gegen das Münchener Abkommen entlud und welches es daher in schärfsten Tönen verurteilte, war die Sowjetunion. Denn Moskau fürchtete, daß in der Folge eine dauerhafte deutsch-englische Verständigung daraus hervorgehen könnte. Eine Verständigung dieser beiden Länder – die Hitler immer herbeiführen wollte und die damals tatsächlich im Bereich des Möglichen lag – hätte einen Krieg auf lange Sicht verhindert und den sowjetischen Expansionsbestrebungen in Europa einen Riegel vorgeschoben. Ein Krieg hingegen, in dem sich die europäischen „kapitalistischen" Großmächte gegenseitig aufreiben, zerfleischen und wirtschaftlich kaputtmachen würden, hätte der Sowjetunion, sozusagen als lachendem Dritten, die einzigartige Gelegenheit gegeben, ihr Gewicht und ihr Schwert in die Waagschale zu werfen, ihre Expansionspläne in Europa zu verwirklichen und damit ihrem außenpolitischen Hauptziel – der kommunistischen Weltrevolution – einen gewaltigen Schritt näher zu kommen. Daher war Stalin gegen das Münchener Abkommen.

Aber auch im Westen erhoben sich Stimmen gegen München. Die wichtigste, weil politisch schwerwiegendste, war jene von Churchill – sie sollte für die weitere Entwicklung ausschlaggebend werden. Er sprach im Unterhaus von einer „Niederlage erster Ordnung, die Frankreich und England erlitten haben". Und weiter von der „Notwendigkeit, die Naziherrschaft durch ein Bündnis niederzuschlagen, das u.a. Frankreich, England, Rußland und die USA einbeziehen würde", womit die Vorweltkriegssituation von 1914 wieder gegeben gewesen wäre: Deutschland eingekreist und so gut wie allein gegen die Weltmächte Großbritannien, Rußland und die USA. Eine Situation, die Hitler unbedingt vermeiden wollte, um nicht einen Zweifrontenkrieg führen zu müssen.

Kurz danach, am 1. Oktober 1938, hielt Hitler in Saarbrücken eine Rede, in der er auf das einging, was sich knapp zuvor, im Anschluß an München, im englischen Unterhaus zugetragen hatte: „Die Staatsmänner, die uns gegenüberstehen, wollen – das müssen wir ihnen glauben – den Frieden. Allein sie regieren in Ländern, deren innere Struktur es möglich macht, daß sie jederzeit abgelöst werden können, um anderen Platz zu machen, die den Frieden nicht sosehr in Augen haben. Und diese anderen sind da! Es braucht nur in England statt Chamberlain Herr Duff Cooper oder Herr Eden oder Herr Churchill zur Macht zu kommen, so wissen wir genau, daß es das Ziel dieser Männer wäre, sofort einen neuen Weltkrieg zu beginnen. Sie machen kein Hehl daraus. Sie sprechen es offen aus."

Erstaunlich ist in diesem Zusammenhang der Gesinnungswandel Churchills, der noch kurz zuvor als überzeugter und engagierter Antikommunist und Antibolschewik von der „Flut der Roten Barbarei, die vom Osten heranbrandet" gesprochen hatte und nun plötzlich in Hitler und dem Nationalsozialismus die größere Bedrohung für die europäische Zivilisation sah als in Stalin und im Bolschewismus, ja sogar das paradoxe Bündnis mit dem eigentlichen Todfeind der gesamten „kapitalistischen" Welt und ihrer bürgerlichen Gesellschaft für notwendig hielt.

Das Münchener Abkommen wird im allgemeinen noch bis heute als „Kapitulation des Westens" bezeichnet. Was wäre aber England und Frankreich anderes übriggeblieben, als Krieg zu führen? Gegen die Vorwürfe der Gegner des Abkommens, insbesondere Churchills und damit der Kriegsbefürworter, begründete Chamberlain im britischen Parlament seine „Kapitulation" in Worten, die man nicht besser und klarer hätte sagen können: „England can not make a war, because four million Germans do not want to remain Czechs." („England kann keinen Krieg führen, weil vier Millionen Deutsche nicht Tschechen bleiben wollen.")

Die These von der „Kapitulation des Westens" basiert vor allem auf dem Vorwurf, England und Frankreich hätten Hitlers Forderung auf Abtretung des Sudetenlandes nicht nachgeben dürfen und seine „Aggression" stoppen müssen, um Schlimmeres zu verhindern. Wer konnte aber damals wissen, was folgen würde? Wer wußte, daß Hitler, nachdem er in München versprochen hatte, das Sudetenland sei seine „letzte territoriale Forderung", schon ein halbes Jahr später dieses Versprechen brechen und in Prag einmarschieren würde? Im nachhinein ist es leicht, gescheit zu sein. Man kann aber München nicht aus der Retrospektive deuten und beurteilen. Das wäre keine sachgerechte Geschichtsdarstellung. Um sachgerecht und objektiv zu sein, müssen historische Ereignisse von der Bedeutung und Tragweite des Münchener Abkommens aus der gegebenen Zeitsituation unter Berücksichtigung der vielfältigen Zusammenhänge und Voraussetzungen, der Verkettung von Ursachen und Wirkungen sowie der Vorgeschichte und nicht zuletzt auch der damaligen öffentlichen Meinung erklärt und verstehbar gemacht werden. Die Zeitgenossen von 1938 empfanden das Münchener Abkommen weder als „unmoralisch" noch als „Erpressung" oder „Kapitulation" und schon gar nicht als „völkerrechtlich ungültig von Anfang an", was es ja auch tatsächlich nicht war.

Wenn jemand in München kapituliert hat, dann waren es nicht die Westmächte, sondern der Präsident der Tschechoslowakei Edvard Beneš, indem er bereits eine Woche zuvor auf Drängen Frankreichs und Englands der Abtretung des Sudetenlandes zugestimmt hatte. Denn es lag ja an ihm, diesem Drängen nachzugeben oder es zu verwerfen und Hitler anrennen zu lassen, worauf Christian Willars in seinem bedeutenden Werk „Die böhmische Zitadelle" hinweist und damit einen Aspekt aufzeigt, der in der Zeitgeschichtsliteratur kaum jemals berücksichtigt wird.

Dieses „Anrennen-Lassen" wäre für die Tschechoslowakei keineswegs aussichtslos gewesen, denn sie besaß eine außerordentlich starke und modernst ausgerüstete Armee und überdies an den Grenzen zu Deutschland Befestigungsanlagen von einer Stärke und Dichte, wie es sie damals, außer der französischen Maginotlinie, nirgendwo gab. Willars weist in diesem Zusammenhang auf Finnland hin, das sich zwischen 1939 und 1940 unter unvergleichlich ungünstigeren Bedingungen gegen die erdrückende Übermacht der Roten Armee in einem heldenhaften Abwehrkampf erfolgreich verteidigte, was trotz harter Friedensbedingungen zur Erhaltung der – wenngleich eingeschränkten – politischen Selbständigkeit des Landes führte. Eine vergleichbare deutsche Übermacht hat es damals aber nicht gegeben, wie u.a. aus den Aussagen der deutschen Feldmarschälle von Manstein und Keitel vor dem Nürnberger Gerichtshof klar hervorgeht. Manstein: „....Es besteht überhaupt kein Zweifel, daß, falls sich die Tschechoslowakei verteidigt hätte, wir durch die Befestigungen aufgehalten worden wären, da wir keine entsprechenden Mittel zum Durchbruch besaßen." Und Keitel: „Wir waren außerordentlich glücklich, daß es nicht zur Durchführung militärischer Operationen gekommen ist, denn wir sind immer der Meinung gewesen, daß unsere Mittel zu einem Angriff auf die tschechoslowakischen Grenzbefestigungen nicht ausreichten. Vom rein militärischen Standpunkt betrachtet, fehlten uns die Mittel zu einem solchen Angriff." Auch der damalige, 1941 in Ungnade gefallene Generalstabschef Ludwig Beck war der Auffassung, daß die Tschechoslowakei militärisch kaum zu besiegen gewesen wäre.

Das alles beweist auf der einen Seite, daß die Tschechoslowakei sich mit größter Wahrscheinlichkeit erfolgreich hätte verteidigen können, zumindest so lange, bis Frankreich seiner Bündnisverpflichtung nachgekommen wäre, und widerlegt auf der anderen die in der etablierten Literatur festgeschriebene Behauptung, daß 1938 in Deutschland die forcierte und massive Aufrüstung bereits seit mehreren Jahren auf Hochtouren lief. Wenn dem tatsächlich so gewesen wäre, wie hätte es dann sein können, daß ein Jahr vor Ausbruch des Krieges Deutschland noch nicht einmal in der Lage war, ein kleines Land wie die Tschechoslowakei mit Sicherheit militärisch besiegen zu können?

Hitlers Revisionspolitik zusammenfassend, kann gesagt werden, daß er bis zum 15. März 1939 – dem Tag, an dem deutsche Truppen Prag besetzten – seine gesamten außenpolitischen Aktionen mit dem Hinweis auf das Selbstbestimmungsrecht der Völker und den Wunsch der jeweiligen Bevölkerung bzw. deren betroffener Minderheiten rechtfertigen konnte, wodurch diese Aktionen im Prinzip durchaus legitim waren. Sowohl bei der Eingliederung Österreichs als auch des Sudetenlandes in das Deutsche Reich konnte er gegenüber Frankreich und England die Legitimität genau der gleichen Prinzipien in Anspruch nehmen, auf die sich bei der Zerschlagung der alten politischen Großräume, insbesondere des Vielvölkerstaates der österreichisch-ungarischen Monarchie am Ende des Ersten Weltkrieges, die Siegermächte selber berufen hatten. Überdies realisierte er alle territorialen Forderungen mit der Zustimmung Englands und Frankreichs sowie unter dem Jubel der jeweiligen Bevölkerung. Die übliche Behauptung, Hitlers außenpolitische Aktionen, die er im Zuge seiner Revisionspolitik setzte, angefangen von der Saar über das Rheinland, Österreich bis zum Sudetenland, wären Akte reiner Aggression gewesen, entbehrt daher jeglicher Grundlage.

Fest steht, daß Hitler bis zum Jahre 1938 außenpolitische Erfolge errang, wie sie vor ihm noch kein Staatsmann in Friedenszeiten hatte erringen können: Nachdem er die drohende Gefahr einer kommunistischen Revolution und Machtergreifung in Deutschland gebannt und damit den Marxismus und den Klassenkampf überwunden hatte, die Arbeitslosigkeit und die soziale Not beseitigt und einen unglaublichen wirtschaftlichen Aufschwung eingeleitet hatte, vereinigte er unter Berufung auf das Selbstbestimmungsrecht rund zehn Millionen Deutsche, denen dieses Recht durch Versailles verweigert worden war, mit dem Deutschen Reich. Dadurch sowie durch die wirtschaftliche Wiedererstarkung und einsetzende Wiederaufrüstung machte er Deutschland zum mächtigsten Staat in Europa. Dies alles erreichte er innerhalb von sechs Jahren, ohne Krieg, ohne auch nur einen Schuß abgeben zu müssen – mit Zustimmung der einstigen Siegermächte und Friedensmacher von Versailles.

In diesem Zusammenhang blickt 1973 der weit über Deutschlands Grenzen hinaus bekannte Autor und überzeugte Gegner des Nationalsozialismus, Sebastian Haffner, im Nachwort zu Walter Kempowskis Buch „Haben Sie Hitler gesehen?" auf Hitlers „außenpolitische Wunder", wie er sagt, zurück, indem er schreibt: „Die Skeptiker standen blamiert und beschämt da, auch vor sich selbst... Das Wirtschaftswunder hat die Arbeiter überzeugt, das außenpolitische Wunder überzeugte die patriotischen Großbürger... Man mußte lange suchen, um solche außenpolitischen Erfolge zu entdecken, wie sie Hitler in ununterbrochener Folge Jahr für Jahr einheimste... Was alte Hitler-Gegner sich immer wieder fragten – fragen mußten –, war: Könnte es sein, daß meine eigenen Maßstäbe falsch waren?... Bin ich nicht durch das, was hier unleugbar vor meinen Augen geschieht, widerlegt?... Das Experiment Hitler schien eben gelungen – und beweiskräftig." Und an anderer Stelle vermerkt Haffner, daß Hitler 1938 „auch die ehemaligen Gegner und die ehemals Zweifelnden fast völlig zu sich herübergezogen hat".

In ähnlichem Sinn schreibt Joachim Fest, der ehemalige Mitherausgeber der „Frankfurter Allgemeinen Zeitung" (FAZ), in der Einleitung zu seiner großen Hitler-Biographie: „Wenn Hitler Ende 1938 einem Attentat zum Opfer gefallen wäre, würden nur wenige zögern, ihn einen der größten Staatsmänner der Deutschen, vielleicht den Vollender ihrer Geschichte zu nennen."

Nach der Münchener Konferenz waren die deutsch-englischen Beziehungen die wichtigste europäische Aufgabe. Hitlers Verhalten gegenüber England wurde von der Zielsetzung bestimmt, einen dauerhaften Frieden zwischen den beiden Nationen herzustellen und England, das neben Italien schon immer sein

Wunschpartner war, für ein europäisches Konzept des großen antikommunistischen bzw. antibolschewistischen Einvernehmens zu gewinnen. Er strebte daher eine Allianz mit Großbritannien an und versuchte immer wieder, den Engländern klarzumachen, daß er keinen Streit mit dem Britischen Weltreich suche, sondern, ganz im Gegenteil, es respektiere, bewundere und zu seiner Erhaltung beitragen wolle, wenn nötig sogar unter militärischem Einsatz.

Um in diesem Zusammenhang noch einmal auf „Mein Kampf" zurückzukommen, so ist gerade dies – und nur dies – die einzige außenpolitische Konstante, die es in Hitlers Buch überhaupt gibt und die von der Veröffentlichung 1925 bis tief in den Zweiten Weltkrieg hinein reicht: nämlich Hitlers Bewunderung der Briten und ihrer geschichtlichen und politischen Leistungen sowie seine dauernde Suche und sein Werben um Englands Freundschaft bzw. ein deutsch-britisches Bündnis, was selbst nach Kriegsausbruch in Hitlers wiederholten Bemühungen um einen Verständigungsfrieden mit England seine Fortsetzung fand, wovon noch zu sprechen sein wird.

Diese Politik des großen antikommunistischen Einvernehmens zwischen den europäischen Mächten war neben der tragenden Idee eines „Kreuzzuges" gegen den Bolschewismus letztlich auch darauf ausgerichtet, nach Beseitigung des kommunistischen Regimes in der Sowjetunion von den Westmächten die Zustimmung zur Errichtung einer endgültigen deutschen Vorherrschaft – nicht Alleinherrschaft – auf dem europäischen Kontinent zu gewinnen und dafür, im Gegenzug, die Erhaltung und Sicherung der Kolonialreiche Englands und Frankreichs zu garantieren. Außer bei der europäischen Linken, für die die Sowjetunion niemals eine wirkliche Bedrohung darstellte und die immer mit ihr sympathisierte, stieß dieses Konzept in einflußreichen politischen Kreisen des Westens, insbesondere in England, auf großes Interesse und Sympathie. Aber gerade derjenige Politiker, von dem man nach seinen bisherigen Äußerungen am ehesten hätte annehmen dürfen, daß er sich die Konzeption eines „Kreuzzuges gegen den Bolschewismus" zu eigen gemacht hätte, stand nun, nach seiner totalen Kehrtwendung, im paradoxen Einklang mit der sowjetfreundlichen Labour Party in den vordersten Reihen der Opposition gegen jegliche Verständigung mit Deutschland: Winston Churchill. Eine Verständigung der beiden Länder hätte den Krieg verhindert.

Protektorat Böhmen und Mähren

Die Hoffnung auf einen dauerhaften Frieden schwand dahin, als kaum sechs Monate nach München, am 15. März 1939 um 6 Uhr morgens, deutsche Truppen die Grenze zu Böhmen und Mähren überschritten, noch am gleichen Tag Prag und das übrige Land völlig widerstandslos besetzten und Hitler das „Reichsprotektorat Böhmen und Mähren" proklamierte.

Bis zu diesem 15. März konnte er seine außenpolitischen Aktionen mit dem begründeten Hinweis auf das Selbstbestimmungsrecht der Völker, den Wunsch der betroffenen Bevölkerung sowie die Zustimmung der Westmächte rechtfertigen. Für den Einmarsch in Prag und die Besetzung Böhmens und Mährens gab es diese Rechtfertigung nicht mehr, womit Hitlers Schritt ein Akt völkerrechtswidriger Aggression war.

Aber auch dafür bot sich ein Vorwand, eine Scheinrechtfertigung: Am Tag bevor die deutschen Truppen Böhmen und Mähren besetzten, befand sich der tschechische Präsident Emil Hacha in Begleitung seines Außenministers Chwalkowsky in Berlin bei einer Unterredung mit Hitler, zu der er nicht „bestellt" worden war, sondern um die Hacha selbst angesucht hatte. Dabei wurde der tschechische Präsident unter erheblichen Druck gesetzt, eine Erklärung abzugeben, er und sein Außenminister hätten selbst diese Lösung befürwortet und „das Schicksal des tschechischen Volkes und Landes vertrauensvoll in die Hände des Führers des Deutschen Reiches gelegt". Hacha blieb bis zum Ende des Krieges 1945 Staatspräsident des mit einer beschränkten Autonomie ausgestatteten Reichsprotektorates und Chwalkowsky dessen Botschafter in Berlin. Diese Scheinrechtfertigung war für England und Frankreich unakzeptabel. Dies um so mehr, als Hitler die Regierungen der beiden Länder vorher nicht konsultiert hatte, wozu er sich in München – außer dem Versprechen, in Europa keine territorialen Forderungen mehr zu stellen – ebenfalls verpflichtet hatte. Denn das Münchener Abkommen war mit einem deutsch-britischen und einem deutsch-französischen Pakt gekoppelt, in dem es hieß: „Beide Regierungen (jeweils die deutsche mit der britischen bzw. mit der französischen) sind entschlossen... in allen ihre Länder angehenden Fragen in Fühlung miteinander zu bleiben und in eine Beratung einzutreten, wenn die künftige Entwicklung dieser Fragen zu internationalen Schwierigkeiten führen sollte."

Hitlers eigentlicher Wortbruch liegt weniger in der Okkupation Böhmens und Mährens sowie in der Errichtung des Protektorates, da dieses de jure nie Territorium des Deutschen Reiches wurde – wenngleich de facto kein großer Unterschied war –, sein eigentlicher Wortbruch liegt vielmehr darin, daß er sich nicht an den Pakt gehalten hat, der ihn dazu verpflichtete, vor seinem Griff nach Böhmen und Mähren mit England und Frankreich „in Beratungen einzutreten", statt dessen aber kurzerhand einmarschierte. Hätte er sich an den Pakt gehalten und die Westmächte vor seinem Schritt konsultiert, wäre möglicherweise alles anders gekommen und der Zweite Weltkrieg verhindert worden.

So schlug die Stimmung im Westen um. Sowohl die Politiker als auch die öffentliche Meinung, die bislang Hitlers Forderungen, solange sie ethnisch begründet waren und sich auf das Selbstbestimmungsrecht berufen konnten, als Revision von Versailles gelten ließen und hinnahmen, weigerten sich nun, auch noch die De-facto-„Annexion" Böhmens und Mährens zu akzeptieren. Durch diesen Schritt, der zweifellos Hitlers größter und folgenschwerster außenpolitischer Fehler war, wurde insbesondere das Verhältnis Englands zum Dritten Reich schlagartig und grundlegend verändert. Die bisherige Politik des „Appeasement" wurde begraben. An ihre Stelle trat die Bereitschaft, es auf einen Krieg ankommen zu lassen. Mit Hitlers Konzept eines europäischen antikommunistischen Einvernehmens war es endgültig aus.

Dieser tiefgreifende Stimmungsumschwung bei den westlichen Politikern ebenso wie in der öffentlichen Meinung und der internationalen Presse vollzog sich offensichtlich auch in der Person des englischen Premierministers Neville Chamberlain, dem langjährigen hartnäckigen Verfechter der Appeasement-Politik. Zwei Tage nach dem Einmarsch deutscher Truppen in Prag hielt er am 17. März 1939 in Birmingham eine Rede ganz anderen Inhalts und anderer Natur, als man es bisher von ihm gewohnt war: „...Aber die Dinge, die sich diese Woche unter völliger Mißachtung der von der deutschen Regierung selbst aufgestellten Grundsätze ereignet haben, scheinen einer anderen Kategorie anzugehören, und sie müssen uns allen die Frage nahelegen: Ist dies das Ende eines alten Abenteuers oder der Anfang eines neuen?" Und sein Außenminister Lord Halifax sprach von „der Pleite der Verständigungspolitik", die „in Prag zu Grabe getragen wurde".

Nicht nur in England, das sich durch Hitler hintergangen und betrogen fühlte, auch in Frankreich war die Empörung groß. In Paris erklärte der französische Außenminister Georges Bonnet: „Die Regierung der französischen Republik ist der Ansicht, daß das Vorgehen der Reichsregierung gegen die Tschechoslowakei eine klare Verletzung des Geistes und des Buchstabens der am 29. September 1938 in München unterzeichneten Verträge bedeutet." Auch das Weiße Haus verurteilte am Tag nach der Okkupation Böhmens und Mährens Hitlers Schritt in scharfen Worten, und in einem diesbezüglichen Memorandum hieß es: „...Es ist offenkundig, daß solche Handlungen zügelloser Gesetzlosigkeit und willkürlicher Gewalt den Weltfrieden bedrohen."

Allmählich stellte sich der Kriegswillen auf psychologischer Ebene ein. Es fehlte nur noch ein Vorwand. Denn Hitlers Bruch seines gegebenen Versprechens und die völkerrechtswidrige Besetzung Böhmens und Mährens waren für England und Frankreich offenbar noch kein ausreichender Grund für eine Kriegserklärung an Deutschland. Sie haben daher de facto auch diesen Schritt Hitlers hingenommen, wenngleich mit Empörung und dem jähen Abbruch der Entspannungspolitik. Die Entscheidung über Krieg oder Frieden haben sie nicht getroffen, sondern einem nächsten Vorwand zugeschoben. Und dieser sollte dann Polen heißen.

Als Begründung für dieses Aufschieben wird angeführt, daß England und Frankreich für einen Krieg gegen Deutschland noch nicht ausreichend gerüstet waren und daher Zeit gewinnen mußten. Das ist nicht ganz überzeugend, wenn man bedenkt, daß Deutschland noch zur Zeit der Sudetenkrise – also nur ein halbes Jahr vorher – rüstungsmäßig nicht einmal in der Lage war, ein kleines Land wie die Tschechoslowakei mit zwar starker Armee und starkem Befestigungsgürtel, im Falle seiner Verteidigung mit Sicherheit besiegen zu können, wie aus den bereits erwähnten Aussagen der Feldmarschälle Keitel und Manstein sowie des damaligen Generalstabschefs Beck eindeutig hervorgeht. Wenngleich England und Frankreich für einen großen Krieg nicht (oder noch nicht) gerüstet waren, so waren ihre Streitkräfte plus jenen der Tschechoslowakei Anfang 1939 jenen Deutschlands zumindest ebenbürtig, wenn nicht überlegen. Es ist daher anzunehmen, daß ihre Armeen in der Lage gewesen wären, Hitlers Aggression gegen Böhmen und Mähren durch eine koordinierte Aktion zu verhindern. Möglicherweise hätte sogar schon eine Kriegserklärung an Deutschland genügt, um Hitler zur Umkehr zu zwingen. Denn er wollte keinen Krieg mit dem Westen, um im Osten freie Hand zu haben. Unter diesem Gesichtspunkt erscheint das „Aufschieben" der Entscheidung über Krieg oder Frieden in Wirklichkeit als ein „Abschieben" auf den nächsten Vorwand – auf das unglückliche Polen.

Die verbreitete Meinung, Hitler hätte mit dem Einmarsch seiner Truppen in Prag und der Errichtung des Protektorats die Resttschechoslowakei zerschlagen, ist falsch. Zwar stimmt es, daß er die Tschechoslowakei, und zwar die 1919 in Versailles entstandene, zerschlagen wollte, wie er des öfteren im engen Kreis der militärischen und politischen Führungsspitze zu erkennen gab, da er sie nach seinen eigenen Worten schon immer für ein in Versailles geschaffenes „künstliches Gebilde" hielt – das sie ja auch tatsächlich war –, das einen „auf Deutschland gerichteten Flugzeugträger darstellt". Eine Behauptung, die im Hinblick auf die geographische Lage der Tschechoslowakei und ihr Bündnis mit der Sowjetunion sowie auf die ihr zugedachte Rolle in einem Krieg gegen Deutschland nicht ganz aus der Luft gegriffen war. Die Resttschechoslowakei jedoch, wie sie nach der Abtretung des Sudetenlandes übrigblieb, konnte er nicht zerschlagen, da sie einen Tag, bevor seine Truppen einmarschierten – also am 14. März 1939 – völkerrechtlich zu existieren aufgehört hatte, nachdem Landtag und Regierung der Slowakei unter ihrem damaligen Regierungschef Monsignore Tiso (der nach dem Krieg unter Beneš hingerichtet wurde) in Preßburg die Unabhängigkeit des Landes von Prag bekundeten und die Slowakei als selbständigen Staat „....unter den Schutz des großdeutschen Reiches" stellten, wie es in der Proklamation hieß. Diese Unabhängigkeitserklärung der Slowakei geschah nicht ohne Druck und Drängen Berlins und in Zusammenarbeit deutscher Stellen mit vorwiegend dem katholischen Lager unter Tiso angehörenden separatistischen Kräften, deren Ziel die Unabhängigkeit von Prag und Eigenstaatlichkeit war. In unmittelbarer Folge wurde die Slowakei von mehreren Staaten als völkerrechtliches Subjekt anerkannt. So gab bereits am 16. März die polnische Regierung eine Erklärung ab, daß sie „ihre Befriedigung über die Proklamation der Unabhängigkeit der Slowakei ausdrücke" und den „selbständigen slowakischen Staat anerkennt..." Auch die ungarische Regierung überreichte am gleichen Tag eine Note, in der ebenfalls die völkerrechtliche Anerkennung der „selbständig gewordenen slowakischen Regierung" zum Ausdruck gebracht wurde. Weitere Länder anerkannten die Slowakei als unabhängigen, souveränen Staat, darunter die Sowjetunion, die Schweiz und der Vatikan. England und Frankreich nahmen das Geschehen, im Unterschied zur Errichtung des Protektorats, widerspruchslos und stillschweigend hin, was praktisch einer De-facto-Anerkennung gleichkam. Wenn so viele und auch gewichtige Staaten die Slowakei anerkannt haben bzw. ihre Existenz als selbständiger Staat hinnahmen, kann es ab 14. März 1939 folgerichtig keine „Tschechoslowakische Republik" mehr gegeben haben, die Hitler hätte zerschlagen können.

Wie so manche historische Unwahrheit und Propagandalüge, hat sich auch diese bis heute hartnäckig gehalten, wofür ein Beispiel aus jüngster Zeit besonders bezeichnend ist: der sogenannte „Nachbarschaftsvertrag" zwischen Deutschland und der Tschechoslowakei aus dem Jahre 1992. In dessen Präambel findet sich folgende Formel: „...in Anbetracht der Tatsache, daß der tschechoslowakische Staat seit 1918 nie zu bestehen aufgehört hat..." Damit soll offenbar suggeriert werden, daß die Ereignisse von 1939 völkerrechtlich nichtig sind und ein selbständiger slowakischer Staat nie existiert hat. Nur in dieser historisch falschen Auslegung kann von einem dauernden Weiterbestehen der Tschechoslowakischen Republik über die Kriegsjahre 1939 bis 1945 hinweg ausgegangen werden. Man muß sich tatsächlich fragen: Sind es Unwissenheit oder Unterwürfigkeit, die deutsche Politiker zu einer solchen Formel veranlaßt haben?

5. KAPITEL

Polen und die Kriegsschuldfrage – das zweite Tabu

Allein die Frage nach der Kriegsschuld zu stellen, gilt schon als unerhört und bringt einem den Vorwurf des „Rechtsextremismus" oder „Neonazismus" ein. Gehört doch Hitlers Alleinschuld am Ausbruch des Zweiten Weltkrieges zu jenen Tabus, die als „offenkundige historische Tatsachen, die keines Beweises bedürfen" im Nürnberger Kriegsverbrecherprozeß aufgestellt wurden und in der offiziellen Zeitgeschichtsliteratur sowie in Schulbüchern bis heute festgeschrieben sind.

Zum 50. Jahrestag des Kriegsausbruches zwischen Polen und Deutschland sagte Bundeskanzler Helmut Kohl in seiner Regierungserklärung: „Hitler hat den Krieg gewollt, geplant und entfesselt. Daran gab und gibt es nichts zu deuteln. Wir müssen entschieden allen Versuchen entgegentreten, dieses Urteil abzuschwächen." Und der als Zweiter-Weltkriegs-Experte geltende deutsche Historiker Andreas Hillgruber meint, daß „an der Entfesselung des Krieges von 1939 durch Hitler-Deutschland von Anfang an kein ernstzunehmender Zweifel bestand". Diesen voll auf die Siegergeschichtsschreibung fixierten Äußerungen Kohls und Hillgrubers steht jedoch seit Jahrzehnten eine Vielzahl von Forschungsergebnissen in- und vornehmlich ausländischer, renommierter Historiker entgegen, die man nicht einfach ignorieren kann, ohne sich der groben Verletzung des sowohl in der Rechtsprechung als auch in der Geschichtsforschung geltenden Grundsatzes „Audiatur et altera pars" schuldig zu machen.

Das festgeschriebene Tabu der Alleinschuld am Zweiten Weltkrieg trifft aber nicht nur Hitler allein, sondern mit ihm ganz Deutschland, da ihm das deutsche Volk in seiner überwältigenden Mehrheit zur absoluten Macht verhalf, seine Politik guthieß, tatkräftig unterstützte und ihm bis zuletzt die Treue hielt, abgesehen vom zivilen und militärischen Widerstand – den Gruppen um Goerdeler und Stauffenberg –, der aber ein „Widerstand ohne Volk" war, wie Joachim Fest in seinem Buch „Staatsstreich – Der lange Weg zum 20. Juli" schreibt. Daher wird nicht nur von der Alleinschuld Hitlers, sondern Deutschlands gesprochen. Im folgenden soll im Zusammenhang mit Polen die Kriegsschuldfrage gestellt werden. – Ab dem 15. März 1939, jenem Tag, an dem deutsche Truppen Prag besetzten, war England zum Krieg entschlossen, sofern Hitler noch weitere territoriale Forderungen stellen sollte und versuchen würde, diese mit Gewalt durchzusetzen. Das aber traf, wie zu zeigen sein wird, auf Polen nicht zu. Die Forderungen an Polen, Danzig und den polnischen Korridor betreffend, hat Hitler nicht erst nach Prag, sondern schon ein halbes Jahr zuvor angemeldet, als er sie am 24. Oktober 1938 durch seinen Außenminister von Ribbentrop dem polnischen Botschafter in Berlin, Josef Lipski, zur Kenntnis bringen und ihm den Vorschlag machen ließ, einer Rückkehr der Freien Stadt Danzig ins Reich zuzustimmen und eine exterritoriale Autobahn sowie eine entsprechende Eisenbahnlinie durch den polnischen Korridor zu akzeptieren. Lipski hat diese Forderungen keineswegs als unannehmbar zurückgewiesen, sondern, im Gegenteil, verständnisvoll eine „Generalbereinigung" aller bestehenden Differenzen in Aussicht gestellt.

Auch der damalige polnische Außen- und Kriegsminister, Oberst Josef Beck, stand den deutschen Vorschlägen wohlwollend gegenüber, wie aus den unter dem Titel „Von Versailles bis Potsdam" erschienenen Memoiren des damaligen französischen Botschafters in Berlin, André François-Poncet, hervorgeht: „Oberst Beck stand mit Göring auf vertrautem Fuß, und dieser folgte jedes Jahr einer Einladung zur Jagd in den polnischen Wäldern. Bei diesen freundschaftlichen Zusammenkünften sprach man natürlich auch über Danzig und den polnischen Korridor. Also über Probleme, die eines Tages im Interesse der guten Beziehungen der beiden Länder gelöst werden mußten. Oberst Beck gab zu verstehen, Polen werde sich nicht dagegenstellen, wenn Danzig an das Reich zurückkäme, solange es dort wirtschaftliche Vorteile beibehielte. Auch würde sich Polen mit einer exterritorialen Autobahn und Eisenbahnlinie durch den Korridor, also einer direkten Verbindung zwischen West- und Ostpreußen, einverstanden erklären."

Entgegen der offiziellen, allgemein geglaubten Meinung waren die Forderungen Hitlers an Polen keine territorialen, da sie keinen Fußbreit polnischen Landes zum Gegenstand hatten. Im Gegenteil: Sie hatten sogar einen Verzicht zum Inhalt, nämlich jenen auf den polnischen Korridor, „den Stresemann unter keinen Umständen geleistet haben würde", schreibt Nolte in „Der europäische Bürgerkrieg 1917–1945" und fährt an dieser Stelle fort: „Nichts war für die Deutschen der Weimarer Republik ja schmerzlicher und unerträglicher geworden als die Existenz des polnischen ‚Korridors‘, der Ostpreußen vom Reichsgebiet trennte und damit auch die selbständige Existenz der ‚Freien Stadt Danzig‘." Insofern hat Hitler die außenpolitische Richtung der Weimarer Republik in eine wesentlich maßvollere Richtung abgeändert, ja man kann sogar sagen: umgekehrt, wenn man bedenkt, daß er nicht nur auf den Korridor verzichtete, sondern überdies keine Zurückgewinnung von ehemals den Polen 1919 zugesprochenen Gebieten anstrebte, sondern sich zur Anerkennung und Garantie der polnischen Westgrenze bereit erklärte. Motiv hierfür war offensichtlich der gemeinsame Antikommunismus, den man bei den Polen, nach ihren schlimmen Erfahrungen mit der im Sommer 1920 eingedrungenen und von Marschall Pilsudski nach heldenhaftem Kampf wieder zurückgeschlagenen Roten Armee,

82

als gegeben voraussetzen konnte. Überdies bestand der Wunsch nach einem Bündnis mit Polen gegen die Sowjetunion.

Ähnlich wie durch den Verzicht auf Elsaß-Lothringen die deutsch-französischen Beziehungen endgültig bereinigt werden sollten und durch jenen auf Südtirol Italien als Bündnispartner gewonnen wurde, sollte nun auch mit Polen eine „Generalbereinigung" durch den Verzicht auf den Korridor und die Anerkennung der polnischen Westgrenze erreicht werden – mit dem Ziel, Polen als Bündnispartner für den gemeinsamen Kampf gegen die Sowjetunion zu gewinnen, den Hitler früher oder später für unvermeidbar hielt. Denn im Gegensatz zur Tschechoslowakei, die er, wie erwähnt, schon immer für ein durch Versailles entstandenes „künstliches Gebilde" hielt, das es zu zerschlagen galt, war er bei Polen der Überzeugung, es müsse infolge seiner Schlüsselstellung als vorgeschobenes Bollwerk gegen den sowjetischen Kommunismus erhalten bleiben und als selbständiger unabhängiger Staat fortbestehen. Sogar noch in der Folge des „Münchener Abkommens" im Herbst 1938 hatte Polen mit Unterstützung Deutschlands die Abtretung des wichtigen Industriegebietes um Teschen von der Tschechoslowakei erlangen können. Hitlers Wandel von seiner ursprünglichen Polenfreundschaft zur Polenfeindschaft war erst jungen Ursprungs – die Folge des Jahres 1939, entstanden aus Polens plötzlicher, unter dem Druck Englands vollzogener Kehrtwendung und damit der Vereitelung seiner Pläne, die ein gegen die Sowjetunion gerichtetes Bündnis mit Polen vorsahen, wovon noch zu sprechen sein wird. Seine Hochachtung für Marschall Pilsudski, den Begründer des neuen Polen, hat Hitler nie abgelegt. Nach dem Einmarsch in Krakau ließ er an der im dortigen Königsschloß Wawel befindlichen Gruft Pilsudskis eine Ehrenwache aufstellen, die erst mit dem Rückzug der Wehrmacht verschwand.

Auch das Verlangen nach der Rückkehr Danzigs zum Reich stellte keine territoriale Forderung dar, da es sich bei Danzig nicht um polnisches Territorium handelte. Es war durch den Versailler Friedensvertrag als sogenannte „Freie Stadt" mit 95 % deutschsprachiger Bevölkerung dem Mandat des Völkerbundes, mit Polen als Schutzmacht, unterstellt worden. Seine Bürger hatten seit 1933 einen nationalsozialistischen Senat gewählt, der Danzig mit vollem polnischen Einverständnis nach Hitlers Wünschen regierte.

Im Gegenzug zu diesen Forderungen sollte Polen in Danzig einen ständigen Freihafen erhalten, ferner sollte das gesamte Danziger Gebiet einen ständigen Freimarkt für polnische Waren bilden, für die keine deutschen Zollabgaben vorgesehen waren. Des weiteren sollte der deutsch-polnische Nichtangriffspakt aus dem Jahre 1934 von 10 auf 25 Jahre verlängert werden, „also ein Pakt, der weit über mein Leben hinausreichen würde" (Auszug aus der Rede Hitlers vor dem Reichstag am 28. April 1939). Und überdies sei Deutschland entschlossen, die deutsch-polnische Grenze einschließlich der oberschlesischen Grenze von 1922 als endgültig anzuerkennen und zu garantieren – mithin eine Grenze, durch die das Reich weiterhin in zwei Teile getrennt geblieben wäre.

Mit der Bereitschaft zur Anerkennung der Grenzen zu Polen ging Berlin viel weiter, als es die Weimarer Republik je getan hätte, die ausnahmslos eine Revision der Ostgrenzen anstrebte, wie es der damalige Reichsaußenminister Stresemann in einer Rede vor dem Auswärtigen Ausschuß zum Ausdruck brachte, indem er erklärte: „...daß keine deutsche Regierung von den Deutschnationalen bis zu den Kommunisten jemals diese Grenze des Versailler Vertrages anerkennen würde".

„Die deutsche Bereitschaft, zwanzig Jahre nach dem Versailler Vertrag die polnischen Grenzen von 1919 anzuerkennen, ist ein einmaliges Phänomen in den Annalen der Diplomatie", schreibt der bekannte US-Historiker David L. Hoggan in seinem umfassenden Werk „Der erzwungene Krieg", das bereits in der 14. Auflage erschien. Dazu ist anzumerken, daß selbst der „Spiegel" zu diesem Werk des umstrittenen „revisionistischen" Historikers schreibt, „daß er das ausführlichste Quellenmaterial vorweist, das je ein wissenschaftliches Werk über den Kriegsausbruch von 1939 stützte".

Ein anderer bedeutender US-Historiker, Harry E. Barnes, Professor an der Columbia University, bemerkt in seinem Werk „Die deutsche Kriegsschuldfrage" zum gleichen Thema: „Hitlers Forderungen an Polen in den Jahren 1938–1939 waren die am wenigsten drastischen, ja die großzügigsten, die er im Rahmen seines Planes einer friedlichen Revision des ungerechten Versailler Vertrages seit 1933 gestellt hatte." – Ebenso sieht der angesehene Historiker A. J. Percivale Taylor in seiner auch ins Deutsche übersetzten Studie „The origins of the second world war" in Hitler einen Politiker mit maßvollen und durchaus legitimen Forderungen, der 1939 weit von dem Willen entfernt war, einen europäischen Krieg zu entfesseln.

Mit geringfügigen Abänderungen – wie der Rücknahme des Wunsches, Polen müsse dem Anti-Komintern-Pakt beitreten – blieben diese deutschen Forderungen und Zugeständnisse an Polen in ihrer Substanz bis Kriegsausbruch unverändert. Die anfangs freundliche Atmosphäre bei den deutsch-polnischen Besprechungen hielt jedoch nicht lange an, da sich sehr bald herausstellte, daß eine eventuelle Rückkehr Danzigs zum Reich in der polnischen Öffentlichkeit auf zunehmende Ablehnung stieß – eine Gefahr, auf die schon Beck hingewiesen hatte. Denn für die Polen mit ihrem prononcierten Nationalismus hatte Danzig – obwohl nicht zu Polen gehörend – dennoch eine besondere und symbolische Bedeutung.

Doch erst ab dem 15. März 1939, dem Tag, an dem Hitlers Truppen in Prag einmarschierten, verhärtete sich die Situation endgültig – jedoch nicht wegen Hitlers Einmarsch und der Errichtung des Protektorates Böhmen und Mähren, sondern wegen der auf Polens Machthaber ausgeübten massiven Einflußnahme der USA und Englands, dessen Außenpolitik ab diesem Datum von Appeasement- auf Kriegspolitik umgestellt wurde. Zu dieser britischen Kehrtwendung meint der bekannte englische Militärhistoriker Sir Basil Liddel Hart in seinem 1949 erschienenen Buch „Die wahren Ursachen des Zweiten Weltkrieges": „Die plötzliche Kehrtwendung Englands im März 1939 machte den Krieg unvermeidbar. Sie schuf eine Situation, die mit einem erhitzten Kessel verglichen werden kann, in dem der Druck bis zum Gefahrenpunkt gestiegen war und dessen Sicherheitsventil dann plötzlich geschlossen wurde. Die Schuld liegt bei denen, die es gestatteten, den Kessel zu heizen und auf diese Weise die Explosion herbeizuführen."

Um den „Kessel zu heizen", galt es nun zunächst, weitere Verhandlungen Polens mit Deutschland zu verhindern. Der britische Außenminister Lord Halifax verlangte daher von Beck den Abbruch jeglicher weiterer Verhandlungen. Der Erfolg ließ nicht lange auf sich warten: Als Ribbentrop am 21. März 1939 dem polnischen Botschafter in Berlin, Josef Lipski, vorschlug, diplomatische Verhandlungen zur offiziellen Bestätigung der bisher getroffenen Vereinbarungen zu beginnen, um zu einem friedlichen Abschluß zu gelangen, fuhr Lipski zur Information nach Warschau und kehrte mit einer ablehnenden Antwort zurück. Zwei Tage später, am 23. März, erklärte Oberst Josef Beck bei einer Versammlung führender Politiker und Generäle, daß ein politisch von Polen unabhängiges Danzig (Polen war Schutzmacht) nicht in Frage komme, da die Stadt ein Symbol polnischer Macht sei. Er behauptete wörtlich: „...es ist vernünftiger, auf den Feind zuzugehen, als zu warten, bis er uns entgegenmarschiert"; eine Äußerung, die sich in keiner Weise darauf berufen konnte, daß Hitler damals, im März 1939, tatsächlich beabsichtigte, Polen anzugreifen. Noch am gleichen Tag wurde die Teilmobilmachung angeordnet, und die obersten Befehlshaber der jeweiligen Waffengattungen erhielten die Aufmarschpläne für einen Krieg gegen Deutschland. Damit war das Reich von Polen wegen der Freien Stadt Danzig durch Kriegsandrohung und Teilmobilmachung herausgefordert worden. Dazu meint Joachim Fest in seiner großen Hitler-Biographie: „Nicht ohne grandiosen Starrsinn erschien es den damaligen Machthabern in Polen als ein unerträglicher Gedanke, eine Stadt – Danzig – aufzugeben, die ihnen nicht gehörte und die deutsch bevölkert und nationalsozialistisch regiert war."

In diesem Zusammenhang ist auch aufschlußreich, was der republikanische Abgeordnete Hamilton Fish, der 25 Jahre lang Mitglied des Ausschusses für Auswärtige Angelegenheiten des US-Kongresses und in den Jahren 1933–1943 dessen führender republikanischer Vertreter war, in seinem Buch „The other side of the coin" mit dem deutschen Titel „Der zerbrochene Mythos – Roosevelts Kriegspolitik 1933–1945" schreibt: „Alles legte er (Roosevelt) darauf an, Polen zu überreden, ja nicht wegen der Rückgabe Danzigs – einer 95%igen deutschen Stadt – an das Dritte Reich zu verhandeln, bis es zu spät war. Das war der Hauptgrund, der zum Kriege führte."

Nachdem Hitler von der überraschenden Teilmobilmachung Polens Kenntnis erhalten hatte, hielt er eine Besprechung mit Walther von Brauchitsch, dem Oberbefehlshaber des deutschen Heeres, ab, in der er ihm auseinandersetzte, daß er keinen Konflikt mit Polen wünsche und weiter auf Verhandlungen beharren werde – auf Verhandlungen, die übrigens nie an einen bestimmten Zeitplan gebunden waren und nie ultimativen Charakter hatten, abgesehen von den letzten beiden Tagen vor Ausbruch des Krieges, als Deutschland von Polen die Entsendung eines mit allen Vollmachten ausgestatteten Unterhändlers innerhalb von zwei Tagen bis zum 31. August um 24 Uhr forderte.

Vorrangiges Ziel der unter Führung von Lord Halifax betriebenen Kriegspolitik war die Einkreisung Deutschlands durch Errichtung eines überlegenen Bündnissystems, das Großbritannien, Frankreich, Polen und die Sowjetunion umfassen sollte und vorsah, auch die USA in Zukunft dafür zu gewinnen. Dieser Plan barg jedoch ein schier unüberwindbar scheinendes Hindernis in sich, welches darin bestand, daß eine Bündniskombination, die sowohl Polen als auch die Sowjetunion einschließen sollte, wegen des ausgeprägten polnischen Antibolschewismus kaum möglich war. „Kein polnischer Patriot werde es zulassen, auf die Seite des Bolschewismus gezogen zu werden" (Antwort Lipskis auf Ribbentrops Warnung vor einem derartigen Bündnis). Dieser Tatsache war sich Lord Halifax vermutlich nicht genügend bewußt, da Polen, wie zu erwarten war, am 24. März 1939 den Anschluß an eine solche Allianz, die auch Rußland einbezog, entschieden verweigerte. Somit war er gezwungen, zwischen der mächtigen Sowjetunion und dem schwachen Polen zu entscheiden. In der Hoffnung, die UdSSR zu einem späteren Zeitpunkt dennoch in diese Allianz einzubinden, entschied er sich für das viel schwächere Polen, zumal er zu Recht befürchtete, Polen könnte sich ohne englische Zugeständnisse und Zusicherungen doch noch mit Deutschland verständigen und ein Abkommen hinsichtlich Danzigs und des Korridors treffen. Dadurch hätte Hitler seine Forderungen an Polen ohne Krieg verwirklichen können, womit seine gesamte Revisionspolitik auf friedlichem Weg abgeschlossen gewesen wäre und sich womöglich kein weiterer Vorwand mehr für einen Krieg gegen Deutschland ergeben hätte. Dazu durfte es aber nicht kommen, da das Hauptanliegen und Ziel der britischen Außenpolitik unter Halifax, mit Churchill und Roosevelt als den treibenden Kräften, der Krieg gegen Deutschland war, wozu Polen den Vorwand liefern sollte und den sich entgehen zu lassen England nicht beabsichtigte. Dies wird auch durch eine im Tagebuch des US-Marineministers James Forestal am 27. Dezember 1945 eingetragene, ihm gegenüber wörtlich wiedergegebene Äußerung des US-Botschafters in London, Joseph Kennedy (Vater des späteren US-Präsidenten), bestätigt, welche lautet: „...Weder Franzosen noch Engländer würden Polen zum Kriegsgrund gemacht haben, wenn sie nicht unablässig von Washington dazu angestachelt worden wären..." (aus „Forestal-Diaries", New York, 1951). Demnach wäre nach Ansicht Kennedys Roosevelt der Hauptkriegstreiber gewesen.

Der nächste und für die starrköpfige Haltung Polens gegenüber Deutschland entscheidende, in Richtung Krieg führende Schritt Englands erfolgte am 31. März 1939, als Premierminister Neville Chamberlain – „auf Drängen Churchills" (Miksche) – im britischen Unterhaus die feierliche Erklärung

86

abgab: „Ich habe dem Hause jetzt mitzuteilen, daß im Falle einer jeden Handlung, welche die polnische Unabhängigkeit ganz klar bedroht und gegen welche die polnische Regierung... den Widerstand mit ihrer nationalen Armee als unerläßlich ansehen würde, die Regierung Seiner Majestät sich gezwungen sehen würde, sofort der polnischen Regierung alle in ihrer Macht liegende Unterstützung zu gewähren."

Dazu schreibt Hamilton Fish in „Der zerbrochene Mythos": „Chamberlain hatte diesen Blankoscheck an Polen nur mit größtem Widerstreben gegeben, denn er war sowohl in England wie gegenüber dem Weißen Haus in der Defensive. Nur der Druck britischer Kriegsbefürworter und Roosevelts zwangen ihn, gegen Hitler eine unnachgiebige Haltung einzunehmen."

Diese Garantieerklärung war im Kern ihrer Aussage unzutreffend und unbegründet, da Polens Unabhängigkeit durch das Reich nie in Frage gestellt und durch Hitlers Forderungen zu keiner Zeit bedroht wurde. Im Gegenteil: Für den Fall der Rückkehr Danzigs zum Reich und der Errichtung einer exterritorialen Autobahn- und Eisenbahnlinie durch den polnischen Korridor erklärte sich Hitler bereit – wie schon erwähnt wurde –, die deutsch-polnische Grenze von 1919 als endgültig anzuerkennen und zu garantieren, sowie den Nichtangriffspakt zwischen Polen und Deutschland auf 25 Jahre zu verlängern.

Vor allem aber war diese Garantieerklärung unverantwortlich, zumal sie praktisch einen Blankoscheck darstellte, der die polnischen Machthaber zum Krieg animierte und ihnen die Entscheidung über Krieg oder Frieden überließ – etwas ganz Einmaliges in der Geschichte Englands, wie Sir Alexander Cadogan, Unterstaatssekretär im Auswärtigen Amt, Joseph Kennedy am 31. März gestand: „Großbritannien hat zum erstenmal in seiner Geschichte die Entscheidung über das Ja oder Nein zum Kämpfen außerhalb seines Landes einer anderen Macht überlassen."

Die Entscheidung über Krieg oder Frieden wurde in die Hände von Machthabern gelegt, die, wie Beck, der die Hauptverantwortung trug, tatsächlich glaubten, daß die polnische Armee der deutschen überlegen sei und innerhalb weniger Tage Ostpreußen besetzt haben würde. Außerdem glaubten sie, die Deutsche Wehrmacht befände sich in Aufruhr, im Kriegsfall würde es sogleich zu einer Revolte gegen Hitler kommen, und die polnische Armee wäre in 14 Tagen in Berlin, weshalb der britische Botschafter dort, Sir Neville Henderson, die Polen als „heroisch, aber Narren" bezeichnete.

Der in den deutsch-polnischen Besprechungen eine Schlüsselfunktion innehabende polnische Botschafter in Berlin, Josef Lipski, verlieh dieser Überzeugung Ausdruck: „Seit fünfeinhalb Jahren lebe ich in diesem Land. Ich weiß sehr wohl, was sich dort abspielt. Kommt es zu einem Krieg zwischen Polen und Deutschland, so wird eine Revolution in Deutschland ausbrechen, und unsere Truppen werden im Triumph nach Berlin marschieren – in 14 Tagen." Diese Äußerung machte er Ende August 1939 gegenüber dem britischen Geschäftsträger in Berlin, Sir Ogilvie-Forbes, in Anwesenheit des Schweden Birger Dahlerus. Letzterer wurde wegen seiner guten Kontakte zu englischen Politikern in den letzten Tagen vor Kriegsausbruch von der Reichsregierung mit der Mission eines Vermittlers betraut; er hat diese Äußerung Lipskis nach dem Krieg, am 19. März 1946, als Zeuge vor dem Nürnberger Militärtribunal unter Eid bestätigt.

Die englische Garantieerklärung an Polen war überdies unverantwortlich, weil Großbritannien den Polen nichts zu bieten hatte – oder, besser gesagt: nichts bieten wollte – außer verführerische Versprechungen, denen die polnischen Machthaber nicht widerstehen konnten. Denn das für Polen im Kriegsfall Wesentlichste und Entscheidende, wozu die Garantieerklärung England verpflichtete – nämlich bewaffnete Intervention und militärischen Schutz –, konnte es gar nicht bieten, schon allein wegen der geographischen Distanz von rund 2.000 Kilometern zwischen den beiden Ländern. Der britischen Regierung war völlig klar, daß ihre der polnischen Regierung gegebene Garantie militärisch nicht einzulösen war und England im Ernstfall keinerlei militärische Hilfe bringen konnte.

Am Schicksal Polens war der britischen Regierung und insbesondere ihrem Außenminister Lord Halifax sowie Churchill offensichtlich nicht das Geringste gelegen. In Wirklichkeit ging es gar nicht um Polen, sondern ausschließlich darum, Krieg gegen Deutschland zu führen, das allzu mächtig geworden war, nach der Vorherrschaft auf dem Kontinent strebte und das europäische „Gleichgewicht der Kräfte", zu dessen Erhaltung sich England im ureigensten Interesse immer berufen fühlte, in Unordnung gebracht hatte. Das unglückliche Polen lieferte lediglich den Vorwand, um dann zur einen Hälfte Hitler und zur anderen Stalin überlassen zu werden, ohne daß ein einziger englischer Soldat für Polens Freiheit starb.

Churchill hat es am 3. September 1939, dem Tag der Kriegserklärung an Deutschland, vor dem britischen Unterhaus selber ganz deutlich gesagt: „Dies ist keine Frage des Kampfes für Danzig oder Polen. Wir kämpfen, um die ganze Welt von der Pestilenz der Nazi-Tyrannei zu befreien und für die Verteidigung all dessen, was der Menschheit heilig ist." Die Freiheit und Unabhängigkeit Polens waren ihm jedenfalls nicht heilig. Und wann hat die Nazi-Pestilenz jemals „die ganze Welt" bedroht, so wie der Bolschewismus sie durch seinen messianischen Auftrag der „Befreiung" aller Völker vom Joch des Kapitalismus mittels der kommunistischen Weltrevolution tatsächlich bedroht hat? Der Nationalsozialismus war, zum Unterschied vom Kommunismus, kein „Exportartikel". Er hatte keinen „messianischen Auftrag", die Welt nationalsozialistisch zu machen. Er war nicht international und missionarisch wie der Marxismus. Es war noch gar nicht lange her, daß Churchill Lenin als „Pestbazillus" bezeichnet, vom „bolschewistischen Krebsgeschwür im Fleische eines unglücklichen Volkes" gesprochen und den „bestialischen Heißhunger" des kommunistischen Rußland verurteilt hatte, einer „Tyrannis der niedrigsten Art", wo „Tausende von Menschen kaltblütig hingerichtet oder ermordet worden sind".

So überließ England den Polen nicht nur die Entscheidung über Krieg oder Frieden; es überließ ihnen zugleich auch die Pistole zum politischen, staatlichen und gesellschaftlichen Selbstmord, wie die Geschichte auf tragische Weise beweisen sollte.

Die durch die englische Garantieerklärung an Polen entstandene neue Situation veranlaßte Hitler am 3. April 1939, dem Oberkommando der Wehrmacht (OKW) die Bearbeitung des Planes „Operation Weiß" gegen Polen sowie vorbereitende Maßnahmen für einen deutschen Aufmarsch im Osten anzuordnen. Daraus kann aber noch nicht auf seinen entschiedenen Willen zum Krieg geschlossen werden, wie dies viele tun. Denn es gehört zu den ganz üblichen und natürlichen Aufgaben aller Generalstäbe der Welt, sich auf eventuelle kriegerische Konflikte vorzubereiten. In diesem Fall insbesondere, da die Wahrscheinlichkeit eines deutsch-polnischen Krieges durch die englische Garantieerklärung sowie die Aufforderung, weitere Verhandlungen mit Deutschland abzubrechen, eine wesentlich größere geworden war.

Als weitere Reaktion auf die britische Garantieerklärung kündigte Hitler in seiner Reichstagsrede vom 18. April 1939 den Nichtangriffspakt mit Polen aus dem Jahre 1934, dessen Verlängerung um 25 Jahre er angeboten hatte, was ebenfalls häufig als hinlänglicher Beweis für seinen Entschluß zum Krieg gegen Polen interpretiert wird. Dem ist jedoch nicht so, denn Hitler begründete sein Vorgehen durch Argumente, die nicht unberechtigt erscheinen. Demnach hätten die Polen durch Annahme der britischen Garantieerklärung den Pakt verletzt. „Ein Nichtangriffspakt" – so führte Hitler aus – „kann nur unter jenen Bedingungen fortbestehen, unter denen er geschlossen wurde. Bei einer einseitigen Abweichung von diesen Bedingungen durch einen der Vertragspartner kann er jedoch nicht mehr weiterbestehen." Es ist, im Grunde genommen, die „clausula rebus sic stantibus", auf die sich Hitler berief – wenngleich nicht expressis verbis.

Des weiteren erklärte er in seiner Rede, daß die Kündigung des Paktes nicht bedeute, daß Deutschland sich der Übernahme neuer vertraglicher Verpflichtungen gegenüber Polen verschließe, und betonte mit Nachdruck, wie sehr ihm an der Wiederaufnahme von Verhandlungen gelegen sei. Weder aus dem von England geforderten und von Polen befolgten Abbruch der deutsch-polnischen Verhandlungen noch aus Polens Kriegsandrohung und Teilmobilmachung und nicht einmal aus der Annahme der britischen Garantieerklärung zog Hitler die Schlußfolgerung, daß eine deutsch-polnische Verständigung unmöglich sei; vielmehr beharrte er weiterhin darauf, die Verhandlungen mit Polen wieder in Gang zu bringen. Wie noch zu zeigen sein wird, gab er die Hoffnung auf eine friedliche Regelung mit Polen nicht eher auf, als bis er einsah, daß sie völlig aussichtslos war.

Wie Hitler in seiner Reichstagsrede vom 18. April weiter betonte, war er allerdings unter keinen Umständen bereit, den einseitigen Preis für eine Verständigung mit Polen – nämlich die Preisgabe Danzigs – zu zahlen. Denn er war der

Überzeugung, daß ein Abkommen auf dieser Basis nicht von Dauer und daher wertlos wäre. Die Preisgabe Danzigs würde nicht freundschaftliche Beziehungen zu Polen zur Folge haben, die Hitler wegen der angestrebten gemeinsamen Front gegen die Sowjetunion zweifellos wünschte, sondern eher einen Bruch. Zwei Wochen darauf, am 5. Mai, hielt Beck vor dem polnischen Parlament (Sejm) eine Rede, in der er wahrheitswidrig behauptete, Deutschland hätte Polen keine echten Konzessionen angeboten, sondern lediglich Forderungen gestellt. Überdies wolle Hitler Polen von der Ostsee abschneiden – was ebenfalls eine bewußte Unwahrheit war, da Beck wissen mußte, daß Hitler immer wieder betont hatte, der Ostseehafen Gdingen müsse polnisch bleiben. Auf Hitlers Reichstagsrede eingehend, beschuldigte er ihn, mit der Kündigung des Nichtangriffspaktes mutwillig einen der „Grundpfeiler des europäischen Friedens" zerbrochen zu haben. Beck unterließ es allerdings wohlweislich, auch nur anzudeuten, weshalb Hitler den Pakt gekündigt und daß er sich gleichzeitig verpflichtet hatte, neue vertragliche Vereinbarungen mit Polen abzuschließen.

Durch diese Rede Becks sollten und mußten die Polen den Eindruck gewinnen, Deutschlands Haltung schließe eine friedliche Regelung der deutsch-polnischen Differenzen aus, und nur aus diesem Grund sei der Krieg unvermeidlich geworden. Er entfachte damit Chauvinismus, Kriegsstimmung, Deutschenhaß, was die rund eine Million Volksdeutschen, die damals in Polen lebten, alsbald zu spüren bekamen. Die polnischen Behörden in Oberschlesien leiteten im Sommer 1939 eine Massenverhaftungsaktion gegen die deutsche Minderheit ein und begannen, die noch bestehenden deutschen Geschäfte, Clubs und Wohlfahrtseinrichtungen zu schließen bzw. zu konfiszieren. Aber es kam noch viel ärger. Fünf- bis siebentausend Männer, Frauen und Kinder (die genaue Anzahl ist nicht mehr festzustellen) wurden in den folgenden Wochen auf grausamste Weise umgebracht. Dies wird u. a. durch die intensiven Recherchen und Dokumentationen über das Schicksal und die spätere Vertreibung der Volksdeutschen in Polen durch den international bekannten amerikanischen Völkerrechtler Alfred M. de Zayas bestätigt und dokumentiert. Den grausigen Höhepunkt dieser barbarischen Haßausbrüche bildete das Massaker vom 3. September 1939 an mehreren Tausend Volksdeutschen, ganzen Familien, Greisen ebenso wie Kindern, in der polnischen Stadt Bydgoszcz (Bromberg), das als „Blutsonntag von Bromberg" in die Geschichte einging. Dazu schreibt Ernst Nolte in „Der europäische Bürgerkrieg 1917–1945": „Der Krieg gegen Polen begann mit einem tendenziellen Genozid auf polnischer Seite, nämlich dem sogenannten ‚Bromberger Blutsonntag', der Niedermetzelung von einigen tausend Staatsbürgern deutscher Herkunft durch aufgebrachte Polen. Ob die deutsche Minderheit überlebt hätte, wenn der Krieg länger als drei Wochen gedauert hätte, muß zweifelhaft erscheinen."

Der Hitler-Stalin-Pakt

In der zeitlichen Reihenfolge der zum Zweiten Weltkrieg führenden wichtigsten Ereignisse muß an dieser Stelle – gewissermaßen als Exkurs – kurz auf den Hitler-Stalin-Pakt als einem solchen von weltgeschichtlicher Bedeutung eingegangen werden.

Im Mai 1939 befand sich eine englisch-französische Delegation in Moskau, um die Sowjetunion zur Teilnahme an einem Krieg gegen Deutschland zu bewegen. Von vornherein gaben die Russen zu verstehen, daß sie zu einer Unterstützung im Kriegsfall nur unter der Bedingung bereit wären, wenn sie das Einverständnis der Westmächte zur Ausweitung ihrer Interessensphäre im östlichen Europa erhielten. Dies betraf: Einbeziehung der baltischen Staaten und Bessarabiens in die sowjetische Einflußsphäre; Recht des Durchmarsches durch Polen im Fall eines Krieges; Recht, in den Nachbarstaaten (Finnland, Estland, Lettland, Litauen, Polen, Rumänien) unter der Devise „Schutz" dieser Staaten (obwohl sich keiner davon sowjetischen Schutz wünschte) zu intervenieren, falls sich dort innenpolitische Wandlungen vollziehen sollten. Damit wollte sich Moskau offensichtlich von vornherein die Möglichkeit sichern, in den genannten Staaten etwaige kommunistische Aufstände (die die UdSSR wohl selber inszenieren würde) zu unterstützen und so einen politischen Umsturz herbeizuführen. Nach langen Verhandlungen, die sich bis Ende Juli hinschleppten, akzeptierten Briten und Franzosen schließlich die geforderten Bedingungen.

Im Juni traf der Leiter der Zentralabteilung im Foreign Office, Sir William Strang, in Moskau ein, mit der Anweisung, den britischen Botschafter Sir William Seeds in der Endphase der Verhandlungen mit den Sowjets zu unterstützen. Im August 1939 folgte eine britisch-französische Militärmission, die mit der russischen Delegation unter Führung von Marschall Woroschilow die militärischen Aspekte und Fragen des zu schließenden Bündnisses erörtern und festlegen sollte. Auch Roosevelt drängte unter dem Einfluß seiner sowjetfreundlichen Berater – wie z.B. Alger Hiss, der Stalins „Maulwurf" in Jalta war und 1949 als kommunistischer Spion entlarvt und verurteilt wurde – darauf, ein englisch-französisch-sowjetisches Militärbündnis abzuschließen, an dem sich die Vereinigten Staaten später ebenfalls beteiligen würden.

Angesichts dieser bedrohlichen Entwicklung, welche die Einkreisung Deutschlands bedeutete und es im Kriegsfall zwingen würde, gleichzeitig an zwei Fronten kämpfen zu müssen, entschloß sich Hitler, trotz seines entschiedenen Antibolschewismus, ein Abkommen mit der Sowjetunion ernsthaft in Erwägung zu ziehen, wohl wissend, daß ein solches unter Umständen zu einer Expansion des Sowjetimperiums führen könnte. Dadurch sollten zwei Ziele erreicht werden: Erstens, sich im Fall eines deutsch-polnischen Krieges, der im Verlauf des Sommers 1939 immer wahrscheinlicher wurde, der Neutralität der Sowjetunion zu versichern, da sie widrigenfalls einen unkalkulierbaren und gewaltigen Risikofaktor darstellen würde, den es auszuschalten galt. Zweitens, die Hoffnung

Englands und Frankreichs auf eine gegen Deutschland gerichtete Allianz mit der Sowjetunion zu durchkreuzen.

Von einem deutsch-russischen Abkommen erhoffte sich Hitler, daß es ein entscheidender Faktor zur Verhinderung eines neuerlichen europäischen Krieges sein würde. Denn: Sollte die Sowjetunion einen Nichtangriffspakt mit Deutschland unterzeichnen, statt ein gegen Deutschland gerichtetes Bündnis mit dem Westen zu schließen, schien ein Krieg in Europa tatsächlich weniger wahrscheinlich, zumal die Westmächte, insbesondere England – so kalkulierte Hitler –, nach dem Ausscheiden der Sowjetunion vermutlich nicht mehr an ihren Verpflichtungen gegenüber Polen festhalten und über einen Krieg gegen Deutschland anders denken würden. Was dann allerdings nicht zutraf, da Hitler sich verkalkulierte.

Am 14. August 1939 erteilte Reichsaußenminister von Ribbentrop dem deutschen Botschafter in Moskau, Graf von der Schulenburg, Weisungen hinsichtlich der zu unternehmenden Schritte. Schon neun Tage später, am 23. August, flog Ribbentrop nach Moskau, um einen Nichtangriffspakt abzuschließen. Noch am gleichen Tag schlug diese Nachricht wie ein Donnerschlag in der Presse ein und versetzte die Weltöffentlichkeit in Staunen und Verwirrung.

Mit diesem Pakt hatte Hitler die Sowjetunion aus allen militärischen Überlegungen und Hoffnungen des Westens herausgebrochen. Die von England und Frankreich betriebene Einkreisung Deutschlands war damit vorläufig abgewendet. So fiel innerhalb weniger Tage eine Entscheidung, die das europäische Kräfteverhältnis und die Weltsituation grundlegend änderte und die britisch-französische Militärmission zur ruhmlosen Abreise aus Moskau zwang. Selbst seine überzeugtesten Gegner und Kritiker mußten Hitler ganz außergewöhnliche staatsmännische und diplomatische Fähigkeiten zugestehen. „Mit diesem Meisterstück stellte er (Hitler, R. C.) selbst Bismarcks diplomatisches Geschick in den Schatten", schreibt der international angesehene Historiker John Lukacs, dem wohl nicht die geringste Hitlersympathie nachgesagt werden kann, in seinem in mehrere Weltsprachen übersetzten Buch „Churchill und Hitler – Der Zweikampf".

Allerdings mußte Hitler für diesen Pakt mit Stalin den hohen Preis weitgehender Zugeständnisse zahlen, die in einem geheimen Zusatzprotokoll, von dem die Welt erst viele Jahre später erfuhr, festgelegt wurden. Es waren im wesentlichen die gleichen, wie sie der russische Außenminister Molotow auch der englisch-französischen Mission gegenüber zur unerläßlichen Bedingung für den Abschluß eines Abkommens gemacht hatte: Finnland, Estland, Lettland, Litauen, Polen östlich der Flüsse Narew, Weichsel und San, sowie Bessarabien wurden zur Einflußsphäre der Sowjetunion erklärt. Die Anerkennung dieser Zugeständnisse war vom Ausbruch eines Krieges zwischen Deutschland und Polen abhängig. Hitler und Ribbentrop machten von vornherein klar, daß sich Deutschland nicht verpflichtet fühle, diese Forderung der Sowjets im Fall einer diplomatischen Lösung des deutsch-polnischen

Konfliktes anzuerkennen. Infolgedessen war Stalin an einer solchen Lösung gar nicht interessiert.

Was bewog ihn, mit Hitler und nicht mit dem Westen einen Pakt abzuschließen? Ein Bündnis mit England und Frankreich hätte Stalin im Kriegsfall zum sofortigen Eingreifen gegen Deutschland verpflichtet, wohingegen ihm der Pakt mit Deutschland die willkommene Möglichkeit bot, im Fall eines deutsch-polnischen Krieges die ihm zugedachten Gebiete beziehungsweise Einflußsphären auch ohne militärisches Engagement zu bekommen – wie es dann auch geschah. Somit war er am Ausbruch eines Krieges zwischen Deutschland und Polen höchst interessiert. Mit dem Nichtangriffspakt gab Stalin grünes Licht. Hitler hingegen hoffte, die Westmächte durch den Pakt mit der Sowjetunion von einem Eingreifen zugunsten Polens abzuhalten. Wäre ihm dies gelungen, hätte Stalin den Pakt umsonst geschlossen, denn er rechnete fest damit, daß die Westmächte – sollte Deutschland Polen angreifen – dem Reich den Krieg erklären würden. Dies würde dann unweigerlich zu einem kräfteverzehrenden europäischen Krieg zwischen den „kapitalistischen" Mächten führen, zu denen er bekanntlich auch Deutschland zählte und die ja alle für die Sowjetunion gleichermaßen Feinde waren. Stalin hätte abwarten und zusehen können, wie sie sich gegenseitig zerfleischten, um dann, wenn Deutschland und die Westmächte erschöpft gewesen wären, zuguterletzt mit ungeschwächten Kräften auf das Schlachtfeld zu treten und ihnen den Todesstoß zu versetzen. Dies hat auch ein moskauhöriger „Staatsmann" nach dem Krieg bestätigt. Dr. Edvard Beneš hatte in seinen in Prag erschienenen „Erinnerungen" offen erklärt: „...die Sowjetunion hat den Nichtangriffspakt mit Deutschland nur abgeschlossen, um Zeit zu gewinnen und um später, wenn die kämpfenden Parteien geschwächt wären, in den Krieg einzutreten und dann die Weltrevolution weiter auszubreiten".

Es war dies das marxistisch-leninistische Konzept eines Welt-Revolutions-Krieges, das Stalin durch seinen Pakt mit Hitler konsequent verfolgte. So wäre auch sein Ausspruch anläßlich des Paktabschlusses im Kreis engster Vertrauter zu verstehen: „Ich habe Hitler hinters Licht geführt", wie ihn Chruschtschow in seinen „Erinnerungen" (Band 2) zitiert. Auch ist es die nächstliegende und einleuchtendste Erklärung dafür, weshalb die kommunistischen Parteien außerhalb der Sowjetunion, die, durch den Hitler-Stalin-Pakt zunächst wie vor den Kopf gestoßen, in große Verwirrung, Ratlosigkeit und Unsicherheit gerieten, sehr bald wieder Tritt faßten und ihn akzeptierten, weil sie informiert wurden, was es eigentlich damit auf sich hatte.

Daß Hitler durch den Pakt mit Stalin sein antikommunistisches bzw. antibolschewistisches, gegen die Sowjetunion als den eigentlichen Feind gerichtetes Konzept aufgegeben hätte – wie es tatsächlich den Anschein hatte –, ist dennoch nicht anzunehmen. Darauf deutet jedenfalls ein Ausspruch hin, den er nach dem Bericht Carl J. Burckhardts, des Völkerbundkommissars in Danzig, am 11. August 1939 während einer Unterredung am Obersalzberg tat:

„Alles, was ich unternehme, ist gegen Rußland gerichtet. Wenn der Westen zu dumm und zu blind ist, um dies zu begreifen, werde ich gezwungen sein, mich mit den Russen zu verständigen, den Westen zu schlagen und dann, nach seiner Niederlage, mich mit meinen versammelten Kräften gegen die Sowjetunion wenden."

Der Schritt zum Krieg

Die letzten Tage und Stunden der Polenkrise waren erfüllt mit Vermittlungsversuchen, Unterredungen, Angeboten und Vorschlägen. Am 25. August hatte Hitler eine Unterredung mit dem britischen Botschafter in Berlin, Sir Neville Henderson, in der er seinem Gesprächspartner versicherte, daß er die britische Freundschaft mehr als alles andere in der Welt wünsche. Aber das Wesentliche dieser Unterredung war ein weitgehendes Bündnisangebot an England, in dem sich Hitler bereit erklärte, eine Garantie für das Britische Weltreich abzugeben, in der sich Deutschland verpflichten würde, die militärische Macht des Reiches zur Verteidigung des Britischen Empires jederzeit und an jedem beliebigen Ort zur Verfügung zu stellen. Den Exponenten britischer Politik sei es freilich überlassen, in jeder bedrohlichen Situation zu entscheiden, wann, wo und ob sie dieser Hilfe bedürften. Überdies erklärte Hitler, daß er gewillt sei, unverzüglich eine Garantieerklärung zu unterzeichnen, derzufolge Deutschland keine Veränderungen des Status quo in ganz Westeuropa wünsche. Wissend, daß – wenn überhaupt jemand – dann nur die Engländer die starrköpfigen Polen zur Wiederaufnahme von Gesprächen bzw. Verhandlungen mit Deutschland bewegen konnten (statt ihnen davon abzuraten) und dadurch die Rückkehr Danzigs zum Reich ermöglichten, machte Hitler sein Angebot von einer Regelung des deutsch-polnischen Streites abhängig, die für Deutschland annehmbar sei.
Obwohl alle Äußerungen und Handlungen Hitlers seit der Besetzung Prags – dem großen Wendepunkt in der Haltung Englands gegenüber Deutschland – für die Briten weitgehend entwertet und daher nicht mehr wirklich glaub- und vertrauenswürdig waren, ist dennoch anzunehmen, daß er sie in diesem Fall ernst meinte. Denn Hitlers Anglophilie war ja von Anfang an allgemein bekannt, und nicht nur in „Mein Kampf", sondern auch nachdem er Herrscher über Deutschland geworden war, hatte er mehrfach in öffentlichen und privaten Bekundungen seiner Achtung und Bewunderung für das Britische Weltreich Ausdruck verliehen, so immer wieder in den „Tischgesprächen".
Henderson war nach eigenen Worten von dieser Zusammenkunft mit Hitler tief beeindruckt, fuhr zur Berichterstattung nach London und riet seiner Regierung, dieses Angebot ernsthaft zu prüfen und zu bedenken. Die Briten hatten beschlossen, ihre offizielle Antwort darauf vom 25. August bis zum Abend des 28. August hinauszuschieben, so daß Henderson, dem man Deutschfreundlichkeit vorwarf, gezwungen war, noch drei wertvolle Tage in London zu

94

bleiben, um dann am 28. Hitler die Antwort persönlich aushändigen zu können. Henderson betrachtete diesen Aufschub angesichts der täglich, ja stündlich ernster werdenden Lage als unverantwortlich.

Am nächsten Tag, dem 26. August, wurde der ursprünglich für diesen Tag erteilte Angriffsbefehl gegen Polen von Hitler widerrufen und auf unbestimmte Zeit zurückgestellt. Ob dies ernst gemeint war und ein Zurückweichen bedeutete oder alles nur ein taktischer Bluff war, um Polen unter Druck zu setzen und zur Wiederaufnahme von Verhandlungen zu bewegen, bleibe dahingestellt.

In der Zwischenzeit hatte sich Göring eingeschaltet. Da er von Ribbentrops diplomatischem Geschick wenig hielt, schlug er vor, den ihm seit Jahren bekannten und befreundeten schwedischen Industriellen Birger Dalherus wegen dessen guter Kontakte zu englischen Politikern mit der Mission eines Vermittlers zu betrauen, was von Hitler gutgeheißen wurde.

Am 27. August traf Dalherus in London mit Premierminister Chamberlain, Außenminister Halifax und anderen Spitzenpolitikern zusammen. Wichtigster Inhalt dieser Besprechung war, die Antwort auf Hitlers Angebot vom 25. August zu sondieren und vor allem, die Briten von der Notwendigkeit zu überzeugen, die polnischen Machthaber, insbesondere Beck, zu veranlassen, mit Deutschland unverzüglich wieder in direkte Verhandlungen einzutreten; sonst werde man, wie Dalherus betonte, zu keinem Ergebnis kommen, der Krieg werde daher unvermeidlich sein, und die günstige Gelegenheit für eine deutsch-englische Verständigung wäre unwiderruflich vorbei. Ferner teilte Dahlerus seinen britischen Gesprächspartnern mit, daß Hitler bereit sei, eine internationale Garantie für Polen als Bestandteil jeder Regelung zu akzeptieren, sofern diese die Rückkehr Danzigs beinhalte.

Am Abend des 28. August traf Henderson mit der britischen Antwort in Berlin ein und wurde umgehend in der Reichskanzlei mit jenen Ehren empfangen, die sonst nur Staatschefs vorbehalten sind, womit Hitler offensichtlich die Bedeutung, die er diesem Ereignis beimaß, unterstreichen wollte. Denn er war der Überzeugung, die englische Antwort werde seinen Erwartungen entsprechen und eine neue Ära in den deutsch-britischen Beziehungen einleiten, womit er neuerlich die Kriegsentschlossenheit der britischen Führung unterschätzte bzw. nicht erkannte.

Tatsächlich war die Antwort so abgefaßt, daß sie den Eindruck erweckte, als würde die britische Regierung nunmehr endlich direkte Verhandlungen zwischen Polen und Deutschland befürworten und fördern; außerdem wäre sie auch an guten Beziehungen zu Deutschland ernsthaft interessiert. Daraufhin herrschten einen Tag in deutschen Regierungskreisen Zuversicht und Optimismus. Jedoch nur einen Tag lang. Denn: „Das Wirken der britischen Diplomatie in Warschau am 29. und 30. August war ein unehrenhafter und verlogener Bruch der in der britischen Antwortnote vom 28. August Deutschland gegebenen Versicherungen. Für einen Tag hatte die britische Regierung den falschen Eindruck zu erwecken vermocht, als fördere sie direkte Verhandlungen zwi-

95

schen Polen und Deutschland. Ihre Weisung an die Polen, nicht zu verhandeln, war ein Akt unerhörter Doppelgleisigkeit, der so unheilvoll charakteristisch für die diplomatische Tradition Englands ist... Die glänzende Gelegenheit, zu einem friedlichen Ausgleich zwischen Deutschland und Polen zu kommen, wurde durch Halifax' Diplomatie zunichte gemacht. Damit war Polens Untergang besiegelt", schreibt David L. Hoggan in seinem umfassenden und wie kaum ein anderes dokumentierten Werk „Der erzwungene Krieg".

Am 29. August 1939 erfolgte das letzte Verhandlungsangebot an Polen: die sogenannten „Marienwerder Vorschläge". Sie waren im wesentlichen eine Zusammenfassung der bereits im Oktober 1938 gestellten Forderungen und gegebenen Zugeständnisse, wobei diese Forderungen, wie schon erwähnt, keine territorialen waren, keine Zurückgewinnung ehemals deutscher, den Polen 1919 zugesprochener Gebiete zum Gegenstand hatten und die Unabhängigkeit und territoriale Integrität und damit die Souveränität Polens nie in Frage stellten.

Die Marienwerder Vorschläge enthielten überdies noch zusätzliche, den Polen entgegenkommende Neuerungen. So vor allem den Vorschlag, eine Volksabstimmung im polnischen Korridor unter internationaler Kontrolle der Großmächte Frankreich, England, Italien und der Sowjetunion abzuhalten, obwohl zu erwarten war, daß sie zugunsten Polens ausfallen würde. Wegen der dazu erforderlichen umfangreichen Vorbereitungsarbeiten sollte sie nicht vor Ablauf von zwölf Monaten stattfinden. Der Ort Marienwerder war der östlichste Punkt der vorgeschlagenen Volksabstimmungsgrenze (daher Marienwerder Vorschläge). Von diesem Gebiet der Volksabstimmung wurde der polnische Hafen Gdingen jedoch ausgenommen, da er nach dem Willen Deutschlands in jedem Fall polnisches Hoheitsgebiet bleiben sollte. Weiters hieß es in den Vorschlägen: Fällt die Abstimmung zugunsten Polens aus, dann erhält Deutschland eine exterritoriale Verbindungsstraße und Eisenbahnlinie durch den Korridor nach Ostpreußen, entsprechend dem Vorschlag vom Oktober 1938. Fällt die Abstimmung hingegen zugunsten Deutschlands aus, erhält Polen zum freien und uneingeschränkten Verkehr nach seinem Ostseehafen Gdingen die gleichen Rechte einer ebenso exterritorialen Straße und Eisenbahnverbindung. Die von den Polen gewünschten Sonderrechte im Hafen von Danzig, die ihnen schon 1938 zugesichert worden waren, sollten paritätisch mit gleichen Rechten Deutschlands im Hafen von Gdingen ausgehandelt werden. Beide Häfen müßten den Charakter reiner Handelsstädte erhalten bzw. bewahren, ohne jegliche militärische Anlagen. Ebenfalls neu in den Marienwerder Vorschlägen war der Passus, daß Deutschland und Polen sich verpflichteten, alle seit dem Jahre 1928 etwa vorgekommenen wirtschaftlichen und sonstigen Schädigungen der in beiden Ländern lebenden Minoritäten wiedergutzumachen und alle etwaigen Enteignungen aufzuheben oder dafür an die Betroffenen volle Entschädigung zu leisten. Des weiteren sollten Deutschland und Polen übereinkommen, die Rechte der beiderseitigen Minderheiten durch umfassende und bindende Vereinbarungen zu sichern und sie vom Wehrdienst zu befreien. Und im letzten Punkt

(16) hieß es: „Im Falle einer Vereinbarung auf der Grundlage dieses Vertrages erklären sich Deutschland und Polen bereit, die sofortige Demobilisierung ihrer Streitkräfte anzuordnen und durchzuführen."

Den Regierungen Englands, Frankreichs und Italiens wurden diese Vorschläge umgehend mitgeteilt. Von Polen forderte die Reichsregierung zur Wiederaufnahme direkter Verhandlungen auf der Grundlage der Marienwerder Vorschläge die Entsendung einer, wie es hieß, „mit allen Vollmachten versehenen polnischen Persönlichkeit" für Mittwoch, dem 30. August. Warschau reagierte nicht, und kein Unterhändler wurde angekündigt. Die äußerst kurze Frist, die u.a. der britische Botschafter in Berlin, Henderson, vehement beanstandete, wurde daraufhin bis zum 31. August, 24 Uhr, verlängert.

Henderson beschwor den polnischen Botschafter in Berlin, Josef Lipski, auf Oberst Beck einzuwirken, daß er einen mit allen Vollmachten ausgestatteten Unterhändler zum festgesetzten Zeitpunkt nach Berlin schicken möge. Seinem Außenminister Lord Halifax gegenüber vertrat Henderson die Ansicht, daß die deutschen Vorschläge an Polen maßvoll seien und eine gute und vernünftige Verhandlungsgrundlage böten. Wie in den „Documents on British foreign policy 1919–1939" dokumentiert ist, schrieb er am Vortag des Zweiten Weltkrieges an Halifax u.a.: „... in der Zwischenzeit kann ich nur noch einmal dringend darauf verweisen, wie wichtig es ist, daß Polen sofort dem Vorschlag zu direkten Verhandlungen mit Deutschland zustimmt und sich hiermit vor den Augen der Welt ins Recht setzt". Nach Meinung Hendersons würde sich Polen demnach im Fall der Nichtzustimmung zu direkten Verhandlungen mit Deutschland „vor den Augen der Welt" ins Unrecht setzen.

Auf Vermittlung Hendersons begaben sich am Vormittag des 31. August Birgher Dahlerus und der britische Botschaftsrat Ogilvie-Forbes zum polnischen Botschafter Lipski und versuchten, diesen nochmals davon zu überzeugen, daß die deutschen Vorschläge eine günstige Grundlage für einen Ausgleich zwischen Deutschland und Polen darstellten. Es sei daher noch immer möglich, so betonten sie, die Lage zu retten. Nach ihrer Rückkehr von Lipski berichteten sie, daß der polnische Botschafter das Sechzehn-Punkte-Programm der Marienwerder Vorschläge als unannehmbar bezeichnet und erklärt hatte, daß, falls die Alliierten (Frankreich und England) Polen im Stich lassen sollten, sein Land bereit sei, „to fight and die alone". Er sehe keine Veranlassung, sich für Noten oder Vorschläge von deutscher Seite zu interessieren. Überdies sei er davon überzeugt, daß im Fall eines Krieges zwischen Polen und Deutschland eine Revolution in Deutschland ausbrechen würde und die polnischen Truppen innerhalb von 14 Tagen siegreich nach Berlin marschieren würden. Wie schon erwähnt, hat Dahlerus diese Äußerungen Lipskis sowie den übrigen Inhalt des Gespräches am 19. März 1946 als Zeuge vor dem Nürnberger Militärtribunal unter Eid bestätigt. – Auch der französische Außenminister Georges Bonnet ersuchte seinen polnischen Kollegen Oberst Beck dringendst, Lipski zu Verhandlungen zu bewegen.

Nachdem am 30. August um 10.30 Uhr in Warschau die allgemeine Mobilmachung verkündet worden war, erschien am nächsten Tag um 18 Uhr – sechs Stunden vor Ablauf der gesetzten Frist – der polnische Botschafter Lipski beim Reichsaußenminister Ribbentrop, um ihm eine Weisung seiner Regierung zu verlesen. Ribbentrop aber wußte bereits, daß Lipski keine Vollmacht hatte. Denn es war der deutschen Abwehr gelungen, ein geheimes Telegramm des polnischen Außenministers Beck an seinen Botschafter in Berlin abzufangen, den polnischen Geheimcode zu knacken und es zu entschlüsseln. Es enthielt die Weisung, Lipski möge sich unter keinen Umständen in sachliche Diskussionen einlassen. Wörtlich hieß es darin: „Wenn die Reichsregierung mündliche oder schriftliche Vorschläge macht, müssen Sie erklären, daß Sie keinerlei Vollmacht haben, solche Vorschläge entgegenzunehmen oder zu diskutieren", was ebenfalls von Dahlerus als Zeuge beim Nürnberger Kriegsverbrecherprozeß unter Eid bestätigt wurde. Damit war der letzte Beweis erbracht, daß Polen mit Deutschland nicht verhandeln wollte und sich für den Krieg entschieden hatte. Dennoch hat Ribbentrop Lipski wiederholt die Frage gestellt, ob er zu Verhandlungen bevollmächtigt sei, worauf dieser mit „nein" antwortete. Daraufhin ließ ihn Ribbentrop nach wenigen Minuten wieder hinausbegleiten.

Angesichts der unzweideutigen Haltung der polnischen Regierung betrachtete Hitler seine Vorschläge als endgültig abgelehnt und erließ den Befehl zum Beginn der Kampfhandlungen im Morgengrauen des 1. September 1939. „Jetzt, da sich alle politischen Möglichkeiten erschöpft haben, mit friedlichen Mitteln einer Lage an der östlichen Front Herr zu werden, die für Deutschland unerträglich ist, habe ich mich zu einer Lösung durch Gewalt entschlossen." Mit dieser Erklärung leitete er seinen Befehl ein. Am Morgen des 1. September 1939 überschritten deutsche Truppen die polnische Grenze, und Hitler hielt vor dem Reichstag eine Rede, die mit den Worten begann: „Seit 5 Uhr 45 wird jetzt zurückgeschossen. Und von jetzt an wird Bombe mit Bombe vergolten..."

Nur wenige Stunden nach dem Angriff bricht die polnische Front zusammen. Bereits ab Mittag stoßen die deutschen Verbände weit in feindliches Gebiet vor. Am 2. September ist Polens Lage hoffnungslos. Der Widerstand seiner 80 Divisionen, denen 53 deutsche gegenüberstehen, ist so gut wie gebrochen. Sein Eisenbahnnetz und seine Luftwaffe sind zur Hälfte zerstört. Die Waagschale scheint sich jedoch noch nicht endgültig zugunsten des großen Krieges gesenkt zu haben. Denn Mussolini macht einen letzten Vermittlungsversuch, Deutschland, Frankreich, England und Polen unter folgenden Bedingungen an den Konferenztisch zu bringen: erstens Waffenstillstand, der die Armeen stehen läßt, wo sie sind; zweitens Einberufung einer Konferenz innerhalb zwei bis drei Tagen; drittens Lösung des deutsch-polnischen Streites.

Dieser Plan wird deutscherseits sofort angenommen. Auch die französische Regierung stimmt zu. Als der französische Botschafter in Warschau, Noel, Beck aufsucht, um dessen Meinung zu Mussolinis Vorschlag zu erkunden, antwortet dieser: „Wir sind im Krieg infolge eines nicht provozierten Angriffs. Nicht eine Konferenz steht also in Frage, sondern die konzentrierte Aktion der alliierten Mächte, um diesen Angriff zurückzuschlagen" (französisches Gelbbuch). Darauf warten die Polen allerdings vergeblich.

Von den Briten wird die Zusage an die ganz und gar außergewöhnliche Bedingung geknüpft, daß zuvor das von den deutschen Truppen bereits eroberte und besetzte Gebiet geräumt werden müsse. Halifax' Antwort auf Mussolinis Vorschlag: „Auf den Vorschlag des Duce kann nur dann eingegangen werden, wenn die deutschen Truppen sich bis zur Grenze zurückziehen und die letzte Parzelle polnischen Staatsgebietes räumen." Ein in der Kriegsgeschichte wohl noch nie dagewesener Fall, da es bei jedem Waffenstillstand üblich ist, daß die beiden Streitkräfte dort stehenbleiben, wo sie gerade sind und – je nach Ausgang der Verhandlungen – entweder weiterkämpfen oder sich zurückziehen. Keine Streitmacht der Welt hätte die Forderung, sich zum Ausgangspunkt zurückzuziehen, noch bevor Verhandlungen überhaupt begonnen hatten, akzeptiert. Somit war jede Einigung von vornherein ausgeschlossen. Denn Hitler konnte die Bedingung, seine Truppen wieder bis zu den Reichsgrenzen zurückzuziehen, nicht annehmen, womit England gewiß rechnete. Damit hatte es die allerletzte Chance auf eine diplomatische Regelung des deutsch-polnischen Konflikts verhindert und neuerlich bewiesen, daß es den Krieg gegen Deutschland wollte. Polens Schicksal war ihm dabei offensichtlich völlig gleichgültig. Denn während Polen unter dem Ansturm der deutschen Streitkräfte taumelte und nach wenigen Tagen unterging, blieben seine Verbündeten, die ihm die feierliche Garantie gegeben hatten, „alle in ihrer Macht liegende Unterstützung zu gewähren", zwar stimmgewaltig, aber völlig untätig.

In diesem Zusammenhang ist auch die Intervention Papst Pius' XII. zur Rettung des Friedens erwähnenswert, die im Buch des römischen Monsignore Giovanetti „Der Vatikan im Krieg" ausführlich beschrieben und auch in den „Akten zur Deutschen auswärtigen Politik" dokumentiert ist. Diese Intervention des Papstes wurde bereits im Mai 1938 vorbereitet. Sie sah die Einberufung einer Konferenz mit den fünf betroffenen Staaten – England, Frankreich, Italien, Deutschland und Polen – vor. Bevor der Heilige Vater ihnen seinen Plan unterbreitete, ließ er seinen diplomatischen Dienst vorfühlen, ob der Vorstoß auch Aussicht auf Erfolg haben würde. Die Nuntien in den betreffenden Ländern sondierten zunächst bei den jeweiligen Regierungen. Italien ging prinzipiell auf den Vorschlag ein. Hitler, der den Nuntius, Monsignore Orsenigo, am Obersalzberg empfing, hatte keine Einwände vorzubringen und sagte ihm, daß seine offizielle Antwort erst nach Beratung mit Mussolini erfolgen würde. Die französische Regierung jedoch hielt „den Schritt für unangebracht". Auch London lehnte ab. Die Antwort Polens war selbstverständlich auf jene Englands abgestimmt – also ebenfalls negativ. Deutschland und Italien gaben dann eine gemeinsame offizielle und endgültige Antwort, die als letzte eintraf. In Anbetracht der negativen Stellungnahmen Frankreichs, Englands und Polens stellte sie fest, daß eine Konferenz der fünf Mächte zur Verbesserung der internationalen Lage im Augenblick nicht angebracht sei, allein schon deshalb nicht, um den Einfluß und das Ansehen des Papstes nicht in Frage zu stellen. Ohne es zu wollen, hatte Pius XII. damit den Erweis erbracht, daß es nicht Deutschland und Italien waren, die sich gegen den Versuch einer friedlichen Lösung der europäischen Streitfragen durch internationale Verhandlungen stellten, sondern Frankreich, England und Polen.

Am 3. September 1939 überreichten der britische und der französische Botschafter die Kriegserklärung an Deutschland, womit sich der Konflikt um Polen zu einem europäischen Krieg ausweitete. Hitler war einer Fehleinschätzung der britischen Politik unterlegen, da er nicht geglaubt hatte oder: besser gesagt, einfach nicht glauben wollte, daß die Westmächte diesen Schritt tun würden. Verblüfft über die von ihm unerwartete Kriegserklärung wandte er sich an den ehemaligen Botschafter in London und nunmehrigen Außenminister Ribbentrop mit der Frage: „Was nun?"

Stalin hingegen hatte die Lage richtig eingeschätzt: nämlich daß die Westmächte im Fall eines deutsch-polnischen Krieges Deutschland den Krieg erklären würden. Sein Plan begann sich damit zu realisieren. Er hatte die kapitalistischen Mächte nicht nur gegeneinander ausgespielt, sondern sie auch in einen Krieg untereinander verwickelt, der ihn nach der zu erwartenden wechselseitigen Schwächung und Erschöpfung zum Sieger über beide Teile und damit zum Herrn über Europa machen würde.

In offensichtlich dunkler Vorausahnung des Kommenden sagte Göring nach Bekanntwerden der britischen und französischen Kriegserklärung in Anwesenheit Hitlers, Goebbels und anderer Spitzen von Partei und Wehrmacht in tiefem Ernst: „Der Himmel sei uns gnädig, wenn wir diesen Krieg verlieren."

Zusammenfassend kann gesagt werden, daß Polen ohne Zusicherung britischer Hilfe und ohne wiederholte Aufforderung, nicht zu verhandeln, seine Verhandlungen mit Deutschland im März 1939 mit allergrößter Wahrscheinlichkeit nicht plötzlich abgebrochen hätte und es daher möglicherweise zu einem gegenseitigen Einvernehmen gekommen wäre, das nicht nur den Krieg verhindert, sondern Polen auch eine starke Stellung gebracht hätte. Denn nach Hitlers Konzept des großen antikommunistischen bzw. antibolschewistischen Einvernehmens der europäischen Staaten, das neben der Revision von Versailles Hauptmotiv seiner Außenpolitik bis 1939 war, wie Ernst Nolte in „Der europäische Bürgerkrieg 1917–1945" schlüssig nachweist, hätte Polen als Bündnispartner Deutschlands – wie Hitler wollte – ein bedeutendes Bollwerk europäischen Schutzes und europäischer Verteidigung gegen die Expanisonsbestrebungen des Bolschewismus bilden können und mit deutscher Unterstützung alle Aussicht gehabt, einen Angriff der Sowjetunion abzuwehren. So aber hat Polen, für dessen Freiheit Frankreich und vor allem England angeblich in den Krieg gezogen sind, schlußendlich seine Freiheit nicht bekommen, sondern wurde Stalin überlassen, zusammen mit ganz Osteuropa und auch einem Teil von Deutschland.

Dazu bemerkt Hamilton Fish als wirklicher Insider der US-Politik vor und während des Zweiten Weltkrieges in „Der zerbrochene Mythos": „Die Rückgabe Danzigs hätte das alles verhindert: Die Invasion Polens, das Wirksamwerden des Hitler-Stalin-Paktes, die Sowjetisierung des Landes und schließlich Hitlers Vernichtungspolitik gegenüber den polnischen Juden." An anderer Stelle schreibt er: „Zum ersten muß klar gesagt werden, daß der kriegsprovozierende Streitfall um Danzig friedlich hätte geregelt werden können und England ebenso wie Frankreich jedenfalls nicht in einen Krieg mit Deutschland verwickelt worden wären, wenn Churchill und Roosevelt niemals gelebt hätten. Alle Wahrscheinlichkeit spricht dafür, daß dann Hitler und die Nazis Stalin und die Kommunisten bekämpft hätten, aber nicht England und Frankreich." Wenn daher David L. Hoggan in seinem voluminösen, reichhaltigst dokumentierten wiewohl umstrittenen Werk „Der erzwungene Krieg" schreibt: „Die einzige Hoffnung Polens auf nationale Sicherheit lag in einer Verständigung mit Deutschland", so hat er damit gewiß nicht ganz unrecht. So aber erwies sich das Versäumnis eines deutsch-polnischen Zusammengehens zweifellos als ungeheure Tragödie, weil sie zu einer der größten Katastrophen geführt hat: zum Zweiten Weltkrieg.

Über die Schuldfrage an diesem unfaßbaren Menschheitsverbrechen des Zweiten Weltkrieges schreibt der international angesehene US-Historiker Harry Elmer Barnes in „Die deutsche Schuldfrage": „Man hat das deutsche Volk politisch gekreuzigt auf der Grundlage der Legenden, die von der Bonner Regierung auch heute noch aufrechterhalten werden, wobei sie diejenigen, die über 1939 die Wahrheit veröffentlichen, mit Gefängnisstrafen bedroht... Das Zerrbild Hitlers, wie Vorkriegspropaganda und Kriegshysterie es gezeichnet haben, muß um jeden Preis erhalten bleiben, auch angesichts der Fülle gegenteiligen Beweismaterials... Wenn sich nämlich dieses Grunddogma nicht aufrechterhalten läßt, wird der Zweite Weltkrieg zum größten Verbrechen der Geschichte... einem Verbrechen, das zur Hauptsache auf England, Frankreich und den Vereinigten Staaten lastet."

Auch Ferdinand O. Miksche, der als französischer Offizier im Zweiten Weltkrieg gegen Deutschland kämpfte und dem persönlichen Stab General de Gaulles angehörte, schreibt in seinem in mehreren Auflagen und Sprachen erschienenen Buch „Das Ende der Gegenwart" in einem eigenen Kapitel über „Polens Mitverantwortung": „All jene, die noch heute über die eindeutige Kriegsschuld Deutschlands reden, täten gut daran, auch darüber nachzudenken, inwiefern die alliierten Regierungen ebenfalls für das unerhörte Leid und den unermeßlichen Schaden des Zweiten Weltkrieges verantwortlich sind." Und an anderer Stelle: „In beiden Fällen – 1914 und 1939 – bildet noch heute die propagandagebundene und zweckbestimmte Behauptung der alleinigen Kriegsschuld Deutschlands in beiden Weltkonflikten für die alliierten Siegermächte einen tief eingewurzelten Glaubenssatz. Zweifel an diesem Tabu entzögen ihrer Kriegspolitik das Fundament."

Alleinschuld Deutschlands?

Zum Abschluß dieses Kapitels noch zwei der üblichen und häufigsten Argumente, die Deutschlands Alleinschuld am Ausbruch des deutsch-polnischen Krieges „beweisen" sollen. Das erste ist der „Fall Gleiwitz", der in der offiziellen Geschichtsschreibung als einer der ganz wesentlichen Beweise für Hitlers Kriegsabsicht gegen Polen dargestellt wird. In den Geschichtsbüchern ist nachzulesen, daß am Abend des 31. August 1939 ein deutsches Kommandounternehmen in polnischen Uniformen unter Leitung des SS-Sturmbannführers Alfred Naujocks im Auftrag des Chefs des deutschen Sicherheitsdienstes Reinhard Heydrich einen polnischen Überfall auf den deutschen Sender Gleiwitz in Oberschlesien vorgetäuscht hat, um Hitler einen Kriegsgrund gegen Polen zu liefern. Bei diesem Überfall habe Naujocks, nach eigenen Angaben, zu seinen sechs SS-Männern noch einen polnisch sprechenden Deutschen zur Verlesung einer aufrührerischen Botschaft in polnischer Sprache eingesetzt sowie einen bewußtlosen, im Gesicht blutverschmierten „Verbrecher" in Zivilkleidung, den er nach dem nur wenige Minuten dauernden Überfall „am Eingang der Sendestation" habe liegen lassen.

Es gibt zahlreiche Argumente, die dafür sprechen, daß die gesamte Darstellung Naujocks' in seiner eidesstattlichen Erklärung, die vom Nürnberger Militärtribunal behandelt wurde, falsch und erfunden ist. Denn es ist auffällig und kaum verständlich, daß die damalige deutsche Propaganda den Fall „Gleiwitz-Sender" nicht ausgewertet hätte und Hitler sowie Goebbels in ihren Reden darauf keinen Bezug nahmen. Des weiteren: daß der zuständige Gleiwitzer Polizeipräsident Schade beim Nürnberger Kriegsverbrecherprozeß nicht gehört wurde, obwohl er von den Russen zuvor mehrfach einvernommen worden war. (Bald darauf wurde er in einem polnischen KZ erschlagen.) Außerdem: daß keiner der in Nürnberg Angeklagten Kenntnis von dem Überfall hatte, und daß Naujocks von den Alliierten nie belangt wurde. Als er später wieder in Deutschland auftauchte, wurde er nie verfolgt, nicht bestraft, sondern lebte in guten Verhältnissen bis zu seinem Tod.

Wenn überhaupt eine inszenierte Aktion (und keine bloße Legende), so war Gleiwitz also ein vermutlich von Heydrich auf eigene Faust angeordnetes Unternehmen ohne nennenswerte Bedeutung und, vor allem, ohne Einfluß auf den Krieg gegen Polen.

Das zweite Argument lautet: Wie immer es auch gewesen sein mag, so steht doch eines fest: Es waren die Deutschen, die auf Hitlers Befehl den ersten Schuß abgefeuert haben. Und das allein beweise, daß sie bzw. Hitler die Alleinschuld am deutsch-polnischen Krieg treffe. Ein eher primitiver Einwand, aber dennoch häufig. Denn die „Erste-Schuß-Theorie" ist kein völkerrechtliches Kriterium. Man muß dabei auch die zusätzliche Frage stellen, wer den ersten Schuß verursacht hat. Wer ist der Täter – der, der zuerst die Pistole zieht, oder der, der zuerst schießt? Das allein ist die entscheidende Frage. Kommen nicht die Generalmobilmachung Polens am 30. August 1939 als Antwort auf Deutschlands allerletztes Verhandlungsangebot sowie das Nichterscheinen eines mit Vollmachten ausgestatteten polnischen Unterhändlers dem Ziehen der Pistole gleich? War nicht dies der eigentliche Beginn des deutsch-polnischen Krieges? Dazu schreibt Miksche in „Das Ende der Gegenwart": „Jedenfalls ist es deutscherseits ein verhängnisvoller Fehler gewesen, nicht, anstatt als erster das Feuer zu eröffnen, einen eventuellen Angriff der Polen zwar in voller Kriegsbereitschaft, aber mit ‚Gewehr bei Fuß' abzuwarten. Infolgedessen wurde den Alliierten ermöglicht, auch für den Zweiten Weltkrieg die Alleinschuld den Deutschen aufbürden zu können."

Ein weiteres Argument, das nicht nur den deutsch-polnischen Krieg betrifft, richtet sich gegen die Behauptung, daß Deutschland im Jahre 1939 für einen größeren Krieg noch gar nicht gerüstet gewesen war und ihn daher gar nicht führen konnte und führen wollte. Wenn es stimmt – so wird argumentiert –, daß Deutschland zur Zeit der Sudetenkrise rüstungsmäßig noch nicht einmal soweit war, um einen siegreichen Krieg gegen die kleine Tschechoslowakei mit Sicherheit führen zu können, wie aus den Aussagen Keitels, Mansteins und Becks übereinstimmend hervorgeht – wie ist es dann zu erklären, daß es nur ein Jahr später Polen in wenigen Tagen besiegen konnte? Das beweise doch eindeutig, daß die Behauptung der unzulänglichen Rüstung Deutschlands falsch ist. Die Argumentation ignoriert jedoch die Tatsache, daß die tschechoslowakische Armee rüstungsmäßig mit der polnischen überhaupt nicht zu vergleichen war, da sie ihr weit überlegen war und die Tschechoslowakei überdies in ihren Randgebieten, zum Unterschied von Polen, über einen gewaltigen, dichten Befestigungsgürtel verfügte, der für die deutsche Armee, ihrem damaligen Rüstungsstand nach, ein, wenn überhaupt, so nur schwer zu überwindendes Hindernis dargestellt hätte. Auch vom Terrain her bestand ein großer Unterschied. Die Randgebiete der Tschechoslowakei sind gebirgig, was jede militärische Operation erschwert, die von Polen hingegen flach, was sie wesentlich erleichtert. Deutschland hat Polen in wenigen Tagen besiegt, nicht wegen seiner angeblich so gewaltigen Rüstung, sondern vor allem wegen seiner weit überlegenen Strategie sowie dem Einsatz von Panzern und Stukas, deren Serienproduktion erst 1938 begann. Dabei ist äußerst bemerkenswert, daß die deutschen Panzerverbände durch tschechische Panzer modernster Bauart, die nach der Errichtung des Protektorats Böhmen und Mähren im März 1939 mit allen übrigen Ausrüstungsgegenständen der tschechoslowakischen Armee an die Wehrmacht übergeben worden waren, erst aufgefüllt und verstärkt werden mußten, wie der Militärhistoriker Oswald von Kostrba-Skalicky in seiner Studie über die tschechoslowakische Armee 1918 bis 1938 „Bewaffnete Ohnmacht" eindeutig belegt und zusätzlich durch Bildmaterial dokumentiert. Diese rund 500 (!) tschechischen Panzer waren für den rasch errungenen Sieg über Polen von entscheidender Bedeutung.

Auch der deutsche Militärhistoriker M. Heisl schreibt in seiner 1966 erschienenen Studie „Die Kampfpanzer 1916–1966" über diese tschechischen Panzer: „Die tschechischen Panzer der damaligen Zeit, die nach dem Einmarsch in Böhmen und Mähren in deutsche Hände gefallen sind, waren die modernsten und schnellsten Panzerfahrzeuge in der gesamten Welt." Und an anderer Stelle: „Sechs Siebentel der deutschen Kampfwagen besaßen eine schlechtere Panzerung und schwächere Bewaffnung." In der gleichen Studie wird die bedeutende Rolle der tschechischen Panzer in Polen und auch in Frankreich 1940 hervorgehoben. Selbst der berühmte deutsche Panzergeneral Heinz Guderian erwähnt in seinem nach dem Krieg in New York erschienenen Buch „Panzer-Leader" die wichtige Funktion der tschechischen Panzer im Krieg gegen Polen sowie gegen Frankreich.

An dieser Stelle ist es angebracht, kurz über die deutsche Rüstung zu sprechen, da sie immer als eines der Hauptargumente für Hitlers Kriegsvorbereitungen und Kriegswillen angeführt wird.

Daß es um sie im Jahre 1939 noch außerordentlich schlecht bestellt war, ist eine unbestreitbare Tatsache, die u.a. durch die weitbekannten und angesehenen Historiker Alen S. Milward in „The German economy at war", Burton H. Klein in „Germanys economic preparation for war", A. J. Taylor in „The origins of the second world war" oder Alan Bullock in „Hitler and the origins of the second world war" unwiderlegbar nachgewiesen wird. So stellt beispielsweise Bullock in seinem Werk fest, daß es bis September 1939 in keinem einzigen deutschen Wirtschaftszweig eine Produktion gab, die Kriegsvorbereitungen ahnen hätte lassen, eine Feststellung, die durch den deutschen Militärhistoriker Hans Kehrl in „Bilanz des Zweiten Weltkrieges" insofern bestätigt wird, als er darin im Kapitel „Kriegswirtschaft und Rüstungsindustrie" nachweist, daß noch im Mai 1940 der Anteil der Rüstungsindustrie an der gesamten Industrieproduktion weniger als 15 % betrug. 1941 waren es 19 %. Und erst 1944, im letzten Kriegsjahr, 50 %. Im Mai 1940 wurden monatlich weniger als 40 Panzer hergestellt. Daran läßt sich die enorme – möglicherweise sogar für den Polen- und Frankreichfeldzug entscheidende – Bedeutung der 500 tschechischen Panzer ermessen.

Die deutsche Aufrüstung hatte im Jahre 1939 bei weitem noch nicht jenen Stand erreicht, der Deutschland in die Lage versetzt hätte, einen größeren und längeren Krieg, als es der Polenfeldzug war, führen zu können. Die rüstungswirtschaftlichen, strategischen und technischen Vorbereitungen waren damals lediglich auf einen lokalisierten Konflikt wie mit Polen eingestellt. Dazu schreibt das „Bundesdeutsche Militärische Forschungsamt" in „Die NS-Wirtschaft in Vorbereitung des Krieges": „Wenn die Wirtschaft des Dritten Reiches im Jahre 1939 überhaupt kriegsbereit war, dann nur für räumlich wie zeitlich begrenzte militärische Unternehmungen."

Bis zum Jahre 1940, ein Jahr nach Kriegsbeginn, gab es keine strategische Gesamtplanung für einen europäischen Krieg, daher auch keinen zentral gelenkten Rüstungsplan und keine adäquate Rüstungsproduktion. Zu diesem Zweck wurde erst im Herbst 1939 das „Reichsministerium für Bewaffnung und Munition" gegründet.

Professor Percival Taylor sieht in seiner auch ins Deutsche übersetzten Studie „The origins of second world war" in Hitler einen Politiker mit maßvollen und durchaus legitimen Forderungen, der 1939 weit von der Absicht entfernt war, einen europäischen Krieg entfesseln zu wollen. Taylor: „Der Stand der deutschen Rüstung 1939 liefert den entscheidenden Beweis dafür, daß Hitler nicht an einen allgemeinen Krieg dachte und wahrscheinlich überhaupt keinen Krieg wollte." Gewiß habe er 1938 mit Krieg gedroht. Aber dabei habe es sich aller Wahrscheinlichkeit nach um einen taktischen Bluff gehandelt, damit er seine außenpolitischen Ziele leichter erreichen konnte. Daß Hitler bei Unterredungen und Verhandlungen manchmal tatsächlich bluffte, wird auch von Andreas Hillgruber in seinem Werk „Staatsmänner" bestätigt. So behauptete Hitler beispielsweise gegenüber Sven Hedin am 16. Oktober 1939, als dieser in der Funktion eines neutralen Friedensvermittlers sondierte, daß sein „erster Kriegsschlag... über fünf Jahre ginge. Doch könne er auch acht oder zehn Jahre kämpfen." Gleiches gilt für die 1935 von Göring öffentlich verlautbarte Zahl an angeblich bereits produzierten Flugzeugen (3.500 Stück), was Churchill veranlaßte, schon damals vor Hitlers „gigantischer Aufrüstung" zu warnen. In Wahrheit konnte die Luftwaffe zu Beginn des Polenfeldzuges 2.200 Flugzeuge in die Luft bringen, je zur Hälfte Jagdmaschinen und Bomber. Im Unterschied zur britischen RAF verfügte sie über keine Maschinen mit großem Aktionsradius, die in der Lage gewesen wären, strategische Ziele anzugreifen, wie der französische Militärhistoriker Masson in seinem bereits in der dritten Auflage (und auch auf deutsch erschienenen) Buch „L'histoire de l'armee Allemande" bestätigt. Mit solchen Bluffs sollte der Westen beeindruckt, beeinflußt, gefügig gemacht oder umgestimmt werden.

In diesem Zusammenhang ist erwähnenswert, was Hitler am 23. Juli 1940 anläßlich der Wagner-Festspiele in Bayreuth seinem einstigen Jugendfreund aus der Linzer und Wiener Zeit, August Kubizek, den er dazu eingeladen hatte, während einer Pause unter vier Augen anvertraute. Kubizek gibt das Gespräch in seinem Buch „Adolf Hitler – mein Jugendfreund" wieder (1. Auflage 1953; 6. Auflage 1995), das als seriös anerkannte bedeutende Primärquelle zu Hitlers Jugendzeit gilt. „Hitler führte mich gegen die Längswand des Raumes. Hier stehen wir allein, während die Gäste abseits von uns ihre Gespräche fortführen. Er hält meine Hand fest, blickt mich lange an und sagt: ‚Diese Aufführung ist heuer die einzige, die ich besuchen kann. Aber es geht nicht anders, es ist Krieg.' Und mit einem grollenden Unterton in der Stimme: ‚Dieser Krieg wirft uns um viele Jahre in der Aufbauarbeit zurück. Es ist ein Jammer. Ich bin doch nicht Kanzler des Großdeutschen Reiches geworden, um Krieg zu führen... Dieser Krieg nimmt meine besten Jahre. Sie wissen, Kubizek, wieviel ich noch vor mir habe, was ich noch bauen will. Das möchte ich aber selbst erleben, verstehen Sie mich? Sie wissen am besten, wie viele Pläne mich von Jugend auf beschäftigten. Nur weniges davon konnte ich bisher in die Tat umsetzen. Noch habe ich unerhört viel zu tun. Wer soll es machen? Und da muß ich zusehen, wie mir der Krieg die wertvollsten Jahre nimmt... Die Zeit bleibt nicht stehen. Wir werden älter, Kubizek. Wie viele Jahre noch – und es ist zu spät, um das zu verwirklichen, was noch nicht geschehen ist.' " – Es besteht kein Grund, an der Aufrichtigkeit dieser Worte zu zweifeln, da sie Hitler nur seinem einstigen, besten Jugendfreund unter vier Augen anvertraute.

Die Behauptung von Deutschlands gewaltiger, von Anfang an forcierter und für einen europäischen Angriffskrieg geplanter Aufrüstung ist daher eine der hartnäckigsten Legenden, die aber unbedingt aufrechterhalten werden muß, um die ausschließliche Kriegsschuld Deutschlands und die „Vorbereitung eines Angriffskrieges", wie einer der Hauptanklagepunkte beim Nürnberger Militärtribunal lautete, nicht in Frage zu stellen oder gar zu widerlegen. Denn würde dieses Dogma fallen, träfe die Siegermächte, insbesondere Churchill und Roosevelt, die Hauptschuld am Ausbruch des Zweiten Weltkrieges. Und das darf nicht sein.

Rußlands Stoß nach Westen

Zweieinhalb Wochen nach Kriegsbeginn, am 17. September 1939, überschritt die Rote Armee die polnische Ostgrenze, um sich jenen Teil Polens einzuverleiben, der der Sowjetunion im geheimen Zusatzprotokoll des Hitler-Stalin-Paktes „zugeteilt" worden war. Dieser Schlag in den Rücken der bereits am Boden liegenden polnischen Armee besiegelte endgültig das Schicksal des Landes, denn es waren kaum mehr einsatzfähige Truppen vorhanden, die sich dieser zweiten Invasion aus dem Osten entgegenstellen hätten können. England und Frankreich hatten bekanntlich wegen der Unabhängigkeit und Freiheit Polens am 3. September 1939 Deutschland den Krieg erklärt. Wieso eigentlich nicht auch Stalin, der Polen zweieinhalb Wochen später überfiel?

Hätte Stalin die Rote Armee bei Kriegsbeginn am 1. September 1939 oder unmittelbar danach – am nächsten oder übernächsten Tag – in Polen einmarschieren lassen, wären England und Frankreich infolge ihrer Garantieerklärung wohl oder übel gezwungen gewesen, auch der Sowjetunion den Krieg zu erklären. So jedoch hat Stalin nie kalkuliert, da er die Kriegspolitik der Westmächte, insbesondere jene Englands, viel richtiger einschätzte als Hitler, der bis zuletzt an ihren Kriegseintritt wegen Polen nicht glauben wollte. Stalin ließ daher seine Armee erst am 17. September in Polen einmarschieren und erklärte in unüberbietbarer Heuchelei als Grund dafür, daß die Sowjetunion sich verpflichtet fühle, ihre von den Deutschen „bedrohten" ukrainischen und weißrussischen Brüder in Schutz nehmen zu müssen. Dadurch – so rechnete Stalin – mußte er wohl den Westmächten gegenüber nicht eigentlich als Partner Hitlers und damit ebenfalls als Aggressor erscheinen, sondern quasi als

„Verbündeter". Die Rechnung ging auf. Großbritannien und Frankreich sahen Stalins Invasion in Polen tatenlos zu.

Daß das Schicksal Polens Großbritannien von vornherein vollkommen gleichgültig war und es dieses Land, wie bereits erwähnt, nur als Vorwand für den Krieg gegen Deutschland benutzte, wurde durch den Einmarsch der Roten Armee und das tatenlose, schweigende Zusehen Englands neuerlich unter Beweis gestellt.

Schon am 1. und 2. November des gleichen Jahres gliederte Stalin seine ostpolnische Beute mit rund 13 Millionen Einwohnern in die Weißrussische bzw. Ukrainische Sowjetrepublik ein. Kurz darauf verlangte er von Finnland die Abtretung strategisch wichtiger Gebiete sowie die Überlassung von militärischen Stützpunkten. Nach Ablehnung dieser Forderungen griff die Sowjetunion am 30. November 1939 mit 30 Divisionen das seine Freiheit und Unabhängigkeit heldenhaft verteidigende Finnland an. Auch auf diesen Akt reiner Aggression erfolgte keinerlei Reaktion der Westmächte.

Der „Winterkrieg", den Finnland 100 Tage gegen den übermächtigen Feind durchhielt, endete mit dem Frieden von Moskau am 12. März 1940. Finnland mußte an die Sowjetunion wichtige Gebiete abtreten bzw. verpachten und wurde „finnlandisiert", was den praktischen Verlust seiner Souveränität bedeutete. Zu Beginn des deutschen Rußlandfeldzuges trat Finnland an der Seite des Reiches wieder in den Krieg gegen die Sowjetunion ein.

Im August 1940 wurden die drei baltischen Staaten Litauen, Lettland und Estland, die der Sowjetunion im geheimen Zusatzprotokoll lediglich als „Interessensphäre" unter Gewährung militärischer Stützpunkte zugesprochen worden waren, ohne jegliche Vorwarnung durch die Rote Armee okkupiert und kurzerhand als sozialistische Sowjetrepubliken der UdSSR einverleibt. So konnte Stalin im Osten Europas seinen Machtbereich gewaltig erweitern, ohne daß England darauf reagierte.

Die weitere Entwicklung im Westen

Auf militärischer Ebene tat sich im Westen fast sieben Monate hindurch nichts, weshalb die Franzosen diesen Krieg „une drôle de guerre" nannten. Auf diplomatischer (bzw. geheimdiplomatischer) Ebene hingegen geschah recht viel, indem sich Deutschland über die verschiedensten Kanäle um einen Kompromißfrieden mit Großbritannien bemühte.

Es war Hitlers feste Absicht, nach dem Sieg über Polen mit England möglichst rasch Frieden zu schließen. In seiner Reichstagsrede vom 6. Oktober 1939 kündigte er ein „großzügiges Friedensangebot" an England an. „Weshalb", so fragte er, „soll nun der Krieg im Westen stattfinden?" Eine berechtigte Frage, da Hitler dort keinerlei territoriale Ansprüche stellte. Noch ehe er Großbritannien sein Friedensangebot unterbreiten konnte, hatten Churchill am 1. Oktober und

Chamberlain am 3. Oktober 1939 vor dem Unterhaus unmißverständlich versichert, daß England nicht bereit sei, sich von Hitler zu Verhandlungen nötigen zu lassen, deren Kriterien er bestimmte. Damit entschied sich England für die Absage eines Kompromißfriedens mit Deutschland, worauf Hitler seine Westoffensive vorbereiten ließ. Dennoch bedeutete die britische Zurückweisung seines Friedensappells noch nicht das endgültige Aus für alle weiteren deutschen Friedensbemühungen und -sondierungen. Denn Hitler wußte, daß es in England auch einflußreiche Politiker gab, die mit dem unnachgiebigen Kriegskurs der Regierung nicht einverstanden waren, und hoffte, diese würden sich schließlich durchsetzen.

Der Gedanke an ein Bündnis mit England zieht sich wie ein roter Faden durch alle öffentlichen und privaten Äußerungen Hitlers. Er taucht bereits in den zwanziger Jahren auf und ist die einzige außenpolitische Konstante in „Mein Kampf", von der Hitler nicht mehr abrückte – auch dann nicht, als sich England seinem wiederholten Werben immer wieder versagte und bis tief in den Krieg hinein Hitlers „ausgestreckte Hand" ausschlug, wovon noch zu sprechen sein wird. Unter diesem Aspekt müssen die geheimen Friedensgespräche und -sondierungen, die Deutschland vor allem in der Schweiz mit britischen Diplomaten führte, gesehen werden. Unabdingbare Voraussetzung dafür war absolutes Stillschweigen aller Beteiligten.

Unter den zahlreichen Friedensfühlern und -initiativen gab es solche, die lediglich von Wichtigtuern und selbsternannten „Vermittlern" auf eigene Initiative eingeleitet und geführt wurden – und auf die daher nicht näher eingegangen werden muß –, sowie andere, die im Auftrag oder zumindest mit Wissen und Billigung Hitlers und vor allem Görings stattfanden. Lediglich von den wichtigsten dieser Friedensinitiativen soll im folgenden kurz die Rede sein.

Der Vertrauensmann Görings, der Schwede Birger Dahlerus, wurde wieder eingeschaltet. Mit Hitlers Friedensvorschlägen reiste er nach London, wo er mit Premierminister Chamberlain und Außenminister Halifax zusammentraf. Ebenso wie in der Polenkrise, blieben auch diesmal seine Bemühungen erfolglos, da sich England zu keinerlei Friedensgesprächen mit Deutschland bereit zeigte.

Ein anderer wichtiger Friedensvermittler in der Zeit unmittelbar nach dem Polenfeldzug war Max Prinz Hohenlohe. Er verfügte nicht nur über beste Verbindungen zu höchsten Regierungsstellen des Reiches, sondern auch zu maßgebenden und einflußreichen englischen Politikern, mit denen er zum Teil freundschaftliche Beziehungen hatte, wie z.B. mit Winston Churchill. Ohne offiziellen Auftrag, doch mit Wissen der höchsten Regierungsstellen Deutschlands sondierte Prinz Hohenlohe bei englischen Diplomaten in der Schweiz die Möglichkeiten für einen deutsch-britischen Ausgleich. Seine in der Schweiz den Engländern vorgeschlagene These entsprach Hitlers Vorstellung von der Teilung der Welt in Interessensphären: einen Kontinentalblock unter deutscher und einen maritimen Block unter britischer Vorherrschaft. Mit anderen Worten: England überläßt Deutschland als dem stärksten, bevölkerungsreichsten und größten Land in der Mitte Europas die Vorherrschaft auf dem Kontinent. Im Gegenzug erhält es von Deutschland die Garantie für die absolute Unantastbarkeit seines Weltreiches. Ein Friedensvorschlag, bei dem die Briten nichts verloren hätten außer ihren Anspruch auf die Vormachtstellung in Europa, aber nicht in der übrigen Welt. Aber gerade diese Vormachtstellung auf dem Kontinent hatte für Großbritannien traditionsgemäß seit über dreihundert Jahren deshalb eine so eminente Bedeutung, auf die es nicht verzichten wollte, weil es dadurch stets in der Lage war, die „balance of power", das „Gleichgewicht der Kräfte" zu überwachen. Und zwar im ureigensten Interesse: zum Schutz seines Weltreiches, da jede Kontinentaleuropa dominierende oder beherrschende Macht insofern eine potentielle Gefahr darstellte, als sie das Britische Weltreich bedrohen, gefährden oder dem Mutterland streitig machen konnte.

Was der britischen Außenpolitik die Vormachtstellung in Europa bedeutete, geht aus den vielzitierten Worten Churchills hervor, die er Ende März 1936 an das konservative Parlamentskomitee für Auswärtige Angelegenheiten gerichtet hat. Danach sei der außenpolitische Grundsatz, daß sich Großbritannien stets der beherrschenden Großmacht auf dem Kontinent entgegenstelle und daß sich diese Politik Englands nicht danach richte, welche Nation die Herrschaft über Europa anstrebe. „Es handelt sich nicht darum", sagte Churchill, „ob es Spanien ist oder die französische Monarchie oder das Deutsche Kaiserreich oder das Hitlerregime. Es handelt sich nicht um Machthaber oder Nationen, sondern lediglich darum, wer der größte oder potentiell dominierende Tyrann ist. Wir sollten uns daher nicht vor der Beschuldigung fürchten, daß wir eine profranzösische oder antideutsche Einstellung hätten. Wenn die Verhältnisse umgekehrt wären, könnten wir ebensogut deutschfreundlich und antifranzösisch sein." Deutlicher kann man das eigentliche – und nicht das angebliche und verlogene – Kriegsziel wohl nicht formulieren. Es richtete sich nicht gegen Hitler oder die „Nazibarbarei", sondern gegen Deutschland – mit oder ohne Hitler.

Ganz in diesem Sinn lautete das Eingeständnis der englischen Sonntagszeitung „Sunday Correspondent" vom September 1989: „Wir sind 1939 nicht in den Krieg eingetreten, um Deutschland vor Hitler oder die Juden vor Auschwitz oder den Kontinent vor dem Faschismus zu retten. Wie 1914 sind wir für den nicht weniger edlen Grund in den Krieg eingetreten, daß wir eine deutsche Vorherrschaft in Europa nicht akzeptieren können" (zitiert in der „Frankfurter Allgemeinen Zeitung" vom 17. September 1989). – Am Ende jedoch hat England zwar den Krieg „gewonnen", aber sowohl seine Vormachtstellung in Europa als auch sein Weltreich verloren. Das hat es Churchill zu verdanken.

Als weiterer und vermutlich wichtigster Mittelsmann zwischen Deutschland und England ist noch der bekannte Historiker und ehemalige Völkerbundskommissar in Danzig, Carl J. Burckhardt, zu nennen. Er war als Vermittler deshalb so gut geeignet, weil er sowohl in deutschen wie auch in britischen

Führungskreisen hohes Ansehen und Vertrauen genoß und ihn – ähnlich wie Hohenlohe – schon in Vorkriegsjahren ein freundschaftliches Verhältnis mit britischen Spitzenpolitikern verband. Darüber hinaus ermöglichte ihm seine Mitgliedschaft im Präsidium des Internationalen Roten Kreuzes, wiederholte Male zu Friedenssondierungen ins kriegführende Ausland reisen zu können. Doch auch seine Vermittlungsversuche scheiterten an der festen Entschlossenheit Großbritanniens, den Krieg gegen Deutschland weiterzuführen.

Dieser Kurs verfestigte sich endgültig, nachdem Churchill seit dem 10. Mai 1940 amtierender Premierminister war – bis dann schließlich seit der Konferenz von Casablanca im Januar 1943 als einzige Bedingung für die Beendigung des Krieges nur noch „unconditional surrender", die „bedingungslose Kapitulation", in Frage kam.

Friedensgesten und -sondierungen seitens Deutschland wurden hingegen auch während und nach dem Frankreichfeldzug fortgesetzt, wovon an späterer Stelle die Rede sein wird. Davor aber herrschte im Westen, wie schon gesagt, fast sieben Monate nach dem Polenfeldzug auf militärischem Gebiet Ruhe, bis im April 1940 Dänemark und Norwegen von der Deutschen Wehrmacht besetzt wurden. Ohne nach dem „Warum" zu fragen, bezeichnet die offizielle, einem „volkspädagogisch erwünschten" Geschichtsbild verpflichtete Geschichtsschreibung diese Aktion als „Überfall" auf schwache Nachbarn; sie sieht darin einen neuerlichen Beweis für Hitlers „hemmungslose Eroberungssucht", was eine bewußte Verfälschung der historischen Tatsachen bedeutet. Denn es ist längst erwiesen, daß es sich um militärisch gerechtfertigte und im letzten Moment durchgeführte Präventivaktionen gegen unmittelbar bevorstehende Unternehmungen der Engländer gehandelt hat, was übrigens schon in der Ausgabe des „Brockhaus" von 1955 nachzulesen ist.

Geplant war, Deutschland durch eine großräumige Zangenbewegung zu fassen, deren eine Backe in Skandinavien und die andere im Mittleren Osten sowie auf dem Balkan angesetzt werden sollte. Mit dem Ziel, die Deutschen von der für ihre Industrie absolut notwendigen skandinavischen Eisenerzzufuhr abzuschneiden, die von Schweden über Norwegen nach Deutschland ging, hatten auf Veranlassung des damaligen britischen Marineministers Winston Churchill die Planungen für eine Landung in Norwegen bereits im September 1939 begonnen. Ab den ersten Monaten 1940 waren in Nordengland ein britisches und ein französisches Expeditionskorps für die Invasion in Norwegen bereitgestellt, die in den ersten Apriltagen erfolgen sollte. Das deutsche Militärunternehmen gegen Norwegen begann am 9. April 1940 und war eindeutig eine präventive Aktion, mit dem Ziel, den Westmächten buchstäblich im letzten Moment zuvorzukommen, nachdem diese bereits einen Tag zuvor, am 8. April, mit der Verminung norwegischer Hoheitsgewässer vor Narvik, dem Hauptausfuhrhafen des für Deutschland lebensnotwendigen Eisenerzes, begonnen hatten. Zur Sicherung der rückwärtigen Verbindungen wurde gleichzeitig auch Dänemark besetzt, was – zum Unterschied von Norwegen – reibungslos vor sich ging, da

110

sich die dänische Regierung unter deutschen Schutz stellte und völlig unbehelligt bis Kriegsende in Amt und Würden blieb.

In seiner „History of the second world war" resümiert der bekannte englische
Militärhistoriker Basil Liddel Hart: „Während der ganzen Zeit, in der die skan-
dinavische Angelegenheit schwelte, hatten die alliierten Regierungen einen
übertriebenen Angriffsgeist bewiesen, verbunden mit mangelndem Zeitgefühl.
Das Ergebnis waren schwere Leiden für das norwegische Volk. Hitler dagegen
hatte lange gezögert, zuzuschlagen. Als er sich jedoch entschlossen hatte, den
Westmächten zuvorzukommen, verlor er keine Zeit, und seine Truppen ope-
rierten mit einer Schnelligkeit und Kühnheit, die ihre geringe Zahl während des
kritischen Stadiums reichlich wettmachte."

Am 10. Juli kapitulierten die norwegischen Streitkräfte. Die Gefangenen wurden umgehend entlassen und nach Hause geschickt.

In diesem Zusammenhang ist noch bemerkenswert, daß die den Westmächten
knapp zuvorgekommene Besetzung Norwegens fünf Jahre später im Nürnberger Kriegsverbrecherprozeß von Großbritannien ebenso als Hauptanklagepunkt
für einen „Angriffskrieg" akzeptiert wurde wie von Frankreich und der Sowjetunion, wohingegen der tatsächliche sowjetische Angriffskrieg gegen Finnland
aus dem Prozeß ausgeklammert blieb. Kann man da nicht von einer „Sieger-
justiz" in Nürnberg sprechen?

Der Angriff auf Frankreich

Wie schon erwähnt, hatte Hitler den Entschluß zur Westoffensive bereits im
Oktober 1939 gefaßt und die Vorbereitungen dafür angeordnet, nachdem sein
„Friedensangebot" in der Reichstagsrede vom 6. Oktober 1939 von England
zurückgewiesen worden war. Der Angriffstermin wurde jedoch immer wieder
hinausgeschoben, angeblich wegen ungünstiger Witterungsverhältnisse. Glaub-
würdiger erscheint allerdings, daß er deshalb immer wieder verschoben wurde,
weil Hitler das Ergebnis der inzwischen laufenden geheimdiplomatischen Friedenssondierungen in der Hoffnung auf ein positives Ergebnis abwarten wollte.
Ihr Scheitern sowie das britische Unternehmen zur Besetzung Norwegens, dem
Hitler knapp zuvorkam, mußte ihm neuerlich und endgültig die feste Entschlossenheit Großbritanniens zur Weiterführung des Krieges vor Augen führen.
Vor diesem Hintergrund muß der am 10. Mai 1940 begonnene Westfeldzug
gesehen werden. Frankreich sollte in einem „Blitzkrieg" besiegt und England
unter diesem Eindruck zur Beendigung des Krieges veranlaßt werden. Hitler
hatte strategisch nicht weiter geplant – wie etwa eine unmittelbar darauf folgende Invasion Englands –, weil er der festen Überzeugung war, daß Großbritannien angesichts einer raschen Niederlage Frankreichs endlich doch bereit
sein würde, den Krieg zu beenden. Auch dies sollte sich als tragischer Irrtum
erweisen.

Um die Maginotlinie im Norden zu umgehen und möglichst rasch bis zum Kanal vorzustoßen, begann der Westfeldzug mit dem Angriff deutscher Truppen auf das neutrale Holland und Belgien, was eine eklatante Verletzung des internationalen Völkerrechts bedeutete. Beide Operationen wurden übrigens auch von den Alliierten für den Krieg gegen Deutschland ins Auge gefaßt. Dies geht eindeutig aus den Archiven des französischen Generalstabes hervor, die im Juni 1940 auf der Station Charité sur la Loire von deutschen Truppen erbeutet und später vom Reichsaußenministerium veröffentlicht wurden, was u.a. von F. Otto Miksche, der selbst als Offizier auf französischer Seite kämpfte und dem persönlichen Stab General de Gaulles angehörte, in seinem Werk „Das Ende der Gegenwart" belegt wird. Obwohl es aus den erbeuteten Unterlagen nicht hervorgeht, ist anzunehmen, daß die Alliierten mit Holland und Belgien über den beabsichtigten Ein- bzw. Durchmarsch zumindest verhandelt haben.

Wie aus dem Dokument laut Miksche weiter hervorgeht, wurden zur gleichen Zeit mit den Generalstäben Griechenlands und Jugoslawiens ebenfalls rege Verhandlungen geführt mit dem Ziel, ein alliiertes Expeditionskorps auf dem Balkan zuzulassen. Dies entspricht und bestätigt den bereits erwähnten Plan, Deutschland durch eine große Zangenbewegung mit Skandinavien im Norden und dem Balkan im Süden zu fassen.

Der Frankreichfeldzug war der größte militärische Triumph Hitlers, um so mehr, als er ihn nachweisbar selbst konzipiert hatte. Nach knapp sechs Wochen war Frankreich besiegt. Nachdem bereits am 14. Juni Paris kampflos besetzt worden war, bot in der Nacht vom 16. zum 17. Juni der neue französische Regierungschef Marschall Petain, der einstige Held von Verdun, der deutschen Regierung die Kapitulation an. Bereits am 22. Juni wurde im Wald von Compiègne, im eigens für diesen Zweck herbeigeschafften historischen Eisenbahn-Salonwagen, in dem 1918 die Deutschen vor Marschall Foch die Waffenstillstandsbedingungen unterzeichnen hatten müssen, der französische Waffenstillstand unterfertigt. Seine Bedingungen waren maßvoll, beinahe milde; sie ersparten den Franzosen, deren Land nur zu drei Fünftel besetzt und denen die volle Souveränität über ihr Kolonialreich zuerkannt wurde, einen demütigenden Kniefall vor dem alten Rivalen und Kriegsgegner von 1871 und 1918. Jedenfalls standen sie in keinem Verhältnis zu den entwürdigenden Bedingungen, die man Deutschland 1918 auferlegt hatte. Dazu schreibt der französische Militärhistoriker Philippe Masson in „L'histoire de l'armee Allemande": „Alle Zeugen jener Tage sind frappiert von der Ausgeglichenheit und Milde eines Hitler, der wahre staatsmännische Eigenschaften offenbart."

Als die französischen Offiziere der Verhandlungskommission unter General Huntziger den Salonwagen bestiegen, präsentierte eine Ehrenkompanie der SS-Leibstandarte das Gewehr. Der französische General und seine Offiziere salutierten vor der deutschen Fahne. Im Waggon verlas Generaloberst Keitel (der spätere Generalfeldmarschall, der in Nürnberg gehängt wurde) als Chef des Oberkommandos der Wehrmacht (OKW) folgende Erklärung: „Frankreich

112

ist nach einem heroischen Widerstand in einer blutigen Schlachtenfolge besiegt worden und zusammengebrochen. Deutschland beabsichtigt daher nicht, den Waffenstillstandsbedingungen und -verhandlungen die Charakterzüge von Schmähungen gegen einen so tapferen Gegner zu geben." Unmittelbar vor der Unterzeichnung wendet sich der französische General an Keitel: „Herr General, Sie sind Soldat und wissen, wie hart es für einen Soldaten ist, zu tun, was ich jetzt tun werde." Keitel antwortete: „Es ist ehrenvoll für einen Sieger, einen Besiegten zu ehren... Ich bitte um eine Minute Schweigen zum Gedächtnis derer, die auf beiden Seiten ihr Blut für ihr Vaterland vergossen haben." Keitel und Huntziger unterzeichnen. Alle erheben sich und salutieren.

Zum Vergleich dazu: das Verhalten der Engländer gegenüber den Besiegten. Sie wurden behandelt wie Verbrecher. Die Mitglieder der letzten Reichsregierung unter Großadmiral Dönitz, den Hitler kurz vor seinem Tod zum Staatsoberhaupt ernannt hatte, wurden in Flensburg, wo sie eben eine Lagebesprechung abhielten, von den Engländern verhaftet und einer entwürdigenden Leibesvisitation im Beisein von Kamerateams unterzogen. „Hosen runter!" brüllten die englischen Soldaten sie an. Mit erhobenen Händen mußten sie sich an die Wand stellen und wurden gründlichst untersucht. „Nichts blieb unerforscht", berichtet ein Augenzeuge, der Adjutant von Großadmiral Dönitz, Walter Lüdde-Neurath. Dann wurden das Staatsoberhaupt (Dönitz) und die Minister, darunter Graf Schwerin von Krosigk, in Unterhosen auf die Straße getrieben und abtransportiert. Ohne Rücksicht auf Anstand und Schamgefühl mußten sich auch die anwesenden Sekretärinnen der gleichen Behandlung und Leibesvisitation unterziehen. Überdies wurden alle auch noch bestohlen – Uhren und sonstige kleine Schmuckgegenstände.

Der Frankreichfeldzug war vermutlich der letzte Krieg in der Geschichte, bei dem auf beiden Seiten Soldatenehre noch etwas galt und hochgehalten, der jeweils ritterlich geführt, sich an die Genfer Konvention haltend, und ehrenvoll beendet wurde. Dennoch wurde von der Nachkriegspropaganda den deutschen Truppen grausamst in Frankreich begangene Kriegsverbrechen angelastet bzw. angedichtet, vor allem die Ermordung der Einwohner der Ortschaft Oradour, die angeblich in die Dorfkirche getrieben und eingeschlossen wurden, worauf das Gotteshaus in Brand gesteckt wurde und dabei 548 Menschen verbrannten, darunter viele Frauen und Kinder.

Der Fall Oradour wurde nach 1945 vor einem französischen Militärgericht in Bordeaux verhandelt. Die meisten der 45 angeklagten Waffen-SS-Männer waren inzwischen an der Normandiefront gefallen. 13 elsässische Waffen-SS-Männer, die mitbeteiligt waren, haben als freie Bürger Frankreichs das Gericht verlassen. Die Prozeßakte über das angebliche Massaker von Oradour sind bis heute gesperrt. Der Leser möge sich selber ein Urteil bilden.

Von den Frankreich auferlegten Waffenstillstandsbedingungen wurde auf Weisung Hitlers die Auslieferung der französischen Flotte ausgenommen. Mit den Worten: „Sie haben die französische Flotte nicht besiegt – Sie haben keinen

Anspruch darauf", wies er am 26. Juni 1940 Großadmiral Erich Raeders Begehren auf Auslieferung der französischen Flotte zurück. England, insbesondere aber Churchill, war besorgt, die französische Flotte könne dennoch in deutsche Hände geraten. Angesichts ihrer Stärke und damit strategischen Bedeutung sprach Churchill von einer „tödlichen Gefahr" für England, sollte dies geschehen. Die französische Flotte lag damals mit ihren modernsten Schlachtschiffen im Marinestützpunkt Mers-el-Kebir in Französisch-Algerien, drei Meilen vor Oran. Die Briten stellen dem französischen Kommandanten Gensoul ein Ultimatum, welches ihm drei Möglichkeiten offenließ: Britische Häfen anzulaufen, von wo aus die Besatzung, sofern sie es wünsche, nach Frankreich repatriiert werden würde; amerikanische Gewässer aufzusuchen; oder die Schiffe selbst zu versenken. Sollte Gensoul alle drei Möglichkeiten ablehnen, würde die französische Flotte von den britischen Kriegsschiffen, die bereits vor der Hafeneinfahrt aufgekreuzt waren, zusammengeschossen. Gensoul lehnte ab. Daraufhin gab Churchill in der Nacht vom 3. zum 4. Juli den Befehl, die vor Anker liegende französische Flotte zu versenken – die Flotte eines Landes, das kurz zuvor noch mit England verbündet gewesen und jetzt allenfalls als neutral, gewiß aber nicht als Verbündeter des Deutschen Reiches anzusehen war. In weniger als einer halben Stunde waren außer anderen zahlreichen Kriegsschiffen auch drei französische Schlachtkreuzer zerstört, darunter die hochmoderne „Dunkerque". Mehr als 1.500 französische Seeleute, Offiziere und Mannschaften, fanden dabei den Tod.

Der Angriff auf die vor Oran ankernde Flotte versetzte ganz Frankreich in Empörung und Entrüstung über England. Die Regierung Petain brach daraufhin am 8. Juli die diplomatischen Beziehungen zu Großbritannien ab. Einige Minister forderten sogar, England den Krieg zu erklären.

Wie schon an früherer Stelle bemerkt wurde, setzte Deutschland seine Friedensgesten und -sondierungen in Richtung England während und auch noch nach dem Frankreichfeldzug fort. Daraus erklärt sich auch der von Hitler zum großen Erstaunen seiner Generäle gegebene Befehl, den siegreich vorstoßenden deutschen Panzerkeil, dessen Spitze nur mehr 24 Kilometer vor Dünkirchen stand, anhalten zu lassen. Dadurch konnte das bereits abgeschnittene britische Expeditionskorps, welches rund 300.000 Mann, darunter Elitetruppen, plus 150.000 französische Soldaten umfaßte, aus dem Kessel von Dünkirchen evakuiert und unversehrt nach England zurückgebracht werden.

Dies war vermutlich einer der großen Fehler in Hitlers strategischem Konzept, verursacht durch seine prononcierte Anglophilie, die ihn blind machte für die tatsächliche Einstellung Englands. Denn hätte er den Briten, quasi als Vorleistung, nicht diese „goldene Brücke" gebaut, sondern das englische Expeditionskorps vernichtet bzw. gefangengenommen, was angesichts dessen hoffnungsloser Lage nicht allzu schwierig gewesen wäre, so hätte die englische Armee für ihre künftigen Operationen auf dem Kontinent durch den Verlust von rund 300.000 Mann ganz wesentlich an Stärke und Effizienz Schaden genommen.

114

Überdies hat Hitler dadurch, daß er das englische Expeditionskorps entkommen ließ, die günstigste Chance für eine Invasion Englands versäumt bzw. preisgegeben. Denn zu keinem anderen Zeitpunkt wäre die Landung auf den Britischen Inseln erfolgversprechender gewesen als unmittelbar nach der Zerschlagung des Expeditionskorps im Kessel von Dünkirchen. Das britische Heimatheer wäre dadurch wesentlich geschwächt worden; es war außerdem zu jenem Zeitpunkt schlecht ausgerüstet und auf eine Invasion ungenügend vorbereitet. Dazu wäre noch die demoralisierende Stimmung wegen des Verlustes des Expeditionskorps gekommen, die sich nicht nur auf die Armee, sondern auch auf die englische Bevölkerung ausgewirkt hätte. Wäre damals – lange vor dem viel späteren Kriegseintritt der USA – die Invasion Englands gelungen, hätte Hitler höchstwahrscheinlich den Krieg gewonnen.

Aber hatte Hitler jemals ernsthaft vor, in England zu landen? Vermutlich nicht, da die Planung für die „Operation Seelöwe", wie die Invasion bezeichnet wurde, nie über das Stadium vorbereitender Überlegungen hinausging. Zwar gab er am 16. Juli 1940 die Weisung zur Vorbereitung einer Landung in Südengland, ließ aber im Frühjahr 1941 das Unternehmen wieder abblasen.

Nach dem Haltebefehl vor Dünkirchen erreichte Hitlers Anglophilie einen neuen Höhepunkt. Er hatte sich noch einmal der phantastischen und trügerischen Hoffnung hingegeben, trotz allem zu einer politischen Einigung mit England zu gelangen. In diesem Sinne zitiert der englische Militärhistoriker Basil Liddel Hart in seinem Werk „History of the second world war" die von General Blumentritt notierten Gedankengänge Hitlers gegenüber General von Rundstedt und dessen Stab: „Dann erstaunte es uns, wie er mit Bewunderung vom Britischen Empire sprach, von der Notwendigkeit seiner Existenz und von der Zivilisation, die England der Welt gebracht hat... Er sagte, daß alles, was er von England wolle, die Anerkennung der Stellung Deutschlands auf dem Kontinent sei. Die Rückgabe der einstigen deutschen Kolonien sei wünschenswert, aber nicht wesentlich... und er würde England sogar anbieten, es mit Truppen zu unterstützen, wenn es irgendwo in Schwierigkeiten gerate..." Ähnliches ist in den „Erinnerungen" General von Weichs zu lesen, dem Hitler kurz nach dem Frankreichfeldzug anvertraut hatte, daß er an England keinerlei Forderungen zu stellen habe, „denn dieser Staat könne in seiner Mission für die weiße Rasse durch niemanden ersetzt werden, auch nicht durch Deutschland".

Am 19. Juli 1940 hielt Hitler vor dem Reichstag eine Rede, in der er noch einmal einen Friedensappell an England richtete und u.a. erklärte: „In dieser Stunde fühle ich mich verpflichtet, vor meinem Gewissen noch einmal einen Appell an die Vernunft auch in England zu richten. Ich glaube, dies tun zu können, weil ich ja nicht als Besiegter um etwas bitte, sondern als Sieger nur für die Vernunft spreche. Ich sehe keinen Grund, der zur Fortführung dieses Kampfes zwingen könnte." Noch zuvor, am 28. Juni, hatte Papst Pius XII. neuerlich eine Friedensinitiative ergriffen. An seine apostolischen Nuntiaturen in den kriegführenden Ländern sandte er einen entsprechenden Text. Churchill wies unver-

115

züglich seinen Außenminister Halifax an, dem apostolischen Nuntius in Bern, der sich auf Wunsch des Papstes als Vermittler eingeschaltet hatte, klarzumachen, „daß wir keine Erkundigungen über Hitlers Friedensbedingungen einzuziehen wünschen". So blieb auch Hitlers Rede ohne positives Echo.

Im Sommer 1940, nach dem Sieg über Frankreich, stand Adolf Hitler am Höhepunkt seiner Macht und seines Ruhmes. Dies führte zu einem veränderten Verhältnis der meisten europäischen Staaten zum Deutschen Reich. Mit Ausnahme von Polen, wo ein Unterdrückungsregime installiert worden war, hatte Deutschland in keinem der von ihm besetzten Gebiete ein Terror- oder Gewaltsystem errichtet, wie häufig behauptet wird. Deshalb zeichneten sich in den besetzten Gebieten starke Tendenzen zur Anpassung an die neuen politischen Verhältnisse ab sowie eine weitgehende Bereitschaft zur Zusammenarbeit mit den Okkupanten. Dabei spielte die Einsicht eine maßgebende Rolle, daß durch Anpassung, Kollaboration und eine gewisse Verständigungsbereitschaft mit Deutschland die eigene nationale Identität und Kontinuität am ehesten gewahrt werden konnten, wofür Petain ein prominentes Beispiel ist.

Die Kollaboration

Der Ausdruck „Kollaboration" im Sinn einer Zusammenarbeit mit dem Deutschen Reich wurde am 30. November 1940 geprägt, als der französische Staatschef Marschall Petain in einer Rundfunkansprache über seine Begegnung mit Hitler am 24. November 1940 ausführte: „Ich beschreite heute den Weg der Kollaboration, um in Ehren die zehn Jahrhunderte alte Einheit Frankreichs aufrechtzuerhalten und aktiv an der Neuordnung Europas teilzunehmen... Es handelt sich um meine persönliche Politik... Ich allein werde sie vor der Geschichte verantworten." Die große Mehrheit der Franzosen stand loyal zu ihrem Regierungschef, in dem sie – noch aus dem Ersten Weltkrieg (Verdun) – einen Retter Frankreichs sah. Erst nach dem Ende des Zweiten Weltkrieges wurde „Kollaboration" zum Schimpfwort und jeder Kollaborateur zum Lump und Verräter. Manche waren dies sicher; andere hingegen, Regierungschefs und Politiker in den besetzten Ländern, kollaborierten mit den Deutschen, weil sie als Idealisten und Patrioten für ihr Land und Volk das Beste aus der gegebenen Situation herausholen wollten – so wie Petain.

Auf die Situation in Frankreich hinweisend, schreibt der keineswegs „revisionistische" Historiker John Lukacs in seinem bereits erwähnten Werk „Churchill und Hitler – Der Zweikampf": „Sie (die Franzosen) standen zwar nicht auf deutscher Seite... aber sie hielten doch ihre frühere Regierungsform – ihre Ideologie, ihr politisches System, auch das Bündnis mit England – für verderbt, korrupt und falsch." Dies sowie die maßvollen Waffenstillstandsbedingungen und die angenehme Überraschung über das korrekte Verhalten der Deutschen Wehrmacht waren vermutlich die Hauptgründe dafür, daß in Frankreich von Widerstand so gut wie nichts zu spüren war, ebenso wie in allen anderen besetzten Gebieten. (Nennenswerten Widerstand gab es in den meisten Ländern erst gegen Ende des Krieges unter kommunistischer Führung bzw. Dominanz, als Deutschlands Niederlage bereits offensichtlich war; in Frankreich haben die Kommunisten bis zum Juni 1941 wegen des Hitler-Stalin-Paktes sogar besonders eifrig mit der Besatzungsmacht „kollaboriert".)

In diesem Zusammenhang ist die Antwort des bedeutendsten britischen Militärhistorikers Sir Basil Liddel Hart erwähnenswert, die er am 25. September 1951 einem Journalisten, der das Verhalten der deutschen Soldaten herabgesetzt hatte, in der Londoner „Times" gab und die auch in deutscher Übersetzung im bundesdeutschen „Archiv der Gegenwart" vermerkt ist: „Bei einem Besuch der Länder Westeuropas, bei einer Befragung der Bevölkerung bezüglich ihrer Erfahrungen unter der deutschen Okkupation wird einem immer wieder gesagt, daß das Naziregime hassenswert, aber die deutsche Armee äußerst korrekt in ihrem Verhalten war. Es ist in der Tat beunruhigend, festzustellen, wie im allgemeinen das persönliche Verhalten vieler Mitglieder der Befreiungsarmee nachteilig mit dem der deutschen Soldaten verglichen wird." In seinen „Lebenserinnerungen" bekräftigt Liddel Hart diese Aussage so: „Es war eine überraschende Erscheinung des Krieges, daß sich die deutsche Armee in bezug auf menschliches Verhalten einen besseren Ruf erwarb als 1870 und 1914; man hätte eigentlich erwarten sollen, daß die Addition von Nazismus und ‚Preußentum' diesen Ruf verschlechtert hätte... Reiste man nach dem Krieg durch die befreiten Länder Westeuropas, so hörte man allenthalben das Lob der deutschen Soldaten und nur zu oft wenig freundliche Betrachtungen über das Verhalten der Befreiungstruppen."

Wie in allen anderen eroberten oder besetzten Gebieten arbeitete die französische Industrie reibungslos und praktisch ohne Zwischenfälle für Deutschland. Bis zum August 1941 kamen mehr als zwei Millionen Freiwillige auf der Flucht vor Arbeitslosigkeit, aber auch durch die Verlockung tatsächlich höherer Löhne und besserer Sozialleistungen (die nur ihnen und nicht den Zwangsarbeitern galten) nach Deutschland. Darunter waren auch viele, die sich nach dem Krieg als „Zwangsverschleppte" erklärten und Wiedergutmachung forderten. Es waren auch französische Freiwillige, welche die Waffen-SS-Division „Charlemagne" („Karl der Große") bildeten, wobei kaum bekannt ist, daß Hitlers Reichskanzlei in Berlin bis zum 2. Mai 1945 – nachdem Hitler schon tot war – von einem Bataillon dieser Einheit, geführt vom Träger des Ritterkreuzes, dem französischen Sturmbannführer Fenet, gegen den Ansturm der Roten Armee verteidigt wurde. Fenet verstand sich stets nur als französischer Patriot, der mit Stolz noch eine deutsche Kugel aus dem Jahre 1940 im Leibe trug, sich aber 1943 zur Waffen-SS gemeldet hatte, um seine Heimat nicht erst am Rhein gegen den Bolschewismus verteidigen zu müssen.

Gleiches gilt für Belgien, wo die Bevölkerung ebenfalls über das durch den Einfluß der englischen Kriegspropaganda unerwartet korrekte Verhalten der

Deutschen Wehrmacht unter General von Falkenhausen angenehm überrascht war. Belgien war neben dem Protektorat Böhmen und Mähren jenes Land, in dem die Kollaboration mit den Deutschen am reibungslosesten und intensivsten funktionierte, wozu u.a. auch das am 5. Juli 1941 vom belgischen sozialistischen Politiker Hendrik de Man (1936–1940 belgischer Finanzminister) an die belgische Arbeiterklasse gerichtete Manifest beitrug, in dem es hieß: „Glaubt nicht, daß ihr den Besatzungsmächten Widerstand leisten müßt; akzeptiert die Tatsache ihres Sieges und versucht, daraus für den Aufbau einer neuen sozialen Ordnung eure Lehren zu ziehen. Der Krieg hat zum Zusammenbruch des parlamentarischen Systems und der kapitalistischen Plutokratie der sogenannten Demokratien geführt. Für die Arbeiterklasse ist dieser Zusammenbruch einer maroden Ordnung nicht etwa ein Unglück, er bedeutet Befreiung."

Auch in Holland war es ähnlich. Im Juli 1940 – zwei Monate nachdem sie aus Angst vor den Deutschen nach England geflohen waren – kehrte eine Anzahl holländischer Politiker anstandslos in ihre Heimat zurück, um eine konservative Einheitsbewegung zu bilden. Ebenso verhielt es sich in Norwegen und Dänemark, wo die meisten Abgeordneten in den Parlamenten der beiden Länder zur Zusammenarbeit mit den deutschen Besetzern, die sich auch dort äußerst korrekt verhielten, bereit waren.

Das legale und demokratische dänische Parlament, das die Besatzungsmacht völlig unverändert im Amt belassen hatte – trotz einer sozialdemokratischen Mehrheit –, gab im Juli 1940 folgende Erklärung ab: „Die großen deutschen Siege, die weltweit Erstaunen und Bewunderung erregt haben, haben in Europa ein neues Zeitalter eröffnet, das in politischer und wirtschaftlicher Hinsicht eine neue Ordnung unter deutscher Führung bringen wird."

Wie man somit ersieht, war die Situation im besetzten Europa nach dem Sieg über Frankreich nicht nur durch starke Tendenzen der Anpassung an die durch Hitlers Machtentfaltung entstandenen neuen Kräfteverhältnisse gekennzeichnet, sondern auch durch eine weitgehende Verständigungsbereitschaft mit Deutschland. John Lukacs, der NS-Sympathie einmal mehr völlig unverdächtig, faßt diese europäische Situation in seinem Werk „Churchil und Hitler – Der Zweikampf" folgendermaßen zusammen: „Hinter diesen Erscheinungsformen der öffentlichen Meinung verbarg sich eine allgemeine Tendenz, die mehr darstellte als eine bloße Anpassung an den bedeutenden Aufmarsch der deutschen Macht. Viele Menschen auf der Welt sahen in den Kriegsereignissen eine Bestätigung ihres ablehnenden Urteils über die korrupte, unfähige, heuchlerische und überholte parlamentarisch-demokratische Regierungsform, über die bürgerliche Demokratie und den liberalen Kapitalismus, über Institutionen und Überzeugungen, für die in Europa nach dem Zusammenbruch Frankreichs einzig und allein Großbritannien zu stehen schien. Diese Welle erfaßte viele Gebiete der Erde."

In allen besetzten Gebieten erlebte die Kollaboration im Sommer 1941, als der deutsche Feldzug gegen die Sowjetunion begann, einen zusätzlichen Aufschwung. Denn wem der Schutz Europas vor der Bedrohung durch den Bolschewismus am Herzen lag, der mußte in dieser Situation, trotz erlittener Niederlage und Besetzung, mit der einzigen Macht kooperieren, die dieser Bedrohung Einhalt gebieten konnte. Im übrigen freien Europa gab es ohnehin schon seit vielen Jahren kaum mehr parlamentarisch-demokratische Regierungsformen, wenn man von der Schweiz oder Schweden absieht, sondern mehr oder weniger autoritäre Regime. Sie waren zum Teil mit Hitlerdeutschland verbündet, wie Italien oder Rumänien, Finnland oder Ungarn. Zum anderen Teil standen sie Deutschland mit großer Sympathie gegenüber, wie z.B. die Türkei, Bulgarien, Portugal oder Franco-Spanien. Nicht Deutschland war 1941 auf dem europäischen Kontinent isoliert, sondern England.

In dieser Lage, in der sich Europa 1940/41 befand, entstand in weiten Kreisen der öffentlichen Meinung die Idee – vielleicht auch der Wunsch – nach einer europäischen Einigung, die angesichts der durch Hitler geschaffenen und damals unumkehrbar erscheinenden Tatsachen die Vorherrschaft Deutschlands in einem geeinten Europa anerkennen beziehungsweise hinnehmen würde. In diesem Sinne schreibt selbst ein so überzeugter Gegner Hitlers und des Nationalsozialismus wie Sebastian Haffner, bezugnehmend auf die Situation im besetzten Europa, in seinem Erfolgsbuch „Anmerkungen zu Hitler": „...Aber eine Bereitschaft, der Gewalt zu weichen und aus der Unterordnung unter die Übermacht das Beste zu machen, stellte sich auch schon 1938 und 1940 als durchaus vorhanden heraus, und sie war mindestens hier und dort verbunden mit der Ahnung, daß Europa ein höheres Maß an Einheit möglicherweise ganz gut gebrauchen könne, sei es auch um den Preis einer (vielleicht nur anfänglichen) deutschen Vorherrschaft." Und an anderer Stelle: „War es nicht denkbar, daß ein siegreiches Deutschland in einem geeinten Europa allmählich ebenso aufgehen und seine abstoßenden Züge dabei allmählich abschleifen würde? Ließ sich dieser erwünschte Prozeß nicht vielleicht sogar durch Entgegenkommen beschleunigen? Solche Gedanken waren 1940 in fast allen Ländern Europas – besonders in Frankreich – weit verbreitet, so wenig man später von ihnen wissen wollte."

Wie sah nun Hitlers Vorstellung über ein geeintes Nachkriegseuropa aus? Dazu gibt es kaum authentische und dokumentierte Aussagen Hitlers, sondern bloße Vermutungen. Nach Wissen des Autors ist die einzige verbürgte Aussage in Henry Pickers Werk „Hitlers Tischgespräche" – überhaupt eine der bedeutendsten Primärquellen – überliefert.

Hitler: „Wenn man mit den Mitteln der Gewalt Europas Einigung geschmiedet hat, muß man aber wissen, daß Europa auf die Dauer die Hegemonie einer Nation wie die Deutschlands nur in der Form des ‚primus inter pares‘ (des ersten unter gleichen) – also ähnlich der Stellung Preußens im Bismarck-Reich – ertrage. Selbst in den am stärksten nach Einheit lechzenden Zeiten des Mittelalters habe Europa nie geduldet, daß eine Nation direkt über alle anderen herrsche, beruhten doch Europas Kultur und Zivilisation – also sein ganzes Leben – auf der freien Konkurrenz aller seiner Nationen." Europa sei „nicht nur Erdteil, sondern geschichtlich geprägte Kultureinheit", meinte Hitler weiter, und er bejahte in diesem „europäischen Einigungskrieg" den Nationalismus, „weil die europäische Gemeinschaft nicht als Völkerbrei denkbar sei, sondern nur als Zusammengehen der geschichtlich gewordenen Volkseinheiten". Für diesen ihm vorschwebenden „Verbund der europäischen Staaten" hat Hitler den über- nationalen Begriff „Germanisches Reich Deutscher Nation" geprägt; ein Reich aller europäischen Nationen mit der deutschen als hegemonialem Primus inter pares. Also nicht als beherrschendem, sondern als vorherrschendem ersten unter gleichen.

Was hingegen den Osten Europas betrifft, für den sich Hitler immer freie Hand vorbehalten wollte, glaubte er fest daran, daß sich Deutschland in der unver- meidbaren Auseinandersetzung mit der Sowjetunion als „Europas Wall gegen Asien" zu bewähren habe – ein Gedanke übrigens, der bis 1938 auch von eng- lischen Appeasement-Politikern geteilt wurde und selbst vom damaligen briti- schen Außenminister Halifax während seines Besuches am 19. November 1937 auf dem Obersalzberg Hitler gegenüber geäußert wurde, indem er Deutschland als ein „Bollwerk des Westens gegen den Bolschewismus" bezeichnete.

Nach dem Sieg über die Sowjetunion sollte nach Hitlers Willen das europäische Rußland – nach dem Beispiel Indiens im Britischen Empire – Deutschland als Lebensmittel-, Öl- und Rohstoffreservoir sowie als Ansiedlungsgebiet für „Reichsbauern" dienen. „Was für England Indien war, wird für uns der Ostraum sein", erklärte Hitler in den „Tischgesprächen". Und was die dortige Bevölke- rung betraf, meinte er: „Was dann kommt, ist die andere Welt, in der wir die Russen leben lassen wollen, wie sie es wünschen." Es muß allerdings Hitlers oft geäußerte Absicht hinzugefügt werden, die russische Bevölkerung für alle Zukunft auf niedrigstem Bildungs- und Kulturniveau zu halten, um das Ent- stehen einer russischen Intelligenz zu verhindern, da sie eine Gefahr kommenden Widerstandes und separatistischer Tendenzen bedeuten würde.

Nimbus und Führungskraft Hitlers hatten letztlich ihre Wurzeln in seinem uner- schütterlichen, fanatischen Glauben an sich selbst und an seine schicksalhafte „deutsch-europäische Sendung" sowie in seiner durch außergewöhnliche Red- ner- und Argumentationsgabe begründeten Fähigkeit, mit diesem Glauben und Sendungsbewußtsein blindes Vertrauen zu seiner Führung und seiner Mission als „Retter Europas vor den kommunistisch-atheistischen Sturzfluten Asiens" zu wecken. Dieses Bewußtsein seiner historischen „Mission" ließ Hitler noch im Angesicht der unmittelbar bevorstehenden totalen Niederlage im Februar 1945 in den „Bormann-Diktaten" die Worte sagen: „Ich war Europas letzte Chance." „...in gewissem Sinne mit Recht", kommentiert Sebastian Haffner in seinen „Anmerkungen zu Hitler" diesen überlieferten Ausspruch und meint, er hätte jedoch hinzufügen sollen: „...und ich zerstörte sie".

Wodurch zerstörte er sie?

Hans Werner Neulen vertritt in seinem umfassenden Werk „Europa und das

Dritte Reich – Einigungsbestrebungen im deutschen Machtbereich" die Meinung, daß Hitler 1940/41 die Chance, Europa politisch zu einigen, dadurch vertan hat, daß Deutschland nicht mit den besiegten und besetzten Ländern, insbesondere aber mit Frankreich, Friedensverträge abgeschlossen hat oder ihnen zumindest klipp und klar, verbindlich und vor der Weltöffentlichkeit zu verstehen gab, wie er sich die Neuordnung Europas nach einem deutschen Endsieg vorstellte. Statt dessen ließ er sie darüber mehr oder weniger im unklaren. Neulen: „Vertan wurde so 1940/41 die Chance, durch eine politische Einigung Europas die Anglo-Amerikaner zu isolieren und ihnen die Kriegsziele aus der Hand zu schlagen."

Vor allem aber zerstörte Hitler die Chance, Europa politisch zu einigen, dadurch, daß er seine Europapolitik von Anfang an mit seinem Antisemitismus belastete. Denn damit machte er sich die Juden, deren Gewicht und Einfluß auf die damalige Politik Englands und Amerikas sowie auf deren führende Repräsentanten Churchill und Roosevelt nicht zu unterschätzen war, zu Todfeinden. Eine Meinung, die nicht nur Haffner, sondern auch andere namhafte Historiker, wie etwa Ernst Nolte, vertreten.

Was die deutschen Juden betrifft, die zur „freiwilligen" Auswanderung genötigt wurden (bis 1939 waren es fast 400.000), schreibt Sebastian Haffner in „Anmerkungen zu Hitler": „Er (Hitler, R. C.) machte Feinde aus Freunden und übertrug ein Gewicht, das vorher auf der deutschen Seite der Waage gelegen hatte, auf die feindliche – was doppelt zählt." Denn die deutschen Juden waren die assimiliertesten und fühlten sich als Deutsche, die ihre Heimat über alles liebten, weil bei ihnen ein Patriotismus ausgebildet war wie kaum woanders auf der Welt. Das beweist u.a. der Erste Weltkrieg, in dem auf deutscher Seite 96.000 Juden teilnahmen, davon 80.000 Frontkämpfer, von denen 12 % jüdische Freiwillige waren. 12.000 sind gefallen. 30.000 wurden mit Orden dekoriert.

Wenn man dies alles bedenkt, muß man sich fragen, ob Hitler ohne seinen politisch angewandten Antisemitismus die deutschen Juden nicht als loyale Bürger des Deutschen Reiches und gute Patrioten gewinnen hätte können? Eine Ansicht, die sogar vom Vorsitzenden des damaligen „Reichsverbandes der deutschen Juden", Leo Baeck, insofern bestätigt wurde, als dieser erklärte, daß die Hauptpunkte der NS-Bewegung, nämlich die Überwindung des Bolschwismus und die Erneuerung Deutschlands, auch Ziele der deutschen Juden seien, die „mit keinem Land Europas so lebendig verbunden seien wie mit Deutschland". – „Wenn die Nazis nichts anderes gewesen wären als Antikommunisten oder (und) Nationalisten, hätten sie sich offensichtlich mit einem Großteil der deutschen Juden leicht verständigen können", schreibt Ernst Nolte in „Der europäische Bürgerkrieg 1917–1945".

Den spektakulärsten, aber durchaus nur halboffiziellen Ausdruck des begreiflichen Judenhasses auf Hitlerdeutschland stellt Weizmanns sogenannte „Kriegserklärung" an Deutschland vom 5. September 1939 dar, zwei Tage nach der Kriegserklärung Englands und Frankreichs. An diesem Tag veröffentlichte die „Times" den Text eines offenen Briefes, den Dr. Chaim Weizmann, der Vorsitzende der „Jewish Agency for Palestine" und Chef der weltweiten zionistischen Bewegung, an den britischen Premierminister Chamberlain gerichtet hatte. Darin heißt es: „Ich wünsche, in nachdrücklicher Form die Erklärung zu bestätigen (die er schon vor dem 1. September abgegeben hatte, R. C.), daß wir Juden an der Seite Großbritanniens stehen und für die Demokratie kämpfen werden. Aus diesem Grunde stellen wir uns in den kleinsten und größten Dingen unter die zusammenfassende Leitung der britischen Regierung..." Im Eichmann-Prozeß in Jerusalem (1960) bekräftigte Richter Halevi: „Es gab tatsächlich eine Erklärung Weizmanns, die man als Kriegserklärung des Judentums an Deutschland verstehen konnte."

Wenn überhaupt jemand im Namen des Weltjudentums zu sprechen berechtigt war, so war es Weizmann, von dem die langjährige Ministerpräsidentin Israels, Golda Meir, in „Mein Leben" gesagt hat: „Er war zweifellos Führer und erster Sprecher des Weltjudentums. Juden in der ganzen Welt sehen in ihm den ‚König der Juden'."

Wenngleich weder ein souveräner Staat noch eine militärische Streitmacht hinter dieser „jüdischen Kriegserklärung an Deutschland" standen, so war sie dennoch keine Quantité négligeable wegen des großen Einflusses der Juden auf die Politik der Westmächte und auf die öffentliche Meinung, die vor allem durch ihre Machtposition in der amerikanischen Presse weitgehend geformt wurde. Man darf dabei aber nicht übersehen, daß es Hitler war, der den Juden schon früher den Krieg erklärt hatte: spätestens am 30. Januar 1939, als er in seiner damaligen Reichstagsrede die „Vernichtung der jüdischen Rasse" ankündigte, „falls das internationale Finanzjudentum die Völker noch einmal in einen Weltkrieg stürzen sollte". So gesehen, war Weizmanns „Kriegserklärung" eigentlich eine Antwort darauf. Ob sie klug war, ist eine andere Frage.

Die angesehene jüdische Historikerin Hannah Arendt hält in ihrem Buch „Eichmann in Jerusalem" die Rede von der „Kriegserklärung" Weizmanns zwar für „Unsinn", fügt aber gleichzeitig mit starker Betonung hinzu, es sei gerade das Unglück der Juden gewesen, daß sie von den Nazis nicht als kriegführende Nation anerkannt wurden, denn dann hätte man sie in Kriegsgefangenen- und Internierungslager für Zivilisten gesteckt, wo die Chancen zum Überleben vergleichsweise (zu den KZs) groß gewesen wären. Wer weiß – vielleicht hat Weizmann gerade das beabsichtigt? Dann wäre seine „Kriegserklärung" äußerst klug gewesen.

Die Ausweitung des Krieges im Süden

Im vorangegangenen wurde die Alleinschuld Deutschlands am Ausbruch des Zweiten Weltkrieges bestritten. Im folgenden soll der Frage nach der Schuld im weiteren Kriegsverlauf nachgegangen werden.

Nachdem Hitler sich entschlossen hatte, von einer Invasion in England vorläufig abzusehen, ließ er Vorbereitungen zu einem Angriff auf Gibraltar treffen, der Anfang 1941 erfolgen sollte, um den westlichen Eingang zum Mittelmeer abzuriegeln. Spaniens Staatschef Franco weigerte sich jedoch, die Zustimmung zum Durchmarsch deutscher Truppen durch Spanien zu erteilen. Damit leistete er – obwohl Deutschland wohlgesinnt – den Alliierten einen unermeßlichen Dienst. Denn die Eroberung Gibraltars durch die Deutsche Wehrmacht hätte die strategische Lage der beiden Achsenmächte, Deutschland und Italien, im gesamten Mittelmeerraum und damit auch in Nordafrika von Grund auf zu deren Vorteil verändert. Durch Francos Weigerung mußte der Plan aufgegeben werden.

Inzwischen hatten italienische Truppen Britisch-Somaliland erobert und Dschibuti in Französisch-Somaliland besetzt. In Nordafrika waren die Italiener über die libysch-ägyptische Grenze durch die Cyrenaica vorgestoßen. Ein britischer Gegenangriff führte zu ihrer völligen Vernichtung und zur Eroberung der gesamten Region. Die Italiener verloren allein an Gefangenen 130.000 Mann. Auf die italienischen Hilferufe wurde Mitte Februar 1941 das deutsche Afrikakorps unter Rommel nach Tripolis übergeführt, von wo es zum Angriff antrat und binnen drei Wochen die Briten aus der Cyrenaica wieder vertrieb. Im Juni überschritten deutsche Truppen die Grenze Ägyptens. Die Bevölkerung erwartete mit Freude den Vorstoß bis Alexandria und Kairo, wozu es aber nicht mehr kam, da die Offensive Rommels bei El Alamein in 100 km Entfernung von Alexandria steckenblieb. Östlich davon sahen die Araber Palästinas hoffnungsvoll der Stunde entgegen, in der die Engländer vertrieben würden. Ihr Sprecher, der Großmufti von Jerusalem, hatte direkten Kontakt zu Hitler. In diesem Zusammenhang schreibt Ernst Nolte in „Der europäische Bürgerkrieg 1917–1945": „Ein Aufruf Hitlers hätte möglicherweise die ganze arabischeWelt zum Aufstand gegen die Engländer getrieben, aber Hitler war entweder zu vorsichtig oder er liebte das englische Weltreich noch immer zu sehr."

In Nordafrika wendete sich das Blatt schließlich endgültig, als die Briten unter Marschall Montgomery zum Gegenangriff antraten und vom August 1942 bis Dezember 1943 von El Alamein bis Tunis das deutsche Afrikakorps zurückwarfen.

Der italienische Bundesgenosse brachte dem Reich kein Kriegsglück. Er erwies sich eher als Belastung denn als Entlastung und Unterstützung. Letztlich waren es die italienischen Rückschläge und Mißerfolge, die Hitler zum Eingreifen im Mittelmeerraum zwangen. Wie in Nordafrika, so war auch auf dem Balkan Italien das auslösende Moment für den deutschen Balkanfeldzug des Frühjahrs 1941, der ebenfalls kein Eroberungskrieg war.

Zu Hitlers Entsetzen griff Mussolini – ohne ihn vorher konsultiert zu haben – im Oktober 1940 mit insgesamt 155.000 Mann von Albanien aus Griechenland an, was sich bald zu einem militärischen Desaster entwickelte. Den Griechen gelang es nicht nur, den italienischen Angriff zurückzuschlagen, sondern sie trieben im Gegenangriff die italienischen Soldaten auf albanisches Gebiet wieder retour. Was jedoch noch schwerer wog als diese italienische Niederlage, war, daß die Griechen die Engländer zur Hilfe in ihr Land riefen. Churchill erkannte sofort die sich daraus ergebende Chance für Großbritannien, sich auf dem Balkan festzusetzen und damit Deutschland endlich wieder am Kontinent selbst entgegentreten zu können. England zog einige Divisionen aus Nordafrika ab und setzte sie in Griechenland an Land, wo sie alsbald gegen Norden vorrückten. Hitler sah die sich daraus ergebende enorme Gefahr, nicht nur für Deutschland, sondern auch für die lebenswichtigen Ölquellen in Rumänien, die in die Reichweite britischer Bomber gelangen würden. Um ihr zu begegnen, ließ er im März 1941 die 12. Armee im befreundeten Bulgarien einrücken. Von da aus sollte ein Angriff auf Griechenland geführt werden, mit dem Ziel, die Engländer von dort wieder zu vertreiben. Am 6. April 1941 erfolgte der Angriff. Bereits am 23. April wurde in Saloniki die Kapitulation der griechischen Armee unterzeichnet. Die britische Flotte räumte daraufhin Griechenland, was einen schweren Prestigeverlust für England bedeutete. Über 50.000 britische Soldaten wurden eingeschifft. Vier Tage nach der Kapitulationsunterzeichnung marschierten deutsche Truppen in Athen ein. Am 30. April 1941 war die Besetzung Griechenlands (einschließlich der Peloponnes) abgeschlossen. Die 223.000 griechischen Kriegsgefangenen wurden auf Anweisung Hitlers umgehend entlassen.

Auch auf Kreta hatten die Engländer einen See- und Luftstützpunkt errichtet, von wo sie ebenfalls nach einem tollkühnen Unternehmen deutscher Fallschirmjäger vertrieben wurden (20. 5.–1. 6. 1941).

Auch beim Angriff auf Jugoslawien muß – wie bei Norwegen, Dänemark, Nordafrika oder Griechenland – die Frage nach dem Grund gestellt werden. War es wiederum ein „Überfall"? Wollte Hitler Jugoslawien erobern und beherrschen, oder wurde er nicht vielmehr durch England und die Sowjetunion zu diesem Schritt geradezu gezwungen?

Das von Prinzregent Paul geführte Jugoslawien war deutschfreundlich gesinnt. Hitler verstärkte daher seine Bemühungen, es ebenfalls als Bundesgenossen im Dreimächtepakt – Deutschland, Italien, Japan – zu gewinnen, was auch gelang – allerdings nur für zwei Tage. Am 25. März 1941 trat Jugoslawien dem Dreimächtepakt bei, der jedoch schon am 27. März durch einen von England und der Sowjetunion geförderten Militärputsch in Belgrad wieder hinfällig wurde. Prinzregent Paul und mit ihm die Regierung Cvetković wurden gestürzt. Nur wenige Tage darauf schloß Stalin einen Nichtangriffs- und Freundschaftspakt mit der neuen deutschfeindlichen Regierung in Belgrad ab, die ihm laut Darstellung der jugoslawischen Presse „weitgehende politische und militärische Zusammenarbeit" anbot. Um dieser bedrohlichen Gefahr entgegenzutreten, entschloß sich Hitler zum Angriff auf Jugoslawien, welcher am 6. April 1941 begann und nach einem Blitzkrieg bereits am 17. April durch die Kapitulation der jugoslawischen Armee abgeschlossen war. Damit war die

124

gesamte Südostflanke in deutscher Hand und die geplante große Zangenbewegung der Engländer, mit einer Backe im hohen Norden, der anderen im Südosten Europas, zerschlagen.

Dennoch blieben starke deutsche Militärkräfte in dieser Region gebunden, da ein auf das grausamste geführter Partisanenkrieg ausbrach, für den sich das zerklüftete, unwegsame Gelände auf dem Balkan besonders gut eignete. Während die Cetnici (Freischärler), geführt von Draža Mihaijlović, für die Wiedererrichtung der jugoslawischen Monarchie kämpften, rangen die von Tito geführten Partisanen für die Errichtung eines kommunistischen Jugoslawiens. Der von Churchill persönlich dafür ausgesuchte Verbindungsmann zu ihnen, der britische Diplomat Fitzroy Maclean, hatte in geheimer Mission deren militärische Unterstützung durch Lieferung von Waffen und sonstigem Kriegsmaterial zu organisieren und zu koordinieren. In seinem darüber verfaßten Buch „Eastern approaches" (das in der deutschen Übersetzung „Von Männern, Kampf und Mächten" heißt) beschreibt Maclean u.a. Churchills Reaktion auf seine Frage, wie sich die Regierung Seiner Majestät dazu einstelle, daß doch ganz offensichtlich das eigentliche Ziel der Tito-Partisanen die Errichtung eines kommunistischen Regimes sei und ob die britische Regierung nicht eine sowjetische Expansion auf dem Balkan verhindern wolle. Wenn ja, so stelle ihn dies vor das Problem, welche der beiden Partisanengruppen – Mihaijlovićs königstreue oder Titos kommunistische – britischerseits am meisten unterstützt werden sollte. Churchills Antwort, so schreibt Mclean, „nahm mir jede Besorgnis hinsichtlich dieses Problems". „So lange", sagte Churchill, „die gesamte westliche Zivilisation von der Nazigefahr bedroht ist, können wir es uns nicht leisten, unsere Aufmerksamkeit von der unmittelbaren Kernfrage durch Erwägungen über Politik auf lange Sicht abzulenken… Meine (Mcleans, R. C.) Aufgabe sei es, einzig und allein herauszufinden, wer (von den beiden Partisanengruppen, R. C.) die meisten Deutschen tötet, und Mittel vorzuschlagen, durch die wir ihnen helfen können, noch mehr zu töten…" So wurden von England nur mehr die Tito-Partisanen massiv mit Waffen unterstützt, da nur sie von Anfang an Churchills „zivilisatorischen" Wunsch erfüllten, indem sie so gut wie keine Gefangenen machten, sondern jeden deutschen Soldaten, der in ihre Hände fiel, umbrachten, zu vielen Tausend, meist auf bestialische Weise.

Kriegserklärung an die USA

Wenn im folgenden zur Kriegserklärung Deutschlands an die USA kurz Stellung genommen wird, so vor allem deshalb, weil viele darin allen Ernstes einen Beweis für Hitlers Welteroberungsabsicht sehen.

Im Grunde genommen bedeutete die Kriegserklärung an die USA nichts anderes als eine hinausgezögerte Bestätigung oder Feststellung der Tatsache, daß sich die Vereinigten Staaten bereits de facto im Krieg gegen Deutschland befanden. Der sogenannte „Lend-Lease-Act" (Leih-Pacht-Gesetz) vom 11. März 1941 stellt den Beginn dieses De-facto-Kriegszustandes dar. Er betraf die Gesamtheit der Maßnahmen, die während des Zweiten Weltkrieges von den Vereinigten Staaten getroffen wurden, um die Alliierten mit Kriegs- und Hilfsmaterial ohne Bezahlung massiv zu versorgen. Mit dem Lend-Lease-Act stellten sich die USA schon vor Kriegseintritt, noch als neutrales Land, auf die Seite der Kriegsgegner Deutschlands; sie wurden zum Arsenal für Waffen und Versorgungsgüter, zunächst nur für England.

Ab März 1941 wurden deutsche und italienische Handelsschiffe in amerikanischen Häfen beschlagnahmt. Im Juni wurden alle deutschen Guthaben in den USA konfisziert und alle deutschen Konsulate geschlossen. Im April 1941 hatten die Vereinigten Staaten einen militärischen Stützpunkt auf Grönland errichtet und im Juli auf Island, wo sie die Engländer ablösten. Die US-Marine übernahm ab Frühjahr 1941 den aktiven Begleitschutz für die Schiffskonvois, die Kriegsmaterial nach England transportierten. Deutsche Handelsschiffe wurden auf offenem Meer als feindliche Schiffe behandelt und gekapert. Im August erging der Schießbefehl an die US-Flotte gegenüber allen deutschen Schiffen und U-Booten im Atlantik. Auch die amerikanischen Handelsschiffe wurden für den Kampf gegen deutsche Schiffe bewaffnet. Dies alles vom angeblich „neutralen" Amerika. Am 11. Juni 1942 wurde das Leih-Pacht-Gesetz schließlich auch auf die Sowjetunion ausgedehnt, die schon im ersten Jahr u.a. 4.000 Panzer und 3.000 Flugzeuge erhielt.

So waren die USA von anfänglichen Neutralitätsbrüchen zu offenen Kriegshandlungen gegen Deutschland übergegangen und hatten damit praktisch den Kriegszustand geschaffen. Hitlers Kriegserklärung an die Vereinigten Staaten vom 11. Dezember 1941, die vier Tage nach dem vernichtenden Angriff der Japaner auf die amerikanische Pazifikflotte in Pearl Harbor erfolgte, hat diesen Zustand lediglich bestätigt und damit dem amerikanischen Präsidenten Roosevelt – freilich ohne es zu wollen – einen großen Gefallen erwiesen, da dieser ganz bewußt Deutschland ebenso wie Japan zum Krieg provozieren wollte. Zu „einem Krieg, den Roosevelt ohne Zweifel wollte, weil er ihn für notwendig hielt", schreibt Sebastian Haffner in „Anmerkungen zu Hitler". Auch Ernst Nolte spricht von der „sehnlichst erstrebten Gelegenheit Roosevelts zum Eintritt in den Krieg gegen Deutschland" und stellt die Frage, was wohl die Folge gewesen wäre, hätte Hitler Roosevelt diese Gelegenheit verweigert.

Dennoch bleibt ein Rest an Ungewißheit, weshalb Hitler diesen Entschluß zur Kriegserklärung an die USA gefaßt hat. Dies um so mehr, als er ihn seinen Generälen gegenüber nie wirklich erklärt und begründet hat. Die Bestätigung eines De-Facto-Zustandes allein kann es nicht gewesen sein. Da müssen noch andere Faktoren mitgespielt haben, wie z.B. künftig die amerikanischen Rüstungsgeleitzüge und Rohstoffkonvois auf der Fahrt nach Großbritannien und nach der Sowjetunion uneingeschränkt torpedieren zu können, ohne sich eines eklatanten Völkerrechtsbruches schuldig zu machen. Möglicherweise spielte auch Pearl Harbor eine Rolle, weil Hitler sich seinem japanischen Verbündeten gegenüber verpflichtet fühlte.

Molotows Besuch in Berlin
und Rudolf Heß' Schottland-Flug

Dem Angriff Deutschlands auf die Sowjetunion ging ein Ereignis voraus, das zu den wichtigsten des Zweiten Weltkrieges zählt: Molotows Besuch bei Hitler im November 1940 in Berlin. Denn erst dieser Besuch, zu dem der sowjetische Außenminister mit 65 Begleitern angereist war, löste konkrete Planungen für den Ostfeldzug aus, die in Hitlers „Weisung Nr. 21, Barbarossa" vom 18. Dezember 1940 zusammengefaßt waren.

Molotow war nicht nach Berlin gekommen, um den Frieden zu sichern, sondern um Forderungen zu stellen, die für Hitler unakzeptabel waren und ihn provozieren mußten. Das deutsch-sowjetische Abkommen von 1939 (den Hitler-Stalin-Pakt) bezeichnete Molotow als „auf eine bestimmte Zeit bezogen"; er erklärte dem deutschen Außenminister von Ribbentrop, daß neuerliche Festlegungen in territorialer Hinsicht nötig seien. Nicht „papierene Abmachungen" (in Anspielung auf das geheime Zusatzprotokoll), sondern „tatsächliche Garantien" seien seitens der Sowjetunion gefragt (festgehalten in den „Akten zur Deutschen Auswärtigen Politik"). Molotow verlangte nichts Geringeres als die Anerkennung der „sowjetischen Interessen" (was, wie die Geschichte bestätigt hat, „Vormacht" hieß) bezüglich Finnland, Bulgarien, Rumänien, Polen, Ungarn, Jugoslawien und Griechenland. Überdies verlangte er beherrschende Positionen in den Meerengen des Schwarzen Meeres (Bosporus und Dardanellen) sowie freien Zugang von der Ostsee durch das Kattegat und Skagerrak zur Nordsee. Dazu Görings vielzitierte Bemerkung: „Das hat uns alle vom Stuhl gerissen."

Hitler war während der gesamten Dauer der Unterredungen nur ein einziges Mal mit Molotow zusammengekommen, weil er sofort bemerkt hatte, daß es ab nun nur mehr darum ging, zwischen Kampf und Unterwerfung wählen zu müssen. Ab diesem Zeitpunkt war er überzeugt, den Krieg gegen die Sowjetunion, den er von Anfang an für unvermeidbar hielt, nicht länger aufschieben zu können. Dies um so mehr, als zu der Zeit, da Molotow in Berlin weilte, bereits massive sowjetische Truppenkonzentrationen an Deutschlands Ostgrenze festgestellt wurden.

An dieser Stelle ist ein anderes Ereignis erwähnenswert, das – obzwar nicht eindeutig nachgewiesen, aber dennoch mit allergrößter Wahrscheinlichkeit – ebenfalls in direktem Zusammenhang mit dem Ostfeldzug steht: der Flug von Heß nach Schottland. Auffallend dabei sind die zeitliche Nähe von nur fünf Wochen bis zum Beginn des „Unternehmens Barbarossa" sowie die praktische Koinzidenz von Heß' Flug und Hitlers Entscheidung zum Angriff auf die

127

Sowjetunion. Zu dieser Zeit kannte die deutsche Führung bereits seit einem halben Jahr, d.h. seit Molotows Besuch in Berlin, die maßlosen Forderungen und Expansionsgelüste Stalins, die Hitler, wie schon gesagt, vor die Entscheidung stellten, nachzugeben oder zu kämpfen. Er entschied sich für letzteres, zumal er wußte, daß Nachgeben eine gewaltige Ausweitung der sowjetischen Macht in Ost- und Südosteuropa zur Folge gehabt hätte. Dieser Kampf mußte jedoch zwangsläufig zum Zweifrontenkrieg führen, den Hitler unbedingt vermeiden wollte, um seine gesamten Streitkräfte zur Niederwerfung der Sowjetunion einsetzen zu können. Es ist daher anzunehmen, daß er seinen Stellvertreter – Heß – als letzten Friedensemissär nach England sandte, um Großbritannien noch im letzten Moment vor dem Angriff auf die Sowjetunion umzustimmen und für einen Friedensschluß zu gewinnen. Dabei bleibt ungeklärt, ob Plan und Initiative dazu von Heß oder von Hitler ausgingen.

Wie immer dem auch sein mag – am 10.Mai 1941 unternahm Heß seinen abenteuerlichen Flug. Kurz vor 18 Uhr startete er von Augsburg mit einem Flugzeug des modernsten Typs ME-110. Gegen 22 Uhr sprang er bei Glasgow mit dem Fallschirm ab, wenige Meilen vom Landsitz des Herzogs von Hamilton entfernt. Dieser war mit Heß bekannt und sollte daher sein erster Gesprächspartner und Kontaktmann sein. Kurz nach dem Absprung zerschellte das Flugzeug.

Die Parteileitung der NSDAP teilte zwei Tage später mit, daß Heß sich in geistiger Verwirrung eines Flugzeuges bemächtigt habe und wahrscheinlich abgestürzt sei. Einen Monat später, am 13. Juni, bestellte Hitler rund fünfzig Personen – Minister, Gauleiter und Spitzenfunktionäre der Partei – auf den Berghof, um sie über die Affäre Heß aufzuklären. Sie erfuhren jedoch nur das, was alle Welt laut offizieller Version seit einem Monat schon wußte. Heß, so erklärte Hitler, sei geisteskrank und habe ihn und das Reich durch seine „verrückte Idee" in eine peinliche Situation gebracht. Inzwischen ist längst erwiesen (was schon damals angenommen wurde), daß diese Version nicht stimmt. Denn es ist klar, daß das Scheitern des deutschen Friedensversuches in England aus Gründen der Staatsräson von Hitler und der Reichsregierung bestritten werden mußte.

Allein schon der Flug, der von der deutschen wie von der britischen Flugabwehr unbemerkt blieb, was auf eine äußerst niedrige Flughöhe schließen läßt, dann der Absprung mit dem Fallschirm genau am Zielort waren eine ganz außergewöhnliche sportliche Leistung, die nicht nur hohes technisches Können, sondern auch Mut, Willensstärke, äußerste Konzentration und ein beachtliches Maß an Selbstvertrauen verlangte, was geistige Verwirrung oder gar Geisteskrankheit völlig ausschließt. Außerdem hatte Hitler, wie man inzwischen weiß, Heß am 3.Mai zu einem vierstündigen Vieraugengespräch in der Reichskanzlei empfangen, was seiner unmittelbaren Umgebung deshalb so aufgefallen war, weil Heß seit Kriegsbeginn nur mehr selten - und wenn, dann sehr kurz – beim „Führer" war.

Heß hat offenbar darauf vertraut, mit seinem Erscheinen in England die Männer um Churchill mit großzügigen Friedensvorschlägen derart unter Zugzwang zu setzen, daß dem Premierminister und seinem Kabinett nur der Rücktritt geblieben wäre. Denn – wie die deutsche Führung genau wußte – keineswegs alle englischen Politiker waren mit Churchills unnachgiebigem Kriegskurs einverstanden. Durch Heß' Mission sollten sie an die Macht kommen und den Kriegszustand mit Deutschland beenden. Während des Verhörs durch die Briten erklärte Heß, daß es eine einzige unabdingbare Bedingung Deutschlands gäbe, nämlich den Rücktritt Churchills und seiner „Clique". Dies sei der Kernpunkt von Hitlers Wünschen.

Wegen der Gefährlichkeit der sich in England verbreitenden Gerüchte und der Furcht vor Mutmaßungen über ein Friedensangebot, das in der englischen Öffentlichkeit möglicherweise Widerhall gefunden hätte, entschied sich Churchill für eine Weisung an alle Politiker und die Presse zur strikten Geheimhaltung über die Affäre Heß. Er wollte Heß „nur als Verbrecher" behandelt wissen. Da Heß zeit seines Lebens Stillschweigen bewahrte, auch vor dem Nürnberger Militärtribunal schwieg und sogar auf einen Verteidiger verzichtete, wird der an dieser Friedensmission verbleibende Rest an Geheimnisvollem wohl nie mit letzter Gewißheit gelüftet werden. Vielleicht erst ab dem Jahre 2017, denn bis dahin sind die Heß-Akte in England unter Verschluß – offenbar weil es einiges zu verbergen gibt.

Jedenfalls ist in der Geschichte der Friedensversuche im Zweiten Weltkrieg der Entschluß des Führer-Stellvertreters, des zweiten Mannes im Staat, mitten im Krieg zum Gegner zu fliegen, um den Frieden herzustellen, ohne Beispiel. Dennoch war Heß' Scheitern ein totales. Für ihn persönlich bedeutete es den Beginn einer beinahe fünfzig Jahre währenden Gefangenschaft.

„Unternehmen Barbarossa"

Im Morgengrauen des 22. Juni 1941 begann das „Unternehmen Barbarossa", der Angriff auf die Sowjetunion. Finnland, Rumänien und Italien waren Verbündete der „ersten Stunde", später kamen noch Ungarn, die Slowakei und Kroatien dazu. Als freiwillige Legionäre, vornehmlich in der Waffen-SS, beteiligten sich am Krieg gegen die Sowjetunion Esten, Letten, Litauer – deren Länder ja erst 1940 von ihr annektiert worden waren –, Dänen, Holländer, Belgier, Franzosen, Schweizer, Norweger, Schweden, Spanier; knapp eine Million Mann, die nicht nationalsozialistische Gesinnung, sondern die Notwendigkeit des Kampfes gegen die bolschewistische Gefahr für Europa einigte. Überdies hat sich rund eine Million sowjetischer Soldaten aus den verschiedensten Völkerschaften der UdSSR freiwillig zum Kampf gegen das Sowjetregime auf deutscher Seite bewaffnen lassen.

Hier ist jener Umstand hervorzuheben, der möglicherweise zur Niederlage

Deutschlands beigetragen hat, ja vielleicht sogar entscheidend war: nämlich Hitlers „Untermenschentheorie" gegenüber dem russischen Volk. Die offiziellen Träger der deutschen Propaganda im Osten waren kurz vor Beginn der Kampfhandlungen angewiesen worden, den Völkern der Sowjetunion zu erklären, daß der Kampf Deutschlands allein dem „jüdisch-bolschewistischen Sowjetstaat" und seinen politischen Führern gelte, daß die deutsche Armee berufen sei, die Völker der Sowjetunion aus Furcht, Zwang und bolschewistischem Terror zu befreien. Den vordringenden deutschen Truppen trat die Bevölkerung nicht mit Feindschaft entgegen, sondern im allgemeinen mit Neugier und Erwartung, in einigen Gebieten sogar mit offen zur Schau getragener Freude, wie zum Beispiel in den baltischen Ländern, in Teilen Weißrußlands und in der Ukraine. Hier wurden die Deutschen tatsächlich als Befreier von der Sowjetherrschaft betrachtet und empfangen. Es hätte die deutsche Führung im ersten Kriegsjahr wenig Mühe gekostet, diese politische Lage und überwiegende Volksmeinung kriegsentscheidend zu nutzen. Viele Truppenführer versuchten dies auch mit großem Erfolg. Denn in den meisten besetzten Ostgebieten ist es dem Heer im ersten Kriegsjahr gelungen, große Teile der Bevölkerung zur freiwilligen Mitarbeit am Aufbau neuer politischer, wirtschaftlicher und sozialer Lebensverhältnisse zu gewinnen. Dazu gehörten u.a.: weitestgehende Selbstverwaltung, Förderung separatistischer, ja sogar eigenstaatlicher Bestrebungen auf dem Gebiet der Sowjetunion, völlige Umgestaltung des Wirtschaftslebens, insbesondere Rückverwandlung der Kollektivwirtschaft in privaten Grundbesitz und damit Herstellung eines unabhängigen Bauernstandes, freie Religionsausübung, Wiedereröffnung geschlossener Kirchen etc. All dies scheiterte schließlich an Hitlers starrköpfigem Festhalten an der „Untermenschentheorie" sowie an der Installierung ziviler, NS-treuer Verwaltungsorgane in den besetzten Ostgebieten, deren Verhalten zur Abkehr der Bevölkerung von der Zusammenarbeit mit den Deutschen führte.

In weiten Teilen Europas wurde der Angriff auf die Sowjetunion nicht als „Überfall" aufgefaßt, sondern für richtig gehalten und sogar in katholischen und evangelischen Kreisen als „Kreuzzug" bezeichnet, der Billigung, Zustimmung, ja zum Teil Enthusiasmus hervorrief. Der Heilige Stuhl ließ wissen, daß er den Krieg gegen die Sowjetunion „begrüße", ebenso die deutsche Bischofskonferenz.

Schon seit vielen Jahren beschäftigt Historiker die Frage, ob das „Unternehmen Barbarossa" ein Überfall war – also ein völkerrechtswidriger Akt reiner Aggression, wie die offizielle Geschichtsschreibung bis heute behauptet – oder ein Präventivschlag, um einem unmittelbar bevorstehenden sowjetischen Großangriff nicht nur auf Deutschland, sondern auf Europa zuvorzukommen. Durch eine inzwischen so gut wie geschlossene Beweiskette, die sich nicht nur auf zahlreiche Indizien, sondern auch auf Fakten sowie auf Aussagen sowjetischer und deutscher Generäle stützt, auf die Öffnung russischer Archive und damit Zugänglichmachung bisher unbekannter, geheimgehaltener Dokumente sowie auf eine reichlich dokumentierte und fundierte geschichtswissenschaftliche Literatur ist diese Frage heute praktisch entschieden. Im folgenden sollen die wichtigsten Marksteine in dieser Indizien- bzw. Beweiskette dargelegt werden.

Zunächst sind die am 5. Mai 1941 – also eineinhalb Monate vor Kriegsbeginn – von Stalin gehaltenen beiden Reden (bzw. Vorträge) vor einigen Hundert Absolventen der Moskauer Militärakademie (Frunse-Akademie) zu erwähnen. Sie durften weder auf Schallplatten oder Tonbänder aufgenommen noch mitstenographiert werden. Die politische und militärische Bedeutung dieser Reden wird allein schon durch die Anwesenheit höchster Funktionäre aus Partei und Armee bestätigt, wie etwa des sowjetischen Außenministers Molotow, des Vorsitzenden des Präsidiums des obersten Sowjets der UdSSR, Kalinin, des Chefs des NKWD (später KGB), Berija, und Marschall Woroschilows. Neben weiteren hohen Militärs waren auch zwei Generalmajore und ein Major dabei, die im Sommer 1942 in deutsche Kriegsgefangenschaft gerieten. Bei ihren voneinander getrennten Vernehmungen, vor denen sie nicht die Möglichkeit hatten, sich gegenseitig abzusprechen, gaben diese drei hohen Offiziere unabhängig voneinander und übereinstimmend Stalins Hauptthesen aus seinen Reden vom 5. Mai 1941 zu Protokoll. Demnach sagte er u.a., daß die „Ära der Ausweitung der Grenzen der Sowjetunion mit Waffengewalt begonnen hat". Das Volk müsse auf die „Unvermeidbarkeit des Angriffskrieges vorbereitet werden... Der Plan des Krieges ist bei uns fertig... Im Laufe der nächsten zwei Monate können wir den Kampf mit Deutschland beginnen."

Beim nachfolgenden Bankett im Georgs-Saal des Kreml erläuterte Stalin, was nunmehr unter „Friedenspolitik" zu verstehen sei; in diesem Zusammenhang bezeichnete er den Hitler-Stalin-Pakt vom August 1939 als „eine Täuschung" und als einen „Vorhang, hinter dem wir offen arbeiten konnten". Dann führte er weiter aus, daß es Zeit sei, zu verstehen, „daß die Losung der Friedenspolitik der Sowjetunion schon ihre Rolle ausgespielt hat". Und am Ende erhob Stalin sein Glas und schloß mit der Versicherung: „Es ist Zeit, einzusehen, daß nur eine entscheidende Offensive, nicht aber eine Defensive zum Sieg führen kann. Es lebe die aktive Kriegspolitik des Sowjetstaates."

Gustav Hilger, der in Moskau geborene Gesandtschaftsrat und Handelsattaché an der deutschen Botschaft in der sowjetischen Hauptstadt, publizierte bereits zehn Jahre nach Kriegsende, was die drei in deutsche Gefangenschaft geratenen hohen Offiziere zu Protokoll gegeben hatten. Seine Aufzeichnungen darüber liegen im Bundesarchiv/Militärarchiv Freiburg i. B. auf. Auch in der russischen Fassung von Marschall Schukows „Erinnerungen" werden diese Reden erwähnt, bezeichnenderweise jedoch nicht in der deutschen Version!

So bedeutsam diese Reden bzw. Ausführungen Stalins in politischer und militärischer Hinsicht auch sind – als Beweis für eine geplante Aggression reichen sie nicht aus, lediglich als Indiz. Denn Reden allein, mögen sie noch so deutlich sein, sind noch keine Beweise. Erst müssen Taten folgen. Und diese folgten. Zum Teil wurden sogar solche, die auf einen geplanten Angriff schließen ließen, bereits vor Stalins Reden gesetzt, denn zum Zeitpunkt seiner Reden hatte die Sowjetunion ihre Westgrenze in Richtung der deutschen Ostgrenze bereits so weit wie möglich vorgeschoben – was ja eine der Grundvoraussetzungen für einen Angriff war –, nämlich durch die Besetzung und Eingliederung der drei neutralen baltischen Staaten Estland, Lettland und Litauen sowie die Besetzung Ostpolens. Die Frage, weshalb Stalin diese „Barriere" zwischen der Sowjetunion und Deutschland niedergerissen hat, beantwortet er in einem Artikel vom 5. März 1939 in der „Prawda" selbst am besten. Darin heißt es u.a.: „Die Geschichte sagt, wenn ein Staat gegen einen anderen Krieg führen will, dann wird er, wenn dieser Staat nicht sein Nachbar wäre, nach Grenzen suchen, über die hinweg er an die Grenzen jenes Staates gelangen kann, den er angreifen will." Indem Stalin dies tat, hatte er eine von Leo Trotzki am 22. Juni 1939 im „Bulletin der Opposition" getroffene Vorhersage zum Teil schon verwirklicht. „Die UdSSR", so schreibt Trotzki, „wird sich in geballter Masse in Richtung auf die Grenzen Deutschlands zu einem Zeitpunkt bewegen, wenn das Dritte Reich in einen Kampf um die Neuordnung Europas verwickelt ist." Auf die Grenzen Deutschlands hatte sich Stalin bereits zubewegt, und die „geballte Masse" seiner militärischen Kräfte sollte alsbald folgen. Dies wird in „Sache des ganzen Lebens – Erinnerungen" von Sowjetmarschall Alexander M. Wassilewski, der von 1942 bis 1944 Generalstabschef war, bestätigt, indem er erwähnt, daß ab Dezember 1940, nach Molotows Besuch in Berlin, überaus starke Militärverbände an die westlichen Grenzen der UdSSR verlegt wurden.

Als ein weiteres Indiz für einen Großangriff auf Europa kann die gigantische und weitestgehend unbemerkt gebliebene – da in den endlosen Weiten des sowjetischen Riesenreiches von der übrigen Welt abgeschirmte – Rüstung in den letzten Jahren vor Kriegsausbruch gewertet werden. So berichtet beispielsweise Marschall Schukow in seinen „Erinnerungen", daß die sowjetische Luftwaffe in der Zeit vom 1. Januar 1939 bis zum 22. Juni 1941 (Kriegsbeginn) 17.745 Kampfflugzeuge und die Artillerie 99.587 Geschütze, Kanonen und Granatwerfer erhielt. Dr. Joachim Hoffmann, wissenschaftlicher Direktor des „Militärgeschichtlichen Amtes der Bundeswehr", weist in seinem Werk „Die Sowjetunion bis zum Vorabend des deutschen Angriffs" nach, daß die Rote Armee am Tag des Kriegsbeginns über 24.000 Panzer, rund 23.000 Kriegsflugzeuge sowie 148.000 Geschütze und Granatwerfer aller Gattungen und Systeme verfügte. Und Philippe Masson schreibt in „L'histoire de l'armee allemand": „Nach mehreren Fünfjahresplänen stand eines fest: Die UdSSR war zu einer einzigen riesigen Waffenfabrik geworden."

Die Aufdeckung dieser gigantischen Aufrüstung in der Sowjetunion zwischen Januar 1939 und Juni 1941 war jahrzehntelang durch ein doppeltes Tabu erschwert: Auf sowjetischer Seite besagte die offizielle „Geschichte des Großen Vaterländischen Krieges", Stalin habe den Nichtangriffspakt mit Hitler aus friedenspolitischen Absichten geschlossen, und das friedliche Rußland sei dann von Hitler vertragsbrüchig und ruchlos überfallen worden. Und auf westlicher Seite geriet jede geäußerte Vermutung, es hätten sich vor 1941 auf sowjetischer Seite enorme militärische Vorbereitungen abgespielt, in den Verdacht, Hitlers „Propagandalüge" vom Präventivkrieg wiederaufleben zu lassen.

Bei Kriegsbeginn am 22. Juni 1941 trat die Deutsche Wehrmacht mit 153 Divisionen (etwa drei Millionen Mann), rund 2.000 Flugzeugen, 3.300 Panzern und mehr als 7.200 Geschützen gegen einen an Menschen und Material weit überlegenen Gegner an, der zum gleichen Zeitpunkt an seiner Westgrenze über die fünffache Anzahl an Flugzeugen, die zehnfache Menge an Geschützen und die siebenfache Menge an Panzern verfügte.

Im Mai 1941, rund einen Monat vor Kriegsbeginn, stellte die deutsche Luftaufklärung gewaltige Massierungen sowjetischer Streitkräfte nahe der deutschen Grenze fest. Um sich ein ungefähres Bild von diesem Truppenaufmarsch zu machen, muß man sich vor Augen halten, daß schon in der ersten großen Kesselschlacht von Bialystok an die 6.000 feindliche Panzer zerstört oder erbeutet wurden. Allein in dem vorspringenden Bogen von Bialystok waren also fast doppelt so viele Panzer massiert, als das gesamte deutsche Ostheer zu dieser Zeit aufzuweisen hatte. Weiters, daß allein in den ersten Kriegswochen 4.490 Kriegsflugzeuge des Feindes – mehr als das Doppelte der gesamten Bestände des deutschen Ostheeres – fast ausschließlich am Boden, wo sie Tragfläche an Tragfläche für den bevorstehenden Einsatz standen, zerstört wurden, bei nur 179 eigenen Verlusten. Auch die gewaltige Anzahl von rund zwei Millionen Kriegsgefangenen in den ersten Wochen des Krieges deutet auf den gigantischen Aufmarsch der Roten Armee hin.

Aber selbst dann, wenn dieser militärische Aufmarsch der Sowjetarmee tatsächlich der größte eines einzelnen Landes in der Weltgeschichte war, wie manche Historiker vermutlich zu Recht behaupten, so ist auch dies noch immer kein hinlänglicher Beweis für eine unmittelbar bevorstehende Angriffsabsicht. Denn auch zur Verteidigung gegen einen erwarteten Angriff muß man massiv aufmarschieren. Zum unwiderlegbaren Nachweis einer Angriffsplanung und -absicht bedarf es daher noch weiterer Indizien. Ein solches bildet u.a. auch die Kartenausstattung der Truppen der Roten Armee. Den deutschen Verbündeten ist an verschiedenen Stellen im grenznahen Bereich, aber auch im tieferen Hinterland Kartenmaterial in die Hände gefallen, das weit nach Westen in den deutschen Raum hineinreichte, wie Hoffmann nachweist und wie es im Bundesarchiv/Militärarchiv (BA-MA) Freiburg i. B. aufliegt.

Die wichtigsten Indizien und auch Fakten zum Beweis für einen geplanten Großangriff auf Deutschland und Europa lieferte als erster Victor Suworow (Pseudonym), ein ehemaliger hochrangiger Offizier des militärischen Geheimdienstes (GRU), der 1981 in den Westen übergewechselt war, in seinem 1989 in der dritten Auflage erschienenen, aufsehenerregenden Buch „Der Eisbrecher – Hitler in Stalins Kalkül", in dem die Aufmarsch- und Angriffspläne

Stalins aus rein militärischer Sicht dargelegt und stichhaltig dokumentiert werden. In Rußland hat Suworows Buch eine Millionenauflage erreicht und eine andauernde, lebhafte Auseinandersetzung unter der ersten, nicht mehr sowjetischen Historikergeneration in Gang gesetzt.

Im Mittelpunkt von Suworows Untersuchungen stehen Stalins Geheimpläne zur Eroberung Europas bzw. seiner „Befreiung" vom Joch des Kapitalismus. Demnach sollte der Kontinent in einen Krieg verwickelt werden – unter anfänglicher Wahrung der sowjetischen Neutralität –, und erst dann, wenn sich die Gegner hinreichend geschwächt hätten, wäre die geballte Masse der Roten Armee in die Waagschale geworfen worden. Hitler war in dieser bereits in den dreißiger Jahren erdachten Strategie ein nützlicher „Eisbrecher der Revolution" (eine Formulierung Stalins) zur Auslösung des Zweiten Weltkrieges, von dem Stalin, als entscheidenden Schritt zur Weltrevolution, den Sieg des Kommunismus über seine Feinde erhoffte: die „kapitalistischen" und „imperialistischen" Westmächte, zu denen Deutschland ebenso gehörte wie Frankreich, England und alle übrigen kapitalistischen Länder. Nach Suworows Ausführungen war der Sommer 1941 deshalb der günstigste Zeitpunkt für die „Befreiung" Europas, weil die Franzosen damals geschlagen, die Briten vom Kontinent vertrieben und die Amerikaner in Europa noch nicht präsent waren und somit zwischen der Roten Armee und der Atlantikküste nur mehr die Deutsche Wehrmacht stand.

Besonders bemerkenswert an Suworows Buch ist, daß er sich zur Untermauerung seiner Beweisführung fast ausschließlich auf sowjetische Militärpublikationen, Dokumente sowie auf Aussagen und Memoiren sowjetischer Generäle und Marschälle stützt, wie z.B. auf Schukow, Merezkow, Kuznezow oder Armeegeneral Iwanow. Überdies hatte er als hochrangiger GRU-Offizier die Möglichkeit, in den Archiven des Verteidigungsministeriums der UdSSR zu arbeiten, was ihm Zugang zu den wichtigsten und auch geheimen Dokumenten verschaffte. Nach seiner Berechnung wären die Vorbereitungen Stalins am 10. Juli 1941 abgeschlossen gewesen. Hitler ist ihm jedoch zuvorgekommen, wodurch er den Zeitplan Stalins und damit auch den noch nicht abgeschlossenen Aufmarsch total durcheinandergebracht hat. Hierfür nennt Suworow einen wichtigen Zeugen, der ein enger Vertrauter Stalins war, den Volkskommissar und Flottenadmiral N. G. Kuznezow: „...Stalin hat diesen Krieg vorbereitet. Seine Vorbereitung war umfassend und vielseitig – und er ging dabei von den von ihm selbst vorgegebenen Fristen aus. Hitler zerstörte seine Berechnungen" (aus: „Am Vorabend").

Ganz im Gleichklang damit steht, was der Chef der Akademie des Generalstabes der Streitkräfte der UdSSR, Armeegeneral S. P. Iwanow, mit einer Gruppe führender sowjetischer Historiker in einer vom Moskauer Militärverlag 1974 herausgebrachten wissenschaftlichen Untersuchung über „Die Anfänge des Krieges" sagt: „Der deutschen faschistischen Führung war es buchstäblich in den letzten beiden Wochen vor dem Krieg gelungen, unseren Truppen zuvorzukommen."

Auch die Mitteilungen des Sowjetmarschalls Alexander M. Wassilewski in seinen „Erinnerungen" besagen das gleiche. Nachdem er darin, wie schon gesagt wurde, erwähnt, daß ab Dezember 1940 starke Truppen an die westlichen Grenzen verlegt wurden, fügt er hinzu: „um den Krieg auf deutsches Staatsgebiet zu tragen" und meint an anderer Stelle, die Sowjetarmee sei als „reines Angriffsinstrument vorgesehen gewesen, ohne ein Verteidigungskonzept zu haben".

Als weiterer Beweis für den Offensivplan Stalins führt Suworow neben der Massierung Tausender von Kampf- und Transportflugzeugen auch die gewaltige, ganz vorne aufgestellte Anzahl von Luftlandetruppen an – er spricht von hunderttausenden Mann –, die für eine Defensive ebenso wie die Massierung von Transportflugzeugen sinnlos gewesen wäre.

Folgende Sätze, die in der „Prawda" vom 18. August 1940 stehen, scheinen diese Feststellung Suworows noch zusätzlich zu bestätigen: „Und wenn der Marschall der Revolution, Genosse Stalin, das Signal geben wird, werden sich Hunderttausende von Flugzeugführern, Navigatoren, Fallschirmspringern mit der geballten Wucht ihrer Waffe auf das Haupt des Feindes stürzen, mit der Waffe der sozialen Gerechtigkeit. Die sowjetischen Luftflotten werden der Menschheit das Glück bringen."

Suworow belegt die Absicht Stalins zum Angriff auch damit, daß die an die Westgrenze verlegten Truppen, die im Sommer 1941 nach seinen Worten „einfach gigantische Ausmaße erreichten", nicht nur keinerlei Verteidigungsanlagen errichteten, sondern daß Stalin die hinter der ehemaligen polnisch-russischen Grenze zu Defensivzwecken errichteten Befestigungsanlagen, die sogenannte „Stalin-Linie", zerstören und hunderte Kilometer Stacheldrahtverhaue sowie Minenfelder beseitigen ließ, da sie für den gesamten Nachschub an Menschen und Material für die westwärts vorstoßenden Sowjetstreitkräfte nur eine Behinderung dargestellt hätten.

Suworow hebt auch die enorme Menge an Panzern hervor, die an der Grenze massiert waren und die den deutschen Kampfwagen nicht nur an Anzahl, sondern großteils auch an Qualität erheblich überlegen waren. Neu aber ist seine Behauptung, daß ein Großteil dieser Fahrzeuge nicht mit Ketten (bzw. Raupen), sondern mit gummibereiften Rädern ausgerüstet war und Geschwindigkeiten erreichte, die in der gesamten Rüstungsindustrie bis dahin präzedenzlos waren, was ein weiteres Kennzeichen für Stalins Angriffsabsicht bedeutet, da solche Kampfwagen nur für einen raschen Vorstoß und nur für deutsche bzw. europäische Straßenverhältnisse konzipiert gewesen sein konnten. Als Defensivwaffe wären sie für die ab Herbst im Schlamm und Morast versinkenden russischen Straßen unbrauchbar gewesen.

Nach Suworows Überzeugung dachte die Sowjetunion nicht an Verteidigung. Sie hatte sich nicht darauf vorbereitet und traf auch keine Anstalten dazu. Sie wußte sehr wohl, daß Deutschland, das bereits im Westen kämpfte, aus diesem Grund keinen Krieg im Osten beginnen wollte, um einen Zweifrontenkrieg zu vermeiden, der nach Stalins Überzeugung für Hitler einem Selbstmord gleichgekommen wäre. Und dem war auch schlußendlich so. Um jedoch dem sowjetischen Großangriff zuvorzukommen, sah sich Hitler gezwungen, diesen Zweifrontenkrieg aufzunehmen. Er begann ihn zu einem Zeitpunkt, da der sowjetische Aufmarsch noch nicht abgeschlossen war, womit er nicht nur Stalins Zeitplan durcheinanderbrachte, sondern auch die sowjetischen Generäle zwang, zu improvisieren statt nach einem großen, vorbereiteten Angriffsplan zu operieren. Denn ein Aufmarsch zu Offensivzwecken ist von vornherein ganz anders konzipiert, strukturiert und organisiert als einer zu Defensivzwecken, worauf Suworow als militärischer Fachmann hinweist. Allein die enormen Verluste auf russischer Seite innerhalb der ersten zwei bis drei Kriegswochen an Panzern (6.000), Flugzeugen (4.500), Gefangenen (zwei Millionen) sind schon ein Beweis dafür, daß der deutsche Angriff mitten in einen noch nicht abgeschlossenen gewaltigen Aufmarsch hineinstieß und damit ein Desaster auslöste, weil dieser Aufmarsch für eine Offensive und nicht für eine Defensive geplant war. Durch seinen Angriff auf die Sowjetunion kam Hitler dieser geplanten Großoffensive zuvor. Daher begann der Krieg nicht so, wie Stalin es gewollt hatte – meint Suworow –, und endete auch nicht so: Stalin bekam nur die Hälfte von und nicht ganz Europa, was ausschließlich dem heldenhaften Kampf der Deutschen Wehrmacht und ihrer Verbündeten sowie den freiwilligen europäischen Legionären zu verdanken ist.

Am Ende seiner Beweisführung kommt Suworow zu dem Schluß: „Ich begreife nur nicht, weshalb man Keitel aufgehängt hat, Kuznezow aber nicht. Ich begreife nicht, weshalb man Hitler für einen Aggressor hält, Stalin dagegen für ein Opfer."

Stalin verschloß sich bekanntlich allen ernstzunehmenden Nachrichten, Informationen und Warnungen, die ihm im Frühjahr 1941 zugingen und von einem unmittelbar bevorstehenden Angriff der Deutschen Wehrmacht sprachen. Weshalb wohl, denn auch ihm mußte der deutsche Aufmarsch bekannt gewesen sein. Deshalb, weil er jegliche Provokation vermeiden wollte und um Zeitgewinn bemüht war, um seinen Aufmarsch abschließen und losschlagen zu können, bevor die Deutschen angriffen.

Ungefähr zur gleichen Zeit wie Suworows „Eisbrecher" hat ein anderes Buch, das sich mit demselben Thema beschäftigt, ebenfalls einiges Aufsehen erregt: Professor Topitschs „Stalins Krieg". Darin kommt der Autor im wesentlichen zu den gleichen Ergebnissen wie Suworow, nämlich daß im Sommer 1941 ein Großangriff der Sowjetunion gegen Deutschland und weiter auf Europa unmittelbar bevorstand, dem Hitler zuvorkam. Dabei ist hervorzuheben, daß Topitsch für seine reichlich dokumentierte Beweisführung – zum Unterschied von Suworow – auch zahlreiche deutsche Dokumente heranzieht, die in ihren Aussagen weitestgehend mit den sowjetischen von Suworow übereinstimmen, was das Gesamtbild komplettiert und abrundet; so z.B. unter anderem Aussagen des deutschen Generalstabschefs Halder oder die Memoiren des Generalfeldmarschalls von Manstein. – Topitsch kommt schließlich zum Resultat, daß „Europa dem Opfergang der deutschen Soldaten auch einiges verdankt", was ihm erwartungsgemäß von den linken selbsternannten Meinungsmachern und „Umerziehern" in den deutschen und österreichischen Massenmedien scharfe Angriffe und Entrüstungsäußerungen einbrachte.

Obwohl kritisiert, attackiert oder banalisiert, konnten weder Suworow noch Topitsch durch irgendein wissenschaftliches Werk bis heute widerlegt werden. Im Gegenteil – sie werden durch die fortschreitende historische Forschung und durch Auftauchen neuer, bisher unter Verschluß gehaltener Dokumente weiter bestätigt. Hier ist insbesondere das 1994 erschienene Werk des angesehenen deutschen Historikers und Hitler-Biographen Werner Maser „Der Wortbruch" zu nennen. Darin werden (in Teil 3 und 4) durch reichhaltigste Dokumentation Suworows und Topitschs Thesen nicht nur vollinhaltlich bestätigt, sondern auch durch neue, mittlerweile zum Vorschein gekommene Dokumente zusätzlich erhärtet und vervollständigt.

Dazu gehört vor allem ein Geheimplan, der unter der Formel „Erwägungen zum strategischen Aufmarsch der sowjetischen Truppen für den Fall eines Krieges mit Deutschland und seinen Verbündeten" von General Wassilewski verfaßt und vom Volkskommissar für Verteidigung, Marschall Timoschenko, sowie vom Chef des Generalstabes, Marschall Schukow, unterzeichnet, Mitte Mai 1941 Stalin ausgehändigt wurde. Dieser an ihn persönlich gerichtete, handgeschriebene, 15 Seiten umfassende Text wurde im Frühjahr 1948 vom Büro Stalins dem Archiv der Hauptverwaltung des Generalstabes der Streitkräfte der UdSSR zugeteilt und unter strengem Verschluß gehalten. Viele Jahre später hat der russische Militärhistoriker Dr. Walerij Danilov „unter großer Mühe", wie er selbst schreibt, den Text dieses Geheimplanes erhalten. In seinem 1992 in Moskau erschienenen Buch „Hat Stalin einen Überfall auf Deutschland vorbereitet – Aus den Geheimquellen des sowjetischen Generalstabes" veröffentlichte Danilov den Text für den Aufmarsch und Angriff auf Deutschland. Der wesentlichste Inhalt daraus wurde durch die „Österreichische militärische Zeitschrift", Heft 1/1993, dem deutschen Sprachraum zugänglich gemacht. Eine Karte mit den Angriffsplänen und Stoßrichtungen der Roten Armee ist beigefügt, die im wesentlichen der sogar vom „Spiegel" bereits im Sommer 1991 veröffentlichten Karte, die Oberst Karpow in einer sowjetischen Militärzeitschrift publiziert hatte, entspricht.

Auch das im Leopold Stocker Verlag 1991 erschienene Werk von Fritz Becker „Im Kampf um Europa" kommt auf Grund intensivster Quellenforschung und Dokumentation zum gleichen Ergebnis. Nämlich – wie Becker schreibt: „... daß das Unternehmen Barbarossa nicht wie ein Blitz aus heiterem Himmel, als eine übermütige Laune Hitlers, gekommen war, sondern daß die UdSSR, strategisch und militärisch sich Monat um Monat steigernd, ein Offensivpotential aufgebaut hatte, das als das größte aller Zeiten anzusehen war".

Am 4. März 1993 schrieb Günther Gilessen unter der Überschrift „Der Krieg zwischen zwei Angreifern" in der „FAZ" einen großen Bericht über Danilovs Buch, in dem es u.a. heißt: „Die unmittelbaren Gründe des Krieges zwischen Deutschland und der Sowjetunion im Jahre 1941 und Stalins Rolle dabei sind unter den Historikern seit Jahren umstritten. Der Krieg, den Hitler am 22. Juni 1941 begonnen hat, ist weder als ‚deutscher Überfall auf die Sowjetunion‘ noch als ‚Großer Vaterländischer (Verteidigungs-)Krieg‘ zutreffend beschrieben. Das Ende der Sowjetunion dürfte die wissenschaftliche Erforschung der Rolle Stalins erleichtern, wenn nun die Archive sich öffnen und die Erforschung nicht länger von der Unterstellung des ‚Antikommunismus‘ und einer Reinwaschung Hitlers behindert wird". Und an anderer Stelle: „Die ‚Erwägungen‘ des sowjetischen Generalstabes passen wie Schlüssel zum Schloß zu den Mitteilungen...Victor Suwcrows über die sowjetischen Truppenbewegungen im ersten Halbjahr 1941." – Während in Deutschland immerhin die „FAZ" über dieses wichtige Dokument berichtete, wurde es in Österreich von den besonders „umerziehungseifrigen" Massenmedien mit Stillschweigen übergangen...

Historiker wenden ein: Da es sich bei diesem Geheimplan nur um „Erwägungen" handelt, müssen sie nicht auf Stalins Anweisung beruhen und können daher auch nicht als Beweis für dessen Aggressionsabsicht gelten. Dem ist entgegenzuhalten, daß ein Einsatzdokument von solcher Wichtigkeit, verfaßt und abgezeichnet von den Spitzen der Roten Armee – und das noch dazu einige Wochen vor Kriegsbeginn –, nicht als einer jener durchaus üblichen, von jedem beliebigen Generalstab für Eventualfälle vorbereiteten Kriegspläne angesehen werden kann. Daß es nicht also als bloßes „Planspiel", wie es jeder Generalstab anfertigt, sondern sehr wohl auf Stalins Weisung und auf der Grundlage der von ihm erlassenen politischen und militärischen Konzeption erstellt worden sein muß. Denn, wie Danilov selbst argumentiert, es ist völlig ausgeschlossen, anzunehmen, der Generalstab und der Verteidigungsminister hätten es wagen können, Stalin „Erwägungen" für einen Krieg gegen Deutschland vorzulegen, ohne dazu von ihm aufgefordert worden zu sein. Ein auf eigene Initiative ausgearbeiteter Plan von solcher Wichtigkeit hätte den Verfassern als „Abweichung" von Stalins vorgesehener Linie ausgelegt werden können, mit allen sich daraus ergebenden fatalen Folgen für sie. Überdies läßt sich heute feststellen, daß die Stalin vorgelegten „Erwägungen" nicht nur mit dem Inhalt seiner am 5. Mai 1941 vor den Absolventen der Frunse-Akademie gehaltenen Reden völlig übereinstimmen, sondern auch mit allen im vorangegangenen dargelegten Indizien, Kennzeichen und Beweisen für einen Offensivplan.

Den Schlußpunkt bildet das vom wissenschaftlichen Direktor des „Militärgeschichtlichen Forschungsamtes der Bundeswehr", Dr. Joachim Hoffmann, 1995 im „Verlag für Wehrwissenschaft" (München) verfaßte Werk „Stalins Vernichtungskrieg". Darin heißt es: „Die Geschichtslegende von dem ‚heimtückischen, faschistischen Überfall auf die nichtsahnende, friedliebende Sowjetunion‘ ist nachweislich unwahr und hat heute keinen Bestand mehr...

Wer daher heute noch den ‚Überfall' auf die Sowjetunion als gesicherte historische Wahrheit darstellt, ist nicht ernst zu nehmen."

Zum Abschluß dieses Kapitels eine Überlegung Hoffmanns: „Es mag im übrigen der Phantasie überlassen bleiben, sich auszumalen, was aus Deutschland und anderen europäischen Ländern geworden wäre, wenn Hitler am 22. Juni 1941 nicht das Signal zum Angriff gegeben und stattdessen umgekehrt Stalin den von ihm geplanten Vernichtungskrieg hätte führen können."

6. KAPITEL

Antisemitismus

Neben der Revision von Versailles und dem Antibolschewismus in Hitlers Politik war der Antisemitismus sein drittes Hauptmotiv.

Der Antisemitismus ist uralt. Er begann bereits in der Antike, als sich größere jüdische Gemeinden in der Diaspora (Zerstreuung) im Orient, in griechischen Städten und in Rom bildeten und sich von vornherein durch die Verschiedenartigkeit ihrer Religion – den Glauben an die „Auserwähltheit" des jüdischen Volkes –, die ihnen eigenen Gebräuche und Sitten sowie durch ihr ganzes Gehabe, kurz: durch ihren Nonkonformismus in jeglicher Hinsicht von der übrigen Bevölkerung unterschieden und absonderten, was offenbar zu Mißtrauen, Abneigung und auch Haß führte. „Von Abraham bis Einstein blieb der Nonkonformismus unser markantester Zug. Wenn das jüdische Volk überlebt hat, dann nur, weil es nonkonformistisch war und die Vorstellungen der Mehrheit ablehnte", schreibt der langjährige Präsident des Jüdischen Weltkongresses und der zionistischen Weltorganisation, Nahum Goldmann, in seinem Buch „Das jüdische Paradox".

So kam es bereits im 1. Jhdt. n. Chr. im Römischen Reich zu Judenverfolgungen und Austreibungen großen Stils. Diese Tragödie hat im Lauf der Geschichte niemals aufgehört.

Seine erste Erfahrung mit dem Antisemitismus machte Hitler in seiner Wiener Zeit bis 1913, bevor er, 24 Jahre alt, Österreich verließ und nach München zog. Leitbilder des Antisemitismus waren für ihn der überaus populäre Wiener Bürgermeister Dr. Karl Lueger, Vorsitzender der Christlichsozialen Partei, und der deutschnationale Politiker Georg Ritter von Schönerer. Ihr gemeinsames Ziel war das Zurückdrängen (bis zum Ausschalten) der Juden und ihres Einflusses aus dem politischen, wirtschaftlichen, wissenschaftlichen und kulturellen Leben, welcher so groß und überproportional war, daß der Volksmund Wien damals „Neu-Jerusalem" nannte. Sowohl für die Christlichsoziale Partei Luegers als auch für die deutschnationale Bewegung Schönerers waren die Juden das gemeinsame Feindbild und der Antisemitismus das einigende Band ihrer aus den verschiedensten sozialen Schichten stammenden Parteigänger und Anhänger.

Luegers Antisemitismus war durch die Religion begründet und definiert. Er beruhte auf der jahrhundertealten katholischen Judenfeindlichkeit gegenüber

141

dem Volk der „Gottesmörder". Lueger im Reichsrat über die „Judenknechte":
„…Diejenigen Christen aber, die mit den Juden gemeinsame Sache machen…
sündigen gegen ihr Volk, ihren Glauben und verdienen nach meiner Meinung
die größte Verachtung." Oder: Die katholische Kirche müsse „Schutz und
Schirm gegen die jüdische Unterdrückung sein", das christliche Volk „von den
schmachvollen Fesseln der Judenknechtschaft befreien" (Zitate nach Hamann).
Schönerers Antisemitismus hingegen beruhte auf der Rasse bzw. wurde durch
sie definiert. „Ob Jud', ob Christ ist einerlei, in der Rasse liegt die Schweine-
rei." Mit diesem Schlagwort forderte er, die einheimischen Juden – auch die
getauften, die Lueger als Christen voll akzeptierte – unter Sondergesetzgebung
zu stellen.

Obwohl Hitler als intensiver und wißbegieriger Beobachter der politischen Szene diesen prononcierten – bei Schönerer radikalen – Antisemitismus in Wien
kennenlernte und zweifellos in sich aufnahm, ist dennoch keine einzige antisemitische Äußerung des jungen Adolf aus seiner Wiener Zeit überliefert, wie
Brigitte Hamann in ihrem 1996 erschienenen Buch „Hitlers Wien" feststellt.
Ebenso erstaunlich ist, daß Hitlers einzige Freunde im Wiener Männerheim, in
dem er die letzten Jahre wohnte, jene wenigen Juden waren, die ebenfalls dort
wohnten, wie Hamann aufgrund von ihr erstmalig präsentierten, neuen
Quellen und Dokumenten nachweist.

Seine Bilder, die er im Männerheim anfertigte, meist Wiener Motive, gemalt
im Stil Rudolf Alts, und Architekturzeichnungen, verkaufte Hitler fast ausschließlich an jüdische Kunsthändler: Morgenstern, Landsberger und Alten-
berg. Mit Morgenstern verband ihn sogar ein sehr enger persönlicher Kontakt.
(Soweit erhalten, befinden sich seine Bilder und Zeichnungen größtenteils in
englischem Privatbesitz.) All das, was in Hamanns Buch zweifelsfrei belegt
wird, deutet darauf hin, daß Hitlers radikaler Antisemitismus nicht aus seiner
Linzer und dann Wiener Zeit stammt, sondern sich erst später entwickelt haben
muß.

Auch durch Darwins Lehre vom „Kampf ums Dasein" erhielt Hitlers Antisemitismus aktivierende Impulse. Hier trifft er sich mit Marx, wenn auch auf verschiedenen ideologischen Ebenen. Beide waren von Darwin fasziniert. War
jedoch der Darwinismus bei Marx sozial begründet, war er bei Hitler Sache der
Biologie. Wie dem auch sei: Für Marx stellte die kapitalistische Bourgeoisie
das Feindbild dar, für Hitler die Juden. Bei beiden sind sie jeweils die „Schul-
digen" an allem Übel und Unheil in der Welt. Dort Klassenhaß, hier Rassen-
haß – beides mit den grauenhaftesten Konsequenzen, wie die Geschichte unseres „fortschrittlichen" Jahrhunderts beweist. Dort Klassenmord, hier Rassenmord. Ebenso wie Marxens kompromißlose Klassenideologie, weist auch Hitlers kompromißlose Rassenideologie messianische, pseudoreligiöse Merkmale auf. Bei Marx „Weltbefreiung", „Welterlösung" vom Joch des Kapitalismus
und ewiger Frieden, bei Hitler hingegen „Weltverwüstung" als Folge eines
jüdisch-marxistischen Sieges. So, als hätte er die künftige Möglichkeit apoka-

lyptischer Weltverwüstung durch einen Atombombenkrieg visionär vor Augen gehabt, schrieb Hitler bereits im ersten Band von „Mein Kampf": „Siegt der Jude mit Hilfe seines marxistischen Glaubensbekenntnisses über die Völker dieser Welt, dann wird seine Krone der Totentanz der Menschheit sein; dann wird dieser Planet wieder wie einst vor Jahrmillionen menschenleer durch den Äther ziehen. Die ewige Natur rächt unerbittlich die Übertretung ihrer Gesetze. So glaube ich, heute im Sinne des allmächtigen Schöpfers zu handeln: Indem ich mich der Juden erwehre, kämpfe ich für das Werk des Herrn."

Als Kuriosum am Rande ist anzumerken, daß der Jude Karl Marx insofern selbst Antisemit war, als er in seiner weitgehend unbekannten Schrift „Eine Welt ohne Juden" dem Juden als Prototyp des Kapitalisten alle nur erdenklich schlechten Eigenschaften zuschreibt, wie Wucher, Ausbeutung oder Anbetung des Geldes, und gleichzeitig das Proletariat mit allen nur erdenklichen guten Eigenschaften versieht.

Wie durch Darwins Lehre, erhielt Hitlers Antisemitismus auch durch das pseudowissenschaftliche Werk des Schwiegersohnes von Richard Wagner, des Engländers Houston Stewart Chamberlain (1855–1927) – „Die Grundlagen des 19. Jahrhunderts" – weitere bestimmende Anregungen. Darin hat Chamberlain in geistiger Nachfolge des französischen Grafen Arthur de Gobineau (1816–1882), welcher die Arier als die Eliterasse bezeichnete, der die Beherrschung aller übrigen Rassen zukomme, ebenfalls den „arischen" Geist als allen anderen überlegen sowie kulturschaffend und -tragend verherrlicht.

Auch der bedeutende deutsche Historiker Heinrich von Treitschke (1834–1896) beeinflußte Hitlers Antisemitismus zweifellos. In seinen „Preußischen Jahrbüchern" erschienen 1879 Aufsätze, in denen er im Antisemitismus „Ausbrüche eines tiefen, lang verhaltenen Zorns", der nicht „hohl und grundlos" sei, sondern eine „natürliche Reaktion des germanischen Volksgefühls gegen ein fremdes Element" erblickt. Und in einem anderen Aufsatz schreibt Treitschke: „Bis in die Kreise der höchsten Bildung hinauf, unter Männern, die jeden Gedanken an kirchliche Unduldsamkeit oder nationalen Hochmut von sich weisen würden, ertönt es heute wie aus einem Mund: „Die Juden sind unser Unglück."

Aber all diese Erfahrungen, Impulse und Einflüsse waren für Hitlers radikalen Antisemitismus noch nicht das Ausschlaggebende, das Entscheidende. Dies war vielmehr seine unmittelbare Nach-Weltkriegserfahrung mit den deutschen Kommunisten und den russischen Bolschewiken. Da in beiden Fällen Juden zum überwiegenden Teil die führenden revolutionären Kräfte repräsentierten, verknüpfte Hitler Antikommunismus mit Antisemitismus. Ja, mehr noch: Antibolschewismus, Antikommunismus, Antimarxismus und Antisemitismus bildeten für ihn eine Einheit. Hitler sprach daher prinzipiell vom „jüdischen Marxismus" und vom „jüdischen Bolschewismus". Sein Antisemitismus hat sich sozusagen auf den Bolschewismus als neues historisches Beweismaterial gestützt, wobei seiner Meinung nach dessen Weltherrschaftsanspruch dem Weltherrschaftsstreben der Juden entsprach. Der Bolschewismus galt ihm als

Ausgeburt der „jüdischen Weltverschwörung", ihres Verlangens, die Welt zu beherrschen. Waren also nach Hitlers Überzeugung die Juden die Urheber des Bolschewismus und bedeutete er für ihn die größte Bedrohung der Welt, so vollzog Hitler daraus den Übergang von der kommunistischen zur jüdischen Weltbedrohung. „Wenn man das herausläßt – die Tatsache der russischen Revolution und die Bedrohung, die sie darstellte –, wenn man das herausläßt, dann macht man Hitler unverstehbar", schreibt Ernst Nolte in „Der europäische Bürgerkrieg 1917–1945".

Hitlers enge Verknüpfung von Bolschewismus und Antisemitismus ist in der Literatur vielfach belegt. Ebenso daß das russische Judentum sowohl in der Revolution von 1917 als auch beim Aufbau des Sozialismus eine dominierende Rolle gespielt hat. Dies wird u.a. vom katholischen Professor für Philosophie und Kirchengeschichte Denis Fahr in seiner Schrift „Die Beherrschung Rußlands" nachgewiesen. Demnach waren von den zehn Männern, die unter dem Vorsitz Lenins im Oktober 1917 den Beschluß faßten, die Revolution auszulösen, sechs Juden. 1918 bis 1919 befanden sich unter 556 führenden Funktionären des bolschewistischen Staates 457 Juden. Das damalige Zentralkomitee der Kommunistischen Partei bestand aus zwölf Mitgliedern, darunter neun Juden. Im Rat der Volkskommissare gab es fünf Nichtjuden, aber 17 Juden. Das gleiche wird in einer am 24. Mai 1990 von der „Allgemeinen Jüdischen Wochenzeitung" (herausgegeben vom Zentralrat der Juden) auszugsweise veröffentlichten Arbeit des jüdischen Historikers Arno Lustiger (ein Cousin des französischen Kardinals) bestätigt. Darin heißt es u.a.: „...Nicht zu Unrecht identifizierte man den Bolschewismus mit den Juden. Drei von fünf Mitgliedern des ‚Komitees zur revolutionären Verteidigung Petrograds' waren Juden... Von acht Mitgliedern des ‚Revolutionären Kriegsrates der Republik' waren fünf Juden... Das erste Staatsoberhaupt der Sowjetunion war der Jude Swerdlow."

In diesem Zusammenhang schreibt Ernst Nolte in „Der europäische Bürgerkrieg 1917–1945": „Es ist in der Tat zweifelhaft, ob das bolschewistische Regime ohne die Trotzki und Sinowjew, Swerdlow und Kamenew, Sokolnikow und Uritzki den Bürgerkrieg überstanden hätte." Alle waren Juden und hießen in Wirklichkeit ganz anders. So etwa Trotzki (Bronstein), Sinowjew (Apfelbaum), Kamenew (Rosenfeld), Swerdlow (Auerbach) etc. Aus dieser Tatsache, daß so viele der eben noch im Zarenreich diskriminierten Juden nun plötzlich in den obersten und mittleren Führungspositionen auftauchten, wurde schon vor Hitler im In- und Ausland der Schluß gezogen, daß die russische Revolution eine Revolution der Juden gewesen sei. Immerhin schrieb kein Geringerer als Winston Churchill in einem seiner frühen Aufsätze in der „Illustrated Sunday Herald" vom 8. Februar 1920 unter dem Titel „Intervention und Konterrevolution im russischen Bürgerkrieg; November 1918 bis März 1920" folgendes: „Diese Bewegung unter den Juden ist nicht neu. Seit den Tagen von Spartakus Weishaupt bis zu jenen von Karl Marx und bis hinunter zu Trotzki (Rußland), Béla Kun (Ungarn), Rosa Luxemburg (Deutschland) und Emma Goldmann (Verei-

144

nigte Staaten) ist diese weltweite Verschwörung zum Sturz der Zivilisation und zur Neugestaltung der Gesellschaft aufgrund aufgehaltener Entwicklung, neidischer Mißgunst und unmöglicher Gleichheit im Wachsen begriffen... Diese Bewegung war die Triebfeder hinter jeder subversiven Bewegung des 19. Jahrhunderts, und jetzt hat diese Bande von außerordentlichen Persönlichkeiten aus der Unterwelt der großen Städte Europas und Amerikas das russische Volk am Kragen gepackt und ist praktisch der unangefochtene Herr eines gewaltigen Reiches geworden." Möglicherweise schrieb Churchill diese Worte unter dem Eindruck der damals weitverbreiteten und vielgelesenen „Protokolle der Weisen von Zion", die eine jüdische Weltverschwörung „beweisen" sollten.

Im Jahre 1924 verfaßte eine Gruppe jüdischer Intellektueller, Publizisten und Juristen in der Emigration einen Aufsatzband unter dem Titel „Rußland und die Juden". Im Beitrag von Josef Bikermann heißt es u.a.: „Der russische Mensch hat jetzt einen Juden sowohl als Richter als auch als Henker vor sich, er trifft mit jedem Schritt auf den Juden... Es ist nicht verwunderlich, daß der Russe, wenn er die Vergangenheit mit heute vergleicht, zu dem Schluß kommt, daß die gegenwärtige Macht jüdisch und gerade deshalb so bestialisch ist." – Bikermanns Protest richtete sich gegen die jüdische intellektuelle Elite in Rußland und vor allem im Ausland, der er vorwarf, statt sich von den Bolschewiki zu distanzieren, statt gegen die Teilnahme der Juden am grausamen Terrorregime zu protestieren und zum Kampf aufzurufen, würden auf der ganzen Welt die Erfolge des Judentums in Rußland bejubelt. Das alles würde für die Juden furchtbare Folgen haben, „die mit den Opfern der Pogrome unvergleichlich sein werden", warnt Bikermann.

Dieselbe Gruppe jüdischer Intellektueller verfaßte damals einen Aufruf „An die Juden in aller Welt", in dem es heißt: „Die übertrieben eifrige Teilnahme der jüdischen Bolschewiki an der Unterjochung und Zerstörung Rußlands ist eine Sünde, die die Vergeltung schon in sich trägt. Denn welch größeres Unglück könnte einem Volk widerfahren als das, die eigenen Söhne ausschweifend zu sehen. Man wird uns dies nicht nur als Schuld anrechnen, sondern auch als Ausdruck unserer Kraft, als Streben nach jüdischer Hegemonie vorhalten. Die Sowjetmacht wird mit jüdischer Macht gleichgesetzt, und der grimmige Haß auf die Bolschewiki wird sich in Judenhaß verwandeln. Noch nie zuvor haben sich solche Gewitterwolken über dem Haupt des jüdischen Volkes zusammengeballt."

Weshalb waren gerade die Juden in Rußland so überproportional an der Revolution beteiligt? Um dies zu beantworten, muß man bedenken, daß die fünf bis sechs Millionen Juden im zaristischen Rußland – zum Unterschied von den europäischen – bis zur Februarrevolution 1917 praktisch rechtlos waren; sozial unterdrückt, politisch und ökonomisch diskriminiert und gezwungen, in ihren Siedlungsgebieten zu bleiben, wo sie praktisch in einem riesigen Ghetto lebten, überwiegend als eine ärmliche Handwerker- und Intellektuellenschicht. Es ist aufschlußreich, zu hören, was die langjährige Führerpersönlichkeit des

Weltjudentums, Nahum Goldmann, selbst ein gebürtiger Ostjude (aus Litauen), zum Ghettoleben der Ostjuden in seinem Buch „Das jüdische Paradox" zu sagen hat. Er weist darauf hin, daß das Ghetto, historisch gesehen, eine jüdische Erfindung ist, und schreibt dann: „Es ist falsch, zu behaupten, daß die Gojim (Christen, R. C.) die Juden gezwungen haben, sich von der übrigen Gesellschaft zu trennen. Als die Christen die Ghettos bestätigten, lebten die Juden schon darin." Und an anderer Stelle: „...Sie haben eine Mauer nach der anderen errichtet, um ihre Existenz ‚nach außen' abzusichern, und sie haben ihre Ghettos selbst erbaut; ihr Schtetl in Osteuropa."

Kurz vor der ersten russischen Revolution fanden in der Geschichte der russischen Juden die schlimmsten Pogrome statt, wie etwa in Kischinev, Odessa und Mogilev, bei denen Tausende von Juden gefoltert, erschlagen, ermordet wurden, was mit zur Radikalisierung vor allem der jungen jüdischen Generation führte. So lebten die russischen Juden im permanenten Spannungsfeld von Pogromen, zionistischer Verheißung und sozialistischem Messianismus. Ihre einzige Hoffnung lag in der sozialen Revolution, von der sie erwarteten, daß sie auch alle jüdischen Probleme lösen würde.

Am 22. März 1917 verabschiedete die provisorische Regierung einen Erlaß, der allen Bürgern des Reiches gleiche Rechte garantierte und die Siedlungsgebiete abschaffte. Die Folge war, daß sehr viele Juden, vornehmlich aus der armen Intellektuellenschicht, diese Gebiete verließen und in die russischen Großstädte, nach Moskau und Petrograd, gingen, wo sie sich der revolutionären Bewegung anschlossen und sozusagen eine Explosivkraft darstellten, die auf ihre Stunde wartete.

In jüngster Zeit wurde der gesamte Fragenkomplex nach der Rolle des russischen Judentums in der Revolution und beim Aufbau des Sozialismus auf besonders mutige und unverblümte Art und Weise von der russischen Jüdin Sonja Margolina, die im Jahre 1991 in Klagenfurt den Landespreis für internationale Publizistik erhielt, in ihrem Buch „Das Ende der Lügen" behandelt – mit der Widmung: „Meinem Vater, der Kommunist und Jude war." Darin bezeichnet die Autorin die russischen Juden als die „Elite der Revolution". Der Grund hierfür läge vor allem darin, daß ein Großteil der Juden eine bessere Ausbildung hatte, intelligenter und fleißiger war als die überwiegende Masse der übrigen Russen. Es sei daher nicht verwunderlich, daß es Juden waren, die in die von der alten zaristischen Bürokratie geräumten und nun neu installierten Institutionen vordrangen.

„Wenn für das Zarenregime der Offizier, der adelige Beamte oder Kanzleivorsteher in Uniform typisch waren, so wurde der nicht selten gebrochen russisch sprechende jüdische Kommissar mit Lederjacke und Mauserpistole typisch für das Erscheinungsbild der revolutionären Macht", schreibt Margolina. Und was die revolutionäre Macht und Tätigkeit anbelangte, so waren nach ihrer Meinung „die jüdischen Radikalen noch radikaler als die Einheimischen", und sie fährt an anderer Stelle fort: „Jedenfalls kam es in den ersten Jahren zum Aus-

146

bruch des destruktiven, kriminellen und pathologischen Potentials, das sich bei den Juden aufgestaut hatte." In diesem Zusammenhang weist sie insbesonders auf die aktive Arbeit und Mitwirkung der Juden in den Organen der Strafjustiz und des russischen Geheimdienstes hin – in der Tscheka, in der GPU und dann im NKWD bzw. KGB, die bekanntlich für den ungeheuerlichsten Völkermord in der Geschichte verantwortlich waren, in dessen Verlauf keineswegs nur nach Aussage Solschenizyns, sondern auch vieler anderer namhafter Historiker und Autoren zwischen 50 und 60 Millionen Menschen direkt umgebracht wurden oder in der GULag-Haft umkamen.

Auch bei der Kollektivierung in der Ukraine zwischen 1929 und 1933, bei der rund sieben Millionen Bauern, sogenannte „Kulaken", ums Leben kamen und weitere sechs Millionen in weit entlegene Gebiete deportiert wurden – wie Robert Conquest, ein hervorragender Kenner der Stalin-Epoche, in seiner 1987 erschienenen Dokumentation „Harvest of sorrow" (deutsch: „Ernte des Todes") eindeutig nachweist –, waren Juden beteiligt, wie Margolina berichtet. In der Ukraine hat der Jude Lasar Kaganowitsch, ein enger Vertrauter Stalins, mit eiserner Faust und unfaßbarer Brutalität die Kollektivierung der Landwirtschaft durchgeführt. Damals war der Vorsitzende des Volkskommissariats für Landwirtschaft, ein gewisser Jakovlev Epstein, ebenfalls Jude. Zu alldem stellt Margolina fest: „Wie dem auch sei: Die Schrecken von Revolution und Bürgerkrieg wie die späteren Repressionen sind fest mit der Gestalt des jüdischen Kommissars verbunden."

Gegen Ende ihres Buches faßt die Autorin zusammen: „Die jüdische Geschichte wurde nicht vor zweitausend Jahren unterbrochen, sie ging weiter. Und natürlich war die Geschichte, wie bei anderen Völkern auch, nicht nur eine der Frommen, sondern auch eine der Schamlosen, nicht nur eine von Schutzlosen und in den Mord Getriebenen, sondern auch eine von Bewaffneten und den Tod Bringenden, nicht nur eine der Verfolgten, sondern auch eine der Verfolgenden. Es gibt darin Seiten, die man nicht aufschlägt, ohne zu erbeben. Und es sind diese Seiten, die systematisch und gezielt aus dem Bewußtsein der Juden verdrängt worden sind." Und dann ihre eindringliche Warnung: „Der Sieg des Sowjetregimes hatte sie (die Juden) zeitweilig gerettet, die Vergeltung stand ihnen noch bevor." – Auf den Vorwurf, sie würde mit ihren Thesen zur Rolle der Juden während der bolschewistischen Revolution rechtsradikalen Apologeten und allen Antisemiten Argumente liefern, antwortete Margolina: „Ich schreibe nicht für Idioten."

Auch das von Jewgenija Albaz – ebenfalls einer jüdischen Publizistin aus Rußland – 1992 auf Deutsch erschienene Buch „Geheimimperium KGB" ist ein weiteres bemerkenswertes Dokument für die enge Verknüpfung von Bolschewismus und Judentum. Wie die Autorin darlegt, hatte der sowjetische Geheimdienst wesentlichen Anteil am „Genozid" (Völkermord), der ihr zufolge innerhalb von siebzig Jahren Sowjetmacht 66 Millionen Menschenleben forderte. „Als Jüdin interessiert mich", schreibt Albaz, „warum gab es unter den gefürchteten Untersuchungsführern des NKWD (Stalins Terror-Geheimdienst) so viele Juden? Eine Frage, die mich sehr bewegt. Ich habe viel über sie nachgedacht, qualvoll nachgedacht."

Zum einen, so versucht die Autorin zu erklären, sei der bolschewistische Umsturz vom Oktober 1917 für die Juden Rußlands ein „Akt der Befreiung" von der antisemitischen Pogromgefahr im Zarenreich gewesen. Deshalb „unterstützten die Juden die Revolution" und „gingen sie mit großem Eifer ans Werk". Zum anderen setze jede Revolution „Kräfte frei" und bringe „auch Abschaum an die Oberfläche".

Wie für Margolina, so barg auch für Albaz die überproportionale jüdische Beteiligung am bolschewistischen Terror große Gefahren in sich: „Die Abrechnung kam dann früher, als sie geglaubt hatten; sie war vorprogrammiert."

Obzwar die enge Verknüpfung von Bolschewismus und Judentum eine unbestreitbare historische Tatsache ist, die, wie im vorangegangenen gezeigt wurde, auch von russisch-jüdischer Seite bestätigt und belegt wird, kann dies nicht zu einer Rechtfertigung, Verharmlosung oder gar Entschuldigung für Hitlers antisemitische Politik ins Treffen geführt werden. Denn diese war unmenschlich, was von vornherein – und völlig unabhängig von der Anzahl der Opfer – mit allem Nachdruck festgehalten werden muß. Darüber kann es keinen Zweifel geben.

In der NS-Judenpolitik sind zwei Phasen zu unterscheiden. Die erste reichte von 1933 bis 1941/42: die Phase der Diskriminierung. Sie zielte in erster Linie darauf ab, den Einfluß der Juden im staatlichen, wirtschaftlichen und kulturellen Leben zurückzudrängen beziehungsweise auszuschalten und gleichzeitig die Auswanderung der deutschen Juden zu forcieren (ab 1938/39 ebenso die der österreichischen und der Protektoratsjuden). Zu diesem Zweck wurde bereits im Frühsommer 1933 in Berlin die „Jüdische Auswanderungsstelle" gegründet, mit dem Auftrag, die Emigration zu ermöglichen oder zu erleichtern. Die zweite Phase war jene der Massenaustreibung und Massendeportation in die östlichen Konzentrationslager.

Die Phase der Diskriminierung

Schon im Programm der NSDAP hieß es in Artikel 4: „Staatsbürger kann nur sein, wer Volksgenosse ist. Volksgenosse kann nur sein, wer deutschen Blutes ist... Kein Jude kann daher Volksgenosse sein." Und in Artikel 5: „Wer nicht Staatsbürger ist, soll nur als Gast in Deutschland leben können und nur unter Fremdengesetzgebung stehen", was Schönerer schon vor dem Ersten Weltkrieg für Österreich gefordert hatte. Dies bedeutete den ersten Schritt zur Diskriminierung der deutschen Juden.

Bereits in den ersten Monaten nach der NS-Machtübernahme kam es zu blutigen Ausschreitungen gegen Juden, die von SA-Schlägertrupps willkürlich inszeniert, von den Behörden allerdings verurteilt und abgestellt wurden. Auch wurden von der SA sogenannte „wilde" Konzentrationslager für Juden einge-richtet, doch schon nach kürzester Zeit wurden diese von den Justizbehörden wieder geschlossen und die Juden entlassen, was auch von der Holocaust-literatur bestätigt wird. Als dann im darauffolgenden Jahr im Zusammenhang mit dem Röhm-Putsch die Macht der SA zerschlagen und ihre Führungsspitze größtenteils liquidiert wurde, schöpften die deutschen Juden Hoffnung auf einen Modus vivendi mit dem NS-Regime.

Nach der Machtübernahme durch Hitler kam es schon im März 1933 in den USA hauptsächlich von jüdischer Seite zu Boykottaufrufen und intensiver antideutscher Propaganda. Anfang April 1933 wurde in Deutschland zum Boy-kott jüdischer Geschäfte aufgerufen, wobei die treibenden Kräfte Dr. Josef Goeb-bels und Julius Streicher waren. Dieser Boykott wurde von der Bevölkerung aller-dings kaum befolgt; einfach weil sie in ihrem überwiegenden Teil nicht grundsätz-lich antisemitisch eingestellt war und überdies niemand das Geschäft oder Kauf-haus, in dem jemand einzukaufen gewohnt ist, gerne aufgibt.

Weit schwerwiegender als diese durch das Gesetz nicht gedeckten Willkürak-te bzw. Aufrufe waren die gesetzlichen Maßnahmen gegen Juden. Als erstes kam das sogenannte „Gesetz zur Wiederherstellung des Berufsbeamtentums" vom 7. April 1933. Es verbot den Juden die Ausübung bestimmter Berufe, wie z.B. Richter oder Staatsbeamte. Ausgenommen waren Beamte, die mindestens seit dem 1. August 1914 in Regierungsdiensten standen sowie Frontsoldaten aus dem Ersten Weltkrieg oder deren Angehörige. Die soziale Existenz der betroffenen Juden wurde durch dieses Gesetz jedoch nicht vernichtet, da es ihre Versetzung in den Ruhestand vorsah; bei vollen Pensionsbezügen. In anderen Berufen wurde ein Numerus clausus eingeführt, wie beispielsweise bei Rechts-anwälten, Notaren oder Ärzten.

Obwohl bis 1933 der Antisemitismus in Deutschland unvergleichlich schwächer zu spüren war als in den meisten Staaten Europas, vor allem Ost-europas, wurde dennoch dieses erste und vorläufige Ziel der NS-Judenpolitik – den als „überfremdend" beurteilten jüdischen Einfluß zurückzudrängen – von der Allgemeinheit gebilligt. Daß dieser Einfluß in fast allen Bereichen des öffentlichen, wirtschaftlichen und kulturellen Lebens überaus groß war, ist nicht zu leugnen. Insbesondere in Berlin, wo die Juden 34 % der Univer-sitätslehrer stellten, 42 % der Mediziner, 48 % der Rechtsanwälte, 56 % der Notare, 48 % der Eigentümer bei den Privatbanken und über 70 % bei den Warenhäusern.

Dazu schreibt, wohl als kompetenter Zeuge, Nahum Goldmann in seinem Buch „Mein Leben als deutscher Jude": „....Von der wirtschaftlichen Position her gesehen konnte sich keine jüdische Minderheit in anderen Ländern, ja nicht einmal die amerikanische, mit den deutschen Juden messen. Sie waren führend in den Großbanken, wofür es nirgends eine Parallele gab, und durch die Hoch-finanz waren sie auch in die Industrie eingedrungen. Ein erheblicher Teil des

Großhandels lag in ihren Händen, und selbst in Wirtschaftszweigen, die sich sonst kaum in jüdischem Besitz finden, wie Schiffahrt und Elektroindustrie, waren sie in Deutschland führend." Und über die Stellung der Juden im Geistesleben Deutschlands schreibt Goldmann weiter: „Auch ihre Stellung im Geistesleben war beinahe einzigartig. In der Literatur waren sie durch glänzende Namen vertreten. Das Theater lag zu einem erheblichen Teil in ihren Händen. Die Tagespresse, vor allem ihr international einflußreicher Sektor, war weitgehend in jüdischem Besitz oder wurde journalistisch von Juden geleitet..." – Obzwar all dies im Grunde genommen nicht gegen, sondern eher für die deutschen Juden spricht – für ihre außerordentlichen Fähigkeiten, ihre Tüchtigkeit, fachliche Ausbildung und ihren Fleiß –, rief es dennoch kaum Anerkennung oder gar Achtung hervor, sondern vielmehr Neid, Mißgunst, Abneigung und, wie schon gesagt, das Gefühl der „Überfremdung".

Diese antisemitischen Maßnahmen und Gesetze trafen die deutschen Juden nicht nur in ihrer Existenz als Jude an sich besonders hart, sondern auch weil sie weltweit zu den emanzipiertesten und assimiliertesten ihres Volkes gehörten, die sich daher in ihrer überwiegenden Mehrheit in erster Linie als Deutsche und dann erst als Juden fühlten und aufrichtige Patrioten waren. Dies geht unter anderem aus den 1995 erschienenen zweibändigen Tagebüchern „Ich will Zeugnis ablegen bis zum letzten" von Victor Klemperer besonders überzeugend hervor.

Das Selbstverständnis der deutschen Juden wird auch besonders ersichtlich aus einem vom 24. März 1933 datierten Schreiben des Vorsitzenden des „Reichsbundes jüdischer Frontsoldaten", Dr. Löwenstein, an die US-Botschaft in Berlin, in dem er gegen die damals in den USA als Folge der antijüdischen Maßnahmen des NS-Regimes von einflußreichen jüdischen Kreisen inszenierte Propaganda gegen Deutschland Stellung nimmt und gleichzeitig bittet, dies in den Vereinigten Staaten publik zu machen. In diesem Schreiben heißt es: „...Wir erhielten Kenntnis von der Propaganda, die in Ihrem Lande über die angeblichen Greueltaten gegen die Juden in Deutschland gemacht wird. Wir halten es für unsere Pflicht, nicht nur im vaterländischen Interesse, sondern auch im Interesse der Wahrheit zu diesen Vorgängen Stellung zu nehmen. Es sind Mißhandlungen und Ausschreitungen vorgekommen, die zu beschönigen gerade uns fernliegt. Wir legen Wert auf die Feststellung, daß die Behörden in allen uns bekannt gewordenen Fällen energisch gegen Ausschreitungen vorgegangen sind, wo immer die Möglichkeit des Eingreifens vorlag. Die Ausschreitungen wurden in allen Fällen von unverantwortlichen Elementen unternommen, die sich im Verborgenen hielten. Wir wissen, daß die Regierung und alle führenden Stellen die vorgefallenen Gewalthandlungen auf das schärfste mißbilligten. Es ist aber nach unserem Ermessen an der Zeit, von der unverantwortlichen Hetze abzurücken, die von sogenannten jüdischen Intellektuellen im Ausland gegen Deutschland unternommen wird... Ihre aus sicherem Versteck abgeschossenen Pfeile schaden wohl Deutschland und den deutschen

Juden, aber sie dienen den Schützen selbst gewiß nicht zur Ehre. Ihre Berichte strotzen von Übertreibungen... Wir würden es begrüßen, wenn unser Schreiben schon möglichst Montag in der amerikanischen Öffentlichkeit bekannt wäre."

In ähnlichem Sinne war im Organ des „Centralvereins deutscher Juden", in der „Central Verein Zeitung", vom 30. März 1933 zu lesen: „Wir 565.000 deutschen Juden legen feierliche Verwahrung ein. Eine zügellose Greuelpropaganda gegen Deutschland tobt in der Welt. Durch jedes Wort, das gegen unser Vaterland gesprochen und geschrieben wird, sind wir deutschen Juden genauso tief betroffen wie jeder andere Deutsche. Nicht aus Zwang, nicht aus Furcht, sondern weil gewisse ausländische Kreise die Ehre des deutschen Namens lästern, das Land unserer Väter und Land unserer Kinder schädigen, sind wir ohne Verzug dagegen aufgestanden. Vor dem Inland und dem Ausland haben wir die Lügenmeldungen über Deutschland und die neue Regierung gebrandmarkt. Gegen diese ungeheuren Beschuldigungen legen wir 565.000 deutschen Juden vor ganz Deutschland und vor der Welt feierliche Verwahrung ein."

Diese beiden bedeutenden jüdischen Organisationen verbaten sich also noch Ende März 1933 „zügellose Greuelpropaganda" und „unverantwortliche Hetze" gegenüber Deutschland, und der Vorsitzende des „Deutschen Rabbinerverbandes", Leo Baeck, erklärte, die Hauptprogrammpunkte der nationalen deutschen Revolution, nämlich die Überwindung des Bolschewismus und die Erneuerung Deutschlands, seien auch Ziele der deutschen Juden, die „mit keinem Land Europas so tief und so lebendig verwachsen seien wie mit Deutschland".

Diese Zitate wurden vor allem deshalb angeführt, da sie auf eindrucksvolle Weise bezeugen, mit welchem Patriotismus und Nationalgefühl die deutschen Juden ihrer Heimat verbunden waren. Sie legen aber auch Zeugnis darüber ab, daß es ohne Hitlers Rassenwahn vielleicht sogar möglich gewesen wäre, die deutschen Juden, trotz eines Zurückdrängens ihres überproportionalen Einflusses, dem Dritten Reich als loyale Bürger, gute Patrioten und Antikommunisten zu erhalten.

Es gibt Stimmen sehr prominenter Vertreter des Weltjudentums, die in der Integration und Assimilation der Juden, wie sie in Deutschland ganz besonders fortgeschritten waren, keinen Vorteil, sondern – im Gegenteil – einen Nachteil und zugleich eine große Schwierigkeit sahen. Nämlich die Schwierigkeit, ihren „Abseitscharakter" erhalten zu können, so zum Beispiel Nahum Goldmann. Denn dieser „Abseitscharakter" ist nach Goldmanns Meinung deshalb so überaus wichtig, da es ohne ihn „kein jüdisches Volk mehr geben würde", wie er in „Das jüdische Paradox" schreibt. War es doch seiner Meinung nach gerade dieser „Abseitscharakter", die „Andersartigkeit", der „Nonkonformismus", der das jüdische Volk seit über 2000 Jahren in der Diaspora lebendig erhalten hat. Für Theodor Herzl war – ebenso wie für Chaim Weizmann – der daraus resultierende Antisemitismus eine ganz natürliche Reaktion der „Wirtsvölker" auf diese unaufhebbare Andersartigkeit und die expansive, auf intellektueller Überlegenheit und geschäftlicher Tüchtigkeit beruhende Aktivität der Juden.

Streng zionistische Kreise in Deutschland sahen in der starken Assimilation der deutschen Juden jedoch viel mehr als bloß eine Schwierigkeit, die jüdische Identität und damit ihr Judentum zu erhalten. Sie erblickten darin einen Verrat am jüdischen Volk. Für Zionisten ist der „assimilierte Jude" ein Abtrünniger, sozusagen ein „verlorener Sohn". Dieser Gruppe zionistischer Wortführer erschien daher der Machtantritt des antisemitischen NS-Regimes zunächst keineswegs als eine Katastrophe, sondern vielmehr als die einmalige geschichtliche Chance, den Zionismus und dessen Ziele zu verwirklichen: Die Rückkehr zu einem jüdischen Staat in Palästina und das Erwecken eines jüdischen Nationalgefühls, was beides durch die Assimilation verlorengegangen bzw. unrealisierbar geworden war. In den ersten antisemitischen Maßnahmen des NS-Regimes sahen sie zugleich auch eine völlige Niederlage des westlich-aufgeklärten, liberalen und assimilierten Judentums, das ihrer Meinung nach, im Grunde genommen, nichts anderes will, als in den nichtjüdischen „Wirtsvölkern" völlig aufzugehen. Die Zionisten wollten das ausgeprägte deutsch-patriotische Nationalgefühl der Juden auf das Bekenntnis zu einem jüdischen Nationalgefühl umlenken, zu einem jüdischen Volk und einem künftigen jüdischen Staat im Lande ihrer Väter – Palästina.

An dieser Stelle ist es kurz angebracht, auf den Unterschied zwischen religiösem und politischem Zionismus hinzuweisen. Der politische Zionismus ist jene Bewegung, die den uralten religiösen Zionismus – die Zionssehnsucht der Juden des Mittelalters – in eine politische Ideologie umprägte, welche die Juden nicht mehr in erster Linie als Religionsgemeinschaft, sondern als ein Volk betrachtet, das aus seiner unnatürlichen Lage (da in der Zerstreuung, der „Diaspora", lebend) befreit werden müsse. Und zwar befreit nicht durch Angleichung an andere Völker oder gar Aufgehen in ihnen, sondern, ganz im Gegenteil, durch Trennung von ihnen – letztlich durch Gründung eines eigenen jüdischen Staates als Zufluchtsort für alle Juden, die sich nicht assimilieren wollen. Hierfür komme geschichtlich nur Palästina in Frage, weil dieses Territorium den Juden als dem „auserwählten Volk" von Gott verheißen wurde und daher ihre alte Heimstätte sei.

Den eigentlichen Anstoß zur Entstehung des politischen Zionismus gab Theodor Herzl (1860–1904) durch sein grundlegendes Werk „Der Judenstaat". Darin verlangt er von den Großmächten die Gewährung eines für das jüdische Volk zureichenden Territoriums, um eine, wie er schrieb, „öffentlich-rechtliche Heimstätte für jene zu schaffen, die sich nicht assimilieren wollen oder können". Herzl bezeichnet den Zionismus als „die Rückkehr zum Judentum vor der Rückkehr ins Judenland". Der Traum der Juden, „übers Jahr in Jerusalem", müsse verwirklicht werden.

In diesem Zusammenhang ist interessant, was der langjährige Präsident der zionistischen Weltorganisation, Nahum Goldmann, in seinem Werk „Das jüdische

Paradox" schreibt. Darin nennt er die Idee des politischen Zionismus „einzigartig" und „phantastisch", auch „irrsinnig" oder „grandios". So schreibt er beispielsweise: „Man stelle sich vor, was geschehen würde, wenn alle Völker der Welt die Gebiete zurückverlangten, die ihnen zweitausend Jahre zuvor gehört hatten. Können Sie sich das Chaos vorstellen? Nun gibt es ein Volk, das die Kühnheit hatte, es zu tun, und die Welt hat es anerkannt." (Die Gründung des Staates Israel, R. C.). An anderer Stelle schreibt Goldmann: „Es sind die großen Utopien, die Geschichte machen, und nicht die Realitäten. Die zionistische Idee z.B. ist völlig irrational: Daß ein Volk nach zweitausendjähriger Abwesenheit in seine alte Heimat zurückkehren will, geht gegen jede Vernunft."

Tatsächlich bestand für die Zionisten die Hoffnung, mit Hilfe und unter dem Druck des Hitlerschen Antisemitismus ihrer Idee den Sieg zu erfechten, der im human-demokratischen Klima der Weimarer Republik nicht zu erringen gewesen war. Der jüdische Autor J. C. Burg (in Wirklichkeit Ginsburg), der wie kaum ein anderer Jude in seinen Büchern für eine deutsch-jüdische Verständigung auf der für ihn einzig möglichen Grundlage der historischen Wahrheit mutig eintrat (was ihm auch von jüdischer Seite erhebliche Kritik einbrachte), schlägt in seinem Werk „Schuld und Schicksal" in dieselbe Kerbe. „Zionismus ist nicht nur geistig verwandt mit dem Antisemitismus, er kann ohne ihn überhaupt nicht leben. Das Furchtbare ist, daß gerade die Zionisten allergrößtes Interesse am Antisemitismus haben. Je mehr Unrecht die Juden in der Welt erleben müssen, je mehr sie verfolgt werden, desto besser stehen die Chancen der Zionisten."

Diese zionistischen Wünsche und Intentionen wurden auf Initiative des SS-Untersturmführers Leopold Freiherr von Mildenstein aufgegriffen, durchdacht, programmatisch zusammengefaßt und von der Führung des Sicherheitsdienstes (SD) gutgeheißen. Mildenstein wurde von Himmler 1933 mit der Errichtung und Führung eines Judenreferates (Amtsbezeichnung II.112) im SD-Hauptamt beauftragt; er eröffnete damit eine Ära SS-eigener Judenpolitik, die auftragsgemäß die Auswanderung der Juden forcieren sollte und dabei eine „prozionistische Haltung einzunehmen oder vorzugeben" hatte, wie aus den Vernehmungsprotokollen Adolf Eichmanns hervorgeht, welcher Nachfolger Mildensteins wurde. Der eigentliche Grund dieser prozionistischen Haltung war nicht etwa plötzliche Judensympathie, sondern, im Gegenteil, die Masse der deutschen Assimilationsjuden durch antisemitische Maßnahmen wieder zu „bewußten" Juden zu machen; statt der Assimilation die „Dissimilation" zu fördern und so in möglichst vielen Juden das Verlangen und den Drang zur Auswanderung zu wecken – vor allem nach Palästina. Und das deckte sich mit den Wünschen und Vorstellungen der Zionisten. Es war eine „für beide Teile tragbare Lösung", wie Hannah Arendt in ihrem Buch über den Eichmann-Prozeß schreibt.

Über diese weitgehend unbekannte, weil von der etablierten Zeitgeschichtsliteratur verschwiegene, aber selbst von jüdischer Seite zweifelsfrei belegte

Zusammenarbeit zwischen SS (bzw. SD) und zionistischen Wortführern und Gruppen, welche von 1933 bis unmittelbar vor Kriegsende andauerte, wird an späterer Stelle noch ausführlich zu sprechen sein.

Nun wieder zurück zu den weiteren antisemitischen Maßnahmen, mit denen die Juden diskriminiert und zur Auswanderung forciert wurden. Den nächsten Vorstoß in diese Richtung bilden die Nürnberger Rassengesetze vom 15. September 1935. Sie liefen letzten Endes auf eine scharfe Trennung zweier Völker hinaus. Das war ihr eigentliches Ziel – ein Ziel, das zugleich auch den Absichten der Zionisten entsprach, denn es sollte damit der Prozeß der Assimilierung abgebrochen bzw. rückgängig gemacht werden, was sich mit den Wünschen der Zionisten deckte. Durch diese Gesetze wurden die Juden von den „vollen politischen Rechten" ausgeschlossen. Sie konnten nicht mehr Reichsbürger sein, sondern nur mehr „Staatsangehörige". Weiters wurde durch das „Gesetz zum Schutze deutschen Blutes und deutscher Ehre" die Eheschließung zwischen Juden und Deutschen verboten, ebenso der außereheliche Verkehr.

Bei der Beurteilung dieser „Nürnberger Rassengesetze" ist nicht uninteressant, was die international bekannte und angesehene jüdische Historikerin Hannah Arendt in ihrem Buch über den Eichmann-Prozeß, dem sie als Beobachterin und Korrespondentin der US-Zeitschrift „The New Yorker" in sämtlichen Sitzungen beiwohnte, schreibt: „...Die Unbekümmertheit, mit der der Ankläger die berüchtigten Nürnberger Rassengesetze von 1935 anprangerte, in denen Eheschließung und Geschlechtsverkehr zwischen Deutschen und Juden verboten wurde, verschlug einem einigermaßen den Atem." Und zwar deshalb, weil in Israel der Personalstatus jüdischer Bürger bis zum Jahre 1953 – also bis sieben Jahre vor dem Eichmann-Prozeß – durch rabbinisches Gesetz bestimmt wurde, wonach kein Jude einen Nichtjuden heiraten darf. Erst 1953 wurde ein Teil der Rechtsprechung über familienrechtliche Angelegenheiten an die weltlichen Gerichte abgegeben. Das änderte aber nicht viel an der geistigen Grundeinstellung, bemerkt Hannah Arendt und schreibt: „Die israelischen Bürger, ob religiös oder nicht, scheinen sich darüber einig zu sein, daß es erstrebenswert ist, ein Gesetz beizubehalten, das die Eheschließung mit Nichtjuden verbietet." Da auch heute noch zahlreiche Gesetze zwischen Juden und Nichtjuden unterscheiden, ist die Behauptung vieler, Israel sei jetzt der rassistischeste Staat auf der Welt, wohl nicht ganz unbegründet.

Nach den Nürnberger Rassengesetzen kamen einige relativ ruhige Jahre für die deutschen Juden, in denen die Auswanderung gefördert wurde und die große Anzahl der Zurückgebliebenen ein Gemeindeleben von erstaunlicher Mannigfaltigkeit und Vielfalt zu entfalten vermochte. In der Wirtschaft schienen die jüdischen Positionen kaum angetastet – „und wer darauf achtete, daß unter wirtschaftspolitischen Gesetzen nicht selten neben der Unterschrift Adolf Hitlers mehrere Unterschriften jüdischer Bankiers standen, der brauchte nicht einmal ein Ökonomist zu sein, um zu glauben, daß die realen Wirtschaftsmächte

154

sich gegen die bloße Ideologie der Partei leicht behaupten würden", wie Ernst Nolte in „Der europäische Bürgerkrieg 1917–1945" schreibt.

Was das jüdische Leben in jener Zeit anbelangt, so ist neben der ungestörten Tätigkeit jüdischer Organisationen und Vereine, wie etwa dem „Reichsbund jüdischer Frontsoldaten", dem „Centralverein deutscher Juden", dem „Verband nationaldeutscher Juden" oder dem „Deutschen Rabbinerverband", die alle bis knapp vor Kriegsausbruch und zum Teil noch darüber hinaus ihre Tätigkeit ausüben konnten und ihre eigenen Zeitungen und Mitteilungsblätter hatten, der „Jüdische Kulturbund" besonders bemerkenswert. Da er eines der unbekanntesten Kapitel der deutschen Juden im Dritten Reich darstellt, soll im folgenden auf ihn etwas näher eingegangen werden.

Der „Jüdische Kulturbund" wurde 1933 gegründet und bestand bis zum 11. September 1941, also noch volle zwei Jahre während des Krieges und wenige Monate vor dem Beginn der Massendeportationen nach dem Osten. Über seinen Wirkungsbereich, seine Mitglieder und seine Arbeit berichten die beiden jüdischen Autoren Eike Geisel und Henryk M. Broder in ihrer 1992 erschienenen, reichlich illustrierten Dokumentation unter dem Titel „Premiere und Pogrom". Darin finden sich auch zahlreiche aus der Erinnerung verfaßte Beiträge von einst mitwirkenden Künstlern. Der bekannte jüdische Religionsphilosoph und Gelehrte Martin Buber gehörte bis zu seiner Emigration nach Palästina dem Ehrenpräsidium an. Gründer und Leiter des auf völliger Selbstverwaltung beruhenden Kulturbundes war der Berliner Neurologe und Musikwissenschaftler Kurt Singer, der als deutscher Jude das Unternehmen als sein „Lebenswerk" betrachtete. Sein „Gegenüber" und „Betreuer" im Reichspropagandaministerium war der Reichskulturreferent, SS-Brigadeführer Hans Hinkel, zu dem Singer, nach eigenen Angaben, ein ungestörtes, auf gegenseitiger Achtung und Vertrauen beruhendes Verhältnis hatte.

Dem „Jüdischen Kulturbund" stand in Berlin, in der Kommandantenstraße, ein auf Hochglanz hergerichtetes, palaisartiges, klassizistisches Gebäude aus der Jahrhundertwende zur täglichen Verfügung. Es durfte nur ein „jüdisches" Repertoire präsentiert werden, um die jüdische Kultur, Spiritualität und Tradition zu pflegen, was im beiderseitigen Interesse lag. Nach dem Berliner Vorbild wurden ab 1934 im gesamten Reichsgebiet regionale und lokale, ebenfalls auf Selbstverwaltung und eigener Programmgestaltung beruhende jüdische Kulturverbände gegründet, so z.B. in Breslau, Hamburg, Köln und Düsseldorf. 1938 gab es 76 Kulturbünde in 100 Städten. Neben Berlin verfügten Hamburg und Köln über ein eigenes Theaterensemble, der „Kulturbund Rhein-Main" sogar über ein eigenes Symphonieorchester.

1935 ordnete das Propagandaministerium den Zusammenschluß aller jüdischen Kulturorganisationen zum „Reichsverband jüdischer Kulturbünde" an. Bei ihm angemeldet waren im Jahre 1937 1.425 ausübende jüdische Künstler: Schauspieler, Opernsänger, Konzertsänger, Instrumentalisten, Unterhaltungsmusiker, Rezitatoren, Vortragende, Kabarettisten, Diseusen, Tänzerinnen, Maler, Bildhauer, Graphiker etc. Im ersten Jahr seiner Existenz brachte allein der „Berliner Kulturbund" 10 Schauspiele, 4 Opern, 1 Ballett, 12 Konzertprogramme und 127 Vorträge. Die Gesamtzahl der Veranstaltungen vom 1. Oktober 1933 bis zum 30. September 1934 betrug 538. Vom 1. Januar bis zum 31. Juli 1935 waren beim „Reichsverband" insgesamt 92 lokale jüdische Organisationen mit rund 60.000 Mitgliedern registriert. Nie fiel irgendeine Vorführung der obligatorischen Zensur zum Opfer oder wurde auch nur beanstandet.

Bei der alljährlichen Tagung des „Reichsverbandes jüdischer Kulturbünde" im September 1936 zog Singer eine geradezu euphorische Zwischenbilanz: „Was 1933 niemand für möglich gehalten hätte – eine jüdische Kunst, ein spezifisch jüdisches Theater in Berlin –, war nun möglich geworden", führte er aus und setzte dann fort: „Jetzt erst ist der jüdische Mensch innerlich und mit Freude dem Judesein verpflichtet; auch bereit, sein eigentliches Wesen von der theatralischen Bühne des Scheinlebens her beleuchtet zu sehen. Jetzt erst wird er diesem großen Erleben jüdischer Weisheit und Güte, jüdischen Leidens und jüdischen Heldentums mit tiefster Anteilnahme folgen, jetzt erst ist der Jude in Deutschland reif zur Mitgliedschaft im ‚Bund für jüdische Kultur'. Wir wollen ihn neu gründen... Heute stehen wir auf den Brettern als Vertreter eines Volkes, das den Anspruch erhebt, in künstlerischen Dingen von uns geführt zu werden...“

Was hingegen bedeutete der „Kulturbund" für das Reichspropagandaministerium und den gesamten NS-Apparat? Für sie war es ein Propagandainstrument von enormer außenpolitischer Bedeutung. Denn eine derartige Kulturorganisation der deutschen Juden schien bestens geeignet, die von den USA ausgehende Propaganda über die schlechte Behandlung der Juden im Dritten Reich zu widerlegen.

Wohl am zutreffendsten beschreibt der jüdische Autor Henryk M. Broder die Situation, indem er meint: „Rückblickend kann man das Projekt jüdischer Kulturbund auf vielerlei Weise interpretieren: Als die Verkörperung des Prinzips Hoffnung; als das letzte Kapitel der deutsch-jüdischen Symbiose, das eine Fiktion mit einer grausamen Pointe abschloß; als einen weiteren Beweis für die Unzulänglichkeit menschlichen Strebens. Der historischen Wahrheit kommt man vermutlich am nächsten, wenn man an das Orchester an Bord der Titanic denkt: Die Musiker blieben unbeirrt an ihren Plätzen und spielten auch dann noch, als sie schon bis zu den Knien im Wasser standen.“

Dieses Bild wird durch nichts so verdeutlicht und in seiner Zwiespältigkeit bestätigt wie durch das tragische Geschehen in der „Reichskristallnacht" vom 9. November 1938. Als in ganz Deutschland Synagogen in Flammen aufgingen, unzählige jüdische Geschäfte zerstört, Wohnungen demoliert, Juden in Konzentrationslager verschleppt und 36 von ihnen ermordet wurden, kamen SA-Leute, um das jüdische Theater in der Berliner Kommandantenstraße ebenfalls zu verwüsten. Nach dem Bericht des Autors Eike Geisel fanden sie jedoch eine SS-Wache vor dem Gebäude, die kurz und bündig erklärte, daß hier nichts zu zerstören oder anzuzünden sei, da das Haus unter dem Schutz des Reichs-propagandaministeriums stehe und die SS Befehl habe, wenn nötig, von der Schußwaffe Gebrauch zu machen. Daraufhin sei der Lastwagen mit den SA-Männern schleunigst wieder abgefahren.

Am darauffolgenden Abend, dem 10. November 1938, mußte auf Anordnung Hinkels gespielt werden. Umgehend begab sich der Generalsekretär des „Kulturbundes", Dr. Werner Lewi, der Singer, welcher danach kurzfristig in Amerika weilte, vertrat, zu Hinkel, wo es eine sehr erregte Diskussion gab, da sich Lewi weigerte, unter solchen Umständen zu spielen, „weil wir uns dadurch", wie er mutig sagte, „zu Büttln der Gestapo machen würden". Es kam dann zu einem Punkt, der die Diskussion entschied. Es wurde Lewi versprochen, daß sämtliche Mitarbeiter des „Kulturbundes", die in ein KZ gebracht worden waren, sofort entlassen würden, wenn das Theater den Betrieb wiederaufnehmen sollte. „An dieser Bedingung konnte man nicht vorbei", sagte Lewi. Noch bevor der Vorhang am Abend nach der Reichskristallnacht wieder aufging, wurden tatsächlich alle Angehörigen des „Kulturbundes", die verhaftet worden waren, aus den Konzentrationslagern freigelassen. Dazu folgende ergreifende Worte Geisels: „Die Portale des Theaters in der Kommandantenstraße waren weit geöffnet. Das Halbrund des Parketts strahlte im alten Glanz. Die Kronleuchter an der Decke leuchteten auf. Die Platzanweiserinnen in schicken Uniformen standen im Foyer und auf den roten Teppichen, die zu den Logen führten. Zuhause warteten Frauen auf Nachricht von ihren verschleppten Männern und Söhnen; zu Hause saßen Menschen auf den Trümmern ihrer Existenz – und hier im Theater gingen auf Befehl Hinkels die Lichter an."

In den folgenden Jahren lief der Kulturbetrieb des „Reichsverbandes jüdischer Kulturbünde" ungestört weiter. Er wurde sogar noch ausgebaut, indem in Amsterdam unter der deutschen Besatzung ein von den zuständigen NS-Stellen genehmigter Kulturbund gegründet wurde, der bis in alle Einzelheiten dem deutschen nachgebildet war. Das Theater in der Berliner Kommandantenstraße erhielt in der „Hollandsche Schouwburg" in Amsterdam, ebenfalls einem palais-artigen, stilvollen Bau, ein Pendant.

Nach seiner Auflösung am 11. September 1941 emigrierten die ehemaligen Mitarbeiter und Künstler des „Kulturbundes" in die verschiedensten Länder, vornehmlich in die USA, wo viele von ihnen von den Autoren zur Fertigstellung ihrer Dokumentationen besucht und interviewt wurden. Der Gründer und langjährige Leiter des „Kulturbundes", Kurt Singer, wollte nicht emigrieren und kam 1943 in das sogenannte „Vorzugslager" für privilegierte Juden nach Theresienstadt, das kein Lager im eigentlichen Sinn war, sondern eine im Protektorat Böhmen und Mähren liegende, von der Bevölkerung geräumte und den Juden in Selbstverwaltung zur Verfügung gestellte Kleinstadt. Sie diente dem NS-Regime – ähnlich wie der „Kulturbund" – als propagandistisches Aushängeschild und war „Vorzeigeobjekt" für ausländische Journalisten, Diplomaten und Rot-Kreuz-Delegationen. Vor seinem Abtransport benachrichtigte

Singer Freunde und Verwandte. In einer dieser durch das Internationale Rote Kreuz übermittelten Nachrichten hieß es: „Abreise Theresienstadt, Protektorat Böhmen, in Anerkennung meiner Verdienste um die Kunst."

Während in der Reichskristallnacht das jüdische Theater in Berlin von SS-Posten beschützt wurde, wurden in Deutschland 191 der 1.400 Synagogen des Landes in Brand gesteckt und weitere 76 völlig demoliert, wurden 815 jüdische Geschäfte total zerstört, 36 Juden ermordet und rund 2.000 in Konzentrationslager eingeliefert, aus denen sie allerdings nach kurzer Zeit – unter der Verpflichtung, Deutschland baldmöglichst zu verlassen – wieder entlassen wurden. Diese Orgie von Brandlegung und Zerstörung, Raub und Mord, die in jener Schreckensnacht Deutschland heimsuchte, war ein von Goebbels inszenierter und von SA-Trupps ausgeführter Racheakt für den Mord am Legationsrat Ernst von Rath in der deutschen Botschaft in Paris durch den 17 Jahre alten polnischen Juden Herschel Grynszpan. Seinem eigenen Geständnis nach wollte Grynszpan den deutschen Botschafter Graf Welczek ermorden; da er ihn jedoch in der Botschaft nicht antraf, erschoß er von Rath. – Bei der „Reichskristallnacht" handelte es sich aber nicht um ein Pogrom im eigentlichen Sinn, wie etwa die zahlreichen Pogrome im zaristischen Rußland, bei denen tausende Juden der Volkswut zum Opfer fielen. Im Deutschen Reich war es nicht die Volkswut, sondern eine Aktion von radikalen Elementen in der SA, die von Goebbels, dem eigentlichen Drahtzieher hinter dieser Schreckensnacht, dazu aufgefordert worden waren.

Hitler war über dieses Ereignis nicht erfreut. Er beorderte in den frühen Morgenstunden des darauffolgenden Tages den Polizeipräsidenten von München, SS-Obergruppenführer Freiherrn Karl von Eberstein, zu sich und befahl ihm, in der bayrischen Hauptstadt, wo die SA am ärgsten wütete, unverzüglich die Ordnung wiederherzustellen. In „Hitlers Tischgespräche" zitiert der Autor Henry Picker den Führer: Goebbels hätte ihm „seine ganze Außenpolitik in puncto Judentum kaputtgemacht..." Die Dienststelle von Rudolf Heß, dem Stellvertreter Hitlers, gab ein Fernschreiben heraus, das als Parteianweisung Nr. 174 allen Gauleitern zugestellt wurde und demzufolge derartige Demonstrationen und Ausschreitungen zu verbieten seien. Wörtlich hieß es darin: „Auf ausdrücklichen Befehl allerhöchster Stelle dürfen Brandlegungen an jüdischen Einrichtungen, Geschäften und dergleichen auf gar keinen Fall und unter gar keinen Umständen erfolgen."

Am 12. November 1938 rief Göring auf Hitlers Anweisung die Vertreter der Ministerien, die mit der Judenfrage zu tun hatten, zu einer Besprechung zusammen, und sagte gleich zu Beginn der Sitzung: „Meine Herren, diese Demonstrationen habe ich satt. Sie schädigen nicht nur die Juden, sondern schließlich auch mich, der ich die Wirtschaft als letzte Instanz (Bevollmächtigter für den Vierjahresplan, R. C.) zusammenzufassen habe. Wenn heute ein jüdisches Geschäft zertrümmert wird, dann ersetzt die Versicherung dem Juden den Schaden. Er hat ihn gar nicht. Und zweitens sind Konsumgüter – also Volksgüter – zerstört worden." Über die eingeäscherten und demolierten Synagogen und die ermordeten Juden verloren weder Hitler, Heß noch Göring auch nur ein einziges Wort. Lediglich aus außenpolitischen – wegen Rufschädigung Deutschlands – oder materiellen Gründen, nicht jedoch aus moralischen oder humanitären verurteilten sie die Ausschreitungen. Göring vor allem wegen der enormen Summe, welche nun die Versicherungen den jüdischen Geschäftsleuten zahlen mußten. Seine Behauptung, daß die Juden dadurch keinen Schaden hätten, war aber eine glatte Lüge. Denn um die Versicherungssumme wieder hereinzubringen, wurde von den wohlhabenden Juden, von denen es 1938 noch sehr viele gab, eine Milliarde Mark als „Sühne" für den Mord am deutschen Legationsrat eingefordert.

Abgesehen von den furchtbaren Folgen für die deutschen Juden, bedeutete die Reichskristallnacht auch einen Querschuß gegen die Judenpolitik der SS und eine Attacke auf ihre Vorherrschaft in allen Fragen der jüdischen Auswanderung, worauf Heinz Höhne in seinem Standardwerk über die SS, „Der Orden unter dem Totenkopf" ausführlich hinweist. Höhne zitiert in diesem Zusammenhang u.a. eine Aktennotiz Himmlers, die im Band XXI des IMT aufscheint: „Ich vermute, daß Goebbels in seinem mir schon lange aufgefallenen Machtstreben und in seiner Hohlköpfigkeit gerade jetzt in der außenpolitisch schwersten Zeit diese Aktion gesetzt hat."

Sind von den bis zur Reichskristallnacht von den rund 560.000 deutschen Juden nur etwa 170.000 ausgewandert, so begann nach dieser Nacht, welche die deutschen Juden in Angst und Schrecken versetzt hatte, eine große Auswanderungswelle.

Das Haavara-Agreement

Während in der ersten Phase der NS-Judenpolitik, zwischen 1933 und 1941/42, das Auswärtige Amt die Auswanderung in jedes gewünschte Land förderte, zielte die SS-eigene Emigrationspolitik, wie schon erwähnt, von Anfang an auf die Auswanderung der deutschen Juden nach Palästina ab. Um sie zu fördern, wurde bereits im Frühsommer 1933 mit jüdischen Organisationen bzw. Wortführern aus Palästina Verbindung aufgenommen mit dem Ziel, eine Verhandlungsbasis für ein zu treffendes Abkommen herzustellen. Daraufhin kam im Sommer 1933, als Vertreter der „Jewish Agency for Palestine", der ukrainische Jude Dr. Chaim Arlossarow mit einem Arbeitsstab aus Palästina nach Berlin, um sowohl Handelsbeziehungen mit dem Deutschen Reich als auch Auswanderungsmöglichkeiten für deutsche Juden nach Palästina auszuhandeln. Als Ergebnis wurde am 7. August 1933 in Berlin ein Übereinkommen zwischen den zuständigen NS-Behörden und der „Jewish Agency for Palestine" unterzeichnet, das sogenannte „Haavara-Agreement", welches von deutscher Seite „Chaim-Arlossarow-Transfer-Abkommen" bezeichnet wurde (Haavara: hebräisch für Kapitaltransfer).

Grundidee dieses Abkommens war, daß deutsche Juden, die über entsprechende Mittel verfügten, deutsche Industriegüter kaufen durften, vor allem solche, die für den Aufbau Palästinas benötigt wurden. Das Finanzinstitut der Jewish Agency in Palästina, die Anglo-Palestine Bank, suchte Interessenten und Käufer für die deutschen Investitionsgüter, die bei diesem Institut den Kaufpreis zu hinterlegen hatten. Die Juden in Deutschland zahlten ihr Vermögen bei einem eigens für diesen Zweck gegründeten jüdischen Finanzinstitut, der Palästina Treuhandgesellschaft oder Paltreu, ein. Diese gab anschließend die bestellten Güter bei deutschen Herstellern in Auftrag und bezahlte sie auch. Sie wurden dann nach Palästina verschifft. Die deutschen Juden erhielten bei ihrer Ankunft in Palästina den Kaufpreis in englischen Pfund rückerstattet.

Das Ergebnis dieser Vereinbarung war, daß deutsche Juden ihr Vermögen retten konnten, ohne daß das Reich dafür einen Gegenwert in Devisen erhalten hätte. Überdies hat die Deutsche Reichsbank bis zum Jahre 1936 jedem jüdischen Einwanderer nach Palästina die eintausend englischen Pfund, die von den Engländern zur Erlangung der Einwanderungszertifikate verlangt wurden, bar ausbezahlt.

In diesem Zusammenhang stellt der angesehene Holocaustforscher und Professor an der Hebräischen Universität in Jerusalem, Jehuda Bauer, in seinem 1996 auf deutsch erschienenen Buch „Freikauf von Juden" fest, daß „die offenkundige Bereitschaft der Reichsbank, bis zum Jahre 1936 überhaupt Barzahlungen an Auswanderer nach Palästina zu leisten, einigermaßen verwunderlich ist", und fährt dann fort: „Hier scheint nur eine Erklärung möglich: Die Nationalsozialisten müssen in diesen Zahlungen eine wirksame Möglichkeit gesehen haben, Juden zur Auswanderung zu bewegen."

Wegen des durch das Abkommen verursachten enormen Devisenabflusses war die Reichsbank, wie zu erwarten, in zunehmendem Maß gegen das „Haavara-Agreement". Die Front der Gegner nahm derartig zu, daß sie, laut Bauer, 1938 nahezu geschlossen war. So stellt sich die Frage, weshalb das Agreement bis zum Ausbruch des Krieges 1939 überhaupt noch funktionierte. Bauer beantwortet sie folgendermaßen: „Der Grund dafür ist, wie aus sämtlichen uns vorliegenden Quellen hervorgeht, daß Hitler die bestehenden Arrangements befürwortete", und fährt dann fort: „So wurde Haavara, entgegen den Wünschen nahezu aller Wirtschaftsexperten in der deutschen Regierung, fortgeführt, weil Hitler der Meinung war, die Auswanderung der Juden sei wichtiger als alle wirtschaftlichen Erwägungen, und weil er die Haavara als eines der Mittel zu diesem Zweck ansah." Bis zum Ausbruch des Krieges wurde das Haavara-Abkommen, trotz massiven Widerstandes innerhalb der Regierung, somit nach dem Willen Hitlers nicht widerrufen.

Insgesamt und einschließlich der eintausend englischen Pfund, die die Auswanderer bis 1936 von der Reichsbank erhielten, waren es, laut Bauer, zwischen 1933 und 1939 8,202.500 englische Pfund (das entspricht etwa 230

160

Vor allem in der Ukraine wurde die Deutsche Wehrmacht von einer begeisterten Bevölkerung empfangen, die sich die Befreiung von der kommunistischen Schreckensherrschaft erhoffte. Manche Orte waren sogar durch Triumphpforten mit deutschen Aufschriften und selbstgenähten Hakenkreuzfahnen geschmückt.

Nach der Eroberung Lembergs durch die Deutsche Wehrmacht fand man in den Kerkern des sowjetischen Geheimdienstes GPU über 4.000 oft schrecklich verstümmelte Leichen. – Ukrainer suchen unter den Ermordeten nach Angehörigen.

Das Einvernehmen zwischen deutschen Soldaten und der Bevölkerung war vor allem in den Anfangsmonaten weitgehend vorhanden, wie unzählige Erinnerungsfotos aus den Beständen von Kriegsteilnehmern – hier die eines österreichischen Soldaten – beweisen. Durch die Partisanentätigkeit, die darauf folgenden deutschen Repressionsmaßnahmen, aber auch durch das Verhalten der Besatzungsbehörden, deren Herrschaft sich oft von der kommunistischen kaum unterschied, veränderte sich die Haltung der Bevölkerung schließlich immer mehr zum Negativen.

Oben: Feldmesse von Wehrmachtssoldaten mit katholischem Priester, im Hintergrund beteiligt sich die russische Bevölkerung.

Unten: Drei Wehrmachtssoldaten mit ihren Quartiergebern.

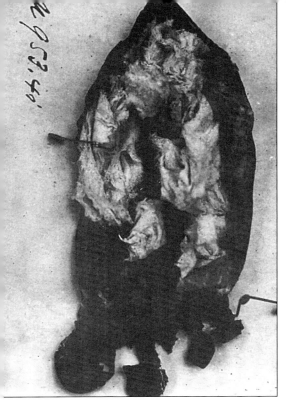 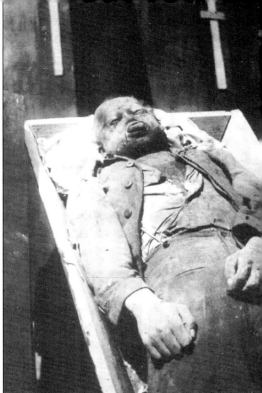

Ermordung, grausame Behandlung und Folter von kriegsgefangenen Soldaten durch die Rote Armee waren vom ersten Tag der Kämpfe an der Tagesordnung. Als „Roter Handschuh" wurde eine typisch russische Foltermethode bezeichnet, bei der Fuß oder Hand eines Gefangenen in kochendes Wasser gehalten wurden, damit sich die Haut besser löste und schließlich nach einem Rundumschnitt um Arm oder Bein wie ein Handschuh abgezogen werden konnte.

Oben links: Abgezogene Haut eines menschlichen Fußes, die am 4. August 1941 (!) gefunden wurde.

Oben rechts: Toter deutscher Soldat mit ausgerissener Zunge.

Ebenso kam es immer wieder zu Kannibalismus durch Soldaten der Roten Armee an eigenen Gefallenen, aber auch an deutschen Kriegsgefangenen und Gefallenen. Die beiden unten abgebildeten Fotos wurden am 30. 3. 1942 am Wolchow aufgenommen.

Die standrechtliche Justifizierung von Partisanen (und dazu konnte jeder gezählt werden, in dessen Haus etwa versteckte Waffen gefunden wurden) war kriegsrechtlich ebenso gedeckt wie Geiselerschießungen im Verhältnis 1:10. Daneben aber verübten die sogenannten „Einsatzgruppen" Massaker an der jüdischen Bevölkerung, desgleichen kam es immer wieder zu übertrieben harten Repressalien an der übrigen Bevölkerung. Heute ist anhand einer bloßen Fotografie kaum zu sagen, ob es sich bei den gezeigten Hinrichtungen um kriegsrechtlich gedeckte Maßnahmen oder um Kriegsverbrechen handelte, dies müßte von Fall zu Fall geklärt werden und wird zum Teil gar nicht mehr feststellbar sein. Sogar Bilder aus Filmen mit einem „gehenkten" Schauspieler, wie das links abgebildete, wurden immer wieder zur Dokumentation deutscher Kriegsverbrechen als authentisch ausgegeben.

Die Sowjetpropaganda unterschob zahlreiche stalinistische Massenmorde, wie den an polnischen Offizieren in Katyn oder das Massaker von Winniza (unten), der Deutschen Wehrmacht.

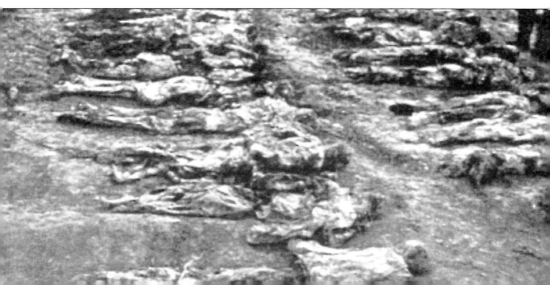

Nach dem Rückzug der Deutschen Wehrmacht rollte die nächste Welle von Hinrichtungen über die Länder der Sowjetunion. Vor allem unter der jüngeren Generation war die Bereitschaft zur Zusammenarbeit mit der Besatzungsmacht weit verbreitet. Insgesamt fielen rund 2 Millionen Menschen als „Kollaborateure" der Rache Stalins zum Opfer. In der Ukraine und dem Baltikum kämpften noch bis zum Anfang der fünfziger Jahre Partisanen gegen die kommunistische Herrschaft, allein in Litauen forderte dieser Partisanenkrieg 40.000 bis 60.000 Opfer, wie der deutsche Historiker Martin Pabst in seinem Buch „Staatsterrorismus" ausführt. Die Bilder stammen aus jüngst geöffneten ehem. sowjetischen Archiven.

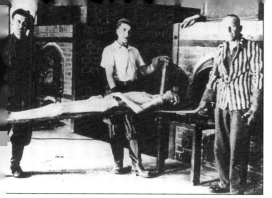

In den Konzentrationslagern herrschte, von den Verantwortlichen meist tatenlos oder sogar absichtlich hingenommen (und in Briefen teils hämisch kommentiert), schon allein aufgrund „natürlicher" Umstände eine hohe Sterblichkeit, da die entkräfteten Häftlinge für Krankheiten und Seuchen aller Art besonders anfällig waren.

Oben links: Krematorium in Auschwitz.

Oben rechts: Frauen im Lager Auschwitz.

Unten: Ein britischer Soldat beseitigt Leichen im KZ Bergen-Belsen. Die zusammenbrechenden Versorgungswege und das allgemeine Chaos gegen Kriegsende forderten unter den KZ-Insassen eine Unzahl zusätzlicher Opfer.

Aufnahmen aus dem KZ Auschwitz, unmittelbar nach der Befreiung durch sowjetische Truppen.

Millionen Reichsmark), welche transferiert wurden. Eine enorme Summe an Devisen, die zur Förderung der Auswanderung bezahlt wurde. Doch solle man darauf hinweisen, meint Bauer, daß dies nur ein verschwindend kleiner Teil des gesamten Vermögens deutscher Juden war, das im Jahre 1933 auf zehn Milliarden Reichsmark geschätzt wurde.

Mit diesem Abkommen wurde von den Zionisten in Palästina, sehr zum Unwillen der amerikanischen Juden, die damals zum weltweiten Wirtschaftsboykott gegen Deutschland aufriefen, der moralische Nimbus einer weltweiten jüdischen Einheitsfront gegen Hitler-Deutschland zerstört.

Daß das „Haavara-Agreement" in bezug auf die Auswanderung nicht zum beiderseits erwünschten Erfolg führte, lag vor allem daran, daß von den rund 560.000 deutschen Juden nur wenige nach Palästina auswandern wollten. So waren es nur etwas über 30.000, die bis 1939 dorthin emigrierten. Dennoch wurden durch das Haavara-Agreement die jüdische Kolonisation und Aufbauarbeit in Palästina damals mehr gefördert als von irgendeinem anderen Staat.

Die „Zentralstelle für jüdische Auswanderung"

Die Zusammenarbeit zwischen SS bzw. SD (Sicherheitsdienst) und der „Jewish Agency for Palestine" erfolgte auch noch auf anderen Wegen. Im Februar 1937 kam Feivel Polkes, der den Rang eines Kommandeurs in der „Haganah" (auf hebräisch: „Selbstschutz") hatte, die neben der „Irgun Zwai Leumi" die größte paramilitärische Organisation der Juden in Palästina war, nach Berlin, wo er von Eichmann empfangen wurde, der mittlerweile als „Zionismusexperte" (was er bis zu einem gewissen Grad auch tatsächlich war) die „Jüdische Auswanderungsstelle" führte. Polkes erläuterte Eichmann, daß es ihm darum gehe, die jüdische Einwanderung nach Palästina, trotz englischen Widerstandes, zu verstärken, damit die Juden in ihrer alten Heimat schließlich das Übergewicht über die Araber erhielten. Zu diesem Zweck wolle er „mit Hitler-Deutschland kooperieren". Zur Fortsetzung der Gespräche lud Polkes alsbald Eichmann nach Palästina ein. SD-Chef Heydrich erlaubte ihm, dieser Einladung zu folgen. Am 2. Oktober 1937 kam Eichmann, der einigermaßen Hebräisch sprach und eine jüdische Halbschwester hatte, per Schiff in Haifa an.

Durch diese Zusammenarbeit zwischen SS und Zionisten formierte sich eine seltsame Allianz: Sie war sowohl gegen die Partei als auch gegen das Auswärtige Amt gerichtet, die sich beide, zum Unterschied von der SS, gegen die Auswanderung nach Palästina stellten. In einem Runderlaß vom 25. Januar 1939 an alle diplomatischen Missionen und Konsulate des Reiches faßte das Auswärtige Amt seine Auffassungen betreffend die zu verfolgende Judenpolitik zusammen. Darin hieß es u.a.: „Palästina... kommt als Ziel der jüdischen Auswanderung schon deshalb nicht in Frage, weil seine Aufnahmefähigkeit für einen Massenzustrom von Juden nicht ausreicht... Deutschland muß in der

Bildung eines Judenstaates... auch in Miniaturform ... eine Gefahr sehen... Ein jüdischer Staat würde dem Weltjudentum einen völkerrechtlichen Machtzuwachs bringen." Statt ihm zu „völkerrechtlichem Machtzuwachs" zu verhelfen, müßte nach Ansicht des AA eine fortgesetzte „Zersplitterung des Judentums" Ziel der deutschen Politik sein, wie aus den „Akten zur deutschen Auswärtigen Politik" (Serie D, Bd. V.) hervorgeht.

Diese merkwürdige Allianz zwischen SS und Zionisten richtete sich aber nicht nur gegen Partei und Auswärtiges Amt, sondern zugleich auch gegen England, das als Mandatsmacht das eigentliche und größte Hindernis für die jüdische Einwanderung nach Palästina darstellte. Daher war nicht Deutschland, sondern England für die Zionisten der eigentliche Feind. Dies ging so weit, daß eine extremistische Gruppe der „Irgun Zwai Leumi", in der die nachmaligen israelischen Ministerpräsidenten Begin und Schamir eine prominente Rolle spielten, unter der Führung Abraham Sterns in ihrem antibritischen Haß sogar noch mitten im Krieg, Anfang 1941, Kontakt mit deutschen Agenten aufnahmen, um Möglichkeiten einer sogar militärischen (!) Zusammenarbeit mit Hitler-Deutschland zu sondieren, wie der langjährige ARD-Korrespondent für Israel und die besetzten Palästinenser-Gebiete, Dr. Friedrich Schreiber, in seinem Buch „Kampf um Palästina" berichtet.

Obwohl der Erfolg des Palästina-Unternehmens Eichmann als ein „mageres Ergebnis" erschien, dünkte Himmler und Heydrich die Arbeit ihres „Zionismusexperten" dennoch so erfolgversprechend, daß sie ihm ein halbes Jahr später, nach dem Anschluß Österreichs, die Leitung der „Jüdischen Auswanderungsstelle" in Wien übertrugen mit dem Auftrag, die jüdische Emigration mit allen Mitteln zu betreiben und zu beschleunigen, und zwar nicht mehr nur (oder vornehmlich) nach Palästina, sondern in jedes von auswanderungswilligen Juden gewünschte Land. Um seinen Auftrag effizienter durchführen zu können, kam Eichmann auf die Idee, den Kompetenzkonflikten und -überschneidungen zwischen Polizei, Auswärtigem Amt und Parteistellen, die alle für die Auswanderung zuständig waren, durch Zusammenfassung aller Beteiligten – und zwar sowohl der NS-Behörden als auch der lokalen und internationalen jüdischen Organisationen – ein Ende zu bereiten, um die Auswanderung zu vereinfachen und zu beschleunigen. Demnach sollte für die jüdische Auswanderung eine einheitliche Stelle entstehen, „ein laufendes Band, vorne kommen die ersten Dokumente darauf und die anderen Papiere, die notwendig sind, und rückwärts müsse dann der Reisepaß abfallen", wie Eichmann bei seinem Prozeß in Jerusalem aussagte, was auch im Vernehmungsprotokoll aufscheint.

Hier ist kurz anzumerken, daß das „J" für „Jude" im Reisepaß keine deutsche Erfindung war, sondern auf Verlangen der Schweiz eingeführt wurde, damit die Eidgenossen erkennen konnten, welcher Einreisende Jude war und welcher nicht. Nach diesem Vorbild eines „laufenden Bandes" oder „Fließbandes" wurde in der Folge die „Zentralstelle für jüdische Auswanderung" geschaffen, die sich unter Eichmanns Führung im Wiener Rothschildpalais in der Prinz Eugen-

162

Straße niederließ. Von hier aus brachte Eichmann den jüdischen Exodus in Gang. So konnten innerhalb von acht Monaten 45.000 Juden Österreich verlassen. In weniger als achtzehn Monaten war Österreich von annähernd 150.000 legal ausgewanderten Juden „gereinigt", wie es im damaligen Sprachgebrauch hieß. Und nach Kriegsausbruch konnten nochmals rund 60.000 entkommen.

Da die Mehrheit der österreichischen Juden nicht das von den Einwanderungsländern verlangte Mindestkapital („Vorzeigegeld") besaß (jene Summe, die sie vorzeigen mußten, um die Visa zu erhalten und die Einwanderungskontrolle der Aufnahmeländer passieren zu können), wurden die reichen österreichischen Juden gezwungen, den Auszug der ärmeren mit ihrem Vermögen zu subventionieren. Den reichen Juden, die auswandern wollten, wurde zu diesem Zweck bei der jüdischen Kultusgemeinde eine gewisse Summe abverlangt. Zugleich ließ Eichmann einige Wortführer der österreichischen Juden ins Ausland reisen, damit sie von jüdischen Hilfsorganisationen Gelder für die Auswanderung beschafften. So stellte beispielsweise das „American Joint Distribution Committee" im Frühjahr 1938 rund 100.000 Dollar zur Verfügung.

Dieses „Vorzeigegeld" ist nicht zu verwechseln mit der „Reichsfluchtsteuer". Diese war keine Erfindung der Nationalsozialisten, sondern wurde schon vor Hitler, in der Weimarer Republik eingeführt und am 8. Dezember 1931 erstmals erhoben. Am 18. Mai 1934 wurde diese Verordnung auf alle Auswanderungswilligen – nicht nur Juden – ausgedehnt, die am 1. Jänner 1931 (oder zu irgendeinem Zeitpunkt danach) ein Vermögen von mehr als 50.000 RM besaßen oder deren Einkommen im Jahre 1931 (oder in einem der nachfolgenden Jahre) mehr als 20.000 RM betrug.

Nach demselben Schema wie in Wien errichtete Eichmann auch in Prag eine Zentralstelle für jüdische Auswanderung. Ebenso wurde die bereits 1933 in Berlin installierte „Jüdische Auswanderungsstelle" nach dem Wiener Vorbild – durch Zusammenarbeit der Reichsbehörden mit Vertretern jüdischer Organisationen – in die „Reichszentrale für die jüdische Auswanderung" umgewandelt. Und im April 1941 wurde auch in Holland eine Zentralstelle für jüdische Auswanderung nach Eichmanns Modell errichtet. – Zu seiner Verteidigung behauptete Eichmann bei seinem Prozeß in Jerusalem, Hunderttausende von jüdischen Leben „gerettet" zu haben, was im Gerichtssaal mit Hohngelächter quittiert wurde. Wie Hannah Arendt, tägliche Beobachterin und Korrespondentin bei diesem Prozeß, in ihrem Buch „Eichmann in Jerusalem" schreibt, wurde diese Behauptung durch einen Bericht der beiden jüdischen Historiker Jon und David Kimche unter dem Titel „The secret roads: The illegal migration of a people; 1938–1948" auf das Merkwürdigste unterstützt, indem es darin u.a. heißt: „Was damals geschah, muß man für eine der paradoxesten Episoden in der ganzen Epoche der Naziherrschaft halten: Der Mann, der als einer der Erzhenker des jüdischen Volkes in die Geschichte eingehen sollte, trat zunächst als aktiver Mitarbeiter an der Rettung der Juden Europas auf."

Daran ist etwas Wahres. Denn es ist eine Tatsache, daß zwischen den Judenräten und lokalen jüdischen Organisationen einerseits und den SS-Dienststellen andererseits in weitem Umfang eine Kooperation bestand und daß diese Kooperation die jüdische Auswanderung, für die Eichmann in erster Linie zuständig war, wesentlich erleichterte und beschleunigte, wodurch knapp über eine halbe Million Juden das Reich bis 1941 verlassen konnte (inkl. der österreichischen und der Protektoratsjuden) und somit tatsächlich gerettet wurden, was selbst der englisch-jüdische Historiker Raoul Hilberg in seinem als Standardwerk der Holocaustforschung geltenden Buch „Die Vernichtung der europäischen Juden" bestätigt.

Die Evian-Konferenz

Um das Problem der jüdischen Auswanderung auch auf internationaler Ebene einer Lösung zuzuführen, wurde vom 6. bis 15. Juli 1938 eine Konferenz in Evian, am französischen Ufer des Genfer Sees, einberufen. Vertreter fast aller westlichen Staaten versammelten sich, um die Möglichkeiten jüdischer Auswanderung aus dem Dritten Reich zu besprechen. Es war auch eine zehnköpfige jüdische Delegation anwesend, der u.a. Golda Meir und Nahum Goldmann angehörten. Im wesentlichen ging es darum, zu ermitteln, ob und wie die Beschlüsse des „Chaim-Arlossarow-Transfer-Abkommens" betreffend die Überführung des Vermögens deutscher Juden auch auf andere Länder, außer bloß nach Palästina, ausgedehnt und angewendet werden könnten. Das hieß also, Mittel und Wege zu suchen, um jüdischen Auswanderern die Mitnahme ihres Vermögens in jedes beliebige Land zu ermöglichen.

Deutschland vertrat folgenden Standpunkt: Auswanderung aller deutschen Juden und Übertragung ihrer pauschal geschätzten Güter – Deutschland sprach von 3 Milliarden RM als Diskussionsgrundlage – an eine internationale Organisation, die die Gelder den betreffenden Staaten, je nach Einwanderungszahl, zuteilen würde, vorausgesetzt, daß mit diesen Staaten, die Juden aufnehmen, Verrechnungsabkommen abgeschlossen würden, welche die Zahlung in den Bereich des Warenaustausches zwischen Deutschland und diesen betroffenen Ländern übertragen und auf mehrere Jahre erstreckten.

Der englische Standpunkt sah hingegen so aus: 1.000 Pfund Sterling pro ausgewandertem Juden, zahlbar auf der Stelle und kein Verrechnungsabkommen – also kein Warenaustausch.

Dies war für Deutschland freilich unakzeptabel, denn das wären 6.000 Dollar oder 28.000 RM pro Jude gewesen. Die Gesamtforderung, die sich England vorstellte, hätte sich demnach auf 10 bis 12 Milliarden RM belaufen, was fast dem deutschen Jahresetat entsprach.

Die Delegierten aller anderen Länder versuchten mit allen Mitteln zu verhindern, daß jüdische Auswanderer ausgerechnet ihrem Land aufgedrängt würden, wie Jehuda Bauer in „Freikauf von Juden" bestätigt.

164

Die USA jedoch wollten es nicht zum Bruch kommen lassen. Auf ihr Ansuchen beauftragte die Konferenz den amerikanischen Rechtsanwalt George Rublee, mit Deutschland zu verhandeln. Am 27. Dezember 1938 nahmen der deutsche Reichsbankpräsident Dr. Hjalmar Schacht und Rublee die Gespräche auf. Schachts Plan, der die Auswanderung der Juden erleichtern sollte und die Zustimmung Hitlers fand, sah folgendermaßen aus: Das jüdische Vermögen sollte unter die Verwaltung eines internationalen Treuhänderkomitees gestellt werden, in das auch Juden aufzunehmen seien. Aufgabe dieses Komitees wäre es, das jüdische Vermögen innerhalb des Deutschen Reiches zu überwachen und dafür zu sorgen, daß es richtig verwaltet werde und erhalten bleibe. Als Sicherheit für diese Vermögen sollte eine internationale Anleihe in der Höhe von eineinhalb Milliarden RM, jedoch in Dollarwährung, ausgegeben werden. Sie sollte mit etwa 5 % verzinst und im Verlauf von 20 bis 25 Jahren getilgt werden. Verzinsung und Tilgung müßte die deutsche Regierung in ausländischer Währung garantieren. Die Anleihe hätte dann auf internationalen Märkten zur Emission gebracht und an den internationalen Börsen notiert werden sollen. Gleichzeitig sollte aus diesem Vermögen jeder Jude, der aus Deutschland, gleichgültig in welches Land auswanderte, einen Betrag erhalten, der ihm den Aufbau einer Existenz dort ermöglichte.

Dieser Plan Schachts war genial. Denn er entkräftete eines der häufigsten Argumente, welches Einwanderungsländer gegen die Aufnahme von Juden vorbrachten: nämlich daß sie es sich nicht leisten könnten, mittellose Menschen aufzunehmen, die ihnen früher oder später nur zur Last fallen würden.

Hitler, dem Schacht diesen Plan vortrug, ermächtigte ihn, Verhandlungen über dessen Durchführung alsbald in London aufzunehmen. Schacht reiste umgehend in die britische Hauptstadt und weihte den ihm befreundeten Gouverneur der Bank von England, Montague Norman, in den Plan ein. Norman stimmte zu und vermittelte Schacht diesbezügliche Verhandlungen mit dem jüdischen Bankhaus Samuel & Samuel. Nach eingehenden Gesprächen lehnte Samuel & Samuel schließlich den Schacht-Plan ab, ohne einen konkreten Grund anzugeben – vielleicht deshalb, weil ein jüdisches Bankhaus nicht bereit war, Hitler ein Milliarden-Devisenanleihen zu gewähren, auch wenn es sich um die Rettung der deutschen und österreichischen Juden gehandelt hätte. Schacht reiste tief enttäuscht nach Berlin zurück.

Am 31. August 1946 sagte er als Angeklagter in seinem Schlußwort vor dem Nürnberger Militärtribunal: „...Ich habe diesen Plan im Dezember 1938 in London mit Lord Berstedt von Samuel & Samuel, mit Lord Winterton und mit dem amerikanischen Vertreter der Evian-Konferenz, Mr. Rublee, besprochen. Sie alle nahmen den Plan sympathisch auf. Da ich aber kurz darauf von Hitler aus der Reichsbank entfernt wurde, verfiel die Angelegenheit. Wäre sie durchgeführt worden, so wäre kein einziger deutscher Jude ums Leben gekommen." Daraufhin betretenes Schweigen im Gerichtssaal. Schacht wurde freigesprochen.

Zum gleichen Thema schreibt der jüdische Autor J. C. Burg in seinem Buch

„NS-Verbrechen": „Das (Scheitern des Schacht-Planes und damit der Evian-Konferenz) trug dazu bei, daß im Dritten Reich die Ultraantisemiten die Oberhand gewannen, und schuf damit überhaupt erst die Möglichkeit eines ‚Auschwitz' – auch das muß festgestellt werden." Und Nahum Goldmann schreibt in „Das jüdische Paradox" über die Evian-Konferenz, daß sie ein „Fiasko" war, das er mit den Worten begründet: „Wenn beispielsweise ein Land aufgerufen wurde... dann zählte sein Vertreter sämtliche Gründe auf, aus denen es in seinem Land keinesfalls Platz für jüdische Flüchtlinge gäbe. Die Leichtfertigkeit und Gewissenlosigkeit waren erschreckend." Und an anderer Stelle: „Man müßte weit mehr über die Konferenz von Evian schreiben, auf der die unmoralische Haltung der Großmächte gegenüber den Juden überaus deutlich wurde."

Die Phase der Massendeportationen

Obwohl das Palästina-Unternehmen nicht annähernd zum beiderseitigen erwünschten Erfolg führte, die Evian-Konferenz gescheitert war, die Einwanderungsländer sich weigerten, größere Massen an Juden aufzunehmen – so haben immerhin, wie schon erwähnt wurde, bis Oktober 1941 knapp über 500.000 Juden das Deutsche Reich verlassen können, inklusive der österreichischen und der Protektoratsjuden. Das war mehr als die Hälfte aller in diesem Machtbereich Hitlers lebenden Juden.
Diese beachtliche Zahl widerlegt eindeutig die von manchen Historikern aufgestellte und verbreitete Behauptung, daß Hitler von Anfang an die Massentötung der Juden geplant hat. Würde dies stimmen, so hätte er wohl kaum eine halbe Million Juden auswandern lassen und gewiß nicht die Einhaltung des „Haavara-Agreements", gegen massiven Widerstand in der eigenen Regierung, verlangt. Ebenso hätte er auch nicht Schacht zu Verhandlungen über dessen Plan zur Auswanderung deutscher Juden nach London geschickt. Auch aus Jehuda Bauers Buch „Freikauf der Juden" geht ganz eindeutig hervor, daß es einen von vornherein bestehenden Plan zur Ermordung von Juden nicht gegeben hat, sondern daß die Auswanderung „von Anfang an ein Grundpfeiler der anti-jüdischen Politik der Nationalsozialisten gewesen war", wie der Autor schreibt. Ebenso bestreitet einer der angesehensten Historiker Deutschlands, der langjährige Leiter des Münchner „Instituts für Zeitgeschichte", Martin Broszat, diese Behauptung, indem er in „Der Staat Hitlers" schreibt: „...Die Massentötung der Juden ist ebensowenig von vornherein geplant gewesen wie die vorausgegangene gesetzliche Diskriminierung der Juden", was ihm scharfe Kritik von links einbrachte, obwohl sein Institut eher linksstehend ist.
Beruhte die jüdische Auswanderung bis 1941/42 auf Freiwilligkeit, wenngleich sie in zunehmendem Maße forciert wurde, so begann ab diesem Zeitpunkt, als die Auswanderung durch den Kriegsverlauf fast zum Stillstand kam, die

zwangsweise Massendeportation der Juden nach dem Osten, in die Konzentrationslager und in die Ghettos.

Eichmann, der nun auch für die Organisation dieser Massendeportationen und Transporte weitestgehend zuständig war, hoffte immer noch, die Judenfrage durch ein Auswanderungskonzept lösen zu können. Er hatte schon früher in Anlehnung an Herzls Idee vom „Judenstaat" ein Konzept entworfen, das er laut Vernehmungsprotokoll bei seinem Prozeß in Jerusalem kurz folgendermaßen zusammenfaßte: „Gebt den Juden Territorium, dann ist das ganze Problem für alle gelöst" – womit er im Prinzip zweifellos recht hatte. Denn es ist doch tatsächlich so, daß die Grundbedingung zu einem normalen Leben für jedes Volk durch das eigene Territorium geboten wird, auf dem sich der Ablauf seiner Geschichte im Verlauf von Jahrhunderten vollzieht. Das jüdische Volk verfügte darüber seit rund 2.000 Jahren nicht.

Der Polenfeldzug schien Eichmann das rechte Mittel geliefert zu haben. So schlug er vor, im äußersten Osten des deutsch besetzten Polen „ein möglichst großes Territorium zu einem autonomen Judenstaat zu erklären... Das wäre die Lösung überhaupt." Dieses Konzept wurde von Himmler und Heydrich gebilligt. Eichmann und SS-Brigadeführer Walter Stahlecker fuhren nach Polen, um ein entsprechend großes Gebiet zu suchen. Südwestlich von Lublin, nahe dem Städtchen Nisko am San, fanden sie es. „Wir sahen ein riesiges Gebiet... Wir sahen den San, Dörfer, Märkte, kleine Städtchen, und wir sagten uns, das sei das Gegebene. Dann sagten wir uns, wozu soll man nicht einmal Polen umsiedeln und Juden hier in ein großes Territorium geben", wie ebenfalls aus Eichmanns Vernehmungsprotokoll hervorgeht und von Hannah Arendt bestätigt wird.

Anfang Oktober 1940 begannen die ersten Transporte nach Nisko zu rollen: Baumaterialien, Ingenieure und zunächst 4.000 zwangsweise zusammengetriebene Ansiedler mit ihren Familien. In der Folge setzten die großen Deportationen in das Generalgouvernement Polen ein. Zug um Zug fuhren die Juden in den Osten, einem ungewissen Schicksal entgegen. Generalgouverneur Hans Frank mißfiel es, allein die ausgetriebenen Juden aufnehmen zu müssen, da sie ihm enorme Probleme verursachten und, wie er meinte, durch ihre große Anzahl die Ernährungsgrundlage in Polen gefährdeten. Er reiste nach Berlin und beklagte sich bei Göring über die chaotische Art, mit der man Judenmassen ins Generalgouvernement schaffte. Daraufhin befahl Göring die vorläufige Einstellung der Judentransporte, wie Raoul Hilberg in seinem Standardwerk „Die Vernichtung der europäischen Juden" bestätigt. Es durften nur noch Juden nach Polen geschickt werden, wenn Frank es erlaubte.

Damit zerrann Eichmanns utopischer Traum von einem Judenstaat im Osten. Am 13. April 1941 wurde die provisorische jüdische Barackenstadt in Nisko aufgelöst, wie der jüdische Autor Gerald Reitlinger in seinem ebenfalls als Standardwerk der Holocaustforschung geltenden Werk „Die Endlösung" berichtet.

Die nächste Überlegung, das Judenproblem, das durch Auswanderung nicht mehr zu lösen war, durch Gründung eines jüdischen Staates in den Griff zu bekommen, war der sogenannte Madagaskar-Plan. Er ging nicht auf Eichmann zurück, sondern wurde vom Auswärtigen Amt verfolgt. Sein Wortführer war der Legationsrat Franz Rademacher, Leiter des Juden-Referates in der Deutschlandabteilung des Auswärtigen Amtes.

Geboren wurde der Madagaskar-Plan jedoch in Polen. Schon zur Juden-Auswanderungskonferenz von Evian 1938 hatte die polnische Regierung den bei dieser Konferenz vertretenen europäischen Staaten die Errichtung eines eigenen Judenstaates an der ostafrikanischen Küste, und zwar auf der Insel Madagaskar, vorgeschlagen, um die 2,5 bis 3 Millionen Juden aus Polen dorthin abschieben zu können. Frankreich, zu dessen Kolonialimperium die Insel gehörte, hatte eine wohlwollende Prüfung in Aussicht gestellt.

Durch Ausbruch des deutsch-polnischen Krieges wurde der polnische Madagaskarplan nicht weiter verfolgt. Erst nach dem siegreichen Ende des Frankreichfeldzuges im Sommer 1940 griff Hitler ihn wieder auf. „Man könnte einen israelitischen Staat auf Madagaskar errichten", erklärte er seinem Bündnispartner Mussolini bei einer Begegnung am 18. Juni 1940, wie Paul Schmidt, Hitlers Chefdolmetscher, in seinem Buch „Statist auf diplomatischer Bühne" berichtet. Hitler beauftragte Schacht, der inzwischen nicht mehr Reichsbankpräsident, sondern Reichsminister zur besonderen Verwendung war, den Madagaskarplan in Zusammenarbeit mit dem in Evian geschaffenen „Zwischenstaatlichen Komitee für jüdische Auswanderung" zu bearbeiten. Schacht tat sein Bestes, um die Dinge zum Erfolg zu führen, und entwickelte ein Konzept, sehr ähnlich jenem, das er in England dem Bankhaus Samuel & Samuel zur Auswanderung der Juden vorgeschlagen hatte: Finanzierung durch eine internationale Umsiedlungsanleihe, die die Überführung der Juden von Europa nach Madagaskar sowie den Aufbau eines Judenstaates und einer lebensfähigen Nationalwirtschaft auf der Insel ermöglichen sollte.

Madagaskar ist mit seinen 592.000 Quadratkilometern die viertgrößte Insel der Welt, zweiundzwanzigmal so groß wie Palästina; sie hat trotz ihres Reichtums an Bodenschätzen, günstigen Klimas (tropisch bis subtropisch), enormer fruchtbarer Flächen und Wälder, Gebirgen und Flüssen nur 3,8 Millionen Einwohner. Dies sei erwähnt, um nur annähernd zu zeigen, daß Madagaskar rein von der Größe des Territoriums, seiner Insellage und all seinen übrigen Voraussetzungen her für einen Judenstaat vermutlich wesentlich geeigneter gewesen wäre als Palästina. Um so mehr, als es nicht von 80 Millionen Arabern umgeben ist, die einen Judenstaat in Palästina nie wollten und eine ständige Bedrohung für ihn darstellen.

Auch der Madagaskarplan, den Heydrich laut Bauer als „territoriale Endlösung" bezeichnete, scheiterte am „Nein" der jüdischen Weltbanken, die nicht bereit waren, ihn zu finanzieren, sowie an der Weigerung der britischen Regierung, ein deutscherseits gefordertes „freies Geleit" für die erforderlichen Auswanderungsschiffe, das im Krieg begreiflicherweise verlangt werden mußte, zu gewähren, obwohl sich die neutrale Schweiz und das neutrale Schweden als Transferländer zur Verfügung gestellt hätten. Endgültig scheiterte er jedoch am 5. Mai 1942 mit der militärischen Besetzung dieser Insel durch die Engländer. Damit war auch die letzte Chance zur Regelung der europäischen Judenauswanderung gescheitert. Die 32 Staaten, die dem „Zwischenstaatlichen Evian-Komitee für jüdische Auswanderung" angehörten, und die vom Komitee angesprochenen jüdischen Weltbanken fanden nicht einmal die Möglichkeit, für die zunächst in Frage stehenden rund 600.000 europäischen Juden die pauschal mit 125 Dollar pro Kopf berechneten Überführungskosten in einen jüdischen Nationalstaat aufzubringen.

Erst als Schacht dem Führer das endgültige Scheitern seiner Bemühungen meldete, gab Hitler seine Parole von der „Lösung des europäischen Judenproblems ohne einen einzigen Gewehrschuß" auf, wie Henry Picker in seinem als bedeutendste Primärquelle international anerkannten Werk „Hitlers Tischgespräche" berichtet. Ab nun befahl er für alle Juden die Internierung und das Tragen eines Judensterns, der – mit seinem gelben Farbton – dem seit dem 12. Jahrhundert den Juden in Deutschland für das ganze Mittelalter gesetzlich vorgeschriebenen Judenhut entsprach.

Dazu vermerkt Raul Hilberg in „Die Vernichtung der europäischen Juden": „Besorgt über die Möglichkeit, daß das Auftauchen des Sterns zu neuen Unruhen führen könnte, ermahnte die Partei ihre Mitglieder in Rundschreiben, keine Juden zu belästigen. Insbesondere Kinder seien in diesem Sinn zu ermahnen." Es gibt auch keinerlei Bericht über Belästigungen sterntragender Juden. Damit begann die zweite Phase der NS-Judenpolitik, die Phase der Massendeportationen in den Osten, in die Konzentrationslager und Ghettos und damit für Zahllose in den Tod.

Hat es dazu kommen müssen?

Es ist eine historische Tatsache, daß die Reichsregierung jeden Juden auswandern ließ. Hätten die Engländer die Einreiseerlaubnis für Juden nach Palästina wesentlich erhöht, wäre die Evian-Konferenz nicht am Widerstand jüdischer Bankhäuser und an der Weigerung der Aufnahmeländer, größere Judenkontingente aufzunehmen, gescheitert, wäre der Madagaskarplan realisiert worden – es wäre nie zum Holocaust gekommen.

J. C. Burg stellt in seinem Buch „Schuld und Schicksal – Europas Juden zwischen Henkern und Heuchlern", das in sieben Auflagen erschienen ist, die Frage: „Wer ist schuld daran?" Und er gibt die Antwort: „Natürlich in erster Linie die Hitlerregierung, die die antijüdischen Gesetze erließ... Dann aber jene, die nichts taten, um die Juden zu retten... Jahrelang hätte man jeden Juden aus dem Einflußbereich Hitlers herausbringen können."

Burg ist aber nicht der einzige jüdische Autor, der solche schwerwiegenden Vorwürfe erhebt. Ein anderer ist Leon Weliczker-Wells. Als Überlebender des Holocaust und seit 1949 in den USA lebend, gelangt er in seinem Buch mit dem Titel (in der deutschen Fassung) „Und sie machten Politik – Die amerikanischen Zionisten und der Holocaust" zu einem geradezu niederschmetternden Urteil: Die Massendeportationen und die Ermordung der europäischen Juden hätten in den großen zionistischen Verbänden und Organisationen der USA, außer schönen Sonntagsreden, zur damaligen Zeit kaum Widerhall gefunden. Weliczker Wells weist nach, daß die Zionisten bereits seit den dreißiger Jahren mit allem Nachdruck die Etablierung eines jüdischen Staates in Palästina verfolgten und daß sich an dieser absoluten Priorität bis zum Ende des Zweiten Weltkrieges nichts geändert hat. Eine nationale jüdische Heimstätte in Palästina stellte in ihren Augen die „einzige" Lösung des Judenproblems dar, die absoluten Vorrang vor der Errettung der Juden aus Hitlers Machtbereich hatte.

In diesem Zusammenhang wirft Weliczker Wells dem langjährigen Präsidenten der zionistischen Weltorganisation sowie des Jüdischen Weltkongresses, Nahum Goldmann, vor, daß gerade er sich mit der größten „Militanz" für die Rettungsoperation der europäischen Juden hätte einsetzen müssen. Aber er sowie andere politische Führer des Judentums richteten ihr gesamtes Interesse und ihre Bemühungen auf die Verwirklichung ihrer zionistischen Ziele, nicht jedoch auf die Rettung der nichtzionistischen, assimilierten europäischen Juden. „Welche moralische Glaubwürdigkeit würden die zionistischen und die übrigen Verbände, etwa der Jüdische Weltkongreß, fortan noch für sich in Anspruch nehmen können, da sie es selbst in diesen entsetzlichen Monaten und Jahren nicht einmal für notwendig befunden hatten, sich mit allen ihnen zu Gebote stehenden Mitteln um die Rettung der europäischen Juden zu kümmern?" fragt Weliczker Wells. Daran knüpft er eine weitere, schwerwiegende und, im Grunde genommen, erschütternde Frage: „Ist unter diesen Umständen die Behauptung übertrieben, daß all jene Juden, die durch ernsthafte Bemühungen des Jüdischen Weltkongresses hätten gerettet werden können, mit großer Wahrscheinlichkeit auf dem Altar der politischen Ideologie des Zionismus geopfert wurden?"

Suggeriert nicht schon allein der Begriff „Holocaust" = „Brandopfer" diese entsetzliche Vermutung? Wer wurde von wem wofür geopfert? Nach Weliczker Wells Meinung: Juden von Juden für einen künftigen Judenstaat in Palästina. Weliczker Wells ist der Überzeugung, daß in den Augen der Zionisten die Gründung des Staates Israel im Jahre 1948 damit gerechtfertigt wurde, daß sie stets dem Palästinaprojekt den Vorrang vor der Rettung der europäischen Juden eingeräumt hatten. Er erblickt das größte Paradoxon in der jüdischen Geschichte dieses Jahrhunderts darin, daß ausgerechnet der Zionismus Hauptnutznießer der Wiedergutmachungsgelder in Milliardenhöhe wurde, die für den Tod eben jener von ihm „geopferten" Juden gezahlt worden sind und weiterhin gezahlt werden. „Im Gespräch mit amerikanischen und israelischen Zionisten", schreibt Weliczker Wells, „habe ich schon häufig die freimütige Äußerung gehört: Ja, wir haben nicht genug getan, womöglich überhaupt nichts, aber wir hätten ohnehin nichts tun können. Schließlich hat die Sache (der Holocaust) aber auch ihre positive Seite. Immerhin haben wir jetzt Israel."

Gegen Ende seines Buches kommt der Verfasser zur Konklusion: „Wir überlebenden europäischen Juden müssen uns mit der Tatsache auseinandersetzen, daß die politische Ideologie des Zionismus alle Rettungsimpulse erstickt hat." Joseph Wulf, ein jüdischer Historiker, drückt sich in einem Gespräch mit Weliczker Wells noch deutlicher aus: „Man wird sich der Deutschen in der Geschichte aus zwei Gründen erinnern: Erstens, weil sie sechs Millionen Juden umgebracht und das europäische Judentum vernichtet haben, und zweitens, weil sie Israel gerettet haben."

Auch Nahum Goldmann weist auf diesen Zusammenhang hin, wenn er im „Jüdischen Paradox" beispielsweise schreibt: „Hinzu kommt ein starker Zusammenhang zwischen dem Staat Israel und dem Genozid. Ich sage oft, daß die Juden ihren Staat nicht nur mit den Tausenden von jungen Leuten, die in den vier israelischen Kriegen gefallen sind, bezahlt haben, sondern mit den sechs Millionen jüdischen Opfern des Nationalsozialismus." Und an anderer Stelle: „...Davon abgesehen, bin ich nicht sicher, ob der jüdische Staat ohne Auschwitz heute bestehen würde."

Eine ebenfalls gewichtige Anklage von jüdischer Seite gegen die Gleichgültigkeit der westlichen Welt angesichts der „Endlösung" ist jene des bereits oft zitierten Holocaustforschers und Professors an der Hebräischen Universität von Jerusalem, Yehuda Bauer, wenn er in seinem Werk „The holocaust in historical perspective" u.a. schreibt: „Großbritannien und die übrige freie Welt stehen mithin unter Anklage, die Verantwortung für die Vernichtung des europäischen Judentums mit dem nationalsozialistischen Deutschland und seinen Komplizen zu teilen." Oder an anderer Stelle: „Die Alliierten verleugneten durch ihre Untätigkeit die moralischen Grundlagen ihres Krieges gegen das absolut Böse des Nazismus."

Zum Abschluß die schwerwiegendste Anklage von jüdischer Seite: Nicht nur wegen des Inhaltes, sondern vor allem wegen der geistigen und moralischen Autorität des Anklagenden, dem sowohl von deutscher wie von jüdischer Seite hochangesehenen Gelehrten und bedeutendsten jüdischen Religionsphilosophen Martin Buber. Er veröffentlichte im Frühjahr 1944 zum Thema der Konzentrationslager eine Anklageschrift, die sich nach außen hin gegen das Hitlerregime, im Inneren aber ebenso eindeutig gegen Palästinas politische Taktik wandte. Darin scheut sich Buber nicht, die zionistische Führung anzuklagen, sie habe absichtlich die ihr bekannten Tatsachen verschwiegen, die Opfer ihrem Verhängnis überlassen, um ihre Pläne in Palästina fördern zu können. Mit prophetischem Pathos klagt Martin Buber an: „Die Einstellung der jüdischen Siedlung (in Palästina, R. C.) zur Katastrophe des Holocaust beginnt mit etwas, was nicht zu erklären und nicht zu verstehen ist: mit dem Schweigen... Die Problematik wird noch stärker, wenn diese Sache (die Judenverfolgung) nicht nur zu dem uns allen gemeinsamen politischen Zweck benützt wird, sondern zu einem Parteizweck. Es gibt Parteien (im Zionismus, R. C.), die eine kochende Volksseele brauchen, um ihren Sud daran zu sieden. Ihre beste

Chance, und manchmal ihre einzige, ist die Radikalisierung der Situation: Sie sind bereit, dieser Chance auch die Rettung von Menschenleben zu opfern... Und hier erst geschieht wirklich das Entsetzliche: die Ausnützung unserer Katastrophe! Was hierbei bestimmt, ist nicht mehr der Wille zur Rettung, sondern der Wille zur Ausnützung."

Diese Aussagen und Anklagen jüdischer Autoren, namhafter jüdischer Historiker und Holocaustforscher sowie angesehenster Wortführer des Judentums bestätigen zweifelsfrei, daß der Staat Israel dem jüdischen Opfergang überhaupt erst seine Existenz verdankt. „Ohne Hitler kein Israel", schreibt kein Geringerer als Sebastian Haffner. Ein Paradoxon ohnegleichen in der Geschichte: Hitler, der Mann, der wider seinen Willen am meisten zur Entstehung des Staates Israel beigetragen hat: als „Mörder der Juden" und „Vater des Staates Israel".

Die Wannsee-Konferenz

Nachdem alle Versuche, das Judenproblem durch Auswanderung endgültig zu lösen, gescheitert waren, gab Göring auf Anordnung Hitlers am 31. Juli 1941 dem Chef des Reichssicherheitshauptamtes (RSHA), SS-Obergruppenführer Reinhard Heydrich, den Auftrag, alle Vorbereitungen für eine Gesamtlösung der Judenfrage zu treffen. Heydrich hatte es scheinbar nicht eilig, diesem Auftrag nachzukommen, denn erst nach einem halben Jahr, am 20. Januar 1942, berief er in Berlin-Wannsee die berüchtigte „Wannsee-Konferenz" ein, bei der „erstmals" über die „Endlösung der Judenfrage" im Hitlerschen Herrschaftsbereich beraten und, wie es heißt, auch beschlossen wurde.

Es ist allerdings unrichtig, daß der Begriff „Endlösung" bei dieser Konferenz „erstmals" verwendet wurde. Denn er wurde schon seit 1940 gebraucht, und zwar stets im Sinn von Auswanderung oder Staatengründung. Bei der Wannsee-Konferenz wird jedoch der Plan zur „Endlösung der Judenfrage" in der offiziellen Zeitgeschichtsliteratur immer als „endgültige physische Vernichtung der Juden" verstanden, was das sogenannte „Wannsee-Protokoll" beweisen soll. Die ständige Wiederholung dieser These in Zeitungen, Büchern, Schulbüchern, in Hörfunk und Fernsehen, bei Gedenkfeiern und in Reden hat heute dazu geführt, daß sie als unumstößliche historische Wahrheit empfunden und geglaubt wird.

Das „Wannsee-Protokoll" hat der stellvertretende amerikanische Hauptankläger beim Nürnberger Kriegsverbrecherprozeß, der aus Deutschland stammende jüdische Jurist Robert Kempner, 1947 nach eigenen Angaben in den Akten des Deutschen Auswärtigen Amtes gefunden, wobei die näheren Umstände unbekannt sind. Es handelt sich, laut Kempner, um die 16. Ausfertigung von dreißig verteilten Aufzeichnungen. Die übrigen 29 sind bis heute unauffindbar.

Hören wir, was Kempner, der eigentliche Kopf der Anklage, in seinem Buch

„Das Dritte Reich im Kreuzverhör" zum Wannsee-Protokoll zu sagen hat: „Eines der furchtbarsten Dokumente der Geschichte ist das Protokoll der Staatssekretärekonferenz vom 20. Januar 1942, der sogenannten Wannsee-Konferenz, über die Endlösung der Judenfrage. Reinhard Heydrich, der Chef des Reichssicherheitshauptamtes, hatte die höchsten Vertreter der obersten Reichsbehörden eingeladen, um mit den einzelnen Ministerien die Ausrottung der europäischen Juden zu koordinieren, deren Zahl er auf etwa 11 Millionen bezifferte. Er trug die Einzelheiten der beabsichtigten Endlösung unmißverständlich vor. Der Plan, dem mehr als die Hälfte der europäischen Juden zum Opfer fiel, hatte, wie das Protokoll ausweist, das folgende Ziel: ‚Unter entsprechender Leitung sollen nun im Zuge der Endlösung die Juden in geeigneter Weise im Osten zum Arbeitseinsatz kommen. In großen Arbeitskolonnen, unter Trennung der Geschlechter, werden die arbeitsfähigen Juden straßenbauend in diese Gebiete geführt, wobei zweifellos ein Großteil durch natürliche Verminderung ausfallen wird. Der allfällig endlich verbleibende Restbestand wird, da es sich bei diesem zweifellos um den widerstandsfähigsten Teil handelt, entsprechend behandelt werden müssen, da dieser, eine natürliche Auslese darstellend, bei Freilassung als Keimzelle eines neuen jüdischen Aufbaues anzusprechen ist (siehe die Erfahrung der Geschichte).‘ "

Grundsätzlich gilt: Wenn ein Dokument irgend etwas beweisen soll, so muß zunächst einmal bewiesen werden, daß, erstens, das Dokument echt ist, und daß, zweitens, die darin enthaltenen Informationen sachlich richtig sind.

Die Revisionisten, auf die noch zurückzukommen sein wird, weisen darauf hin, daß dem Wannsee-Protokoll jedoch die zur Prüfung der Echtheit eines Dokuments üblichen und wesentlichen Merkmale fehlen, wie etwa: Das Papier hat keinen Briefkopf. Die versendende Dienststelle ist nicht genannt. Es fehlen Datum, Aktenzeichen, Ausstellungsort, Unterschrift. Es fehlt die Angabe, wer das Protokoll geschrieben und wer dessen Richtigkeit bescheinigt hat. Es fehlt der Eingangsstempel des Auswärtigen Amtes, das als Empfänger bei der 16. Ausfertigung (der einzigen, die es von 30 gibt) genannt wird. Und überdies steht der wichtigste Teilnehmer, Heydrich, nicht auf der Teilnehmerliste. Daraus allein schon leiten die Revisionisten ganz zwangsläufig gewisse Zweifel an der Echtheit des Dokuments ab.

Und was die darin enthaltenen Informationen betrifft: Es stimmt nicht, wie Kempner behauptet, daß die „höchsten Vertreter der obersten Reichsbehörden" zur Konferenz eingeladen worden waren. Es war nicht ein einziger Minister als Ressortchef einer obersten Reichsbehörde eingeladen und anwesend. Die mächtigsten Männer fehlten überhaupt: Göring, Himmler, Goebbels (und vermutlich auch Heydrich, da er nicht auf der Teilnehmerliste stand). Eingeladen waren durchwegs mittlere Ministerialbeamte, also nur die zweite Garnitur. Daher stellt sich die Frage, ob es überhaupt denkbar ist, daß die Versammelten aufgrund ihrer Zusammensetzung die Vollmacht besitzen konnten, ein derart gigantisches Mordprogramm – noch dazu ein geheim zu haltendes – zur totalen physischen

Vernichtung der europäischen Juden beraten und auch beschließen zu können. Laut Kempner bezifferte Heydrich im Protokoll die Anzahl der europäischen Juden, die es zu vernichten galt, auf etwa 11 Millionen. Selbst die herrschende Meinung geht davon aus, daß von den rund 16 Millionen Juden, die es damals auf der ganzen Welt gab, nicht annähernd diese Zahl im Zugriffsbereich Hitlers war.

Des weiteren behauptet Kempner, daß Heydrich die Einzelheiten der beabsichtigten Endlösung „unmißverständlich vortrug". Das Wannsee-Protokoll enthält an keiner einzigen Stelle auch nur einen Hinweis auf einen Ausrottungsplan, auf physische Liquidierung, Vernichtungslager oder auf Gaskammern, was selbst von kompetenter jüdischer Seite bestätigt wird. So vermerkt in der jüdischen Zeitschrift „Das wiedergefundene Land" vom 15. Dezember 1960 Dr. Kubovy von der Jüdischen Dokumentationszentrale in Tel Aviv, „daß es nicht ein einziges Schriftstück mit der Unterschrift Hitlers, Himmlers oder Heydrichs gibt, in dem davon die Rede ist, die Juden zu vernichten, und daß das Wort Vernichtung in dem Schreiben Görings an Heydrich über die ‚Endlösung' der Judenfrage nicht vorkommt."

Laut Kempner enthält das Protokoll das Ziel, die arbeitsfähigen Juden in großen Arbeitskolonnen, unter Trennung der Geschlechter „...straßenbauend in diese Gebiete (im Osten) zu führen". Auf diese Weise wurde aber keine einzige Straße gebaut, da die deportierten Juden per Massentransport direkt in die Konzentrationslager oder in die Ghettos eingeliefert wurden. Somit sind nach Ansicht der Revisionisten auch die im Wannsee-Protokoll enthaltenen Informationen bzw. Folgerungen, die daraus Kempner zieht, sachlich unrichtig, wodurch ihm der Charakter eines beweiskräftigen Dokuments abzusprechen ist und die Zweifel an seiner Echtheit bestärkt werden.

Als weiteres Indiz gegen die Echtheit des Protokolls wird von revisionistischer Seite ins Treffen geführt, daß alle Dienststellen, insbesondere das Büro des Chefs der Sicherheitspolizei und des SD – also das Büro Heydrichs, welcher die Konferenz einberufen hatte –, die Abkürzung für SS immer mit dem sogenannten SS-Runen-Symbol schrieben, wofür bei den damaligen Schreibmaschinen eine eigene Type vorhanden war. Im Wannsee-Protokoll fehlt jedoch das Runen-Symbol und wird die Abkürzung mit den gewöhnlichen Buchstaben SS geschrieben, was darauf hinweist, daß es kaum zur Zeit der Konferenz geschrieben wurde, sondern erst nachträglich.

Überdies wird darauf hingewiesen, daß das Protokoll Amerikanismen enthält, die ebenfalls als Indiz gegen seine Echtheit sprechen. Zum Beispiel: „Das Aufgabenziel war..." Im Deutschen müßte es heißen: „Das Ziel war..." Oder: „Die Aufgabe war... in den privaten Berufen, Heilkunde, Presse, Theater, usw." Auch hier wieder eine schlechte Verdeutschung aus dem amerikanischen Sprachgebrauch. Die „privaten Berufe" heißen auf deutsch „freie Berufe". Und die darin Tätigen heißen Ärzte, Journalisten, Künstler.

Es werden noch einige Beispiele dieser Art genannt, um den Verdacht zu begründen, daß der Verfasser des Protokolls, der angeblich Eichmann gewesen sein soll, und jener der von Kempner aufgefundenen Abschrift nicht die gleiche Person waren. Sie scheint jemand gewesen zu sein, der die deutsche Sprache nicht (oder nicht mehr) vollkommen beherrschte und vermutlich unter großem Zeitdruck stand.

Beim Wannsee-Protokoll drängt sich der Vergleich mit dem dubiosen Hoßbach-Protokoll auf, welches beim Nürnberger Kriegsverbrecherprozeß zum „bedeutendsten Dokument aller Zeiten" aufgemacht wurde. Sollte das Hoßbach-Protokoll, wie kein anderes Dokument, Hitlers festen Entschluß zur Vorbereitung und Entfesselung eines europäischen Angriffskrieges beweisen, so soll das Wannsee-Protokoll seinen ebenso festen Entschluß zur physischen Vernichtung der europäischen Juden dokumentieren. Es ist somit das zentrale Belastungsdokument bezüglich des Holocaust. Wenn man bedenkt, daß seit Jahrzehnten vergeblich nach einem schriftlichen oder mündlichen Befehl Hitlers zur totalen Judenausrottung gefahndet wird, so wäre es denkbar, daß man die Wannsee-Konferenz zu einem Ersatz für diese fehlende Lücke aufwerten wollte, indem das Protokoll zu einem der „furchtbarsten Dokumente der Geschichte" erklärt wurde.

Auch hier, wie beim Hoßbach-Protokoll, gibt es jedoch nicht nur von Revisionisten, sondern auch von zahlreichen namhaften Historikern vorgebrachte, schwerwiegende, quellenkritische Bedenken. Zu jenen, die gegen das Wannsee-Protokoll solche Bedenken vorbringen, gehört u.a. der bekannte jüdische Geschichtswissenschaftler und Holocaustforscher Professor Arno J. Mayer. In seinem Werk „Why did the heavens not darken – The final solution in history" behauptet er, die systematische Vernichtung der Juden sei selbst nach der Wannsee-Konferenz keineswegs amtliche deutsche Politik gewesen. Die Konferenz hatte keinen klaren Plan oder Beschluß zur „Endlösung der Judenfrage" gefaßt. Im Vordergrund habe – ungeachtet einzelner Ausschreitungen und Vergeltungsaktionen – weiterhin die Umsiedlung der Juden in den Osten gestanden. Noch deutlicher drückt sich der ebenso angesehene jüdische Holocaustforscher Professor Yehuda Bauer aus: „Die Öffentlichkeit wiederholt immer noch von Zeit zu Zeit die törichte Geschichte („the silly story", im Originaltext), daß am Wannsee die Vernichtung der Juden beschlossen wurde" (In: „The Canadian Jewish News" vom 20. Januar 1982).

Ein weiterer Historiker ist Kurt Pätzold, Professor für deutsche Geschichte an der Berliner Humboldt-Universität, ein schon zu DDR-Zeiten angesehener „Faschismus-Forscher". In der Ausgabe vom 2. Januar 1992 „Aus Politik und Zeitgeschichte" (Beilage zur Wochenzeitung „Das Parlament") schreibt er u.a.: „Es ist von dieser Beratung wieder und wieder gesagt und geschrieben worden, ihre Teilnehmer hätten den Mord an den Juden Europas beschlossen. Diese Vorstellung hat sich gegenüber dem tatsachengesättigten Widerspruch der Historiker als außerordentlich resistent erwiesen. Das falsche Bild bedient offenbar das Bedürfnis, die ungeheuerliche Absicht, Millionen von Menschen kaltherzig zu töten, an einen bestimmten Personenkreis zu binden, den Entschluß auf Tag und Stunde zu datieren, und sich einen Ort vorzustellen, an dem ‚es sich ereignete'." Und an anderer Stelle: „Die vorurteilsfreie Kenntnisnahme des ‚Besprechungsprotokolls' überzeugt davon, daß die Versammelten nichts beschlossen, was als gedanklicher und befehlsmäßiger Ausgangspunkt des Verbrechens gewertet werden könnte."

Am 22. Juni 1992 berichtete die „Frankfurter Allgemeinen Zeitung", seit Jahrzehnten habe die Wannsee-Konferenz eine zentrale Rolle gespielt, wenn es darum gegangen sei, den Beschluß zur Ermordung von sechs Millionen Juden in Europa zeitlich zu fixieren. Hingegen: „Die Geschichtsforschung weist der Konferenz schon seit langem eine wesentlich untergeordnetere Bedeutung zu."

Es gibt aber auch Historiker, die das Wannsee-Protokoll als glatte Fälschung bezeichnen, wie etwa Udo Walendy. Sie stützen ihren Vorwurf nicht nur auf die zahlreichen, gegen die Echtheit des Protokolls sprechenden Indizien, sondern auch auf die angebliche Existenz einer riesigen Fälscherzentrale in einem jüdischen DP-Lager (displaced person) bei München, und dehnen ihren Fälschungsvorwurf auf viele andere Dokumente, wie Fotos oder Ausschnitte aus angeblichen Reden Himmlers oder Hitlers aus, worauf Ernst Nolte in seinem Werk „Streitpunkte" hinweist.

Zu dieser Behauptung von der Existenz einer Fälscherzentrale schreibt J. C. Burg (Ginsburg) in seinem Buch „NS-Verbrechen": „Das jüdische DP-Lager Föhrenwald-Wolfratshausen, 20 km von München entfernt gelegen, beherbergte die größten Dokumentenfälscher- und Fotomontage-Ateliers im besetzten Deutschland. Gegründet 1945 und aufgelöst 1948, ging ein Teil an die CIA (US-Geheimdienst) in Deutschland, ein Teil wurde nach Washington geschickt, und der größte Anteil ging nach Tel Aviv. In Tel Aviv wird diese Kunst der Dokumentenherstellung noch eifrigst und perfektioniert betrieben."

Was geschah mit den Teilnehmern an der Wannsee-Konferenz, die laut Angaben Kempners und nach der seitherigen, bis heute geltenden offiziellen Version über diese Konferenz den Plan zur physischen Ausrottung der europäischen Juden besprochen und auch beschlossen haben? Merkwürdigerweise nichts. Denn keiner der angeblichen oder tatsächlichen Teilnehmer an der Konferenz wurde wegen Vorbereitung eines Völkermordes oder Kriegsverbrechen angeklagt oder verurteilt!

Selbst beim Jerusalemer Prozeß gegen Eichmann spielte dessen Teilnahme an der Konferenz nicht die geringste Rolle. Lediglich als angeblicher Protokollführer oder -schreiber wurde er gehört. Verurteilt wurde er aufgrund anderer Vorwürfe.

In der Villa am Großen Wannsee geht der Betrieb jedoch ungehindert weiter. Schulklassen sowie in- und ausländische Gruppen werden regelmäßig durch die zum Museum gestalteten Räume geführt und hören die Geschichte vom Befehl Hitlers an Göring, vom Plan und vom Beschluß zur endgültigen Judenausrottung, der hier gefaßt wurde. Diese Bestrebungen dauern unvermindert an, um noch fünfzig Jahre nach Kriegsende das „volkspädagogisch erwünschte Geschichtsbild" (Golo Mann) zu erhalten bzw. zu verteidigen.

Hitlers Reichstagsrede

Als ein anderer Beweis für Hitlers Entschluß, die europäischen Juden physisch zu vernichten, gilt seine Reichstagsrede vom 30. Januar 1939, sieben Monate vor Kriegsbeginn, in der er die vielzitierten Worte sprach: „Ich will heute wieder ein Prophet sein: Wenn es dem internationalen Finanzjudentum in- und außerhalb Europas gelingen sollte, die Völker noch einmal in einen Weltkrieg zu stürzen, dann wird das Ergebnis nicht die Bolschewisierung der Erde und damit der Sieg des Judentums sein, sondern die Vernichtung der jüdischen Rasse in Europa."
In der Tat: eine entsetzliche Drohung.
Frage: Muß aber damit unbedingt die physische Vernichtung gemeint gewesen sein? Einen Gegner oder Feind – und das waren für Hitler vor allem die Juden – zu „vernichten", kann ebenso heißen, ihn zu töten, wie auch seinen Einfluß (in Politik, Finanz, Wirtschaft, Presse), seine Macht und die von ihr ausgehende vermeintliche Bedrohung oder Gefahr auszuschalten, zu „vernichten". So wie beispielsweise in der militärischen Sprache die „Vernichtung" des Feindes oder einer Einheit des Kriegsgegners nicht deren physische Vernichtung bedeuten muß, sondern deren Ausschaltung und Unschädlichmachung – etwa durch Gefangennahme.
Nicht nur Hitler bediente sich häufig eines verbalen Radikalismus. Auch Churchill, wenn er z.B. als Kriegsziel die „Vernichtung Nazi-Deutschlands" nannte und damit wohl kaum die physische Vernichtung aller Deutschen meinte. Verbaler Radikalismus heißt noch lange nicht Umsetzung in die Tat.
Aber ganz abgesehen davon muß man für eine differenziertere Interpretation dieser Rede den Kontext insgesamt berücksichtigen und nicht nur diese eine Stelle isoliert zitieren, wie Jehuda Bauer in seinem in deutscher Übersetzung 1996 erschienenen Buch „Freikauf von Juden" ausdrücklich betont. Denn Hitler sprach auch davon, daß der Westen die Juden in den riesigen Gebieten ansiedeln solle, über die er verfügt. „Die Welt hat Siedlungsraum genug", sagte er. Nach Ansicht Bauers lief die Rede letzten Endes nicht auf die physische Vernichtung der europäischen Juden hinaus, sondern auf deren Umsiedlung im Rahmen eines internationalen Abkommens, wie es etwa der Madagaskar-Plan vorsah. In diesem Sinn waren in Hitlers Rede auch folgende Worte zu hören: „Dann kann ich noch einen Vorschlag machen: Die reichen Juden können in Nordamerika, Kanada oder sonstwo ein großes Territorium für ihre Glaubensgenossen kaufen."
Wurde denn mit Kriegsausbruch 1939 diese ungeheuerliche Vernichtungsdro-

hung gleich in die Tat umgesetzt? Nein, sie wurde es nicht, jedenfalls nicht bis Anfang 1942. Denn, wie der englisch-jüdische Historiker und bedeutendste Holocaustforscher Raoul Hilberg in seinem Standardwerk „Die Vernichtung der europäischen Juden" bestätigt, wurden die Einrichtungen für Massentötungen, die Gaskammern, erst Anfang 1942 in den in Polen gelegenen Lagern installiert und im Frühjahr 1942 in Betrieb genommen. Bis in das dritte Kriegsjahr hinein, als die Massendeportationen nach dem Osten begannen, wurde die Auswanderung weiterhin gefördert und forciert.

Liegt da nicht ein Widerspruch vor? Schließen nicht Auswanderung und Ausrottung einander aus? Wird die in der etablierten Zeitgeschichtsliteratur und in Schulbüchern festgeschriebene These von Hitlers Ausrottungsplan nicht auch dadurch widerlegt? Wenn er die Juden tatsächlich schon 1939 physisch vernichten hätte wollen, so hätte er doch logischerweise jegliche Auswanderung striktestens verbieten müssen, spätestens ab dem Tag seiner Reichstagsrede, in der er die „Vernichtung" der europäischen Juden androhte; zumal jeder ausgewanderte Jude die Feinde Deutschlands in der Welt stärkte.

Sogar noch nach der Drohrede Hitlers berichtete George Rublee, Direktor des zwischenstaatlichen Komitees der Evian-Konferenz für Einwanderungsfragen: „Es ist festgestellt worden, daß Deutschland bereit ist, eine Politik einzuschlagen, die die organisierte Auswanderung von Juden in jeder Weise erleichtert und fördert", wie der halbjüdische Autor Robert Vogel in seinem 1977 erschienenen Buch „Ein Stempel hat gefehlt" erklärt. Ja sogar noch später, bis ins vierte und fünfte Kriegsjahr hinein, waren in einigen Fällen Rettungsaktionen größeren Ausmaßes für Juden aus Hitlers Machtbereich möglich.

Jüdische Auswanderung während des Krieges

So konnten im Oktober 1943 7.200 Juden aus Dänemark, wo es nur wenige Juden gab, herausgebracht werden. Das Unternehmen kostete pro Person 250 Dollar.

Auch im besetzten Griechenland wurde während des Krieges Tausenden griechischer Juden – Nachfahren der einst aus Spanien vertriebenen – dank Franco, der ihnen die spanische Staatsbürgerschaft verlieh, ermöglicht, Hitlers Machtbereich zu verlassen und nach Spanien zu gehen. In seiner in mehrere Sprachen übersetzten Franco-Biographie spricht Claude Martin von rund 60.000 Juden, die so gerettet werden konnten, was auch Raoul Hilberg bestätigt, der allerdings (vermutlich wegen des „Faschisten" Franco) nur von ein paar tausend spricht. Auch bei Mussolini fanden Tausende Juden Schutz und Zuflucht. In der italienischen Zone Südfrankreichs lebten im Sommer 1943 etwa 50.000 geflüchtete Juden, die alle unter dem uneingeschränkten Schutz der italienischen Regierung standen und von jüdischen Hilfsorganisationen unterstützt wurden, wie Gerald Reitlinger in seinem Werk „Endlösung" bestätigt. Auch Jehuda Bauer hebt Italien als „Beispiel" für den Schutz von Juden hervor. Ebenso fanden im Vatikan unter Pius XII. Tausende Juden Zuflucht.

Noch 1944 – ein Jahr vor Kriegsende – hat Ira Hirschmann, während des Zweiten Weltkrieges Vertreter des „War Refugee Board", mit dem rumänischen Botschafter Cretsianu (Rumänien war mit Deutschland verbündet) über die Auflösung eines Lagers in Transnistrien verhandelt und über 5.000 jüdische Kinder herausgebracht. Ja sogar Himmler machte eine große Konzession, indem er gegen Ende 1944 Tausenden jüdischen KZ-Häftlingen gestattete, in die Schweiz und nach Schweden zu gehen, und Lastwagen des Internationalen Roten Kreuzes erlaubte, in Konzentrationslagern Lebensmittel zu verteilen, nachdem bereits zuvor SS-Standartenführer Becher in Bern mit Vertretern des „War Refugee Board" über diese Lieferaktion verhandelt hatte, wie selbst der angesehene jüdische Holocaustforscher Raoul Hilberg in seinem dreibändigen Standardwerk „Die Vernichtung der europäischen Juden" bestätigt.

Sogar noch 1945 kam es zur Freilassung Tausender KZ-Häftlinge. Wie Jehuda Bauer in „Freikauf der Juden" berichtet und zweifelsfrei belegt, setzte sich der Schwede Graf Folke Bernadotte, Präsident des schwedischen Roten Kreuzes, im Frühjahr 1945 – zwei Wochen vor Kriegsende – bei Himmler für die Freilassung von KZ-Häftlingen ein. In der Nacht vom 23. April erklärte Himmler dem schwedischen Grafen, er dürfe so viele Menschen mitnehmen, wie er könne, einschließlich aller Skandinavier. Es gelang Bernadotte, insgesamt etwa 21.000 Menschen nach Schweden zu bringen.

Es wäre freilich falsch, zu glauben, Himmler hätte diese Freilassungen von KZ-Häftlingen knapp vor Kriegsende aus einer plötzlichen Judensympathie oder aus Mitleid erlaubt. Er tat es wohl in der Hoffnung, um im letzten Moment, als die Niederlage Deutschlands gewiß war und unmittelbar bevorstand, seine eigene Haut zu retten.

Auch Carl Jacob Burckhardt, Präsident des Internationalen Komitees vom Roten Kreuz, wollte im Frühjahr 1945 ein Gespräch mit Himmler führen, um die Repatriierung Tausender französischer Häftlinge, vor allem Frauen, Kinder und alte Leute, aus dem Frauenkonzentrationslager Ravensbrück zu erreichen. Statt mit Himmler traf Burckhardt am 12. März 1945 in Feldkirch (Vorarlberg) mit dem Chef des Reichssicherheitshauptamtes, Ernst Kaltenbrunner, zusammen. Auch er konnte einige der Konzessionen erreichen, die Himmler Bernadotte zugestanden hatte. Das Rote Kreuz durfte nicht nur Häftlinge mit Lebensmitteln und Medikamenten versorgen – was in den letzten Kriegswochen wegen des Zusammenbruchs der Versorgung in den Konzentrationslagern selbst kaum mehr möglich war –, sondern es wurden auch mehr als 10.000 Gefangene, vor allem Frauen, Kinder und ältere Leute, aus Ravensbrück und anderen Lagern befreit. Ein Großteil von ihnen war Juden. Auch dies wird sowohl von Bauer als auch von Hilberg bestätigt.

Unter all diesen Rettungsaktionen ist auch über den im April 1944 von Eichmann unternommenen Versuch zu berichten, eine Million Juden gegen Liefe-

rung von zehntausend Lastkraftwagen freizulassen. Der SS-Obersturmbann-
führer ließ im April 1944 den Gründer und Vorsitzenden des jüdischen Ret-
tungskomitees in Ungarn, Joel Brand, auf seine Dienststelle in Budapest kom-
men, um ihm den Vorschlag zu unterbreiten, gegen die Lieferung von 10.000
LKWs (da es an Transportmitteln für den Nachschub an die Front fehlte)
1,000.000 Juden freizulassen. Himmler billigte den Plan. Brand reiste nach
Istanbul, um mit der dortigen „Jewish Agency" unter ihrem Leiter Chaim
Barlasz darüber zu verhandeln. Nach wiederholten Besprechungen gewann
Brand zu seiner größten Enttäuschung den deutlichen Eindruck, daß die „Jewish
Agency" zu dem Handel nicht bereit war. Sie veranlaßte Brand, nach Aleppo,
im damals britisch besetzten Syrien, weiterzureisen, um dort mit Moshe Shertock, einer hohen jüdischen Führerpersönlichkeit, zusammenzutreffen und wei-
terzuverhandeln. Am 7. Juni 1944 traf Brand in Aleppo ein. Als er aus dem
Flugzeug stieg, drängten ihn zwei britische Geheimpolizisten in einen warten-
den Jeep. Brand versuchte erfolglos, sich zu widersetzen. Erst am 11. Juni wurde es Shertock gestattet, Brand in Aleppo zu befragen. Im Anschluß an diese
mehrstündige Befragung beriet sich Shertock mit den britischen Behörden.
Dann teilte er mit, Brand müsse aufgrund eines Beschlusses von höchster Stelle nach Ägypten weiterreisen. Er wurde nach Kairo gebracht, wo er durch den
englischen Geheimdienst ausgiebig vernommen wurde. Da Brand inzwischen
sein Vertrauen zu zionistischen Führern und zur „Jewish Agency" verloren
hatte, beabsichtigte er, das deutsche Angebot dem britischen Gouverneur in
Ägypten, Lord Moyne, vorzulegen. Dazu kam es aber nicht, denn Brand wurde verhaftet und war somit ein Gefangener der englischen Krone. Seine Mission war gescheitert, da die Engländer, insbesondere Außenminister Eden, die
Meinung vertraten, es könne nichts geben, „was so aussieht, als würden wir mit
dem Feind verhandeln", wie, laut Raoul Hilberg, Shertock an Ben Gurion und
Nahum Goldmann berichtete und wie aus dem Weizmann-Archiv zu ersehen
ist.
Zu diesem Zeitpunkt war zwar auch nach Auffassung der offiziellen Holocaust-
Literatur das Vernichtungsprogramm bereits gestoppt, dennoch hätte diese
Aktion Zehn-, wenn nicht Hundertausenden das Leben retten können. Waren
sowohl die hygienischen und gesundheitlichen Verhältnisse (Seuchengefahr!)
als auch die Nahrungsmittelversorgung in den Konzentrationslagern stets
schlecht gewesen, wurden sie nun Ende 1944/Anfang 1945 durch den militärischen Zusammenbruch des Dritten Reiches katastrophal. In einer Zeit, in der
Armee wie Zivilbevölkerung bei weitem nicht mehr ausreichend mit Medikamenten und Nahrung versorgt werden konnten, waren die Lagerinsassen noch
um vieles schlechter gestellt. Die Schreckensbilder, die sich den Amerikanern
und den anderen Alliierten dann boten, mit Zehntausenden oft noch unbestat-
teten, frisch verhungerten Leichnamen in den Lagern und weiteren Zehntausenden Insassen knapp vor dem Hungertod – von denen eine große Zahl auch
von den Alliierten trotz aller Bemühungen um rasche Versorgung nicht mehr

gerettet werden konnten –, diese Schreckensbilder sind vor allem auf die chaotischen Zustände vor Kriegsende zurückzuführen. Ein Austausch wie der oben geschilderte hätte diese unglücklichen Menschen vor ihrem furchtbaren Ende bewahren können.

Die größte Verantwortung für diese mißlungene Rettungsaktion trügen die Engländer, meint kein Geringerer als Nahum Goldmann. Ganz offenkundig wußten sie nicht, was sie mit einer Million Juden anfangen sollten, die niemand auf der Welt aufnehmen wollte, obwohl England damals noch die halbe Welt beherrschte. Das „Life"-Magazin vom 5. Dezember 1960 zitierte Eichmann bei seinem Prozeß in Jerusalem mit den Worten: „Es war einfach eine Tatsache, daß es keinen Ort auf der Welt gab, der bereit gewesen wäre, die Juden aufzunehmen." – Wären diese Rettungsaktionen und insbesondere das von Eichmann angebotene Tauschgeschäft, entgegen dem Ausrottungsplan Hitlers, überhaupt möglich gewesen?

In „Das jüdische Paradox" schreibt Goldmann: „...Aber 1945 gab es an die sechshunderttausend jüdischer KZ-Überlebender, die kein Land aufnehmen wollte. Dies ist ebenfalls eine historische Tatsache." Also nicht einmal nach Kriegsende, als das gesamte Ausmaß des Leidensweges der europäischen Juden der ganzen Welt bekannt wurde, wollte kein Land die Überlebenden 600.000 aufnehmen. Sie mußten jahrelang in DP-Lagern in Deutschland ausharren, bis sie schließlich irgendwo auf der Welt ein neues Zuhause fanden, da die meisten von ihnen in ihrer alten Heimat – ob Polen, Deutschland, Österreich oder die Tschechoslowakei – aus begreiflichen Gründen nicht mehr bleiben bzw. zurückkehren wollten. Auch hier stellt sich die Frage, wie diese „historische Tatsache" der 600.000 überlebenden Juden mit Hitlers Ausrottungswillen zu vereinbaren sein könnte.

In der Forschung über den Holocaust gibt es den Streit zwischen den sogenannten „Intentionalisten" und den sogenannten „Funktionalisten". Erstere gehen davon aus, daß es einen Ausrottungsplan, eine Absicht, eine Intention zur Ausrottung der Juden gegeben hat, die schon lange vor Kriegsbeginn, ja in den Köpfen der führenden Nationalsozialisten schon lange vor 1933 bestanden hat und eben erst durch den Krieg mit der Sowjetunion in die Tat umgesetzt werden konnte. Die „Funktionalisten" hingegen bestreiten das Vorhandensein eines solchen Planes. Ihrer Auffassung nach hat sich die Massenvernichtung aus dem organisatorischen Chaos des Dritten Reiches heraus ergeben, als die zuständigen deutschen Stellen im „Generalgouvernement" vor dem Problem standen, plötzlich hunderttausende aus Westeuropa deportierte Juden aufnehmen zu müssen. (Zudem waren 1941/42 Millionen sowjetische Kriegsgefangene gemacht worden, von denen im ersten Winter ein hoher Prozentsatz elend umkam, da die deutschen Stellen bei weitem nicht auf diese Masse an Gefangenen vorbereitet waren und schon genug Probleme mit der Versorgung der Wehrmacht in Rußland, in dem ja nicht von langer Hand vorbereiteten Winterkrieg, hatten.) Solche Menschenzusammenballungen ohne ausreichend Nahrung, Unterkunft und Medikamente führten dann zwangsläufig zum Ausbruch von Seuchen, die wie die große Typhus-Epidemie in Auschwitz unzählige Todesopfer forderten. Ernst Nolte zeigt in seinem Buch „Streitpunkte", wie die „Funktionalisten" mit Briefen und Dokumenten belegen, daß aus dieser Situation heraus die Idee zur „Vergasung" geboren wurde, sogar mit dem perversen „humanitären" Argument, alle jene, die ohnehin kaum Überlebenschancen hätten, rasch und schmerzlos zu töten und damit Seuchen und Hungersnöte abzuwenden (und so auch den Rest dem Dritten Reich als Arbeitskräfte zu erhalten). Betrachtet man die weit in den Krieg hineingehenden und eigentlich nie ganz abgerissenen Bemühungen führender Stellen des Dritten Reiches um Auswanderung für möglichst viele Juden, so verwirft sich die jüngst von Daniel Goldhagen aufgewärmte intentionalistische These von vornherein, und es bleibt eigentlich nur der funktionalistische Erklärungsansatz übrig.

Weiße Flecken der Holocaust-Forschung

Immer noch aber gibt es Fragen über Fragen, die bis heute unbeantwortet geblieben sind. Und weshalb? Weil es sich bei der NS-Judenpolitik, bei der sogenannten „Endlösung" und beim Holocaust, um *das* Tabu-Thema schlechthin handelt, an das zu rühren unweigerlich einen Sturm der Empörung auslöst. Daher ist bis heute seitens der Vertreter der Vernichtungsthese eine kritische Prüfung des Holocaust und seiner Vorgeschichte unterblieben, während gleichzeitig jede kritische Prüfung und Hinterfragung von anderer Seite, die nicht zum gleichen Ergebnis kommt, mit Entrüstung zurückgewiesen, unterdrückt, totgeschwiegen, ja in manchen Fällen sogar strafrechtlich verfolgt wird. Handelt es sich doch bei diesem gesamten Themenkomplex nach offizieller und amtlicher Version sowie angewandter Gerichtspraxis um „offenkundige Tatsachen, die keines weiteren Beweises bedürfen" – eine Formulierung, die vom Nürnberger Militärtribunal erstmalig angewendet wurde.

In dem 1990 erschienenen umfassenden Werk „Die Schatten der Vergangenheit", mit Beiträgen zahlreicher namhafter Autoren, das dem bedeutenden deutschen Historiker und langjährigen Leiter des Münchner „Instituts für Zeitgeschichte", Martin Broszat, „zum Gedenken" gewidmet ist, steht im Vorwort zu lesen: „Immerhin macht die Behauptung die Runde, keine historische Epoche sei so gut erforscht wie die des Nationalsozialismus. Insbesondere über den Massenmord an den europäischen Juden wüßten wir bereits alles Wesentliche. Doch obgleich die Werke über die nationalsozialistische Judenpolitik Bibliotheken füllen, müssen zentrale Fragen nach wie vor als ungelöst gelten. Übereinstimmungen sind oft... nur der Tatsache zu verdanken, daß Historiker besonders eifrig voneinander abgeschrieben haben. Wie das Beispiel der bislang in weiten Teilen unbekannten Geschichte des Juden-Massenmordes im Baltikum verdeutlicht, gibt es weiterhin viele ‚weiße Flecken' in der Holocaust-

Forschung." (In den baltischen Staaten [Lettland, Estland, Litauen] wurden nach der Eroberung durch die Deutschen Tausende Juden von der einheimischen Bevölkerung umgebracht, als Vergeltung für die Liquidierung und Deportation eines Großteils der dortigen Intelligenz, wofür jüdische Polit-Kommissare verantwortlich gemacht wurden.)

Einer dieser vielen „weißen Flecken" ist die ungelöste Frage nach Hitlers direkter und unmittelbarer Verantwortung für den Massenmord an Juden. Denn es gibt weder einen schriftlichen Befehl dazu noch einen Beweis für einen mündlichen.

Den Zündstoff zu dieser Frage lieferte das 1977 erschienene und in mehrere Sprachen übersetzte dreibändige Werk des englischen Journalisten und Historikers David Irving, „Hitlers war". Darin vertritt und begründet Irving die These, daß die Ermordung der europäischen Juden von Himmler und Heydrich ohne Wissen Hitlers in Gang gesetzt wurde, was in weiten Kreisen Empörung hervorrief. Dennoch hat sich aber einer der angesehensten und völlig NS-unverdächtigen Historiker Deutschlands, Martin Broszat, mit Irvings These und Argumentation ernsthaft befaßt und kommt dabei selbst zu einer „revisionistischen" Interpretation der Genesis der „Endlösung", obwohl er kein revisionistischer Historiker ist, wohl aber als erster, mit Nolte, eine „Historisierung" der Epoche des Nationalsozialismus verlangte – statt einer „Dämonisierung". Galt es bisher als unumstritten, Hitler sei der alleinige Initiator der „Endlösung" gewesen, so kommt Broszat zu dem Schluß, das Geschehen habe sich relativ unabhängig von ihm entwickelt. In seiner Schrift „Die Genesis der ‚Endlösung'" meint er: „Daß die Endlösung ins Werk gesetzt wurde, ist keineswegs allein auf Hitler zurückzuführen, sondern auf die komplexe Struktur des Entscheidungsprozesses im Dritten Reich, die zu einer fortschreitenden Radikalisierung führte."

Ähnlich wie Broszat, wendet sich auch der bekannte amerikanisch-jüdische Historiker Arno J. Mayer in seiner vielbeachteten Studie „Der Krieg als Kreuzzug" dagegen, eine, wie er schreibt, „alleinige und direkte Verantwortlichkeit Hitlers" zu postulieren. Auch er bestreitet darin, daß Hitler und die Nazis den Judenmord von Anfang an geplant hätten. Für Hitler, Himmler und Heydrich sei die Errichtung der Judenreservate (Ghettos) im Osten keine provisorische Vorstufe einer geplanten „Endlösung" gewesen, wie zumeist behauptet wird. „Der antijüdische Feldzug", schreibt er in seiner Studie, „war kein Selbstzweck und entwickelte sich nicht in aufeinanderfolgenden Schritten, die vorherbestimmt waren und mit Notwendigkeit in der Massenvernichtung kulminierten."

Wie schon an früherer Stelle gesagt wurde, war für die Zusammenstellung und Organisation der Massentransporte europäischer Juden nach dem Osten, in die Ghettos und Konzentrationslager, die Ende 1941/Anfang 1942 begann, Eichmann zuständig. Um seinen Auftrag möglichst effizient und rasch durchführen zu können, war er auf die Zusammenarbeit mit den jeweiligen Judenräten angewiesen. Während des Prozesses in Jerusalem ergab sich bei Richter Halevis Kreuzverhör mit Eichmann, daß die Nazis diese Zusammenarbeit mit den

Judenräten als die eigentliche Grundlage ihrer Judenpolitik betrachteten, wie Hannah Arendt berichtet und in diesem Zusammenhang in ihrem Buch über den Eichmann-Prozeß schreibt: „Von Polen bis Holland und Frankreich, von Skandinavien bis zum Balkan gab es anerkannte jüdische Führer, und diese Führerschaft hat fast ohne Ausnahme auf die eine oder andere Weise, aus dem einen oder anderen Grund mit den Nazis zusammengearbeitet."

In den besetzten europäischen Ländern wurden überall jüdische Zentralbehörden mit den sogenannten „Judenräten" eingerichtet. Sie fertigten genaue Personal-, Wohnungs- und Vermögenslisten der Juden an, womit sie es den SS-Behörden leicht machten, die zu Deportierenden rasch ausfindig zu machen. „In Amsterdam wie in Warschau, in Berlin wie in Budapest konnten sich die Nazis darauf verlassen, daß jüdische Funktionäre Personal- und Vermögenslisten anfertigten, die Kosten für die Deportation und Vernichtung bei den zu Deportierenden aufbringen, frei gewordene Wohnungen im Auge behalten und Polizeikräfte zur Verfügung stellen würden, um die Juden ergreifen und auf die Züge bringen zu helfen..." schreibt Hannah Arendt in „Eichmann in Jerusalem".

Die Mitglieder der Judenräte waren in der Regel anerkannte jüdische Führer, „in deren Hände die Nazis eine enorme Macht legten über Leben und Tod... solange bis sie (die jüdischen Führer) auch selber deportiert wurden, immerhin gewöhnlich ,nur' nach Theresienstadt oder Bergen-Belsen", fährt Arendt an anderer Stelle ihres Buches fort. (Theresienstadt war ein „Muster-" und „Vorzeigelager" für alte – ab 65 – und privilegierte Juden, Bergen-Belsen ein sogenanntes „Austauschlager", um Juden mit guten Auslandsbeziehungen fallweise gegen deutsche Kriegsgefangene oder Internierte austauschen zu können.)

Zusammenfassend meint die international angesehene jüdische Historikerin: „Die Rolle der jüdischen Führer bei der Zerstörung ihres eigenen Volkes ist für Juden zweifellos das dunkelste Kapitel in der ganzen dunklen Geschichte." Dazu muß mit allem Nachdruck betont werden, daß dies freilich keine Rechtfertigung oder Entschuldigung für die NS-Verfolgung des jüdischen Volkes sein kann.

In einem Brief an Karl Jaspers vom 12. Dezember 1960 (aus dem Arendt–Jaspers Briefwechsel, der im renommierten Piper-Verlag 1985 veröffentlicht wurde) schreibt Hannah Arendt, sie erblicke die historische Bedeutung des Eichmann-Prozesses (dem sie täglich als Korrespondentin beiwohnte) von vornherein darin, daß er demonstrieren werde, „in welch ungeheurem Ausmaß die Juden mitgeholfen haben, ihren eigenen Untergang zu organisieren". Daran entzündete sich in der Folge scharfe Polemik gegen die Veröffentlichung dieses Briefwechsels.

Auch Raoul Hilberg bestätigt in seinem Monumentalwerk „Die Vernichtung der europäischen Juden" diese Zusammenarbeit zwischen Judenräten und SS-Dienststellen, wenn er beispielsweise schreibt: „Allgemein konnten sie (die SS-Dienststellen) auf den Apparat der jüdischen Gemeinde zurückgreifen, wenn es um die Zusammenstellung von Listen, Benachrichtigung von Betrof-

184

fenen oder die Bereitstellung von Lageplänen, Hilfsmitteln, Büro- oder Ordnungskräften ging."

Zum Thema der Kollaboration zwischen Zionisten und SS sowie der aktiven Mitwirkung von Juden bei den Massendeportationen, das auf den vorangegangenen Seiten, ausschließlich gestützt und belegt durch kompetente angesehene jüdische Quellen, besprochen wurde, soll abschließend noch einmal der jüdische Autor J. C. Burg (Ginsburg) aus seinem Buch „Schuld und Schicksal – Europas Juden zwischen Henkern und Heuchlern" zitiert werden: „Solange dieses Problem (der Holocaust) nicht vor dem Tribunal der Völker geklärt wird, solange die Rolle der Heuchler nicht in aller Öffentlichkeit festgehalten wird, solange ist das Urteil gegen die Henker nicht von jener Überzeugungskraft, die es eigentlich verdienen würde." – Aus dieser „dunkelsten Geschichte" (Arendt) ist der jeden verpflichtende Schluß zu ziehen, daß die Opfer stets der Achtung, des Gedenkens und des Mitleids würdig bleiben müssen, weniger jedoch ihre Wortführer.

Wie hoch aber war die Anzahl der Opfer? Diese Frage soll im nächsten Abschnitt besprochen werden.

Das Tabu der sechs Millionen

Die Zahl von 6 Millionen jüdischer Holocaustopfer wurde erstmals im Nürnberger Kriegsverbrecherprozeß festgeschrieben, und zwar ohne Vorlage auch nur eines einzigen beweiskräftigen Dokuments. Wie kam man also auf diese Zahl? Wer bezeugte sie?

Hauptzeugen waren der SS-Sturmbannführer Dr. Wilhelm Höttl, der SS-Obersturmführer Dieter Wisliceny und der Lagerkommandant von Auschwitz, Rudolf Höß; letzterer allerdings nur für die Opfer dieses Konzentrationslagers. Für die Anklage in Nürnberg bezeugte Höttl 6 Millionen ermordeter Juden damit, daß diese Zahl ihm Eichmann persönlich mitgeteilt habe. Bei seinem Prozeß in Jerusalem bestritt Eichmann, diese Aussage jemals gemacht zu haben. Von Wisliceny stammt außer der Bestätigung dieser Zahl eine Aussage, derzufolge Eichmann ihm einen Brief Himmlers gezeigt hätte, laut dem die „Endlösung der Judenfrage" mit Hilfe der Gaskammern zu betreiben sei. Auch hierzu erklärte Eichmann, daß er niemals einen schriftlichen Befehl dieser Art erhalten habe, was offensichtlich auch stimmt. Denn in der jüdischen Zeitschrift „La terre retrouve (Das wiedergefundene Land)" vom 15. Dezember 1960 schreibt der Leiter der Jüdischen Dokumentationszentrale in Tel Aviv, Dr. Kubovy, „daß es nicht ein einziges Schriftstück mit der Unterschrift Hitlers, Himmlers oder Heydrichs gibt, in dem davon die Rede ist, die Juden zu vernichten..."

Von diesen beiden Zeugen war der eine, Höttl, ein Agent des amerikanischen Geheimdienstes, während der andere, Wisliceny, sich – um Gnade zu finden – der Nürnberger Justiz zur Verfügung gestellt hatte, dann aber trotzdem als Komplize Eichmanns gehenkt wurde.

Die meistzitierte Zeugenaussage (bzw. das meistzitierte Geständnis) eines Täters über die Opferzahl in Auschwitz ist jene des langjährigen Lagerkommandanten Rudolf Höß, die er als Zeuge der Anklage vor dem Nürnberger Gerichtshof ablegte. Mittlerweile steht aber zweifelsfrei fest, daß das Höß-Geständnis durch Folterungen der britischen „Field-Security-Police" erzwungen wurde. Denn von einem seiner damaligen Peiniger, Rupert Butler, erschien 1983 in London ein Buch unter dem Titel „Legions of death", worin Butler die Verhörmethoden beschreibt: Als Auftakt der „Behandlung" wurde Höß zusammengeschlagen. Man legte ihn nackt auf einen Tisch und prügelte längere Zeit auf ihn ein. Dann schüttete man ihm größere Mengen von Whisky in den Mund. Wollte der Gefolterte die Augen schließen, stieß ihm Clark (einer der britischen Soldaten, die Höß am 16. März 1946 gefangennahmen) seinen Dienststock unter die Augenlider und befahl in deutscher Sprache: „Halt deine Schweinsaugen offen, du Schwein!" Clark berichtet: „Es dauerte drei Tage, bis wir eine zusammenhängende Aussage von ihm hatten."

Höß wurde dann an Polen ausgeliefert. Im Gefängnis von Krakau hat er seine Aussagen in den Aufzeichnungen wiederholt, die er vor seiner Hinrichtung im April 1947 niederschrieb und die dann im Jahre 1959, zusammen mit einer ebenfalls in polnischer Haft geschriebenen „Autobiographie", herausgegeben wurden. Diese „Autobiographie" wurde von Martin Broszat in seiner 1963 erschienenen Schrift „Kommandant in Auschwitz" kommentiert. Darin heißt es u.a.: „...Es möge ein gewisses Mißtrauen gegenüber der Echtheit eines Dokuments bestehen, das in der Zelle eines polnischen Untersuchungsgefängnisses entstanden ist." – Auch Jean Claude Pressac schreibt in seinem von der gesamten Holocaustforschung anerkannten Werk „Les crematoires d'Auschwitz" (Paris, 1993): „Höß kann, trotz der wesentlichen Rolle, die er bei der ‚Endlösung' gespielt hat, heutzutage nicht mehr als verläßlicher Zeuge angesehen werden." Nichtsdestotrotz stellt das „Höß-Geständnis" bis heute ein Schlüsseldokument zum Beweis millionenfachen Mordes in den Gaskammern von Auschwitz dar.

Der wissenschaftliche Direktor des „Militärgeschichtlichen Forschungsamtes" der Bundeswehr, Dr. Joachim Hoffmann, nennt in seinem 1995 erschienenen Buch „Stalins Vernichtungskrieg 1941–1945" als einen weiteren Zeugen für die 6-Millionen-Zahl den bekannten russisch-jüdischen Schriftsteller und Kriegspropagandisten Ilja Ehrenburg, indem er darauf hinweist, daß dieser bereits am 4. Januar 1945, also fast einen Monat bevor die Rote Armee Auschwitz erreichte, öffentlich von sechs Millionen ermordeten Juden gesprochen hatte. Laut Hoffmann wertete man diese Zahl im Westen zunächst als reine Sowjetpropaganda, die dann erst im Nürnberger Prozeß festgeschrieben wurde.

Allein aufgrund dieser wenigen Zeugenaussagen beziehungsweise Geständnisse (Höß) wurden die 6 Millionen ermordeter Juden durch das Nürnberger Militärtribunal zum Tabu erhoben.

Zur Frage, wie hoch die Anzahl der jüdischen Holocaustopfer tatsächlich war, ist von vornherein und mit allem Nachdruck festzustellen, daß es bei dem unleugbaren Verbrechen des Massenmordes nicht auf die Zahl der ermordeten Juden ankommt. Denn Mord bleibt Mord – unabhängig von der Opferzahl. Es kann auch nicht den Hauch einer Rechtfertigung geben, daß Menschen umgebracht wurden, nur weil sie Juden waren. Und Völkermord – der es ja war – bleibt auch dann Völkermord, wenn eine ethnische Minderheit oder Teile eines Volkes (z. B. die Juden), ihrer Freiheit beraubt, in Gefängnissen, Lagern oder Ghettos zusammengepfercht, infolge unzureichender Verpflegung, ärztlicher Fürsorge, Ausbruch von Epidemien, Überarbeitung, Entkräftung massenweise zugrunde gehen. Dies sollten die Leugner des Holocaust bedenken.

Über Millionen Menschen gebrachtes Leid und Unglück läßt sich auch nicht „wiedergutmachen", selbst wenn man feststellen muß, daß die Bundesrepublik Deutschland an finanzieller Wiedergutmachung Enormes geleistet hat. Als Paradoxon der Geschichte muß bezeichnet werden, daß das Schicksal der osteuropäischen Juden indirekt die Gründung des Staates Israel gefördert, wenn nicht überhaupt erst ermöglicht hat, wie im vorangegangenen Kapitel aufgrund kompetenter jüdischer Quellen nachgewiesen wurde. Unter dem Eindruck der enormen und erschütternden Opferzahl, die über ein Drittel aller auf der Welt lebenden Juden ausmacht (14 bis 16 Millionen), konnte man den Juden, insbesondere aber den Zionisten, ihren Wunsch nach Rückkehr in ihre „angestammte" Heimat Palästina und nach Gründung eines eigenen Staates auf diesem Territorium nicht mehr verwehren.

Die Wiedergutmachung, wie sie Nahum Goldmann mit Konrad Adenauer in gewaltiger Höhe ausgehandelt oder, besser gesagt, durchgesetzt hat, steht geschichtlich einzigartig da: nicht nur wegen ihrer Höhe, sondern, mehr noch, aufgrund ihrer historischen Wirkungen. Man muß ernsthaft die Frage stellen, ob der Staat Israel ohne diese Zahlungen angesichts seiner feindlichen Nachbarn eine Zukunft gehabt hätte. Was diese Wiedergutmachungsleistungen allein in den ersten zehn Jahren für Israel bedeutet haben, geht am deutlichsten aus folgenden Worten Goldmanns hervor: „Ohne die deutschen Wiedergutmachungsleistungen, die in den ersten zehn Jahren nach der Gründung Israels einsetzten, besäße der Staat kaum über die Hälfte seiner heutigen Infrastruktur: Alle Züge, alle Schiffe, alle Elektrizitätswerke sowie ein Großteil der Industrie sind deutschen Ursprungs... Ganz zu schweigen von den individuellen Renten, die an die Überlebenden gezahlt werden. Gegenwärtig erhält Israel immer noch jährlich Hunderte von Millionen Dollar in deutscher Währung" (in: „Das jüdische Paradox").

Noch heute zahlt Deutschland 1,2 Milliarden Mark im Jahr aus Wiedergutmachungsansprüchen an Israel. Somit liegt die Gesamthöhe an „Wiedergutmachung" bereits bei über hundert Milliarden Mark für die sechs Millionen jüdischer Holocaustopfer. Dazu Nahum Goldmann in „Das jüdische Paradox": „Wir haben furchtbare Niederlagen erlitten. Sechs Millionen Juden wurden ausgerottet. Aber wir haben auch zwei gewaltige historische Erfolge errungen: die Gründung des Staates Israel und die deutsche Wiedergutmachung."

Jeder rechtschaffene Mensch erschauert bei der Vorstellung eines Völkermordes in der Dimension von sechs Millionen Menschen. Kann es deshalb aber unstatthaft sein, sich in seriöser, historischer Form mit der Verifizierung dieser Zahl zu beschäftigen? Schließlich ist die nähere Bestimmung der Größenordnung der KZ-Opferzahl belangvoll für die Frage, in welchem Ausmaß Deutsche in Verbrechen verwickelt waren. Es ist zu hoffen, daß die Ergebnisse dieser Forschung eine relativ niedrige Holocaust-Opferzahl erweisen werden. Jeder anständige Mensch würde froh über die etwaige Nachricht sein, daß weniger Menschen umkamen, als zunächst befürchtet. Für Opfer und für Täter wäre dies eine gute Nachricht. Wer aber sollte ein Interesse daran haben, tatsächliche Opferzahlen maßlos zu übertreiben?

Nun gilt die Zahl von sechs Millionen oft noch als Tabu, doch in Wirklichkeit ist dieses Tabu schon längst gebrochen, und zwar von verschiedener Seite – keineswegs nur von revisionistischer. So weist etwa der NS-Sympathien völlig unverdächtige F. Otto Miksche, Mitglied des amerikanischen Ordens „Legion of Freedom", in seinem in mehrere Weltsprachen übersetzten Werk „Das Ende der Gegenwart" einleuchtend nach, daß es im Macht- und damit Zugriffsbereich Hitlers kaum sechs Millionen Juden gegeben haben kann.

In seinen Berechnungen stützt sich Miksche auf offizielle Angaben (etwa der „American Jewish Conference"), was die Anzahl der Juden in den jeweiligen Ländern, aber auch die Auswanderungszahlen betrifft.

Am Ende seiner Untersuchung schreibt Miksche: „Angesichts der gewaltigen Bedeutung, die gerade die Ausrottung der europäischen Juden in der Weltmeinung erhalten hat, ist es von zwingender Notwendigkeit, festzustellen, wie hoch die Zahl der Todesopfer des jüdischen Volkes wirklich gewesen ist. Die Behauptung, daß diese Zahl 5,7 Millionen beträgt, ist unwahr. Die Zahl der jüdischen Opfer kann sich zwischen einer und 1,5 Millionen bewegen, weil gar nicht mehr für Hitler und Himmler ‚greifbar' waren." Und er schließt mit den Worten: „Es wäre höchste Zeit, die für die Gegenwart und Zukunft so wichtige Wahrheit endlich zu klären…"

Dazu ist freilich festzuhalten, daß Bevölkerungsstatistik zu den verwickeltsten und schwierigsten Gebieten der Geschichtsforschung zählt, so daß nicht alle Angaben Miksches unbedingt nachvollziehbar sind.

Wie dem auch immer sei – selbst von offizieller, höchst kompetenter und auch jüdischer Seite ist das Tabu der sechs Millionen längst gebrochen, allerdings ohne daß die „Öffentlichkeit" davon Notiz genommen hätte. So hat schon Raoul Hilberg in seinem dreibändigen Monumentalwerk „Die Vernichtung der europäischen Juden" die Anzahl der Opfer für Auschwitz drastisch reduziert, ebenso ein anderer bedeutender jüdischer Holocaustforscher, Gerald Reitlinger, in „Die Endlösung".

Zentrum und Inbegriff der Massenvernichtung bildet der Lagerkomplex

188

Auschwitz–Birkenau mit allen dazugehörenden Nebenlagern. Ab den fünfziger Jahren lautete die von Polen für diesen Lagerkomplex genannte Zahl vier Millionen. So stand es, ungeachtet der Forschungsergebnisse Hilbergs und Reitlingers, in mehreren Sprachen auf den Mahntafeln am Eingang der Gedenkstätte. Diese Zahl von vier Millionen Auschwitz-Opfern wurde gleich nach der Befreiung des Lagers durch die Rote Armee von der sowjetischen „Kommission zur Erforschung der Naziverbrechen" (zusammengesetzt aus NKWD-Leuten) festgelegt und später vom Nürnberger Militärtribunal als „offenkundige Tatsache" bezeichnet, ebenso wie die Sechs-Millionen-Zahl. Die stereotype Wiederholung dieser beiden behaupteten Zahlen läßt die Vermutung zu, daß es sich bei den sechs Millionen wie bei den vier Auschwitz-Millionen um eine Zahl der Sowjetpropaganda gehandelt hat, die einerseits von den eigenen namenlosen Verbrechen ablenken, andererseits die Öffentlichkeit und vor allem das Denken bei den westlichen Alliierten beeinflussen sollte.

Ähnlich wie in Ausschwitz, wo nach Befreiung des Lagerkomplexes die sowjetische „Kommission zur Erforschung der Nazi-Verbrechen" die Anzahl der Opfer mit vier Millionen angab, nannte sie für Majdanek 1,500.000, während heute selbst die höchsten Schätzungen nicht über 200.000 hinausgehen.

Dazu meint Gerald Reitlinger in „Die Endlösung": „Die Welt ist gegen derartige Schätzungen mißtrauisch geworden, und die runde Ziffer von vier Millionen kann einer ernsthaften Nachprüfung nicht standhalten." In der englischen Originalfassung seines Buches, „The final solution", klingt es noch drastischer, dort heißt es: „...and the figure of four million has become ridiculous."

Am 30. September 1989 berichtete die „Jerusalem Post": „In Auschwitz hat es nie vier Millionen Opfer gegeben. Laut einer Abhandlung des Nestors der französischen Holocaustforschung, des Juden Georges Wellers, lag die Gesamtzahl der dort Verstorbenen, und zwar sowohl durch Vergasung als auch durch Hunger, Folter, Hinrichtung oder Krankheit im Konzentrationslager und dessen Außenlagern bei etwa 1,6 Millionen."

Im Sommer 1990 wurde die Anzahl der Opfer für den Lagerkomplex Auschwitz–Birkenau weiter herabgesetzt, nachdem Historiker verschiedener Länder zur Überzeugung gekommen waren, daß in Auschwitz höchstens eine bis 1,3 Millionen Menschen durch verschiedene Ursachen – darunter auch Gas – ums Leben gekommen sind. Ebenfalls im Sommer 1990, am 3. August, meldete der jüdische „Aufbau" (New York) unter Berufung auf Angaben von Franticzek Piper, dem politischen Leiter der geschichtlichen Abteilung des Auschwitz-Museums: „Somit dürfte die Zahl der nachweisbaren Opfer etwa 1,1 Millionen betragen, darunter 900.000 Juden." – Daraufhin wurden die am Eingang des zu einer Gedenkstätte und einem Museum ausgebauten Lagers errichteten, in mehreren Sprachen verfaßten, großen, steinernen Gedenktafeln mit der eingravierten Vier-Millionen-Zahl endgültig entfernt. Bis dahin durfte niemand unter gesetzlicher Strafandrohung an dieser Zahl öffentlich Zweifel äußern, galt sie doch als „offenkundige Tatsache".

1993 wurde sie neuerlich reduziert, und zwar durch das als wissenschaftliches Werk der Holocaustforschung anerkannte und von der höchsten wissenschaftlichen Institution Frankreichs, dem „Centre National de la Recherche Scientifique", herausgegebene Buch des Franzosen Jean-Claude Pressac „Die Krematorien von Auschwitz". Darin wird die Gesamtzahl der Toten für den Konzentrationslagerkomplex Auschwitz–Birkenau auf ungefähr 700.000 geschätzt und der jüdische Anteil mit um 500.000 angegeben. Dazu ist bei Pressac zu lesen: „Wenn man die Zahl der Opfer, die in Auschwitz durch Zwangsarbeit, mangelnde Ernährung, Epidemien, schlechte Behandlung oder durch Gas zu Tode gekommen sind, auf 630.000 bis 710.000 schätzt, mag man dies im Vergleich zu der emotionalen Zahl von vier Millionen für niedrig halten, aber es entspricht dem gegenwärtigen historischen Wissensstand." Daraus folgt, daß die Zahl der tatsächlich Ermordeten wesentlich niedriger sein muß, da Pressac allein die Todesfälle durch Epidemien (Typhus, Fleckfieber), deren wiederholter und massiver Ausbruch in der Holocaustliteratur bestätigt wird, allein für das Jahr 1942 mit über 4.000 im Monat angibt. Dazu kommen noch die anderen, von ihm neben dem Gas genannten Todesursachen.

Dies wird auch durch den ehemaligen Direktor (bis 1989) des Auschwitz-Museums, Kazimiers Smolen, insofern bestätigt, als er in seinem 1961 veröffentlichten Buch „Auschwitz 1940–1945" ausführt: „...Täglich starben im Lager einige Hundert. Besonders hohe Sterblichkeit gab es während der Fleckfieberepidemien und wenn Durchfall massenweise auftrat." – Was diese Frage betrifft, so geht der bekannte amerikanisch-jüdische Historiker und Holocaustforscher Professor Arno J. Mayer noch einen Schritt weiter als Pressac, wenn er in seinem Buch „Why did the heavens not darken – Final solution in history" schreibt: „Von 1942 bis 1945 erlagen, jedenfalls in Auschwitz – wahrscheinlich jedoch überall –, mehr Juden sogenannten ‚natürlichen‘ Todesursachen als ‚unnatürlichen‘."

Angesichts dieser kontinuierlichen Reduktion der Anzahl der Opfer stellt sich die Frage: Wird die von Pressac für den Lagerkomplex Auschwitz-Birkenau als dem eigentlichen Zentrum der Massenvernichtung genannte Zahl, die dem „gegenwärtigen historischen Wissensstand" entspricht, auch wirklich die letzte sein? Oder wird es morgen, in einem oder in fünf Jahren eine andere, vielleicht noch niedrigere Zahl geben, die dann wiederum dem „gegenwärtigen historischen Wissensstand" entspricht? Eine Frage, die sich nicht aus verbotenem Zweifel, sondern ganz zwangsläufig aus der Holocaustliteratur bzw. -forschung ergibt und die zeigt, daß offensichtlich noch nicht alles geklärt ist.

Zur Diskussion der Todesursachen

Die entscheidende Rolle im gesamten Vernichtungsprozeß spielt die Tatwaffe. Wenn ab 1942, dem Jahr, in dem die Massentötungen begannen (wie auch Hilberg bestätigt) im Lagerkomplex Auschwitz–Birkenau und in allen Nebenlagern eine ungeheure Ausrottung von vielen Hunderttausend, ja gar Millionen Menschen in Gaskammern stattgefunden hat, wenn die Leichen der Opfer in den Krematorien dieses Lagerkomplexes eingeäschert worden sind – dann ist die Gaskammer die Tatwaffe. Das Mittel – und zwar das einzige – zur spurlosen Beseitigung der Unzahl von Leichen ist der Verbrennungsofen, das Krematorium. Soweit ersichtlich, bringen die Revisionisten unwidersprochen vor, daß die Tatwaffe und die Krematorien noch nie einer Untersuchung auf naturwissenschaftlich-technischer Basis unterzogen wurden – sei es einer kriminologischen, physikalischen oder chemischen –, was bei jedem anderen Verbrechen, etwa einem einfachen Mord und sogar bei Verkehrsunfällen, selbstverständlich ist und für gewöhnlich gleich nach Bekanntwerden geschieht.

Weshalb lehnt man es noch fünfzig Jahre nach den Geschehnissen entschieden ab, die Tatwaffe wissenschaftlich zu untersuchen, um einen Sachbeweis zu erbringen, und verläßt sich statt dessen fast ausschließlich auf Zeugenbeweise, die bekanntlich jedem wissenschaftlich gesicherten Sachbeweis an Beweiskraft weit unterlegen sind? Gerade beim Massenmord an Juden und allen Nichtjuden spielen technische und naturwissenschaftliche Fragen eine überragende, ja möglicherweise entscheidende Rolle. Denn ein derart gigantisches Massenmorden und völlig spurloses Verschwindenlassen von Millionen Opfern innerhalb verhältnismäßig kurzer Zeit stellen an sich schon ein technisches und naturwissenschaftliches Phänomen dar, für dessen Untersuchung weniger der Historiker zuständig ist als vielmehr der für technische und naturwissenschaftliche Fragen kompetente Fachmann, der dieses einmalige Phänomen in seinem tatsächlichen Ablauf überhaupt erklärbar machen könnte. In diesem Zusammenhang ist Pressacs Buch von großer Bedeutung, da er erstmals, ohne Baufachmann zu sein, denn er ist Apotheker, über eine technisch-kriminologische Untersuchung der Krematorien, nicht jedoch auch der Tatwaffe, an das Problem herantritt und dabei auf Zeugenaussagen weitestgehend verzichtet. In einem Interview mit dem deutschen Magazin „FOCUS" vom 25. April 1994 meint Pressac: „Nein, nein; man kann keine seriöse Geschichtsschreibung nur auf Zeugenaussagen aufbauen." Aber gerade dies tat die bisherige Holocaustforschung zum überwiegenden Teil, wovon sich jeder überzeugen kann, der sich die Mühe macht, sie durchzuarbeiten.

Bei seinen eingehenden Untersuchungen der Pläne, Bauzeichnungen und der noch vorhandenen Überreste gelangte Pressac zur Überzeugung, daß mit der Planung und dem Bau der Krematorien zunächst kein „krimineller Zweck" verbunden war. Sie wurden vor allem angelegt, damit die durch grassierende Epidemien anfallenden Toten eingeäschert werden konnten. Und die unterirdischen, gekühlten Räume waren laut Pressac tatsächlich als Leichenkeller vorgesehen, wo die Toten, je nach Kapazität der Krematorien, bis zu ihrer Einäscherung aufbewahrt wurden. Erst später wurden sie auf die Vergasung von Menschen umgestellt. Wurden also nach Pressac die unterirdischen Leichenkeller zu Gaskammern umfunktioniert, so behaupten viele andere Autoren dasselbe von den Duschräumen. Darin besteht somit keine Übereinstimmung.

Im wesentlichen ist Pressacs Buch darauf angelegt, durch einen Sachbeweis für die technische Durchführbarkeit des Massenmordes die Auschwitzleugner, die vor allem dessen technische Undurchführbarkeit behaupten, zu widerlegen, indem er die Anzahl der Opfer in ein plausibleres Verhältnis zur Anzahl und Kapazität der Krematorien stellt, was bisher nicht der Fall war. So wurde sein Buch auch von den Medien präsentiert.

An dieser Stelle muß kurz auf die wesentlichen Argumente der Gaskammern-Leugner eingegangen werden. Der Autor betont, daß er ihre Auffassungen nicht teilt. Unter den namhaftesten Auschwitz-Leugnern sind mehr französische und amerikanische Autoren zu finden als deutsche. Es handelt sich keineswegs nur um „Rechte" oder Neonazis.

Der eigentliche Begründer dieser radikal-revisionistischen Literatur ist der Franzose Paul Rassinier. Bereits zu Beginn der deutschen Besetzung gründete er in Frankreich die Widerstandsbewegung „Liberation Nord", wurde 1943 von der Gestapo verhaftet und in das Konzentrationslager Buchenwald eingeliefert, wo er den Krieg überlebte. Danach wurde er sozialistischer Abgeordneter in der französischen Nationalversammlung. Die meisten seiner Bücher wurden in mehrere Sprachen übersetzt, darunter auch ins Deutsche, und erreichten hohe Auflagen, wie z.B. „Was ist Wahrheit", „Die Jahrhundertprovokation", „Die Lüge des Odysseus" oder „Das Drama der europäischen Juden". Hier spricht also weder ein Ahnungsloser noch ein Nazi, sondern ein „linker" KZ-Überlebender aus seinen eigenen Erfahrungen.

Was Rassinier vor allem bestreitet, sind die der SS zugeschriebenen namenlosen Greueltaten, die in der Holocaustliteratur einen so breiten Raum einnehmen. Die Gleichsetzung von „Greuel" und „deutsch" weist er auf das entschiedenste zurück. Denn er machte als langjähriger KZ-Häftling in Buchenwald die Erfahrung, daß die ärgsten Menschenschinder und brutalsten Sadisten nicht die Männer der SS waren, sondern Mithäftlinge, die aufgrund ihrer langen Haftzeit zu „Kapos" avancierten und eine Art „Lageraristokratie" bildeten. „Für uns waren sie wirklich viel schrecklicher und mörderischer als die SS" (in: „Was ist Wahrheit"). Diese Kapos waren vor allem Kommunisten und deren Freunde, die schon lange vor den Juden und den meisten übrigen Häftlingen in den KZ saßen und sich durch ihr Zusammengehörigkeitsgefühl die wichtigsten Funktionen in der Häftlingsleitung und Lagerverwaltung gesichert hatten, bis hin zur Macht über Leben und Tod, die immer zugunsten von „Genossen" eingesetzt wurde. Denn bekanntlich waren alle Lager weitgehend auf Selbstverwaltung aufgebaut, wenn auch in geringerem Maß als die zahlreichen Ghettos im Osten, welche tatsächlich Handlungsmuster eines Mini-Staates aufwiesen. „Da die ersten Eingelieferten in allen Lagern Kommunisten waren, so bestand also der ‚Stamm' aus Kommunisten und hatte daher in jedem Lager das unbegrenzte Vorrecht, die Verwaltung und die Lagerpolizei zu führen." – „Die SS-Wache am Eingang", so bemerkte Rassinier weiter, „wußte nicht, was hinter dem Stacheldraht wirklich passiert."

Die Erfahrungen Rassiniers, mit den „Kapos" als den übelsten und brutalsten Subjekten in den Konzentrationslagern, werden auch in der offiziellen Holocaustliteratur immer wieder bestätigt. Nun behauptet Rassinier, daß gerade diese Leute es waren, die nach dem Krieg die meisten Bücher, Auskünfte und Berichte über die namenlosen Greueltaten der SS in den Konzentrationslagern schrieben bzw. weitergaben, in der Holocaustliteratur als verläßliche Augenzeugen zitiert werden, in dieser Funktion von einem Kriegsverbrecherprozeß zum anderen weitergereicht wurden und so einen haßerfüllten Mythos von ihren eigenen Leiden und den Untaten der SS schufen. Gerade aus diesem Grund gehört zu den Autoren, die Rassinier am schärfsten attackiert, sein Mithäftling in Buchenwald, Eugen Kogon, dessen Buch „Der SS-Staat" das Bild der Konzentrationslager für Jahrzehnte bestimmen sollte; und zwar durch die darin geschilderten unfaßbaren Greueltaten der SS und die – wie man heute weiß – weit übertriebenen Mordziffern.

Wenn Rassinier nun auch die „Endlösung" als physische Ausrottung der europäischen Juden in Zweifel zieht, so deshalb, weil er in allen diesbezüglichen Berichten genau dieselben Merkmale zu erkennen glaubt wie bei allen anderen „Gerüchten". Die Existenz von Gaskammern wird von Rassinier noch nicht bestritten – er verlangt bloß unwiderlegbare Beweise dafür.

Nach dem Tod Rassiniers – und weithin auf ihn gestützt – wurde der Franzose Robert Faurisson zur führenden Persönlichkeit des radikalen Revisionismus. Faurisson, der ebenfalls von der französischen Linken kommt, war Literaturprofessor an der Universität von Lyon und ist Spezialist für Dokumentenprüfung. Bekannt wurde er vor allem durch seinen 1978 sogar in „Le Monde" veröffentlichten Beitrag über „Probleme der Gaskammern". Er bestreitet deren Existenz zwecks Tötung von Menschen. Sie seien eine Erfindung der Kriegsbzw. Nachkriegspropaganda für die Durchsetzung zionistischer Nachkriegsansprüche. Was Faurisson vor allem bei seinem Besuch in Auschwitz beeindruckte (und was für ihn vermutlich ausschlaggebend war), ist die Kleinheit und Primitivität der dort den Besuchern gezeigten Tötungseinrichtungen, die er für völlig ungeeignet hielt, Millionen Menschen umzubringen und spurlos verschwinden zu lassen. Mit verschiedenen Mitarbeitern brachte Faurisson 1987 die „Annales d'histoire revisioniste" heraus, die in Frankreich, besonders unter den französischen Juden, Beunruhigung hervorriefen und schließlich zu einem Gesetz führten, das die Leugnung der Gaskammern sowie des Massenmordes an den Juden unter Strafe stellte. Faurisson wurde aufgrund dieses Gesetzes von einem französischen Gericht zu einer Geldstrafe von 100.000 Francs verurteilt – ausgesetzt auf Bewährung.

Auch in den USA hat sich eine Gruppe radikaler Revisionisten gebildet. Ihr prominentester Kopf ist Arthur R. Butz, Professor für Computertechnologie und Elektronik an der Universität von Chicago. 1977 veröffentlichte er sein umfangreiches Buch „The hoax of the twentieth century" (in der deutschen Ausgabe „Der Jahrhundert-Betrug"). Auch er bestreitet die Existenz der Gaskammern und den Massenmord an den Juden, wobei er sich nicht nur auf die technische Undurchführbarkeit beruft, sondern vor allem auch auf seiner Meinung nach gefälschte Schlüsseldokumente, wie etwa das Wannsee-Protokoll, aber auch auf gefälschte Fotodokumente, die in seinem Buch abgebildet und analysiert werden, wie auch widersprüchliche Zeugenaussagen und erpreßte Geständnisse von Tätern. – Die amerikanischen Revisionisten haben 1980 ein eigenes Institut gegründet: „The Institute for Historical Review", das seither eine Vierteljahreszeitschrift, „The journal of historical review", herausbringt.

Unter den deutschen Revisionisten ist vor allem der Jurist Dr. Wilhelm Stäglich zu nennen, während des Krieges Ordonnanzoffizier im Stab einer Flak-Abteilung, die einige Monate in unmittelbarer Nähe von Auschwitz zum Schutz der ausgedehnten Industrieanlagen (I.G. Farben, Krupp, AEG, Siemens, Rheinmetall) sowie der Arbeits- und Konzentrationslager stationiert war. Nach eigenen Angaben hat er nichts von alldem wahrgenommen, was in Zeugenberichten immer wieder behauptet wird – wie etwa den penetranten Geruch nach verbrannten Leichen oder die aus den Krematoriumskaminen herausschlagenden Flammen. Aufsehen erregte sein 1979 erschienenes Buch „Der Auschwitz-Mythos; Legende oder Wirklichkeit". Es wurde 1980 auf Anordnung des Landesgerichtes Stuttgart beschlagnahmt und eingezogen. 1987 wurde ihm durch die Universität Göttingen der Doktortitel aberkannt.

Ein Kuriosum am Rande: Wer sich für eine komplette Liste aller Auschwitz-Leugner und Revisionisten interessiert, findet diese nicht etwa – wie zu erwarten wäre – in einer Aussendung oder Publikation neonazistischer Gruppen oder in der „National-Zeitung", sondern in einem Buch, das im Sommer 1995 unter dem Titel „Wahrheit und Auschwitzlüge", mit Beiträgen verschiedener Autoren, von Simon Wiesenthal in Wien präsentiert wurde. Am Ende dieses Buches werden die entsprechenden Autoren genannt, alphabetisch geordnet, mit Angabe des jeweiligen Buchtitels sowie des Verlages. Die Leser werden somit auf die „einschlägige" Literatur hingewiesen. Wenn nicht erhältlich, so brauchen sie diese nur beim jeweiligen Verlag zu bestellen. Ob es wohl klug ist, so auf diese Quellen hinzuweisen?

Bemerkenswert ist, daß die Zweifler sogar von prominenter jüdischer Seite bis zu einem gewissen Grad eine Art Unterstützung oder, vielleicht besser gesagt, Ermunterung erfahren: nämlich durch den bekannten jüdisch-amerikanischen Historiker und Holocaustforscher Professor Arno J. Mayer, der in seinem Werk „Why did the heavens not darken" die Existenz von Gaskammern zwar nicht in Frage stellt, aber dennoch schreibt: „Die Quellen für das Studium der Gaskammern sind zugleich selten und unzuverlässig (rare and unreliable)" und in diesem Zusammenhang darauf hinweist, daß beim gegenwärtigen Forschungsstand die vielen Widersprüche, Mehrdeutigkeiten und Irrtümer in den existierenden Quellen nicht zu leugnen sind („in the meantime, there is no denying the many contradictions, ambiguities, and errors in the existing sources").

Am häufigsten berufen sich die Bestreiter von Auschwitz jedoch auf drei wissenschaftliche Gutachten: den Leuchter-Bericht, das Rudolf-Gutachten und das Lüftl-Gutachten, ebenfalls in dem von Wiesenthal präsentierten Buch „Wahrheit und Auschwitzlüge" erwähnt. Bis zum Leuchter-Bericht aus dem Jahre 1988 gab es keine wie immer geartete wissenschaftliche Untersuchung größeren Ausmaßes über die Tatwaffe, die Gaskammern. Erst beim Prozeß gegen den Deutsch-Kanadier Ernst Zündel, der 1988 in Kanada aufgrund eines uralten, kaum jemals angewandten britischen Gesetzes gegen die „wissentliche Verbreitung falscher Nachrichten" (welches übrigens 1993 vom kanadischen Obersten Gerichtshof als gegen die Menschenrechte verstoßend außer Kraft gesetzt wurde) angeklagt worden war, beauftragte die Verteidigung den Amerikaner Ing. Fred Leuchter, ein wissenschaftliches Gutachten über die vermeintliche Tatwaffe, die Gaskammern von Auschwitz, Birkenau und Majdanek, zu erstellen. Leuchter wurde deshalb als Sachverständiger herangezogen, da er ein Experte für Gaskammern ist, wie sie in einigen Bundesstaaten der USA zur Hinrichtung verwendet werden, und er daher mit der Installierung, den umständlichen Vorbereitungen und strengen Sicherheitsmaßnahmen, die im Umkreis solcher Hinrichtungs-Gaskammern vorgeschrieben und absolut erforderlich sind, vertraut war.

Am 25. Februar 1988 flog Leuchter mit einem Chemiker, einem Zeichner, einem Fachmann für Krematorien und einem Dolmetscher nach Polen. Nach mehrtägigen Untersuchungen in den Konzentrationslagern Auschwitz, Birkenau und Majdanek kam er aufgrund entnommener Gesteinsproben, Mauer- und Verputzreste aus den als „Gaskammern" bezeichneten Räumen und der in einem amerikanischen Laboratorium erstellten chemischen Analysen dieser Proben zur Überzeugung, daß es in keinem der drei Konzentrationslager Gaskammern zur Tötung von Menschen gegeben hätte, und zwar wegen mangelnder Rückstände von Cyanid (Zyklon B-Blausäure), die noch nach Jahrzehnten in diesen Proben erhalten und feststellbar hätten sein müssen. Nach Leuchters Meinung waren die einzigen Gaskammern, die es in jedem Lager gab und die auch in der Holocaustliteratur erwähnt werden, die sogenannten „Entwesungsräume" zur Ungezieferbekämpfung. In diesen Räumen, auch häufig als Gaskammern bezeichnet, wurde durch intensive Begasung mit Zyklon-B vor allem die Kleidung der Häftlinge, unmittelbar nach deren Eintreffen, „entwest", d.h. desinfiziert, um dem Ausbruch von Krankheiten, Seuchen und Epidemien durch Vernichtung der Krankheitsüberträger (Flöhe, Läuse) vorzubeugen bzw. ihn zu bekämpfen. Daher wiesen entnommene Gesteins- und Mauerproben aus diesen Räumen hohe Werte an Cyanid-Rückständen auf. Zyklon-B ist ein bereits seit dem Ersten Weltkrieg von der in Frankfurt am Main ansässigen Firma „Degesch" produziertes und lizenziertes, hochwertiges Präparat,

195

das weltweit bei der Ungeziefer- und Schädlingsbekämpfung – auch heute noch – angewendet wird.

Der 132 Seiten umfassende Leuchter-Bericht wurde im Juni 1989 als „The Leuchter's report – The first forensic examination of Auschwitz" in London veröffentlicht, wo er einiges Aufsehen erregte (forensisch heißt: eine Gerichtsverhandlung betreffend; R. C.).

Bald darauf folgten seitens der Vertreter der Vernichtungsthese die ersten Einwände gegen den Leuchter-Bericht. Sie gehen von der nachgewiesenermaßen richtigen Annahme aus, daß Menschen gegen Blausäure (Zyklon-B) wesentlich empfindlicher sind als Insekten und daß daher die Vergasung von Menschen eine um ein Vielfaches geringere Menge an Zyklon-B und eine wesentlich kürzere Begasungsdauer erfordere, als dies für die Ungezieferbekämpfung in den Entwesungsräumen notwendig gewesen wäre. Diese beiden Faktoren – wesentlich geringere Blausäurekonzentration und viel kürzere Begasung – hätten dazu geführt, daß sich keine erkennbaren Cyanid-Rückstände in den Gaskammern feststellen ließen.

Das Rudolf-Gutachten ist der zweite Fall, in dem ein Sachverständiger für ein anhängiges Verfahren eine Expertise erstellte. Germar Rudolf arbeitete als Diplomchemiker am Max-Planck-Institut für Festkörperforschung in Stuttgart. Im Auftrag des Rechtsanwaltes Hajo Herrmann, der den die Existenz der Gaskammern bestreitenden Generalmajor a.D. Otto Ernst Remer vor Gericht vertrat, verfaßte Rudolf im Frühsommer 1993 ein „Gutachten über die Bildung und Nachweisbarkeit von Cyanid-Verbindungen in den Gaskammern von Auschwitz". Unter anderem ließ auch er, so wie Leuchter, Gesteins- und Mauerproben sowohl aus den als „Entwesungsräume" als auch aus den als „Gaskammern" bezeichneten Räumen, ohne Angabe der Herkunft, vom Frankfurter Fresenius-Institut auf ihren Gehalt an Cyanid-Rückständen untersuchen. Von den Proben wiesen nur jene aus den Entwesungsräumen solche Rückstände in hohem Maße auf; die aus den Gaskammern jedoch nicht. Aber auch hier gelten die gleichen Einwände wie beim Leuchter-Bericht. – Zu diesem Zeitpunkt hatte das Gutachten nicht nur dem Max-Planck-Institut, sondern auch der Professorenschaft für anorganische Chemie vorgelegen. Soweit ersichtlich, wurde von letzterer Seite kein fachlicher Fehler Rudolfs aufgezeigt. Was weiter geschah, ist in zwei Sätzen gesagt: Das Gutachten wurde vom Gericht ignoriert. Germar Rudolf wurde von der Max-Planck-Gesellschaft entlassen und floh, da in Deutschland vom Gefängnis bedroht, nach Spanien.

Ähnlich – aber mit besserem Ausgang – erging es dem Präsidenten der Bundesingenieurkammer Österreichs, dem Diplomingenieur Walter Lüftl.

Lüftl hatte, gleichfalls über Ersuchen des Rechtsanwaltes Hajo Herrmann, an der Erstellung eines Gutachtens zu arbeiten begonnen. Ein Zwischenergebnis war die Denkschrift mit dem Titel „Holocaust; Glaube und Fakten". Sie wurde ohne Wissen des Urhebers auf englisch als „The Lüftl report" in der Nummer 12 des „Journal of historical review" im Winter 1992/93 veröffentlicht. In dieser Denkschrift machte Lüftl gewisse Bedenken und Einwände gegen einzelne, bestimmte Aspekte des Holocaust geltend, so zum Beispiel jene, daß die von „Zeitzeugen" und „geständigen Tätern" geschilderten Massenvergasungen mittels Zyklon-B gewiß nach den Naturgesetzen und technischen Möglichkeiten nicht so stattgefunden haben können, wie sie als „notorische" oder „offenkundige" Tatsachen bezeichnet werden. „Naturgesetze", schreibt Lüftl, „gelten identisch für Nazis und Antinazis."

Auch die Anzahl der kremierten Opfer ist nach Lüftls Meinung weit übertrieben, da für Massenvergasungen dieses Ausmaßes, wie es in der Literatur genannt wird, die Leistungsfähigkeit der Krematorien, deren Anzahl und Kapazität ja bekannt ist, viel zu klein gewesen wäre. Mit diesen und auch noch anderen Einwänden, wie etwa daß aus Krematoriumsschornsteinen keine „meterhohen Flammen" schlagen können (wie viele Zeugen es gesehen haben wollen), da die Krematorien mit Koks betrieben wurden, der große Hitze und sehr kleine Flammen erzeugt, hatte Lüftl seine Denkschrift noch vor Veröffentlichung an eine Reihe von österreichischen Politikern versandt, darunter den Justizminister, den Generalsekretär der ÖVP, mehrere Nationalratsabgeordnete sowie auch an Mitglieder eines Strafsenates beim Obersten Gerichtshof.

Von den wenigen Antwortschreiben ist jenes am bemerkenswertesten, das Lüftl von einem Mitglied des Obersten Gerichtshofes (dessen Namen hier verschwiegen wird) erhielt. Denn darin heißt es u.a.: „...Ein Gesetz, das eine wissenschaftliche Auseinandersetzung mit Fragen der Zeitgeschichte unter Strafe stellt, ist meiner Meinung nach verfassungswidrig und mit rechtsstaatlichen Grundsätzen unvereinbar... Der wissenschaftliche Versuch, die herrschende Ansicht über bestimmte Tötungsmethoden oder die Zahl der Opfer aus technischer Sicht zu widerlegen, fällt nach meiner Meinung überhaupt nicht unter den Tatbestand (des Verbotsgesetzes)... Eine authentische Interpretation oder eine Prognose der Auslegung des Gesetzes durch den Obersten Gerichtshof kann ich naturgemäß nicht geben."

In der Folge erschienen in den österreichischen Medien schwere Anschuldigungen gegen Lüftl. So betitelte etwa die (damals) angesehene „Wirtschaftswoche" (Nr. 11/91) einen Artikel mit: „Die Nazisprüche des Walter Lüftl". Andere Schlagzeilen lauteten beispielsweise: „Architektur-Chef leugnet Auschwitz". Auch in der Ingenieurkammer regte sich Empörung. Vor allem der „Bund Sozialdemokratischer Akademiker" (BSA) forderte den Rücktritt des Präsidenten. Unter diesem Druck trat Lüftl als Präsident der Ingenieurkammer am 12. März 1992 zurück.

Es dauerte nicht lange, bis ihn die Ladung des Landesgerichts für Strafsachen erreichte. Vorerhebungen gegen ihn wurden eingeleitet. Am 15. Januar 1993 wurde Lüftl mitgeteilt, daß die mittlerweile eingeleitete Vorerhebung auf Antrag der Staatsanwaltschaft in eine (viel gravierendere) Voruntersuchung umgewandelt worden sei. Eineinhalb Jahre später, am 15. Juni 1994, wurde Lüftl das

„Amtszeugnis des Landesgerichts für Strafsachen, Wien" zugestellt, demzufolge die eingeleitete Voruntersuchung eingestellt wurde.

Zu Leuchter, Rudolf und Lüftl stellt der Autor nochmals ausdrücklich fest, daß er sich als ein Nicht-Fachmann auf all diesen Sachgebieten kein Urteil bezüglich ihrer Arbeiten erlaubt. Wichtig war jedoch auch hier die Wiedergabe des aktuellen Diskussionsstandes. Denn selbst mit einem so schrecklichen Thema muß sich die Wissenschaft, mit Respekt vor allen Opfern, aber frei und offen beschäftigen. Alle unbegründeten Zweifel müssen unwiderlegbar ausgeräumt werden. Genau dies ist es auch, was wir den Opfern schuldig sind: Zweifelsfreie Gewißheit über ihr Schicksal zu erlangen.

Eines der Hauptargumente in der herrschenden Meinung über den Holocaust ist jenes, daß es sehr viele Zeugenaussagen gibt, die die Massenvernichtung in Gaskammern zweifelsfrei belegen, und daß vor allem auch die vielen Geständnisse von Tätern ein unwiderlegbarer Beweis für den gezielten Massenmord an Juden seien, wie zum Beispiel das „Höß-Geständnis", von dem bereits die Rede war. Die Revisionisten berufen sich aber zu Recht darauf, daß es in der Wissenschaft, in der historischen Forschung wie in der rechtsstaatlichen Justiz eine Rangordnung der Beweismittel hinsichtlich ihrer Beweiskraft gibt. Dabei steht der Zeugenbeweis an letzter Stelle. Er gilt in der Justiz als der unsicherste Beweis, da das menschliche Wahrnehmungs- und Erinnerungsvermögen (vor allem über lange Zeitabschnitte hinweg) unzuverlässig sind und sich ein Zeuge nicht nur irren, sondern möglicherweise manipulieren, beeinflussen, bestechen oder auch kaufen lassen könnte.

Höher anzusetzen als der Zeugen- ist der Urkundenbeweis. So wie ersterer auf seine Glaubwürdigkeit überprüft werden muß (z.B. durch Kreuzverhör oder Übereinstimmung mit den Naturgesetzen, was beim Holocaust besonders wichtig ist), muß auch bei letzterem die Urkunde auf ihre Echtheit und Richtigkeit überprüft werden, da jede Urkunde gefälscht sein oder inhaltlich Unzutreffendes zum Inhalt haben kann. An erster Stelle steht der Sachbeweis auf naturwissenschaftlich-technologischer Basis. Er ist jedem Urkunden- und Zeugenbeweis weit überlegen.

Davon geht offensichtlich auch Pressac aus, wenn er im bereits erwähnten Interview mit „FOCUS" meinte: „Nein, nein; man kann keine seriöse Geschichtsschreibung nur auf Zeugenaussagen aufbauen." Nun ist aber die gesamte Holocaustliteratur bis hinauf zu den Standardwerken von Raoul Hilberg und Gerald Reitlinger zum überwiegenden Teil auf Zeugenaussagen und Aussagen „geständiger Täter" aufgebaut, da anderes bislang nicht zur Verfügung steht. Wer sich allerdings intensiver mit diesen Aussagen befaßt, muß ebenso wie Univ.-Prof. Dr. Gerhard Jagschitz, gerichtlicher Sachverständiger (Zeitgeschichte) im Prozeß gegen Gerd Honsik, unweigerlich feststellen, daß sie gewisse Ungereimtheiten, Widersprüche und Unwahrscheinlichkeiten aufweisen.

Wenn im folgenden einige der augenfälligsten davon kurz aufgezeigt werden, so geschieht dies nicht in der Absicht, die Holocaustliteratur zu disqualifizieren, sondern folgt dem überaus klugen Aufruf des angesehenen jüdischen Historikers Professor Jehuda Bauer: „Wir sollten nicht fortfahren, unwahre Geschichten zu glauben." Diese „unwahren Geschichten" – so fordert Bauer – „müssen rasch aufgedeckt werden, weil sonst eines Tages in den Augen vieler auch das tatsächliche Unrecht und die tatsächlichen Verbrechen zweifelhaft werden." Dem ist nichts hinzuzufügen.

Mit diesen „unwahren Geschichten" sind vor allem jene gemeint, die sich schon längst als Greuelmärchen erwiesen haben und die niemand mehr ernst nimmt, wie etwa: Lampenschirme aus Menschenhaut oder Seife aus ermordeten Juden. Dazu Raoul Hilberg: „Es gab viele solcher Gerüchte... Alle diese Gerüchte sind unwahr." – Leider allerdings werden diese Geschichten immer wieder von manchen Massenmedien aufgewärmt und kommentarlos gebracht. Sogar die angesehene „Frankfurter Allgemeine Zeitung" brachte vor wenigen Jahren ein großes Inserat einer jüdischen Familie, in dem diese Greuelmärchen wieder als Tatsachen behauptet wurden. Zu prüfen wäre nur, ob zu diesen „unwahren Geschichten" nicht auch solche Zeugenaussagen, Berichte Überlebender und Tätergeständnisse gehören, die inhaltlich widerlegt sind oder von nachweisbar nicht zuverlässigen Personen stammen und daher ebenfalls dazu beitragen, daß die tatsächlichen und unleugbaren Verbrechen, wie Jehuda Bauer zu Recht meint, „in den Augen vieler zweifelhaft werden".

So gibt es beispielsweise ehemalige Lagerkommandanten und auch viele Zeugen, die im Verhör bei verschiedenen Kriegsverbrecherprozessen das Vorhandensein von Tötungszentren und Gaskammern in Konzentrationslagern auf Reichsgebiet bestätigen, wie etwa in Dachau, Buchenwald, Mauthausen, Bergen-Belsen oder Oranienburg. Gerald Reitlinger schreibt gar in „Die Endlösung", daß „jedes KZ seine Gaskammer hatte". Das hat sich mittlerweile als falsch erwiesen. Denn heute steht in der Zeitgeschichtsforschung fest, daß kein Konzentrationslager auf Reichsgebiet ein Vernichtungslager war. Das wird selbst von Raoul Hilberg in „Die Vernichtung der europäischen Juden" bestätigt: „Im Reichs- und Protektoratsgebiet gab es keine Tötungszentren. Polen dagegen war Standort aller sechs Vernichtungslager." Auch Martin Broszat, einer der kompetentesten und über jeden Zweifel erhabenen Historiker Deutschlands, schrieb in einem Artikel am 19. August 1960 in „Die Zeit": „...Weder in Buchenwald noch in Dachau oder Bergen-Belsen, noch in einem anderen im Gebiet des Deutschen Reiches gelegenen Lager gab es Gaskammern, sondern nur in einigen wenigen hierfür ausgewählten und mit Hilfe entsprechender technischer Einrichtungen versehenen Lagern im besetzten polnischen Gebiet..." In Österreich wird allerdings nach wie vor im ehemaligen KZ Mauthausen den Besuchern ein Raum gezeigt, der eine Gaskammer gewesen sein soll.

Eine Frage, die von der Zeitgeschichtsforschung bisher nicht beantwortet wurde: Wodurch unterscheiden sich die Zeugen von Auschwitz, Birkenau, Treblinka oder Majdanek von jenen über die Existenz von Gaskammern auf Reichs-

gebiet, die nachweisbar die Unwahrheit gesagt haben? Sind erstere glaub-
würdiger als letztere?

Über die Glaubwürdigkeit von Zeugen ist nicht nur die Auffassung Pressacs
erwähnenswert, derzufolge man auf ihren Aussagen allein keine seriöse
Geschichtsschreibung aufbauen kann, sondern auch jene des österreichischen
Historikers G. Jagschitz, der, wie erwähnt, beim Prozeß gegen den als
Auschwitzleugner angeklagten Gerd Honsik vom Gericht als Sachverständiger
zugezogen wurde. Nach seinen eigenen Angaben hat Jagschitz für die Vorbereitung seines Gutachtens 5.000 bis 7.000 Zeugenaussagen gelesen und den
größten Teil davon für falsch befunden. Jagschitz (festgehalten im Verhand-
lungsprotokoll): „Die Beurteilung von Zeugenaussagen ebenso wie die Zeu-
genliteratur wirft eine Reihe von Problemen auf. Man muß doch wohl darauf
eingehen..." An anderer Stelle: „...Es ist selbstverständlich, daß Zeugenaussagen unter Folter und Erpressung zustande gekommen sind." Natürlich nicht
alle, wie Jagschitz ausdrücklich betont. Oder: „Es ist auch ganz verständlich,
daß Zeugen nicht imstande sind, Daten und genaue Fakten wiederzugeben."
Jagschitz unterscheidet drei Typen von Häftlingsaussagen. Nur von der dritten
sagt er: „...das sind die wenigen, die auf den Grund gehen, die die Qualifikati-
on haben, ein Umfeld zu erkennen, die Umstände rekonstruieren können und
die sich selbst gegenüber auch kritisch sind." Und abschließend sagt der Wiener Zeithistoriker: „Ich habe bei meinem Gutachten nur diese dritte Gruppe verwendet." Damit hat er – ebenso wie Pressac – die Qualität des Beweismittels
„Zeuge" nachhaltig erschüttert.

Eine weitere unbeantwortete Frage ist die, wie es zum furchtbaren Bild eines
Massenvernichtungslagers wie Auschwitz–Birkenau paßt, daß es dort Freizeit-
anlagen für Häftlinge gab, gut ausgestattete Krankenabteilungen, Konzerte,
Theateraufführungen und verschiedene Unterhaltungsprogramme, teils von
Häftlingen, teils von auswärtigen Künstlern veranstaltet; Friseure, Schuster-
oder Schneiderwerkstätten; ja sogar ein Bordell mit professionellen Prostitu-
ierten, was von jüdischen Überlebenden in der Literatur bestätigt wird. So zum
Beispiel im Buch „Teufel und Verdammte" von Benedikt Kautsky, dem Sohn
des bekannten Sozialistenführers und ehemaligen Privatsekretärs von Friedrich
Engels, Karl Kautsky. Oder von dem zum Schreiber in der Krankenabteilung
von Auschwitz „avancierten" und damit privilegierten Häftling Hermann Langbein, in seinem Buch „Menschen in Auschwitz". Darin vermerkt Langbein u.a.,
daß er die damals berühmte Filmschauspielerin Zara Leander zum ersten Male
in seinem Leben in Auschwitz gesehen hat. Auch das Buch des polnischen Musi-
kers und Komponisten Szymon Laks „Musik in Auschwitz" ist eine Bestätigung dieser Fakten, insbesondere, was das musikalische Programm im Lager
betrifft. Laks wurde von der Lagerleitung auf Grund seines musikalischen Kön-
nens zum Leiter und Dirigenten des 40 Personen zählenden Orchesters von
Auschwitz-Birkenau ernannt. „Musik war ein fester Bestandteil des Alltags in
den Konzentrationslagern des Nationalsozialismus" schreibt Laks. Und zwar

keineswegs nur deutsche Marschmusik, sondern praktisch alles – von Jazz über Symphonien, Lieder bis zur Kammermusik. Laks konnte das Repertoire nach eigener Initiative gestalten. Täglich spielte die Lagerkapelle frühmorgens am Tor des Lagers, wenn die arbeitsfähigen Häftlinge zur Außenarbeit gingen, und abends, wenn sie zurückkehrten. Auf Befehl des Lagerkommandanten fand jeden Sonntag nachmittag unter freiem Himmel ein Unterhaltungskonzert statt, das von den Häftlingen und SS-Leuten gut besucht wurde, berichtet Laks. Auch im Frauenlager gab es eine eigene Kapelle, die manchmal im Männerlager spielte, und vice versa. Im August 1942 erließ das Reichssicherheitshauptamt eine Anordnung zur Gründung von Lagerkapellen in allen Hauptlagern. Das war nur die eine Seite. Die andere war die des Terrors, des Grauens und des massenweisen Todes.

Auch die selbst von Hilberg bestätigte Tatsache, daß Lagerkommandanten wegen begangener Tötung oder Mißhandlung von Sträflingen von einem SS-Gericht zum Tode verurteilt bzw. strafversetzt wurden, scheint angesichts des üblichen KZ-Bildes unerklärlich. Karl Koch, Lagerkommandant von Buchenwald, wurde zum Tode verurteilt und inmitten des Lagers vor den Augen der Häftlinge hingerichtet (was Hilberg bestätigt). Anklagepunkte: Mord, Totschlag, Körperverletzung mit tödlichem Ausgang, begangen an Häftlingen. Hermann Florstedt, Kommandant von Lublin, wurde ebenfalls wegen Ermordung von Häftlingen hingerichtet. Adam Grünewald, Kommandant von Hertogenbosch, wurde wegen Häftlingsmißhandlung verurteilt und strafversetzt. Ein Verfahren gegen den Lagerkommandanten von Auschwitz, Höß, kam durch den Kriegsverlauf zu keinem Abschluß mehr.

In diesem Zusammenhang sind auch viele Fragen der Revisionisten bisher nicht beantwortet, die sich einerseits mit Auschwitz als einem riesigen Arbeitsbeschaffungsreservoir für die in unmittelbarer Nähe angesiedelte Rüstungsindustrie stellen (I.G. Farben, Bunawerke, Krupp, Siemens, Rheinstahl, AEG; wegen der Nähe zu den großen Kohlefeldern im polnischen Schlesien) und andererseits mit Auschwitz als einem riesigen Vernichtungslager. Dasselbe gilt für die sich daraus zwangsläufig ergebenden Ziele und Kompetenzen der SS-Führung und dem Reichssicherheitshauptamt auf der einen Seite und der Industrieführung, dem Wirtschaftsverwaltungshauptamt auf der anderen, dem der Lagerkomplex von Auschwitz ab 1942 ebenfalls unterstellt war. Ersteres hatte ab 1942, dem Jahr, als die Gaskammern installiert wurden und die Massentötungen begannen (wie auch Hilberg bestätigt), die Vernichtung von Menschen zum Ziel; letzteres, ab dem gleichen Zeitpunkt, die Beschaffung von möglichst viel einsatzfähigen Arbeitskräften für die Rüstungsindustrie. Wie läßt sich das miteinander vereinbaren? War Auschwitz also ein Vernichtungslager, ein Arbeitslager, oder beides?

Laut Hilberg war Geheimhaltung oberstes Gebot der Massenvernichtung. Im zweiten Band seines voluminösen Werkes „Die Vernichtung der europäischen Juden" heißt es: „Der Erfolg der Vernichtungsoperationen beruhte vor allem auf Geheimhaltung... An keiner Stelle durfte etwas durchsickern... Die Täter mußten ihre Tat vor jedem Außenstehenden verbergen."

Nun waren aber die KZ-Häftlinge in den Vernichtungslagern durchaus nicht hermetisch abgeriegelt und somit für die Außenwelt nachrichtenmäßig abgeschnitten. Sie waren, im Gegenteil, bis auf etwa 50 km außerhalb des Lagers im Bergbau sowie in der Land- und Forstwirtschaft beschäftigt und kamen dadurch zwangsläufig mit der Bevölkerung in Berührung. Auch wurden Tausende täglich aus Auschwitz zur Arbeit in die umliegenden kriegswichtigen Industrien gebracht, wo sie mit anderen Zwangsarbeitern und Kriegsgefangenen, darunter viele Engländer aus dem unweit gelegenen Kriegsgefangenenlager, zusammenarbeiteten. Wie konnte daher eine Weitergabe oder zumindest ein „Durchsickern" von Nachrichten aus dem Lager verhindert werden?

Die Geheimhaltung war offensichtlich derart lückenlos, daß nicht einmal die Geheimdienste der Alliierten, trotz eines perfekt ausgebauten Nachrichtensystems, bis zum Sommer 1944 von den Vernichtungsvorgängen in Auschwitz und den anderen Lagern im Osten wußten. Denn bis dahin gab es keinerlei diesbezügliche Vorwürfe, weder in den Rundfunksendungen der Alliierten noch von irgendeiner hochgestellten Persönlichkeit, wie etwa Roosevelt oder Churchill, vom Vatikan oder dem Roten Kreuz, die ebenfalls über reichlich Informationen und geheime Kanäle verfügten.

Auch scheint es der strikten Geheimhaltung gelungen zu sein, daß nicht einmal in Deutschland jemand von den Massenmorden im Osten etwas wußte, wohl aber von der Existenz der Konzentrationslager. So konnte beispielsweise der neben Rommel berühmteste – und auch von den westlichen Alliierten als hervorragender Soldat und Ehrenmann anerkannte – deutsche Panzergeneral Heinz Guderian noch im März 1945 in offenkundiger Aufrichtigkeit vor Vertretern der Presse sagen, er habe lange im Osten gekämpft, aber nie etwas von den „Teufelsöfen, Gaskammern und ähnlichen Erzeugnissen einer krankhaften Phantasie" bemerkt, wie das Ernst Nolte in „Der europäische Bürgerkrieg 1917–1945" zitiert.

Aber nicht nur Guderian, auch der zweite Mann nach Ribbentrop im deutschen Außenministerium, der Staatssekretär und SS-Brigadeführer Ernst von Weizsäcker, sagte als Angeklagter vor dem Nürnberger Militärtribunal aus, nicht gewußt zu haben, was in Auschwitz tatsächlich vor sich ging. Dies wurde durch das Tribunal, nicht zuletzt aufgrund der mutigen Verteidigung durch Weizsäckers Sohn, den späteren Bundespräsidenten Richard von Weizsäcker, offensichtlich auch anerkannt, so daß er nur eine sehr geringe Strafe erhielt. Dem widerspricht allerdings, daß der gleiche Richard von Weizsäcker als Bundespräsident in seiner Rede vom 8. Mai 1985 (vierzigster Jahrestag der Kapitulation) sagte: „Angesichts der Deportationszüge hat jeder Deutsche es wissen müssen." – Außer freilich sein Vater, der SS-Brigadeführer und Staatssekretär im Außenministerium…

Es gäbe noch viele Fragen und Widersprüche im Zusammenhang mit dem Holocaust. Dabei handelt es sich vor allem um solche, die auf naturwissenschaftlicher, d.h. physikalischer, chemischer und auch bautechnischer Basis beruhen. Der Autor verfügt nicht über die hierfür nötige Sachkenntnis und kann dazu somit kein Urteil abgeben. Abgesehen davon ist jede fruchtbare Auseinandersetzung mit diesen Fragen der Revisionisten auf rein sachlicher Basis in Österreich durch die Verbotsgesetznovelle 1992 und in Deutschland durch die Neufassung des § 130 StGB nahezu unmöglich.

Zum Abschluß dieses Kapitels muß noch die Frage gestellt werden, weshalb gerade von jüdischer Seite so intensiv auf der Sechs-Millionen-Zahl beharrt wird. Wohl der Hauptgrund dafür wurde schon an früherer Stelle von so angesehenen jüdischen Führern – politischen und geistigen – wie Nahum Goldmann und Martin Buber genannt. Auf einen anderen, tiefer liegenden Grund für das Beharren auf der Sechs-Millionen-Zahl weist der in Israel aufgewachsene und heute an der deutschen Bundeswehrhochschule als Professor für Zeitgeschichte lehrende Jude Michael Wolffsohn hin: nämlich daß die jüdische Seite heute, vor allem die zionistische – die religiöse wie die politische –, die ständige Erinnerung, das unablässige Gedenken an den Holocaust, der für sie *das* zentrale Ereignis in ihrer Geschichte bedeutet, neben der jüdischen Religion und dem jüdischen Nationalismus als dritte Säule oder Standbein der jüdischen Identität ansieht. Dies hat Wolffsohn in einem Artikel in der „FAZ" vom 15. April 1993 unter dem Titel „Eine Amputation des Judentums" als das Wesentliche bezeichnet. „Amputation" deshalb, da die beiden anderen Standbeine – Religion und Nationalismus – seiner Meinung nach zunehmend entfallen. Dazu schreibt er in seinem 1997 erschienenen Buch „Meine Juden, eure Juden": „Das historische Wunder geschah trotzdem – wir erhielten ein drittes Bein: Israel." Für Wolfssohn ist die Tendenz ganz offensichtlich, den Holocaust zu einer neuen transzendenten Stützsäule jüdischer Identität umzuformen. Dadurch erhält er einen religiösen Charakter und die Sechs-Millionen-Zahl, als Voraussetzung für diese Stützsäule, einen symbolischen Wert. Wolffsohn: „Israels Staatsgeschichte wäre demnach Teil der jüdischen Heilsgeschichte... nur glauben oder nicht glauben kann man es. Und damit sind wir bei der ‚jüdischen Theologie im 20. Jahrhundert'." In ähnlichem Sinn, auf das Erlösungswerk Jesu hinweisend, sieht es auch Schalom Ben Chorin, Schüler und Freund des großen Religionsphilosophen Martin Buber. In seinem 1967 erschienenen Buch „Bruder Jesus" schreibt er: „Ist der leidende und am Kreuz verhöhnt sterbende Jesus nicht ein Gleichnis für sein ganzes Volk geworden, das, blutig gegeißelt, immer wieder am Kreuze des Judenhasses hing? Und ist die Osterbotschaft seiner Auferstehung nicht wiederum ein Gleichnis für das heute wiederauferstandene Israel geworden, das sich aus der tiefsten Erniedrigung und Schändung der dunkelsten zwölf Jahre seiner Geschichte zu neuer Gestalt erhebt?"

Auch Martin Broszat bezeichnet die sechs Millionen als eine „symbolische Zahl". Als solche ist sie nicht mehr Abbild der Wirklichkeit, sondern Sinnbild, Sinnzeichen, welches das Wesenhafte der Wirklichkeit – den unbestreitbaren

203

Massenmord an den Juden –, unabhängig von der Anzahl der Opfer, beinhaltet oder reflektiert und in einem höheren, gleichnishaften Sinn veranschaulicht. Die vom französischen Juden Claude Lanzmann herausgegebene französische philosophische Monatsschrift „Les temps modernes" schreibt hierzu in ihrer Ausgabe vom November 1993 unter dem Titel „La Catastrophe du Revisionisme": „Der Revisionismus ist keine Theorie wie jede andere auch, er ist eine Katastrophe... Eine Katastrophe ist ein Epochenwandel... Er zeigt das Ende unseres Mythos an." Also ein Mythos aus der Sicht Claude Lanzmanns?

Gegen die ständige Erinnerung, das ständige Gedenken an den Holocaust wehrt sich J. Arno Mayer in seinem 1988 erschienenen und bereits öfters erwähnten Buch „Why did the heavens not darken – Final solution in history". Er nennt dieses Gedenken einen „Kult mit eigenen Zeremonien, Feiertagen, Schreinen, Gedenkstätten und Pilgerfahrten". Dieser Kult sei in die Hand von „Sektierern" gefallen und habe dazu beigetragen, „die jüdische Katastrophe aus ihrem historischen Umfeld herauszulösen". Schon der theologisch vorbelastete Begriff „Holocaust" (Brandopfer) zeige, „daß man auf dem besten Wege sei, Erkenntnisse durch Bekenntnisse zu verdrängen", meint Mayer warnend.

7. KAPITEL

Die Verbrechen der Sieger und ehemaligen Kriegsgegner

In der etablierten Zeitgeschichtsliteratur wird die Behauptung aufgestellt, daß die Verbrechen des Nationalsozialismus, insbesondere der Holocaust, in der gesamten bisherigen Geschichte „einmalig" und „unvergleichbar" seien. Sie stellen eine völlig andere Kategorie dar gegenüber allem, was bisher an Verbrechen in der Geschichte erlebt worden ist.

Als Vorsitzender des Verbandes deutscher Historiker hat der Münchner Althistoriker Christian Maier in seiner Eröffnungsrede zum 36. deutschen Historikertag in Trier am 8. Oktober 1986 dazu folgende Feststellung getroffen: „Die deutschen Verbrechen zwischen 1933 und 1945 waren, so meine ich, in dem Sinne singulär, als sie qualitativ über die Verbrechen anderer Völker – etwa der stalinistischen Sowjetunion – hinausgingen."

Wenn nun in diesem Kapitel von den Verbrechen der Sieger und ehemaligen Kriegsgegner gesprochen wird, so geschieht dies vor allem deshalb, um dieser tabuisierten Behauptung von der „Einmaligkeit" und „Unvergleichbarkeit" der NS-Verbrechen mit aller Entschiedenheit entgegenzutreten. Denn die Begründung hierfür ist geradezu zynisch, absolut unmoralisch und daher unakzeptabel, weil diese Behauptung von der Auffassung ausgeht, daß die Verbrechen Lenins und Stalins, die gegenüber den Verbrechen Hitlers ein Vielfaches an Opfern forderten (wodurch diese aber keineswegs relativiert werden), „sozial" bedingt waren, während jene Hitlers „biologisch". Dort „Klassenmord", hier „Rassenmord". Das sei der „qualitative" Unterschied und demnach der „Klassenmord" „qualitativ" das geringere Verbrechen. Es gibt eine ganze Reihe sogenannter „Historiker", auch im Westen, für die tatsächlich Klassenmord – und mag er in der Größenordnung von 50 bis 60 Millionen liegen, wie es nachgewiesenermaßen in der Sowjetunion der Fall war – verständlicher, ja sogar irgendwie zu rechtfertigen ist, da er letzten Endes dem „sozialen Fortschritt" diente, wenngleich der Preis hierfür unverhältnismäßig hoch war. Aus diesem Grund ist die tabuisierte Behauptung von der „Einmaligkeit" und „Unvergleichbarkeit" der Nazi-Verbrechen auf das entschiedenste abzulehnen, da es in beiden Fällen um brutalen Mord geht, der eine „qualitative" Unterscheidung nicht zuläßt, ohne daß damit die Opfer verhöhnt würden.

Überdies soll mit der Behauptung der „Einmaligkeit" der NS-Verbrechen in

Wirklichkeit nur erreicht werden, den Blick auf andere Verbrechen von wahrhaft gigantischen Ausmaßen dauerhaft zu verstellen. Andere sehen die „Einmaligkeit" und „Unvergleichbarkeit" des Holocaust in der „Technik des industrialisierten Massenmordes", worauf nicht näher eingegangen werden muß, weil es ein Unsinn ist, ihn durch dieses Kriterium zu einem gesonderten – und damit zugleich gegenüber allen anderen Massenmorden in der Geschichte an Schrecklichkeit weit überbietenden – Verbrechen zu machen. Massenmord ist Massenmord, gleichgültig, ob er mittels Gaskammern, Maschinengewehren oder Fliegerbomben durchgeführt wird.

Ein weiterer Grund, weshalb von den Verbrechen der Sieger gesprochen werden soll, ist der, daß in der offiziellen Zeitgeschichtsforschung und im weit überwiegenden Teil der Massenmedien, vor allem in Deutschland und Österreich, die Verbrechen der Sieger und ehemaligen Kriegsgegner so gut wie keine Rolle spielen. Man beschäftigt sich fast ausschließlich – und das noch fünfzig Jahre nach dem Krieg – mit jenen Verbrechen, die Deutsche begangen haben, hingegen fast nie mit jenen, die an Deutschen begangen wurden, und mit der fortwährenden, nicht enden wollenden Belastung des deutschen Schuldkontos. Dabei werden antideutsche Vorwürfe und Beschuldigungen, von wo und von wem auch immer sie kommen mögen, bereitwillig aufgegriffen, gegen das eigene Volk als Vorwurf verwendet und nicht selten noch übertrieben. Es vergeht kaum eine Woche, da im deutschen oder österreichischen Fernsehen nicht von den Verbrechen der Deutschen berichtet wird. Wenig jedoch liest man von jenen der Sieger – und wenn, dann oft in beschönigender, relativierender und untertreibender Weise. Paradebeispiel Dresden: Wo von mindestens 250.000 Todesopfern ausgegangen werden muß, hört man immer wieder die Zahl 35.000 – was den noch namentlich identifizierbar gewesenen Toten entspricht. Nicht ebenfalls eine Verhöhnung der Opfer?

Die unfaßbaren Verbrechen der Sieger und ehemaligen Feinde während und nach dem Zweiten Weltkrieg schonungslos aufzuzeigen, ruft unweigerlich all jene scheinheiligen Moralapostel auf den Plan, die mit erhobenem Zeigefinger darauf hinweisen, man dürfe nicht „aufrechnen" – ein von den „Umerziehern" erfundenes Zauberwort, um die „Einmaligkeit" und „Unvergleichbarkeit" der Nazi-Verbrechen aufrechtzuerhalten und zu verhindern, daß die Greueltaten der Sieger ins Bewußtsein der Nachkriegsgeneration dringen. Dabei geht es ja gar nicht darum, durch eine derartige Rechenoperation die unleugbaren Verbrechen des NS-Regimes zu relativieren oder zu verharmlosen, sondern einzig und allein um die historische Wahrheit, zu der ebenso die Verbrechen gehören, die Deutsche begangen haben, wie auch jene, die an Deutschen begangen wurden. Es geht um historische Tatsachen, die festgehalten werden müssen – nicht, um die Verbrechen der Nationalsozialisten zu banalisieren, sondern um die Verbrechen der Sieger zu entbanalisieren. Das Gegenüberstellen oder Vergleichen (nicht Aufrechnen) der beiderseitigen Verbrechen als Verharmlosung der einen Seite zu erklären, ist absurd, unsinnig und dumm. Denn Mord bleibt Mord – von wem auch immer und an wem er begangen wurde. Opfer ist Opfer, ob Jude oder Deutscher. Beider Leben ist gleich viel wert. Mord ist auch dann nicht moralisch berechtigt, wenn er Antwort auf einen Mord ist.

Nicht zuletzt soll von den Verbrechen der Sieger auch deshalb gesprochen werden, um der – wenn überhaupt, so nur völlig einseitig informierten – Nachkriegsgeneration ein objektives Bild davon zu vermitteln, was ihre Väter und Mütter durch die Hände und die Taten der Sieger und ehemaligen Kriegsgegner an Grauenhaftem erleben mußten.

Bei den Verbrechen der Sieger und ehemaligen Feinde soll nur von den schwerwiegendsten, verwerflichsten und grausamsten die Rede sein – sowohl während des Krieges als auch nach dessen Ende.

Der erste große Massenmord an Volksdeutschen, begangen von polnischen Soldaten und Zivilisten am Sonntag, dem 3. September 1939, ging als „Blutsonntag von Bromberg" in die Geschichte ein. Über 4.000 Menschen kamen ums Leben. Er wurde von einer von den Deutschen umgehend einberufenen Journalistengruppe aus neutralen Ländern an Ort und Stelle geprüft und bestätigt, außerdem von Marineoberkriegsgerichtsrat Dr. Ulrich Schattenberg. Sowohl dessen Bericht als auch die übrigen Beweisdokumente, wie Zeugenvernehmungen überlebender Volksdeutscher und die Bestätigung durch die internationale Journalistengruppe samt von ihr gemachten Fotos, befinden sich im Bundesarchiv-Militärarchiv in Freiburg/Br. (unter RW 2/v).

Aus dem Schattenberg-Bericht vom 14. September 1939: „Bei den Hausdurchsuchungen der Volksdeutschen von Bromberg wurden zunächst von den Soldaten und polnischem Mob sämtliches Geld und Wertsachen gestohlen, die Wohnungen ausgeplündert und völlig verwüstet. Die Männer der Familien, und zwar ohne Rücksicht auf ihr Alter, vom zehnjährigen Jungen bis zum achtzigjährigen Greis, wurden in fast allen Fällen in bestialischer Weise umgebracht. Nur in wenigen Fällen begnügte man sich mit dem einfachen Erschießen. Zumeist wurden die Ermordeten mit Brechstangen, Seitengewehren, Gewehrkolben, Knüppeln derart zusammengeschlagen, daß ihre Gesichter bis zur Unkenntlichkeit verstümmelt wurden... In vielen Fällen mußten die Volksdeutschen die Ermordung ihrer Väter, Brüder oder Kinder mit ansehen, ohne ihnen, wenn die Verletzten noch nicht gleich tot waren, Hilfe bringen zu können. Dabei wurden sie noch von den Soldaten und vom Pöbel verhöhnt. In anderen Fällen mußten sie die Ermordung der Angehörigen mit ansehen, um dann selbst als nächstes Opfer erschlagen oder erschossen zu werden."

Angeblich deutsche Kriegsverbrechen

Als nächstes zu jenen Verbrechen, die von den Sowjets begangen und für die die Deutschen verantwortlich gemacht wurden.

Wenn mit Katyn begonnen wird, so deshalb, weil es ein Symbol ist: Symbol für die Liquidierung eines Großteils der polnischen Eliten.

Im Frühjahr 1940 wurden auf Befehl Stalins in den Wäldern von Katyn, einem Dorf westlich von Smolensk, rund 15.000 polnische Offiziere durch den NKWD (später KGB) per Genickschuß ermordet und an drei verschiedenen Stellen in Massengräbern verscharrt; zum Teil Berufs-, zum Teil Reserveoffiziere. Unter ersteren befanden sich neben Tausenden niedrigeren Chargen ein Admiral, 17 Kapitäne zur See, 12 Generäle und 124 Oberste. Von den Reserveoffizieren hatten fast alle im Zivilleben führende Stellungen inne, waren, wie die meisten der polnischen Intelligenz, mehrsprachig und verfügten über internationale Verbindungen. Unter den Ermordeten befanden sich überdies sieben Militär- und weit über hundert andere Geistliche sowie angesehene Rechtsanwälte, Staatsanwälte, Gutsbesitzer und sonstige „Klassenfeinde".

Für Polen bedeutete der Mord eine nationale Katastrophe. Ein Teil der Intelligenz und mehr als ein Drittel des gesamten Offiziersbestandes der Vorkriegszeit wurden ausgerottet. Stalin ließ mit diesem Massenmord die polnisch-nationale und patriotisch denkende Führung liquidieren, da sie sich einer Bolschewisierung Polens ganz gewiß widersetzt hätte. Katyn war die Liquidierung einer „gesellschaftlichen Klasse" – nach denselben marxistisch-leninistischen Prinzipien, denen in der Sowjetunion 50 bis 60 Millionen Menschen zum Opfer gefallen sind.

1943 entdeckten, auf Hinweise der Bevölkerung, deutsche Truppen in den Wäldern von Katyn die Massengräber. Daraufhin wurde eine internationale Kommission von Sachverständigen gebildet (Ärzte, Juristen, Journalisten, ausländische Offiziere) und an die drei Mordstätten in den Wäldern gebracht. Diese Kommission stellte einhellig und zweifelsfrei fest, daß es sich bei den Leichen um die im Frühjahr 1940 plötzlich von der Bildfläche verschwundenen polnischen Offiziere gehandelt hat, die zuvor in den Lagern Kozielsk, Starobielsk und Ostaschkow festgehalten worden waren. Die Sowjets wiesen diese Feststellung umgehend zurück, wie es dann auch der sowjetische Ankläger, General Rudenko, vor dem Nürnberger Militärtribunal der Sieger in schärfsten Worten wiederholte.

1947 wurden in Leningrad vier deutsche Offiziere von einem sowjetischen Gericht zum Tode verurteilt und hingerichtet, weil sie am Massenmord von Katyn für verantwortlich und schuldig befunden worden waren. Sowohl die Briten als auch die Amerikaner wußten seit Frühjahr 1943, daß es sich um eine Lüge handelte. Um aber die Allianz mit Stalin nicht zu belasten oder zu gefährden, deckten sie die sowjetische Version. Somit ist der Fall Katyn auch ein Fall Churchill und ein Fall Roosevelt.

Im Juni 1971 räumte „Die Zeit" dem britischen Historiker und Gomulka-Biographen Nicholas Bethell eine ganze Seite ein, um sich mit der britischen Vertuschungspolitik zu befassen. Darin schreibt Bethell: „Die jüngst veröffentlichten britischen Akten aus dem Jahre 1943 zeigen, daß es sogar schon damals,

im Gegensatz zu den Worten Edens, keinen einzigen führenden britischen Politiker gab, der nicht von der Schuld der Russen überzeugt gewesen wäre..."
Ebenfalls gestützt auf damals neu veröffentlichte britische Akten berichtet Bethell in „Die Zeit" vom 2. Juni 1972, daß Churchill am 24. April 1943 der polnischen Exilregierung in London geraten habe, eine offizielle Erklärung abzugeben, in der die Ermordung der polnischen Offiziere durch die Sowjets bestritten und die Vorwürfe gegen sie als deutsche Propaganda bezeichnet werden sollten. Wladislaw Sikorski, Chef der polnischen Exilregierung in London, erhielt von Churchill außerdem die Empfehlung, in der Frage Katyn keine weiteren Untersuchungen anzustellen.

Stalin wußte genau, daß Briten und Amerikaner die Schuldfrage der Morde von Katyn in seinem Sinn und in seinem Interesse behandeln würden, da ihnen die gemeinsame Allianz – die auch eine Allianz der Lüge und des Verbrechens gewesen ist – viel wichtiger war als irgendwelche feierlichen Grundsätze und erhabenen Prinzipien. So konnte er getrost in die Offensive gehen und Katyn als Hebel verwenden, um die ihm verhaßte polnische Exilregierung in London erst zu isolieren und dann auszuschalten – mit Zustimmung der Engländer und Amerikaner. In Jalta haben sich die „großen Drei" dann darauf verständigt, die kommunistische Gegenregierung, das sogenannte „Lubliner Komitee", zur „Polnischen Provisorischen Regierung der Nationalen Einheit" zu machen, wodurch die polnische Exilregierung in London endgültig ausgeschaltet und der Weg für die Bolschewisierung Polens freigegeben wurde.

Am deutlichsten kommen die polnische Entrüstung und Verzweiflung über den Massenmord von Katyn in einem offenen Brief des polnischen Generalmajors Kazimir Shally zum Ausdruck, den er in der Zeitung „Scotsman" in Edinburgh veröffentlichte. Darin heißt es: „Der Zweck dieses offenen Briefes ist es, zu erklären, was die überwiegende Mehrheit der in England lebenden Polen von der Ermordung der polnischen Offiziere denkt... Es ist die Blüte unseres Volkes, die uns genommen wurde... Wir fordern Gerechtigkeit und hoffen, daß die Mörder bestraft werden. Überrascht aber sind wir und können es nicht begreifen, daß die Führer der zivilisierten Welt – die Ihr Engländer und Amerikaner sein wollt – von diesem Verbrechen nicht beeindruckt sind. Wir hatten erwartet, daß alle zivilisierten Nationen in einen Schrei der Entrüstung und des Entsetzens ausbrechen würden... Das englische und das amerikanische Volk behaupten, in erster Linie für die christlichen Lebensideale des einzelnen und der Nation zu kämpfen. Warum übergeht man da dieses fürchterliche Verbrechen mit Stillschweigen? Wir erwarten von Euch, daß ihr mithelft, damit man die Mörder der Gerechtigkeit übergibt" (zitiert nach Franz Kadells Standardwerk „Die Katyn-Lüge").

Erst im April 1990 empfing der damalige polnische Präsident Wojciech Jaruzelski anläßlich eines Besuches in Moskau aus der Hand Michail Gorbatschows zwei Kassetten mit den bis dahin unter Verschluß gehaltenen Dokumenten über den Mord von Katyn, welche die Schuld der Sowjets beweisen.

Der Massenmord von Katyn war aber nur ein Teil der sowjetischen Völkermord-Verbrechen am polnischen Volk.

Wie die „Welt am Sonntag" vom 13. August 1987 berichtet, erklärte der polnische Luftwaffengeneral Roman Paszkowski, ein enger Vertrauter Jaruzelskis, in einem Interview mit der Zeitschrift „Panorama": Überall in der Sowjetunion, wo Polen umgekommen seien, müßten Denkmäler und Gedenkstätten aufgestellt werden, denn „wir müssen die Wahrheit an unsere Enkel weitergeben." Auch *wir* müssen sie weitergeben!

Auch das oppositionelle „Komitee für gesellschaftliche Selbstverteidigung" (KOR) forderte die Regierung in Warschau auf, endlich mit der Aufklärung der sowjetischen „Völkermord-Verbrechen" zu beginnen. Denn von den 230.000 polnischen Soldaten, die 1939 in russische Gefangenschaft geraten waren, hätten nur 82.000 überlebt. Und von den 1,6 bis 1,8 Millionen Polen, die nachweisbar aus dem ostpolnischen Gebiet ins Innere Rußlands und nach Sibirien verschleppt wurden, hätten 600.000 den Tod gefunden.

Katyn war nicht der einzige Schauplatz sowjetischer Massenmorde, die man den Deutschen unterschob. Auch Winniza war ein solcher Ort. 1943 stießen deutsche Truppen dort auf weitere Massengräber, in denen etwa 10.000 ukrainische Opfer des NKWD verscharrt waren. Nach unabhängig voneinander gewonnenen Erkenntnissen einer von den Deutschen einberufenen internationalen Ärztekommission waren diese Menschen zwischen 1936 und 1938 durch Genickschuß getötet worden.

Ein weiterer Ort sowjetischer Massenmorde, für welche die Deutschen verantwortlich gemacht wurden, war Lemberg, wo aufgrund eines Befehls von Stalin, daß keine politischen Gefangenen in die Hände der Deutschen fallen dürften, kurz bevor deutsche Truppen die Stadt eroberten, rund 4.000 Ukrainer und Polen in den Gefängnissen, zum Teil auf bestialischste Weise, umgebracht wurden.

Auch Charkow, Minsk und Kiew waren Schauplätze sowjetischer Massenmorde mit Tausenden von Toten, die den Deutschen in die Schuhe geschoben wurden, wie Dr. Joachim Hoffmann, wissenschaftlicher Direktor des militärwissenschaftlichen Forschungsamtes der Bundeswehr, an Hand sowjetischer Unterlagen, die im Bundesarchiv-Militärarchiv Freiburg/Br. aufliegen, ermittelte und in seinem 1995 erschienenen Buch „Stalins Vernichtungskrieg 1941–1945" veröffentlichte.

Auf Kiew muß etwas näher eingegangen werden. Denn diese Stadt wurde auch ein Symbol für die Verbrechen der SS-Einsatztruppen.

Die Rote Armee hatte auf ihrem Rückzug, bevor die deutschen Truppen Kiew eroberten, dort Sprengungen und Brandlegungen vorbereitet, die nach der Einnahme der Stadt durch die Deutschen losgingen und erhebliche Verluste, auch unter der ukrainischen Bevölkerung, sowie starke Zerstörungen und Sachschäden hervorriefen. Da die Deutschen die Kiewer Juden dafür verantwortlich machten, seien als Vergeltung für diese Vorgänge von den SS-Einsatzgruppen zwischen dem 29. und 30. September 1941 33.771 jüdische Einwohner in unmittelbarer Nähe von Kiew, in der Schlucht von Baby Jar (Altweiberschlucht), umgebracht und die Leichen in der Schlucht durch Sprengungen zugeschüttet worden, wie durch „Ereignismeldung" vom 2. Oktober an die übergeordnete SS-Dienststelle durchgegeben wurde.

In der Folge kursierten über die tatsächliche Anzahl der Opfer die unterschiedlichsten Schätzungen. Wie Hoffmann berichtet, hat der polnische Wissenschaftler Marek Wolski in einer von der „Societé d'histoire polonaise" in Stanford (Ct) herausgegebenen Studie „Le massacre de Baby Jar" die verschiedensten Opferzahlen miteinander verglichen und ist hierbei zu erstaunlichen Ergebnissen gekommen. Denn er stellte in den Schätzungen der Zahlen Schwankungen fest, die sich zwischen 3.000 und 300.000 bewegen. Die niedrigste Zahl von 3.000 entstammt der „Encyclopedia of Ukraine" (Ausgabe Toronto 1988). Die höchste Anzahl von 300.000 nennt Vitalis Korotych, sowjetukrainischer Herausgeber des Magazins „Ogonyok", Angehöriger des KGB, am 23. April 1990 vor dem kanadischen „Institute of International Affairs" in Toronto. 10.000 Todesopfer verzeichnet das „Grand dictionaire encyclopedique larousse" (Ausgabe Paris 1982), 50.000 bis 70.000 die „Bolsaja sovetskaja encyclopedija" (Ausgabe Moskau 1970) und 100.000 die „Encyclopedia Judaica" (Ausgabe Jerusalem 1971).

Auch der symbolträchtige Name Baby Jar – Altweiberschlucht – ist nach Wolski in den wenigsten Enzyklopädien zu finden. Ebenso hat eine Auswertung der zahlreich gemachten Luftaufnahmen, vor allem jener von John C. Ball, „Air photo evidence", zu dem Ergebnis geführt, daß, im Gegensatz zu den auf Luftaufnahmen immer noch deutlich sichtbaren Massengräbern von Katyn, das Gelände der Schlucht von Baby Jar unversehrt geblieben ist. Weder die Topographie noch die Vegetation sind durch menschliche Eingriffe verändert oder gestört worden.

Dies hinderte den Friedensnobelpreisträger Elie Wiesel freilich nicht, sich auf einen angeblichen Augenzeugen berufend, in seinem Buch „Paroles d'etranger" über Baby Jar zu berichten: daß dort der Boden über den Tausenden zugeschütteten Leichen „monatelang bebte" und „von Zeit zu Zeit Blutfontänen hervorschossen", wobei ihn vermutlich ein uraltes biblisches Wunder inspirierte, denn dergleichen Phänomene sind schon wegen der Blutgerinnung und auch physikalisch absolut unmöglich.

Den Fall Baby Jar abschließend, schreibt Hoffmann: „Baby Jar mußte in der Sowjetunion dazu herhalten, um Katyn, und Katyn mußte dazu herhalten, um Baby Jar glaubwürdig zu machen."

Ungeachtet all dieser Fakten, die das deutsche Massaker von Baby Jar zumindest äußerst dubios erscheinen lassen, nahm die Präsidentin des Deutschen Bundestages, Rita Süßmuth, eine Rede zur Fünfzig-Jahr-Gedenkfeier dieses Massenmordes in der Altweiberschlucht am 5. Oktober 1991 zum Anlaß, unbegründete Ausfälle gegen das gesamte deutsche Volk zu artikulieren, indem sie u.a. sagte: „Baby Jar ist eine Stätte schrecklicher Erinnerung, ein Ort des Grauens und – für uns Deutsche – der Scham und nicht tilgbarer Schuld."

So zweifelhaft das Massaker von Baby Jar auch ist, muß dennoch festgehalten werden, daß es an der Ostfront bzw. knapp hinter den deutschen Linien zu Massenexekutionen von Juden durch die „SS-Einsatzgruppen" kam, was noch von niemandem bezweifelt oder in Abrede gestellt wurde. Bloß klaffen auch hier die geschätzten Zahlen der Opfer weit auseinander. Bei diesen Opfern, die zweifellos viele Tausende umfaßten, muß man jedoch unterscheiden zwischen gezielter Judenvernichtung und völkerrechtlich gedeckter Partisanenbekämpfung, wenngleich eine solche Unterscheidung nur ungenau sein kann, da die Übergänge zwischen beiden fließend waren. Fest steht jedoch, daß Juden an diesem völkerrechtswidrigen Partisanenkampf wesentlichen Anteil hatten. Dies wird auch von jüdischer Seite, so bei Hilberg, nicht in Abrede gestellt, ja sogar bestätigt und als Ausdruck jüdischen Widerstandes und Kampfgeistes gegen den Feind gewertet. So schreibt beispielsweise der jüdische Historiker Arno Lustiger, Überlebender von Auschwitz und Buchenwald und Cousin des Pariser Erzbischofs Kardinal Lustiger, in seinem 1990 erschienenen Buch „Zum Kampf auf Leben und Tod – Vom Widerstand der Juden 1933–1945": „Die Juden waren die Pioniere des Partisanenkampfes."

Die Wehrmachtsuntersuchungsstelle

Nun zu weiteren Kriegsverbrechen der Roten Armee während des Zweiten Weltkrieges. Zu betonen ist von vornherein, daß damit die von deutscher Seite begangenen Verbrechen, insbesondere jene der SS-Einsatztruppen im Rücken der deutschen Front, keineswegs „kompensiert" oder verharmlost werden sollen. Sie sind zweifelsfrei erwiesen, und es gibt genügend Literatur darüber. Wohingegen es über die Kriegsverbrechen der Roten Armee, ebenso wie über die der Westalliierten während des Krieges, relativ wenig Literatur gibt und überdies diese Verbrechen seit fünfzig Jahren von den Massenmedien und den „Berufsumerziehern" bewußt und methodisch verschwiegen und der Vergangenheit anheimgegeben werden, mit Ausnahme von Katyn. Aber selbst da wird immer wieder in bewußter Verfälschung der historischen Wahrheit nur von 5.000 statt von 15.000 Opfern gesprochen.

Von der wissenschaftlichen Literatur und Dokumentation über die Kriegsverbrechen der Roten Armee ist vor allem das Werk des weithin bekannten und international angesehenen amerikanischen Völkerrechtlers Professor Dr. Dr. Alfred M. de Zayas, „Die Wehrmachtsuntersuchungsstelle", zu nennen, welches in den sechziger Jahren auf englisch und in der deutschen Fassung in der vierten, erweiterten Auflage 1984 im Universitäts-Verlag München erschien. Kein Autor jemals vor de Zayas hat den großen Aktenbestand der Wehrmachtsuntersuchungsstelle (im folgenden WUSt) für Verletzungen des Völkerrechts ausgewertet. Bis vor etlichen Jahren befanden sich die Unterlagen in den Archiven in Washington, nachdem sie im Jahre 1945 von amerikanischen Truppen in Torgau an der Elbe aufgefunden, beschlagnahmt und in die USA gebracht wurden. 1986 kehrten sie nach Deutschland zurück und befinden sich heute im Bundesarchiv-Militärarchiv (im folgenden BA-MA) in Freiburg/Br. Tausende von richterlichen Protokollen über Völkerrechtsverletzungen der Alliierten sind darin erhalten geblieben und archiviert; ebenso wie im Rußlandfeldzug gemachte Beutepapiere, einschließlich Befehle hoher und höchster sowjetischer Offiziere und Befehlshaber, Operationsberichte und sowjetische Flugblattpropaganda sowie Aufzeichnungen abgehörter russischer Funksprüche und zahllose Aussagen russischer Kriegsgefangener.

Es ist erwähnenswert, wie die WUSt arbeitete. In sie wurden vor allem ältere Richter berufen. Sie hatten sich im Feld nicht nur mit Ermittlungen über Kriegsrechtsverletzungen feindlicher Soldaten oder Zivilisten zu befassen; die eigentliche und ursprüngliche Hauptaufgabe eines Wehrmachtsrichters bestand darin, die Disziplin der eigenen Truppe zu wahren und Verstöße zu ahnden, wie etwa Kameradschaftsdiebstahl, unerlaubte Entfernung von der Truppe, Fälle von Selbstverstümmelung, Fahnenflucht, etc.. Zur Erhaltung der Disziplin trug wesentlich bei, daß die Richter auch bei Vergehen oder Verbrechen deutscher Soldaten gegenüber der Zivilbevölkerung in den besetzten Gebieten einschritten, wofür de Zayas, der rund 300 in den sechziger Jahren noch lebende ehemalige Wehrmachtsrichter befragte, zahlreiche exemplarische und durch Gerichtsprotokolle eindeutig dokumentierte Beispiele erwähnt, von denen nur einige wiedergegeben werden sollen, damit dem Leser ein ungefähres Bild von der rigorosen Rechtsprechung der Wehrmachtsjustiz gegenüber Angehörigen der Deutschen Wehrmacht vermittelt werden kann.

So hat zum Beispiel ein deutscher Soldat im besetzten Frankreich eine Französin mit vorgehaltenem Gewehr gezwungen, sich ihm zur Verfügung zu stellen. Er wurde zum Tode verurteilt und hingerichtet.

Wegen gemeinsam begangener Notzucht an zwei Französinnen und wegen des Todes eines der Opfer wurden im November 1943 zwei deutsche Soldaten zum Tode verurteilt und gehenkt.

Wegen eines Raubüberfalls auf französische Juden in Nizza wurde ein deutscher Soldat zum Tode und ein anderer zu zwölf Jahren Zuchthaus verurteilt.

Wegen Raubmordes an drei niederländischen Bauern wurde ein deutscher Soldat am 18. November 1942 zum Tode verurteilt und gehenkt.

Wegen Notzucht an einer 16jährigen Griechin verurteilte das Militärgericht am 23. September 1943 einen deutschen Soldaten zum Tode.

Generaloberst Gotthard Henrici ordnete als Gerichtsherr der 4. Armee grundsätzlich an: „Übergriffe gegen Russen sind disziplinarisch oder kriegsrechtlich zu bestrafen." Daraufhin wurden mehrere kriegsgerichtliche Todesurteile vollstreckt; u.a. gegen drei Angehörige einer Panzergrenadierdivision wegen Ermordung von fünf russischen Frauen; gegen zwei Angehörige einer anderen Division wegen Plünderung; gegen zwei Soldaten wegen Notzucht an einer russischen Frau. Wegen Mordes an russischen Kriegsgefangenen und an zwölf russischen Hilfspolizisten wurde ein deutscher Feldwebel am 26. Februar 1943 ebenfalls zum Tode verurteilt. Ein Gnadengesuch wurde abgelehnt und das Urteil vollstreckt.

Auch General Lindemann bestätigte als Gerichtsherr der 18. Armee vollstreckte Todesurteile an deutschen Soldaten wegen gleicher oder ähnlicher Verbrechen. Ebenso Generaloberst von Mackensen und Guderian.

Wie Generaloberst Otto Desloch, Gerichtsherr des I. und II. Flakkorps, eidesstattlich bestätigte, wurde im Frühjahr 1944 eine Flakbatterie nach Budapest verlegt und in freigemachten Judenwohnungen untergebracht. Auf Veranlassung des Batterieführers, eines jungen Oberleutnants, kam es zu mehreren unberechtigten Beschlagnahmungen von Wertgegenständen. Eine Jüdin, die Anzeige erstatten wollte, wurde getötet. Der Oberleutnant wurde zum Tode verurteilt, mehrere Unteroffiziere und Mannschaftsdienstgrade zu langjährigen Zuchthausstrafen.

Es wären noch viele solcher dokumentierter Fälle zu nennen, die die harte Vorgangsweise der WUSt gegen Wehrmachtsangehörige bestätigen.

Es ist erstaunlich, daß die Wehrmachtsrichter auch unter den Bedingungen einer Diktatur wie Hitler-Deutschland eine solch unabhängige Rechtsprechung wahren haben können. Dies begreift sich zum Teil daraus, daß wegen der organisatorischen Stellung der Wehrmachtsjustiz, vor allem aber wegen der scharfen Trennung zwischen Wehrmacht und Partei eine Einflußnahme der NSDAP unterblieb. So erklärte der ehemalige Kriegsgerichtsrat Dr. Walter Hoffmann auf persönliche Befragung durch de Zayas: „Als Heeresrichter habe ich beim Einsatz in keinem einzigen Fall von irgendeiner Seite Weisungen entgegennehmen müssen. Seitens der NSDAP ist dies niemals geschehen... Die Heeresrichter waren im Feld von derartigen Einflußnahmen vollkommen frei." Im gleichen Sinn äußerte sich auch Bundesrichter a.D. Dr. Wilhelm Weber: „In meiner ganzen richterlichen Tätigkeit bis zum Ende des Krieges als Armeerichter... als Richter beim Reichskriegsgericht habe ich nie irgendwelche Einflüsse der Partei zu spüren bekommen."

Zum anderen Teil erklärt sich diese Unabhängigkeit der Wehrmachtsrichter daraus, daß sich – wie de Zayas feststellte – unter den höheren Positionen innerhalb der Wehrmachtsjustiz kein einziges Parteimitglied befand; ja daß ein solches in eine höhere Position erst gar nicht berufen worden wäre.

Dies alles zeigt, daß das Dritte Reich, entgegen der allgemeinen Meinung, kein monolithischer Block war. Das heißt, daß es trotz Diktatur, Macht der NSDAP und der Gestapo noch beachtliche Freiräume gab, in der die Partei nur wenig bis gar keinen Einfluß hatte. So etwa die Industrie, das diplomatische Korps, den Richterstand (bei den ordentlichen Gerichten), aber vor allem in der Wehrmacht, zumindest bis zum Attentat auf Hitler am 20. Juli 1944. Bis zu diesem

214

Datum durfte kein Offizier aktives Parteimitglied sein bzw. mußte die Mitgliedschaft ruhend gestellt werden. In die Wehrmacht konnte sozusagen jeder „emigrieren", der mit der Partei nichts zu tun haben oder sich ihrem Einfluß, ihrer Verfolgung und ihrer Macht entziehen wollte. Gemessen an den politischen Strukturen der ehemaligen Sowjetunion sowie ihrer einstigen Satellitenstaaen, wie etwa der DDR, war das Dritte Reich kein totalitärer Staat. Im weiteren Verlauf seines Buches befaßt sich de Zayas mit den von der WUSt nachgewiesenen und dokumentierten Kriegsverbrechen sowohl der Sowjets als auch der westlichen Alliierten.

Die Verbrechen der Roten Armee

Neben dem Werk von de Zayas ist hier als weitere wissenschaftliche Quelle und Dokumentation das Werk Joachim Hoffmanns, „Stalins Vernichtungskrieg 1941–1945", zu nennen. Zur Beweisführung beruft sich der Autor auf zweifelsfreie Dokumente, wie Untersuchungsprotokolle, medizinische Gutachten, Beutepapiere, Zeugenvernehmungen, abgehörte Funksprüche und Befehle, etc. Bei den Zeugenvernehmungen deutscher Wehrmachtsangehöriger ist anzumerken, daß die Kriegsgerichtsräte die Zeugen stets ausdrücklich auf die Bedeutung des Eides sowie die strafrechtlichen Folgen einer falschen Aussage hinwiesen. Dieser Eid lautete: „Ich schwöre bei Gott, dem Allmächtigen, daß ich die reine Wahrheit gesagt und nichts verschwiegen habe. So wahr mir Gott helfe", was auch in vielen Protokollen wörtlich zu lesen ist.

Der leitende Direktor des BA-MA Freiburg/Br., Dr. Manfred Kehrig – wohl die kompetenteste Instanz einer solchen bundesstaatlichen Dokumentationsstelle – schreibt am Beginn von Hoffmanns Buch „Zum Geleit" u.a.: „Die Aufforderung zur Ermordung deutscher Kriegsgefangener und Verwundeter stand vom ersten Tag an auf der Tagesordnung und erlebte eine infernalische Steigerung, als die Rote Armee Ende 1944 deutsches Staatsgebiet erreichte und gegen die deutsche Zivilbevölkerung, auf Weisung ihrer Befehlshaber und politischen Verwaltung, mordend, vergewaltigend, plündernd und sengend vorging."

Beim Krieg gegen die Sowjetunion stand daher von Anfang an fest, daß man es mit einem Gegner zu tun hatte, der sich an keine der herkömmlichen Regeln und Gebräuche des Kriegs- und Völkerrechts halten und den Kampf mit äußerster Rücksichtslosigkeit und Grausamkeit führen würde. Dies veranlaßte Hitler zum Ausspruch: „Der russische Soldat ist kein Kamerad."

Dazu kommt, daß die Sowjetunion, zum Unterschied vom Deutschen Reich und den westlichen Alliierten, die internationalen Konventionen, wie die Haager Landkriegsordnung und die Genfer Konventionen zum Schutz der Verwundeten, der Kriegsgefangenen und der Zivilbevölkerung, die im Zarenreich noch galten, aufgekündigt und nie unterschrieben hat und daher nicht anerkannte, was zwangsläufig zur Brutalisierung dieses Krieges führte – auch auf deutscher Seite. Begonnen aber haben nachweisbar die namenlose Brutalität und Grausamkeit vom

215

ersten Tag an auf sowjetischer Seite; sie sind mit den Verbrechen der Deutschen in Rußland nicht annähernd zu vergleichen. Denn die Ermordung und Verstümmelung deutscher Soldaten und Verwundeter begann schlagartig am ersten Kriegstag, dem 22. Juni 1941, und zwar auf der gesamten Frontlinie, wie Hoffmann aufgrund kriegsgerichtlicher Untersuchungen und Protokolle zweifelsfrei nachweist. Hoffmann: „Die Völkerrechtsverletzungen durch Angehörige der Roten Armee nahmen in der Tat schon in den Junitagen 1941 einen solchen Umfang an, daß hier nur wenige der kriegsgerichtlich untersuchten und durch Zeugenaussagen erhärteten Fälle angeführt werden können."

Dennoch führt Hoffmann sehr viele an. Um aber dem Leser ein ungefähres Bild von den Greueltaten der Roten Armee zu vermitteln, werden im folgenden nur einige Fälle sowohl aus Hoffmanns Buch „Stalins Vernichtungskrieg" als auch aus dem Buch von de Zayas „Die Wehrmachtsuntersuchungsstelle" angeführt, die alle im BA-MA Freiburg/Br. dokumentiert, registriert und archiviert sind, wovon sich der Autor – um ganz sicher zu gehen – durch Stichproben selbst überzeugt hat.

Gleich zu Beginn des Rußlandfeldzuges befahlen Politkommissare, die innerhalb der sowjetischen Einheiten den Kommandeuren als Überwachungsorgane zur Seite gestellt waren, „keine Gefangenen zu machen" und „alle Deutschen zu töten." Für mindestens zwanzig erschossene deutsche Gefangene erhielten Rotarmisten drei Tage Urlaub, wie aus Dokumenten im BA-MA zweifelsfrei hervorgeht.

Am 24. Juni 1941 wurden zwölf zurückgebliebene Verwundete bei Surz, westlich von Bialystok, in einem furchtbar verstümmelten Zustand aufgefunden. Einer der verwundeten Soldaten war an einen Baum gefesselt worden, man hatte ihm die Augen ausgestochen und die Zunge herausgeschnitten.

Am 25. Juni 1941 fand man Angehörige eines Spähtrupps des Infanterieregiments 36 in Zugstärke in einem Dorf in Ostpolen zusammengetrieben und „in bestialischer Weise hingerichtet".

Oberleutnant Hufnagel von der 9. Panzerdivision entdeckte an der Straße Busk–Tarnopol Ende Juni 1941 etwa achtzig massakrierte Soldaten, darunter drei Offiziere.

Ebenfalls Ende Juni 1941 waren die Angehörigen einer bei Bialystok abgeschnittenen Vorausabteilung des Infanterieregiments 9 niedergemacht und verstümmelt worden.

Ende Juni 1941 wurden der Stab und rückwärtige Teile der 161. Infanteriedivision bei Porzecze von Sowjettruppen überfallen, wobei eine Reihe auch verwundeter Offiziere und Soldaten in Gefangenschaft geriet. Der evangelische Wehrmachtspfarrer Klinger und der katholische Kriegspfarrer Sidersberger machten am 8. und 15. Juli 1941 als Augenzeugen unter Eid folgende kriegsgerichtlichen Aussagen: „Leutnant Sommer und sechs Soldaten sind bei lebendigem Leibe verbrannt, Leutnant Wordell und andere Soldaten erschossen oder erschlagen worden."

Am 28. Juni 1941 haben Sowjetsoldaten in der Gegend von Minsk eine deutlich als solche gekennzeichnete Kolonne des Krankenkraftwagenzuges 127 überfallen und einen Großteil der Verwundeten und der begleitenden Sanitätssoldaten niedergemetzelt.

Soweit nur einige von den unzähligen Kriegsverbrechen, die Soldaten der Roten Armee bereits in der ersten Kriegswoche begangen haben.

Wie der Wehrmachtsführungsstab am 15. September 1941 zusammenfassend feststellte, „haben die Sowjets vom ersten Tage des Ostfeldzuges an auf der ganzen Front bestialisch gemordet". Das Argument, es hätte sich um Vergeltungsmaßnahmen für die Anwendung des berüchtigten Kommissarbefehls gehandelt, scheidet deshalb aus, weil in der Roten Armee in der Anfangsphase des Krieges dieser Befehl nicht bekannt war. Denn dies hätte man sonst aus den zahllosen Gefangenenverhören oder Beutepapieren erfahren, worauf Hoffmann nachdrücklich hinweist. Der Kommissarbefehl, demzufolge jeder Politkommissar im Fall seiner Gefangennahme sofort zu erschießen sei, wurde im übrigen nach knapp einem Jahr, am 6. Mai 1942, wieder aufgehoben.

Es gibt einen „Erlaß über Kriegsgefangene" des „Rates der Volkskommissare" vom Juli 1941, der u.a. das Verbot enthält, Kriegsgefangene zu töten, mit der Begründung, daß ihre Verhöre kriegswichtig seien. Die „Wehrmachtsuntersuchungsstelle für Verletzungen des Völkerrechts" gab nach Auswertung von Beutepapieren und Hunderten von Gefangenenaussagen sowjetischer Soldaten und Offiziere in einer Denkschrift vom März 1942 ihrer Meinung über dieses Verbot Ausdruck: „Nicht etwa im mindesten die Besorgtheit um eine völkerrechtsmäßige Behandlung der Kriegsgefangenen, sondern ausschließlich das Interesse der um ihre Aufklärung bemühten russischen Stäbe an der Zuführung der Kriegsgefangenen zum Zwecke ihres Verhörs über die Gruppierung des Feindes und sonstige militärische wichtige Fragen", war der Grund dieses Verbotes, welches ebenfalls im BA-MA Freiburg/Br. aufliegt.

Nach dem Juli 1941 ging trotz dieses Verbotes das Morden an Kriegsgefangenen und Verwundeten unvermindert weiter. Auch hier nur einige der vielen bei de Zayas und Hoffmann erwähnten und im BA-MA dokumentierten Fälle.

Im Oktober 1941 fielen bei Vjaz'ma Soldaten einer Artillerieabteilung in verwundetem Zustand dem Feind in die Hände. Wie Unterarzt Dr. Sonnleitner unter Eid aussagte, wurden sie ebenso wie sechzig andere Verwundete in einer nahe gelegenen Scheune bei lebendigem Leib verbrannt.

Stabsarzt Professor Dr. Buhtz hat im Bereich der Heeresgruppe Nord zwischen dem 28. August und 11. November 1941 insgesamt 44 ermordete deutsche Soldaten obduziert oder gerichtsärztlich untersucht. Seinem Bericht ist zu entnehmen, daß der Tod bei den meisten nicht durch Erschießen, sondern durch gräßliche Marterungen herbeigeführt worden sein mußte: durch Stiche, stumpfe Schläge, Ausstechen der Augen, Durchschneiden der Kehle, Abschneiden oder Abhauen von Gliedmaßen, Abschneiden oder Zerquetschen der Genitalien, Verbrennen bei lebendigem Leibe.

Militärpfarrer Ziekur mußte in seiner Eigenschaft als Gräberoffizier am 24. und 25. Februar 1942 (an der Straße Charkow–Lozovaja) die Leichen von 42 gräßlich verstümmelten Soldaten des Infanterieregiments 179 identifizieren. „Der erste Eindruck war erschütternd", wie er bekannte, „bei mehreren waren die Nasen abgeschnitten und die Augen ausgestochen."

Im Winter 1941/42 ist ein deutscher Verwundetentransport bei Toropec den Russen in die Hände gefallen. Sämtliche Verwundeten wurden auf bestialische Weise erschossen oder erstochen.

Hervorzuheben sind noch der Fall Feodosia auf der Krim sowie der Fall Grischino. Nach der Rückeroberung von Feodosia durch die Rote Armee in den letzten Dezembertagen 1941 sind etwa 160 in den dortigen Lazaretten von den Deutschen zurückgelassene Schwerverwundete sowie ein Assistenzarzt und sechs Sanitätssoldaten in sowjetische Hände gefallen. Wie die Deutschen nach neuerlicher Rückeroberung der Stadt feststellen mußten, wurden in der Zwischenzeit von nur wenigen Tagen alle schwerverwundeten deutschen Soldaten, samt dem Arzt, den Sanitätssoldaten und einigen russischen Krankenpflegern umgebracht, erschossen, aus dem Fenster geworfen, mit Eisenstangen erschlagen oder auf sonst grausame Weise ermordet, wie auch durch übereinstimmende Aussagen russischer Augenzeugen bestätigt wurde.

In der Nacht vom 10. zum 11. Februar 1943 eroberte eine russische Panzerdivision den von den Deutschen und verbündeten Truppen besetzten Raum von Grischino. Der Gegenstoß deutscher Verbände führte am 18. Februar zur Rückeroberung dieses Gebietes. Nach dem im April abgeschlossenen Untersuchungsergebnis der beauftragten Gerichtskommission und nach dem Bericht der zuständigen Ortskommandantur waren in Grischino durch sowjetische Soldaten über 600 Angehörige der Wehrmacht und verbündeter Einheiten sowie Angehörige des Heeresgefolges, darunter Rot-Kreuz-Schwestern und Nachrichtenhelferinnen, entweder erschossen oder bestialisch niedergemetzelt worden. Wie es im kriegsgerichtlichen Untersuchungsprotokoll heißt, waren „fast sämtliche Leichen verstümmelt... Vielen Leichen waren Nase und Ohren abgeschnitten worden. Anderen Leichen waren die Geschlechtsteile abgeschnitten und in den Mund gesteckt worden."

Nicht nur in diesen beiden Fällen, sondern in sehr vielen anderen wurden Kriegsverbrechen der Roten Armee erst nach Rückeroberung eines Ortes oder Gebietes festgestellt. Um wieviel mehr müssen es daher noch gewesen sein, die an Örtlichkeiten stattfanden, die nicht mehr zurückerobert wurden?

All diese mit haarsträubender Grausamkeit verübten Verbrechen der Roten Armee, ebenso wie die der Partisanen, verhalfen unter anderen Erscheinungen und Erfahrungen, die der deutsche Soldat auf russischem Boden machte, zur Verfestigung der „Untermenschentheorie" gegenüber der russischen Bevölkerung, was mit zur Brutalisierung des Krieges nun auch auf deutscher Seite beitrug.

Bemerkenswert ist die Reaktion der Deutschen Wehrmacht bzw. einiger ihrer höchsten Befehlshaber auf die ununterbrochene Folge von Mordtaten an deutschen Soldaten. Wie aus Akten im BA-MA eindeutig hervorgeht, hat das Oberkommando der Wehrmacht (OKW) schon im Juli 1941 alle Vergeltungsmaßnahmen verboten, da solche „Vergeltungsmaßnahmen angesichts der russischen Mentalität ihre Wirkung verfehlen und unnötig zur Erbitterung des Kampfes" beitragen würden, wie es wörtlich im OKW-Bericht heißt. Auch der Oberbefehlshaber des Heeres, Generalfeldmarschall von Brauchitsch, vertrat den Standpunkt, Vergeltungsmaßnahmen würden bei der Sowjetunion, anders als den Westmächten gegenüber, wirkungslos bleiben. Als beispielsweise im August 1941, nach der Ermordung und Verstümmelung von 19 deutschen Verwundeten und zwei Sanitätssoldaten in einem Fahrzeug des Roten Kreuzes, dem Oberkommando der 17. Armee vorgeschlagen wurde, als Vergeltung hierfür hohe Offiziere der sowjetischen 6. und 12. Armee zu erschießen, hat der Armeeoberbefehlshaber, General der Infanterie von Stülpnagel, dieses Ansinnen mit analoger Begründung zurückgewiesen. Und als sich nach dem Massaker von Grischino der deutschen Soldaten eine maßlose Erbitterung bemächtigte, erließ der kommandierende General des XXXX. Panzerkorps, Generalleutnant Henrici, am 3. März 1943 eigens einen Tagesbefehl, in dem er seine Truppen ermahnte, sich nicht zu Racheakten hinreißen zu lassen. „Wir wollen jedoch an dem soldatischen Grundsatz festhalten", so heißt es darin, „daß der gefangene, uniformierte Gegner (daher nicht der Partisan, R. C.), der keinen Kampf mehr führen kann und wehrlos ist, ins Gefangenenlager gehört", wie Hoffmann berichtet und durch Dokument (BA-MA 34561/2) zweifelsfrei bestätigt wird.

Aber auch das Schicksal sowjetischer Kriegsgefangener in deutschen Behelfslagern war im Winter 1941/42 furchtbar, wie allgemein bekannt ist. Es ist mit Recht als eine „Tragödie größten Ausmaßes" bezeichnet worden, da Hunderttausende verhungerten und es sogar zu Fällen von Kannibalismus kam. Ohne diese Tragödie auch nur im allermindesten verharmlosen zu wollen, muß aber dazu gesagt werden, daß es nicht böser Wille war, der dahinter stand, sondern vielmehr die technische und organisatorische Unmöglichkeit, eine unerwartete Zweimillionenmasse an bereits in den ersten Kriegswochen gemachten russischen Kriegsgefangenen unter den Bedingungen des Winters 1941/42 im Ostraum auch nur notdürftig zu versorgen und unterzubringen. Dieses Massensterben russischer Kriegsgefangener im ersten Kriegswinter mit Hitlers „Vernichtungspolitik" in Verbindung zu bringen, wie dies einige Historiker tun, entspricht daher nicht der geschichtlichen Wahrheit.

Im Frühjahr 1942 wurden vielfältige und energische Maßnahmen zur Verbesserung der Lage der sowjetischen Kriegsgefangenen getroffen, die ganz bewußt im Sinn der von der Sowjetunion niemals anerkannten Bestimmungen der Haager Landkriegsordnung und der Genfer Konventionen standen. Ab Frühjahr 1942 begannen sich die Verhältnisse zu konsolidieren, so daß zumindest das Überleben der russischen Soldaten in den Gefangenenlagern gesichert war.

219

Um die allgemeine Stimmung zu verstehen, die durch die bestialische Behandlung deutscher Kriegsgefangener und Verwundeter hervorgerufen wurde, ist es notwendig, auf die russische Kriegspropaganda hinzuweisen, welche die sowjetischen Soldaten zur erbarmungslosen Vernichtung der Deutschen aufgerufen hat. Wie aus zahllosen Beutepapieren, Flugblättern, Agitationsschriften, abgehörten Funksprüchen, Aussagen Gefangener und sonstigen Dokumenten eindeutig hervorgeht, hat die massive Beeinflussung der Streitkräfte der Roten Armee bereits bei Kriegsbeginn begonnen – feststellbar seit dem 23. Juni 1941 (BA-MA RH20-9/251). Und zwar in dem Sinn, daß behauptet wurde, die in deutsche Kriegsgefangenschaft geratenen Sowjetsoldaten würden unweigerlich getötet. Dabei war nicht nur vom Erschießen die Rede, sondern die deutschen Soldaten würden russische Kriegsgefangene „vor ihrem sicheren Tod mißhandeln" und „tierisch foltern", ihnen „Ohren und Nasen abschneiden, bevor sie erschossen würden".

Die vom politischen Apparat der Roten Armee bereits zu Kriegsbeginn angekurbelte Propaganda sollte einerseits den Haß auf die Deutschen schüren, andererseits die russischen Soldaten davon abhalten, sich im Kampf zu ergeben und so in deutsche Kriegsgefangenschaft zu geraten. Denn Sichergeben wurde grundsätzlich als Verrat an der Heimat aufgefaßt.

Der Chef der Verwaltung für politische Propaganda der Roten Armee, Armeekommissar 1. Ranges Lev Mechlis, gab in der Weisung Nr. 20 vom 14. Juli 1941 (BA-MA RW/4v), gerichtet an alle Rotarmisten, folgendes bekannt: „Der Kämpfer der Roten Armee gibt sich nicht gefangen. Die faschistischen Barbaren peinigen, foltern und töten die Gefangenen viehisch. Lieber den Tod als faschistische Gefangenschaft." Und abschließend die Drohung: „Das Sichergeben in die Gefangenschaft ist Verrat an der Heimat."

Schon am 14. Juli 1941 bezeichneten Kriegsgefangene als „Grund ihres hartnäckigen Widerstandes", es sei ihnen eingeschärft worden: „Erstens: Wenn sie die Stellung räumen und zurückgehen, werden sie von den politischen Kommissaren sofort erschossen. Zweitens: Wenn sie überlaufen oder sich gefangengeben, werden sie von den Deutschen sofort erschossen. Drittens: Werden sie von den Deutschen nicht erschossen, so geschieht dies sofort dann, wenn die Roten Truppen wieder eingedrungen sind. In diesem Falle fände auch die Enteignung des Besitzes und die Erschießung der Angehörigen statt." Also Sippenhaftung.

Die Verhörniederschriften enthüllen übereinstimmend, wie ängstlich sich die gefangenen sowjetischen Soldaten „einer solchen Rache der Sowjetmachthaber" bewußt waren, daß nämlich auch ihre Angehörigen „von den Sowjets nach Sibirien verbannt oder erschossen würden".

In einem Sammelbericht über Kriegsgefangenenvernehmungen des deutschen XXIII. Armeekorps vom 30. Juli 1941 heißt es: „Die Offiziere stehen unter der Drohung, daß alle ihre Angehörigen von der G.P.U. (später KGB) erschossen werden, wenn sie sich gefangengeben."

220

Ebenfalls im BA-MA Freiburg/Br. befindet sich ein von Stalin am 16. August 1941 erlassener Befehl Nr. 270, der die Anwendung der Sippenhaftung enthält (Mitunterzeichner u.a. Molotow, die Marschälle Woroschilow, Timoschenko und Schukow). Ihm zufolge sind Offiziere und politische Leiter, die in Kriegsgefangenschaft geraten, Deserteuren gleichgestellt. Ihre Familien sollten demnach wie die „Familien der eidbrüchigen und die Heimat verratenden Deserteure" verhaftet und behandelt werden, was praktisch die Deportation nach Sibirien oder den Tod bedeutete.

Die menschenverachtende Haltung Stalins gegenüber seinen Soldaten und Offizieren sollte das massenhafte Sichergeben sowjetischer Soldaten verhindern: bis Ende 1941 immerhin 3,3 Millionen. Dem gleichen Zweck diente die Aufstellung der berüchtigten NKWD-Regimenter und -Divisionen. Diese schwerbewaffneten Verbände wirkten als „Sperrabteilungen" unmittelbar hinter der Front. Sie hatten die Aufgabe, der kämpfenden Truppe und auch dem einzelnen Soldaten die Aussichtslosigkeit eines Zurückweichens dadurch klarzumachen, daß sie einfach erschossen würden.

Aber nicht nur der politische Apparat der Roten Armee rief zu fanatischem Haß und erbarmungsloser Vernichtung der Deutschen auf. Auch die Intellektuellen, Schriftsteller, Künstler, Journalisten wurden dazu aufgefordert, das gleiche zu tun, allen voran der russisch-jüdische Schriftsteller Ilja Ehrenburg. Er spielte in der Kriegspropaganda der Sowjetunion *die* beherrschende Rolle. Ab Kriegsbeginn verfaßte er täglich Artikel für das Regierungsorgan „Iswestija", für das Parteiorgan „Prawda", und, vor allem, für das Armeeorgan „Krasnaja Zvedzda" („Roter Stern"), das zuallererst die Arbeitsgrundlage für die in der Roten Armee betriebene Politpropaganda bildete. „Ehrenburgs Name war", wie es am 21. September 1944 in „Soviet war news" heißt, „jedem Rotarmisten bekannt". Annähernd 3.000 seiner richtungweisenden Artikel und Aufrufe sind zwischen 1942 und 1944 in einer dreibändigen Publikation unter dem Titel „Vojna" („Der Krieg") eigens noch einmal zusammengefaßt worden. Hoffmann schreibt in „Die Kriegführung aus der Sicht der Sowjetunion": „Die hetzerischen Aufrufe Ehrenburgs wurden in der Sowjetunion millionenfach verbreitet und den Rotarmisten im Rahmen des politischen Unterrichts, der eine zentrale Rolle bei der Kampfesvorbereitung spielte, wieder und wieder in Erinnerung gebracht."

Im folgenden nur einige wenige Texte aus der Fülle von Ehrenburgs Haßpropaganda:

„Sie (die Deutschen) betraten Rußland, trunken von dem Blute der Polen, Franzosen und Serben, von dem Blut alter Leute, von Mädchen und kleinen Kindern."

Die deutschen Soldaten seien „schlimmer als wilde Bestien... sie sind schlimmer als Raubtiere. Raubtiere foltern nicht aus Vergnügen."

„Sie schänden Frauen und hängen Männer... Sie foltern Kinder und vergewaltigen Mädchen... Hitlers Soldaten schlachten Millionen von Unschuldigen ab."

„Jeder deutsche Kriegsgefangene weiß, daß er ein Verbrecher ist... Nachdem sie eine Schlacht verloren haben, erhängen sie Frauen oder foltern Kinder."
„...Wir werden nicht sprechen. Wir werden uns nicht aufregen. Wir werden töten. Wenn du nicht im Laufe eines Tages wenigstens einen Deutschen getötet hast, so ist es für dich ein verlorener Tag gewesen... Er wird die Deinigen festnehmen und sie in seinem verfluchten Deutschland foltern... Wenn du den Deutschen am Leben läßt, wird der Deutsche den russischen Mann aufhängen und die russische Frau schänden... Wenn du einen Deutschen getötet hast, dann töte einen zweiten – für uns gibt es nichts Lustigeres als deutsche Leichen. Zähle nicht die Tage. Zähle nicht die Kilometer. Zähle nur eines: die von dir getöteten Deutschen! Töte den Deutschen! – dieses bittet dich deine greise Mutter. Töte den Deutschen! – dieses bitten dich deine Kinder. Töte den Deutschen! – so ruft die Heimaterde..." Dieser Text aus der Armeezeitung „Krasnaja Zwedza" („Roter Stern") wurde als Flugblatt an die Soldaten verteilt mit der Aufschrift: „Laut vorlesen".

Das Wort Ehrenburgs war das Wort der Sowjetunion. Er war es, der den Sowjetsoldaten den Willen Stalins und den des politischen Apparates der Roten Armee einhämmerte. Sein Name verfolgte die deutschen Soldaten über den Tod hinaus. So begeisterte er sich beispielsweise in der Einleitung der 1943 erschienenen britischen Ausgabe seines Kriegsbuches „Russia at war": „...Der Mond wirft sein giftiges, grünes Licht auf den Schnee, auf Deutsche, Tausende und Abertausende von ihnen, manche von Granaten zerrissen, manche von Panzern zerquetscht, andere Wachsfiguren gleich... Ein Oberst zeigt seine alten, gelben Ratten-Fangzähne... Deutsche sind zerstampft, zerstückelt, zerhackt... Hier liegen Bierbrauer, Schweineschlächter, Chemiker, Henker, hier liegen Deutsche... Fleischklumpen, die zerstörten Maschinenteilen gleichen... Mundorgane... Fetzen menschlicher Leiber... Hände ohne Körper... nackte, rosige Fußsohlen, die aus dem Schnee herausragen wie gespenstische Pflanzen..."

Die Rote Armee in Deutschland

Als die Rote Armee deutschen Boden betrat, steigerten sich ihre Brutalität und Grausamkeit ins Infernalische, Apokalyptische. Denn ab nun war ihr auch die deutsche Zivilbevölkerung schutzlos ausgeliefert. Das Eindringen der Roten Armee in Ostpreußen, Westpreußen und Danzig, in Pommern und Brandenburg und Schlesien war überall gleichermaßen von unfaßbaren Verbrechen an der Zivilbevölkerung begleitet; von Verbrechen, die in der neueren Kriegsgeschichte ohne Beispiel sind. Der amerikanische Diplomat George F. Kennan, damals politischer Berater des amerikanischen Botschafters in Moskau, schreibt in „Memoiren eines Diplomaten": „Die Katastrophe, die über das Gebiet mit dem Einzug der sowjetischen Truppen hereinbrach, hat in der modernen europäischen Geschichte keine Parallele. Es gab weite Landstriche, in denen, wie aus den Unterlagen ersichtlich, nach dem ersten Durchzug der Sowjets von der einheimischen Bevölkerung kaum noch ein Mensch – Mann, Frau oder Kind – am Leben war...“ Und an anderer Stelle: „Die Russen fegten die einheimische Bevölkerung vom Erdboden in einer Art, die seit den Tagen der asiatischen Horden kein Beispiel hat.“

Und der französische Militärhistoriker Philippe Masson in „L'histoire de l'armee Allemande“: „Flüchtlingstrecks werden mit Maschinengewehren zusammengeschossen oder unter Panzerketten zermalmt. Ganze Familien werden in ihren Häusern bei lebendigem Leib verbrannt. Frauen werden vergewaltigt und an Scheunentore gekreuzigt, Kinder lebend in Jauchengruben geworfen. Seit der Völkerwanderung hat Europa keinen solchen Auswuchs an Barbarei mehr gekannt.“

Alexander Solschenizyn, damals ein junger Hauptmann der Roten Armee, schildert den Einmarsch seines Regiments in Ostpreußen im Januar 1945 mit den Worten: „Ja! Nach drei Wochen Krieg in Deutschland wußten wir Bescheid: Waren die Mädchen Deutsche gewesen – jeder hätte sie vergewaltigen, danach erschießen dürfen, und es hätte fast als kriegerische Tat gegolten...“ Noch eindrucksvoller beschrieb er eine Szene in Neidenburg (Ostpreußen) in seiner Dichtung „Ostpreußische Nächte“:

> „Zweiundzwanzig, Höringstraße.
> Noch kein Brand, doch wüst, geplündert.
> Durch die Wand gedämpft – ein Stöhnen:
> Lebend finde ich noch die Mutter.
> Waren's viel auf der Matratze?
> Kompanie? Ein Zug? Was macht es!
> Tochter – Kind noch, gleich getötet.
> Wer noch Jungfrau, wird zum Weibe,
> und die Weiber – Leichen bald.
> Schon vernebelt, Augen blutig,
> bittet: „Töte mich, Soldat!“
> Sieht nicht der getrübte Blick?
> Ich gehör doch auch zu jenen!“

Wegen seiner scharfen Kritik an diesen Verbrechen wurde Solschenizyn verhaftet und für acht Jahre in den Archipel GULag verbannt.

Auch der bekannte Schriftsteller und ehemalige Politoffizier jüdischer Herkunft, Major Lew Kopelew, der beim Vormarsch der Roten Armee auf deutschem Boden ebenfalls mit dabei war, läßt in seinen Kriegserinnerungen „Aufbewahren für alle Zeit“ seinen Vorgesetzten, Oberstleutnant Sabaštanskij, folgendes sprechen: „Was ist zu tun, damit der Soldat Lust am Kämpfen behält? Erstens: Er muß den Feind hassen wie die Pest, muß ihn mit Stumpf und Stiel vernichten wollen. Und damit er seinen Kampfwillen nicht verliert, damit er weiß, wofür er aus dem Graben springt, dem Feuer entgegen in die Minenfelder kriecht – muß er zweitens wissen: Er kommt nach Deutschland, und alles gehört ihm – die Klamotten, die Weiber, alles! Mach, was du willst! Schlag drein, daß noch ihre Enkel und Urenkel zittern!... Lange nicht jeder wird Kinder töten... Aber wenn du schon davon anfängst: Laß die, die es in blinder, leidenschaftlicher Aufwallung tun, auch kleine Fritzen töten." Vergeblich versuchte Kopelew, seinen Genossen ins Gewissen zu reden: „....und wir alle – Generäle und Offiziere – verhalten uns nach Ehrenburgs Rezept... Und stell dir vor, was wird später aus unseren Soldaten, die zu Dutzenden über eine Frau herfielen? Die Schulmädchen vergewaltigten, alte Frauen ermordeten?... Das sind Hunderttausende von Verbrechen, künftigen Verbrechern, grausame und dreiste mit den Ansprüchen von Helden." – Denunziert von den eigenen Genossen und eines „bourgeoisen Humanismus" beschuldigt, wurde Kopelew verhaftet und wegen Beleidigung der Roten Armee sowie Begünstigung der Deutschen jahrelang in die Konzentrationslager des GULag eingesperrt.

Dem Eindringen der Truppen der Roten Armee in Deutschland war eine „systematische, propagandistische Aufwiegelung vorausgegangen, in der der Haß gegen alles Deutsche in einer bisher unvorstellbaren Weise angefacht werden sollte", wie der Chef der Abteilung Fremde Heere Ost des Generalstabes des Heeres, Generalmajor Reinhard Gehlen, nach Analyse der erbeuteten sowjetischen Dokumente am 22. Februar und 23. März 1945 feststellte.

Auch hier war es vor allem wieder die Haßpropaganda des Ilja Ehrenburg, die die Grundhaltung der Rotarmisten am nachhaltigsten prägte. „Wir werden totschlagen", so lautete der unmißverständliche Aufruf Ehrenburgs an die Rotarmisten in der Frontzeitung „Uničtomžim Vraga" am 17. September 1944. „Die einzige historische Mission, wie ich sie sehe, besteht bescheiden und ehrenwert darin, die Bevölkerung von Deutschland zu vermindern", schrieb er am 3. März 1945. Die nicht nur in allen großen Zeitungen der Sowjetunion, sondern auch in allen Frontzeitungen verbreiteten Artikel und Aufrufe Ehrenburgs wurden den Truppen – zumeist unmittelbar vor Angriffen – eingehämmert, vorgelesen und immer wieder zu Bewußtsein gebracht.

Aber nicht nur von ihm und anderen intellektuellen Haßpropagandisten wurden die Soldaten der Roten Armee zu Haß und Rache an den Deutschen aufgerufen, sondern auch von hohen und höchsten Offizieren und Befehlshabern. So erließ beispielsweise im Januar 1945 Marschall Schukow einen Tagesbefehl, welcher im BA-MA (unter RH 19, XV/6) aufliegt, in dem es u.a. heißt: „Die Zeit ist gekommen, mit den deutsch-faschistischen Halunken abzurechnen. Groß und brennend ist unser Haß... Wir gedenken unserer Brüder und Schwestern, unserer Mütter und Väter, unserer Frauen und Kinder, die von den Deutschen zu Tode gequält wurden... Wir werden uns grausam rächen für alles... Wehe dem Land der Mörder!... Für den Tod, für das Blut unseres Sowjetvolkes sollen die faschistischen Räuber mit der vielfachen Menge ihres gemeinen schwarzen Blutes bezahlen!... Diesmal werden wir das deutsche Gezücht zerschlagen."

Unmittelbar nach dem Angriff auf Polen kam es zu Pogromen an der deutschen Bevölkerung, die nach dem Ort mit den meisten Todesopfern als „Bromberger Blutsonntag" benannt sind. Ausländische Journalisten machen sich ein Bild von den Massakern.

Die strategischen Bombenangriffe der Alliierten auf deutsche Städte waren eines der großen (und bis heute ungesühnten) Kriegsverbrechen im Zweiten Weltkrieg.

Die Bilder oben und links stammen aus Hamburg, der kleine Junge links hat sich in der „Operation Gomorrha", dem Feuersturm 1943, (vergeblich) an einen Feuerwehrmann geklammert. Das Bild unten zeigt Leichen, die nach dem Großangriff auf Dresden im Februar 1945 aufgeschlichtet werden.

Oben: Als die Deutsche Wehrmacht im Oktober 1944 die ostpreußische Ortschaft Nemmersdorf noch einmal zurückerobern konnte, bot sich ihr ein Bild des Schreckens: Sämtliche Bewohner waren getötet, alle Frauen und Mädchen ab dem 8. Lebensjahr vergewaltigt worden. Was sich beim Einmarsch der Roten Armee tausendfach wiederholen sollte, konnte in diesem Fall fotografisch festgehalten werden.

Links: Aus dem zerschlagenen Gesicht dieser Flüchtlingsfrau scheint alles Menschliche schon gewichen zu sein.

Oben und links: Jüngst aufgetauchte Fotos von der Ermordung deutscher Soldaten durch tschechische Partisanen, 1945. Zuerst müssen die Kriegsgefangenen auf Befehl einander ohrfeigen, nach dieser Entwürdigung folgt der Genickschuß am Rand des Massengrabes. Das letzte Bild zeigt das erst zum Teil gefüllte Massengrab im Schloßpark von Miröschau.

Unten: Heimkehrer aus russischen Zwangsarbeitslagern, 1948.

Es gibt aber auch einen gegenteiligen Befehl eines Marschalls der Sowjetunion, wie Hoffmann berichtet, der ebenfalls im BA-MA aufliegt: den Befehl Marschall Rokossowskijs vom 22. Januar 1945, in dem er den Befehlshabern und Kommandeuren seines Frontabschnitts befahl, „diese für die Rote Armee schändlichen Erscheinungen mit glühenden Eisen auszumerzen".

Da aber der übermächtige Politapparat der Roten Armee mit seinen zahllosen Kommissaren eine ganz andere Sprache führte – die des Hasses und der Rache –, fanden die Völkerrechtsverbrechen gegenüber der deutschen Zivilbevölkerung nicht nur kein Ende, sondern nahmen im Februar und März 1945 in einem erschreckenden Ausmaß sogar noch zu. „Tötungen als schwerwiegendstes Delikt geschahen auf mannigfache Art und Weise. Flüchtlingstrecks wurden von Panzern niedergewalzt oder zusammengeschossen. Männer, aber auch viele Frauen nach der Vergewaltigung... erschossen, erschlagen oder erstochen. Überall in Häusern und auf Straßen wurden Zivilpersonen ermordet... bisweilen auch lebendigen Leibes verbrannt. Männer, die ihre Frauen und Töchter vor der Vergewaltigung zu schützen versuchten, wurden ebenso getötet wie Frauen, die sich gegen eine Gewalttat zur Wehr setzten", wie Hoffmann schreibt und an anderer Stelle fortsetzt: „Es ist aussichtslos, alle schrecklichen Einzelheiten schildern oder gar einen vollständigen Überblick über das Geschehen anstreben zu wollen."

An dieser Stelle müssen drei weitere Dokumentationen genannt werden, die das Wüten der Roten Armee in den eroberten deutschen Ostprovinzen zweifelsfrei belegen. Erstens: die vom seinerzeitigen „Bundesministerium für Flüchtlinge und Kriegsbeschädigte" herausgegebene „Dokumentation der Vertreibung der Deutschen aus Ost-Mitteleuropa". Zweitens: das Werk von Günter Böddeker: „Die Flüchtlinge", erschienen 1996 bei Ullstein. Drittens: „Vertreibung der Deutschen" von Alfred M. de Zayas, welches in der siebenten Auflage 1988 ebenfalls bei Ullstein erschienen ist.

Die „Dokumentation der Vertreibung der Deutschen aus Ost-Mitteleuropa" ist das umfassendste Werk zu diesem Thema, elf Bände mit insgesamt 5.000 Seiten. Der erste Band erschien 1956, der letzte 1967. An diese Dokumentation, die zunächst jahrelang der Öffentlichkeit bewußt vorenthalten wurde, hat die wissenschaftliche Kommission der Bundesregierung besonders strenge Maßstäbe angelegt. Die Glaubwürdigkeit der Verfasser und ihrer Mitteilungen wurden auf vielfältigste Weise überprüft. Die von der Kommission veröffentlichten Berichte und Aussagen können nicht in Zweifel gezogen werden. Sie selbst schreibt dazu: „...Um alle Erscheinungen einer solchen anfechtbaren Berichterstattung auszuschließen, wurden – soweit dies irgendwie möglich war – zu den wichtigsten in den Berichten enthaltenen Angaben jeweils Bestätigungen in anderen Bereichen nachgesucht und auf diese Weise die Richtigkeit der Angaben durch gegenseitigen Vergleich der Dokumente geprüft... Im Interesse absoluter Sauberkeit bei der Auswahl der zur Veröffentlichung bestimmten Berichte wurden dort, wo nach den Richtlinien des Prüfungsverfahrens nicht in allen Punkten Zuverlässigkeit herrschte, nicht nur die anfechtbaren Stellen ausgeschieden, sondern prinzipiell jeweils die gesamten Berichte, da sie aufgrund einzelner Mängel auch in ihren anderen Teilen nicht mehr als voll glaubwürdig gelten konnten."

Auch hier einige wenige Beispiele, um dem Leser eine Vorstellung von dem Vorgehen der Roten Armee auf deutschem Boden zu vermitteln.

Aufgehetzt von der sowjetischen Kriegspropaganda, hatten die Soldaten der 16. Gardeschützendivision in der letzten Dekade des Oktober 1944 damit begonnen, die bäuerliche Bevölkerung im Einbruchsraum südlich von Gumbinnen (Ostpreußen) abzuschlachten. Hier haben die Deutschen nach der Wiedereroberung dieses Gebietes genauere Untersuchungen anstellen können. Allein im kleinen Ort Nemmersdorf sind über siebzig Männer, Frauen und Kinder erschlagen, Frauen und selbst kleine Mädchen zuvor vergewaltigt, einige Frauen an Scheunentore genagelt worden. Überall in den Ortschaften der Umgebung wurden die Leichen bestialisch ermordeter Einwohner gefunden.

Auch bei der Rückeroberung der ostpreußischen Ortschaft Goldap mußten die deutschen Soldaten mit Entsetzen feststellen, daß die gesamte Zivilbevölkerung mit einem beispiellosen Sadismus umgebracht worden war.

Das Niederwalzen oder Beschießen der auf den Straßen überall in langen Kolonnen ziehenden und fast ausschließlich mit Frauen, Kindern und Alten beladenen Flüchtlingstrecks wurde allerorts aus den Ostprovinzen berichtet. So wurden beispielsweise im Kreise Walderode am 18. und 19. Januar 1945 derartige Trecks an mehreren Stellen von Rotarmisten angehalten, angegriffen und teilweise mitsamt den Flüchtlingen von russischen Panzern zermalmt.

In der Nähe der Reichsgrenze, westlich von Welun (Schlesien), übergossen Sowjetsoldaten die Wagen eines Flüchtlingstrecks mit Benzin und verbrannten sie mitsamt den Insassen. Auf den Straßen lagen unzählige Leichen deutscher Männer, Frauen und Kinder, die sich durch Herabspringen hatten retten wollen, zum Teil in verstümmeltem Zustand, mit durchschnittenen Hälsen, abgeschnittenen Zungen, aufgeschlitzten Bäuchen.

Der katholische Pfarrer Barckow berichtete über den Einmarsch der Roten Armee in die pommersche Stadt Lauenburg am 10. März 1945: „Dann kam die Nacht, die furchtbarste aller Nächte. Im Rudel standen sie vor jedem Haus. Bis zu 45 Mann vergewaltigten eine einzige deutsche Frau ohne Rücksicht, ob sie schließlich im Sterben lag." Rund 600 Einwohner der Stadt Lauenburg nahmen sich in jener Nacht das Leben.

Ein katholischer Priester berichtete aus der oberschlesischen Stadt Neisse, wie die Eroberer sich die Ordensschwestern eines dortigen Klosters gefügig machten: „Man warf sie auf den Boden, bearbeitete sie mit Fußtritten, schlug mit Pistolen und Gewehrkolben auf den Kopf und das Gesicht, bis sie blutüberströmt und verschwollen zusammenbrachen und in diesem Zustand ein hilfloses Objekt einer Leidenschaftlichkeit waren, die uns in ihrer Perversität unbegreiflich war. Selbst achtzigjährige Schwestern, die krank oder vollständig gelähmt in ihren Betten lagen, wurden immer wieder vergewaltigt und mißhandelt."

Darüber, was in der Stadt Grünberg in Niederschlesien geschah, gab der katholische Pfarrer Georg Gottwald zu Protokoll: „Die Stadt hallte bei Tag und Nacht
wider vom Wehgeschrei der gequälten, vergewaltigten Einwohner. Frauen und
Mädchen wurden Freiwild. In mein Pfarrhaus flüchtete eine große Anzahl von
Mädchen und Frauen, die zwanzig- bis vierzigmal an einem Tag in ununterbrochener Reihenfolge vergewaltigt worden waren. Lustmorde wurden mir
mehrere gemeldet (Aufschlitzen des Leibes, der Geschlechtsteile, Abschneiden der Brüste). Ich habe die Leichen gesehen und beerdigt." – Pfarrer Gottwald berichtet weiter, daß sich etwa 500 der 4.000 Menschen, die in ihren
Wohnungen geblieben waren, in den ersten beiden Wochen nach dem Einmarsch der Roten Armee selbst den Tod gaben: „Ganze Familien, Männer,
Frauen, Kinder, Ärzte, hohe Gerichtsbeamte, Fabrikanten und begüterte Bürger. Die Leichen der Selbstmörder durften zwei Wochen lang nicht beerdigt
werden. Sie mußten (auf Befehl der Russen) in den Wohnungen verbleiben,
oder sie wurden auf den Bürgersteigen zur Abschreckung der anderen ausgestellt."

Vier Wochen nach der Besetzung des Städtchens Striegau (Schlesien) durch die
Rote Armee eroberten deutsche Truppen die Stadt zurück. Es lebten noch dreißig
Menschen. Alle anderen waren tot oder vertrieben. Die deutschen Behörden
begannen wenig später damit, die Opfer zu bergen und zu beerdigen. Die
Gesamtzahl der toten Zivilisten betrug nahezu zweihundert. Viele Menschen in
Striegau, so stellten die Bergungskommmandos fest, hatten sich selbst den Tod
gegeben. Sie konnten die bestialische Grausamkeit der Rotarmisten und die
Erniedrigung nicht ertragen. Männer brachten ihre Familien um, Mütter töteten ihre Töchter, Frauen gingen gemeinsam in den Tod. Kann man sich überhaupt einen schwereren, grauenhafteren Entschluß als den einer Mutter vorstellen, in verzweifelter, ausgloser Situation ihre Kinder zu töten – aus Liebe zu töten, um ihnen das unmittelbar und unausweichlich bevorstehende entsetzliche Schicksal zu ersparen? Auch sollte man bedenken, daß hinter jedem
einzelnen Fall eine menschliche Tragödie steht, die niemand in ihrer
psychischen Tiefe, Erschütterung und ganzen Schrecklichkeit ermessen kann.
Die wissenschaftliche Kommission der Bundesregierung urteilt über die Greuel an deutschen Frauen: „... Die Vergewaltigungen gehören zu den furchtbarsten Vorgängen innerhalb des Gesamtprozesses der Vertreibung... Ungezählte
Menschen gingen in Schlesien in jenen Monaten freiwillig in den Tod. Sie konnten das Schicksal in der Gewalt der Roten Armee nicht länger ertragen. An vielen Orten kam es zu Massenselbstmorden..." Die Zahl der von den Soldaten der
Roten Armee auf ihrem Vormarsch nach Mitteleuropa vergewaltigten und
geschändeten Frauen jeglichen Alters wird auf mehrere Millionen geschätzt.
Der westlich von Königsberg gelegene Villenvorort Metgethen wurde in der
Nacht vom 30. zum 31. Januar 1945 von sowjetischen Einheiten besetzt und

am 19. Februar von deutschen Truppen wieder befreit. Die deutschen Soldaten machten dort und in der näheren Umgebung grauenhafte Entdeckungen. Schon an den Zugängen des Vorortes wurden die Leichen einiger hundert, zum Teil bis zur Unkenntlichkeit verstümmelter deutscher Soldaten gefunden. In fast allen Häusern und Gärten lagen erschlagene Männer, Frauen und Kinder. Die Frauen deutliche Spuren der Vergewaltigung aufweisend, die Brüste oftmals abgeschnitten. Auf dem Bahnhof stand ein Flüchtlingszug aus Königsberg. In jedem Waggon lagen die Leichen bestialisch ermordeter Flüchtlinge jeden Alters und Geschlechts. Auf dem Tennisplatz in Metgethen waren deutsche Kriegsgefangene und Zivilpersonen zusammengepfercht und dann eine Sprengladung zur Explosion gebracht worden. Man fand Teile menschlicher Leichen noch 200 Meter von dem riesigen Trichter entfernt.

Königsberg war in jenen Tagen voll mit hunderttausenden Flüchtlingen aus ostpreußischen Städten. In den Tagen unmittelbar nach der Kapitulation der zum Großteil zerbombten Stadt jagten Rotarmisten Frauen, Männer und Kinder aus ihren Schlupfwinkeln und Verstecken in Kellern und Wohnungen auf die Straßen. Auf Straßen und Plätze; Zivilisten, ohne Gepäck, nur mit dem Notdürftigsten an Lebensmitteln ausgestattet. Die Königsberger marschierten den ganzen Tag hindurch, bis sie außerhalb der Stadt auf Feldern und Wiesen halt machten und zwei Tage, ohne von den Russen verpflegt zu werden, unter freiem Himmel kampierten. Dann befahlen die Rotarmisten den Frauen, Kindern und Männern von einem Augenblick zum anderen, nach Königsberg zurückzumarschieren. In der Stadt entdeckten die Heimgekehrten, weshalb sie Königsberg hatten verlassen müssen: Die Wohnungen waren total ausgeplündert. Die wissenschaftliche Kommission der Bundesregierung stellt zur Geschichte der Vertreibung aus Königsberg fest: „Das Schicksal der Bevölkerung Königsbergs – wie auch das der Bewohner Elbings, Danzigs und der Mehrzahl pommerscher Städte – bietet in dieser Hinsicht ein einheitliches Bild. Noch während der Kampfhandlungen, oder im direkten Anschluß daran, wurde die Zivilbevölkerung aus ihren Unterkünften geholt und unter Bewachung aus der Stadt hinaus und in tagelangen Märschen und unter furchtbaren Strapazen... in den östlichen Teil der Provinz getrieben, bis sie plötzlich irgendwo sich selbst überlassen blieb... So stimmen alle Berichte jedoch in der Aussage überein, daß während dieser zwangsweisen Austreibung die Stadt samt ihren Wohnungen radikal ausgeplündert worden ist." Die geplünderten Güter wurden auf Lastwagen oder Lastzügen in die Sowjetunion gebracht.

Die Greueltaten, die von den aufgehetzten Rotarmisten nach der Eroberung von Königsberg begangen wurden, haben in den Tagebüchern der beiden in einem städtischen Spital arbeitenden Ärzte Deichelmann, „Ich sah Königsberg sterben", und Hans Graf von Lehndorff, „Zeugnis vom Untergang Königsbergs", einen nur andeutungsweisen Niederschlag gefunden. Eine kurze Textstelle bei Lehndorff: „Diese Teufelei wird wohl nie mehr aufhören. Dawai suda! Frau, komm! Mir klingt es schrecklicher im Ohr als alle Flüche der Welt. Wenn das, was Leben bedeutet, im Zeichen des Todes steht, erreicht der Triumph des Satans seinen Höhepunkt."

Da für Hunderttausende der Fluchtweg über Land im Winter 1944/45 wegen der Witterungsverhältnisse immer beschwerlicher, vor allem aber wegen der barbarischen Überfälle auf Flüchtlingstrecks immer riskanter wurde und die Rote Armee überdies zahlreiche Fluchtwege Richtung Westen bereits abgeschnitten hatte, treckten viele Flüchtlinge zur Ostsee, in der Hoffnung, über das Meer evakuiert zu werden. Es handelte sich fast ausschließlich um Frauen, Mütter, Kinder und alte Männer aus Ostpreußen, Westpreußen, Danzig und Pommern. Sie vor dem Zugriff der Roten Armee zu retten, war die letzte große Aufgabe, die die deutsche Marine wenige Monate vor Ende des Krieges in der Ostsee zu erfüllen hatte. Rund 2,5 Millionen Menschen wurden 1944/45 über die Ostsee gerettet – die größte Rettungsaktion in der Seekriegsgeschichte. Beteiligt waren 1.081 Schiffe; 672 Handels- und 409 Kriegsschiffe. Diese gigantische Rettungsaktion war Großadmiral Dönitz zu verdanken, der, das Kriegsgeschehen im Osten folgerichtig einschätzend, sofort reagierte. Er ernannte den 46jährigen Konteradmiral Konrad Engelhardt zum „Seetransportchef Ostsee" und stattete ihn mit allen erforderlichen Vollmachten aus. Am 25. Januar 1945 begann das „Unternehmen Rettung Ostsee" anzulaufen. Im Ostseehafen Pillau wurde der Anfang gemacht. Andere Häfen waren Gotenhafen, Stettin, Swinemünde, Stralsund und die Halbinsel Hela.

Bei dieser Rettungsaktion kam es zu grauenhaften menschlichen Tragödien. Die bekannteste ist der Untergang der als Lazarettschiff gekennzeichneten „Wilhelm Gustloff" am 30. Januar 1945. Als erstes und größtes Schiff fuhr sie, beladen mit über 6.000 Flüchtlingen, in einem Geleitzug Richtung Mecklenburg. Nach mehrstündiger Fahrt wurde sie durch drei aufeinanderfolgende Explosionen, verursacht durch die Torpedos eines sowjetischen U-Bootes, erschüttert und zeigte bald darauf Schlagseite. Sie schoß Notsignale ab. Nur die Anwesenheit anderer Schiffe im Geleitzug und das langsame Sinken der „Wilhelm Gustloff" verhinderten eine noch schlimmere Katastrophe. So konnten von den rund 6.000 Flüchtlingen 838 Menschen gerettet werden. Die übrigen, knapp über 5.000, meist Frauen und Mütter mit ihren Kindern, ertranken in den eisigen Fluten der Ostsee.

Ebenso wurde die „General von Steuben", ein großer Transporter mit verwundeten deutschen Soldaten und ebenso eindeutiger Kennzeichnung als Lazarettschiff, von einem sowjetischen U-Boot am 10. Februar 1945 versenkt. Es ertranken 3.500 Evakuierte.

Noch verheerender war die Versenkung des Frachters „Goya" durch ein russisches U-Boot am 16. April 1945. Er beförderte rund 7.000 Flüchtlinge. Nur 183 konnten gerettet werden.

Der hartnäckige und heldenhafte Widerstand der Deutschen Wehrmacht gegen das Vordringen der Roten Armee auf ostdeutschem Boden trug entscheidend dazu bei, daß 2,5 Millionen Menschen, vorwiegend Frauen, Kinder und Alte, vor dem Zugriff der Sowjets, mit all den entsetzlichen Folgen für sie, gerettet werden konnten. Ausschließlich diesem Ziel, durch Zeitgewinn das gewaltige Unternehmen „Rettung Ostsee" abwickeln zu können, galt der erbitterte Widerstand des Ostheeres gegenüber der Roten Armee. Und nicht, wie die empörende Meinung mancher deutscher „Historiker" und auch Politiker, wie z.B. Bundesministers Norbert Blüm lautet, der Widerstand im Osten in den letzten Monaten des Krieges habe dem Ziel gegolten, Zeit zu gewinnen, um das Morden in den Konzentrationslagern zu verlängern. Gilt es doch in der Holocaust-Forschung für erwiesen, wie es der englisch-jüdische Historiker Raoul Hilberg in seinem dreibändigen Standardwerk „Die Vernichtung der europäischen Juden" ebenso wie Jehuda Bauer in „Freikauf von Juden" anführen, daß nämlich Himmler im Spätsommer 1944 nicht nur den Befehl zur sofortigen Einstellung des Tötens in den Konzentrationslagern gab (was auch im Eichmann-Prozeß bestätigt wurde, wie Hannah Arendt in ihrem Buch über diesen Prozeß schreibt), sondern daß Himmler auch Ende 1944 tausenden jüdischen KZ-Häftlingen gestattet hat, in die Schweiz und nach Schweden zu gehen, und Lastkraftwagen des Internationalen Roten Kreuzes erlaubte, in Konzentrationslagern Lebensmittel und Medikamente zu verteilen.

Dazu ist freilich zu sagen, daß Himmler dies, wie erwähnt, gewiß nicht aus einem plötzlichen Anfall von Mitleid oder gar Judensympathie tat, sondern vor allem auf Drängen des Schweden Graf Folke Bernadotte, Präsident des Schwedischen Roten Kreuzes, sowie Carl J. Burckhardts, Präsident des Internationalen Komitees vom Roten Kreuz, und überdies vermutlich auch in der Hoffnung, sozusagen fünf vor zwölf seine eigene Haut zu retten bzw. die Juden als Faustpfand bei Friedensverhandlungen einsetzen zu können.

Zu dem oben angeführten unerhörten Vorwurf gegenüber der Deutschen Wehrmacht, insbesondere gegen das Ostheer, erklärte der ehemalige CDU-Fraktionsvorsitzende Alfred Dregger, einer der wenigen deutschen Politiker mit Rückgrat, in seiner Rede zum Volkstrauertag 1986 im Bundestag: „Wer sich in dieser ausweglosen Situation dafür entschieden hat... dem Kriegsgegner bis zuletzt zu widerstehen, der hat für seine Person eine ehrenhafte Wahl getroffen. Das gilt insbesondere für die Soldaten des deutschen Ostheeres und der deutschen Marine, die in den letzten Monaten des Krieges die Flucht von Millionen Ostdeutscher vor der Roten Armee zu decken hatten." – Diese Äußerung löste bei der gesamten Linken und den von ihr dominierten Massenmedien helle Empörung und scharfe Angriffe gegen Dregger aus.

Der anglo-amerikanische Luftterror

Zu den größten Kriegsverbrechen der Alliierten zählt der anglo-amerikanische Luftterror. Er galt von Anfang an in erster Linie der Bombardierung dicht besiedelter Wohngebiete und damit der Zivilbevölkerung, was der britische Luftmarschall Sir Arthur Harris im Buch „Bomber Command" freimütig zugibt: „Mit Ausnahme von Essen haben wir nie ein besonderes Industriewerk als Ziel gewählt... Unser Ziel war immer die Innenstadt." Dem gegenüber hat die deutsche Luftwaffe mit wenigen Ausnahmen an der Unterscheidung zwischen kriegswichtigen Zielen und Wohngebieten festgehalten. Die Verantwortung für diesen „unterschiedslosen", totalen Bombenkrieg trifft aber nicht nur Harris, sondern letztlich Churchill und Roosevelt, die sich in ihrer Beurteilung der Zweckmäßigkeit und Zulässigkeit derartiger Bombenangriffe einig gewesen sind, wodurch sie bedenkenlos die Grundsätze des Kriegs- und Völkerrechts mißachtet haben.

Schon am 8. Juli 1940 äußerte Churchill in einem Schreiben an Lord Beaverbrook seine Überzeugung, daß es nur eine einzige Möglichkeit gäbe, Hitler zu bezwingen: ein „absolut zerstörender Vernichtungsangriff schwerer Bomber auf das Nazi-Hinterland", Wie Ernst Nolte ihn in seinem Werk „Der europäische Bürgerkrieg 1917–1945" zitiert. Daß Churchill Aussagen wie diese sehr ernst meinte, geht aus seiner Rede vom April 1941 hervor, in der er u.a. ausführte: „Es gibt weniger als 70 Millionen Hunnen (Deutsche, R. C.) – einige davon sind zu heilen, die anderen umzubringen."

Diese von vornherein feststehende Absicht des totalen Luftkrieges gegen die deutsche Zivilbevölkerung wird auch von William H. Chamberlain in seinem 1952 auch in Deutsch erschienenen Buch „Amerikas zweiter Kreuzzug" bestätigt, in dem er schreibt, daß der britische Premier kurz nach seinem Regierungsantritt (10. Mai 1940) den Befehl zum uneingeschränkten Luftkrieg gegen die deutsche Zivilbevölkerung gegeben hat. Uneingeschränkt und mit voller Wucht konnte dieser Befehl erst ab 1942 in die Tat umgesetzt werden, als den Briten zahlenmäßig entsprechend schlagkräftige Bomberflotten zur Verfügung standen, die es ihnen ermöglichten, Geschwader von tausend schweren Bombern für den flächendeckenden Angriff auf nur eine einzige Großstadt einzusetzen.

Zur Frage, wer mit den Terrorangriffen auf offene Städte begonnen hat, ist erwähnenswert, was J. C. Burg (Ginsburg) in seinem Buch „NS-Verbrechen" dazu schreibt: „Wenn man den Begriff Verbrechen gegen die Menschlichkeit nicht so eng gefaßt sehen will, daß er nur Verbrechen gegen Juden beinhalten soll, dann darf man nicht vergessen, daß es britische Geschwader waren, die damit begonnen haben, Bomben auf unschuldige Frauen, Greise und Kinder in Deutschland zu werfen."

Die im „verordneten" Geschichtsbild aufgestellte Behauptung, die Terrorbombardements auf offene Städte seien von deutscher Seite mit den Angriffen auf Rotterdam, London und Coventry begonnen worden, ist eine der Geschichtslügen, die sowohl von deutschen Politikern als auch von den Meinungsmachern in den Medien bis heute aufrechterhalten werden.

Was Rotterdam betrifft, auf das am 14. Mai 1940 deutsche Bomben niedergingen, so ist es inzwischen längst nachgewiesene historische Wahrheit, daß es sich dabei nicht – ebenso wie bei Warschau – um einen geplanten Terrorangriff handelte, was Günther Gilessen in der „Frankfurter Allgemeinen Zeitung" vom 9. Mai 1992 neuerlich bestätigte: „Bomben auf das Londoner Eastend hatten den Dockanlagen von London gegolten; auch die Angriffe auf Coventry, Rotterdam und das vielzitierte Guernica (im Spanischen Bürgerkrieg durch die Legion Condor, R. C.) waren nicht als Terrorangriffe geplant."

Rotterdam war keine offene, sondern eine militärisch verteidigte und unter deutschem Artilleriebeschuß liegende Stadt. Sie wurde am Morgen des 14. Mai 1940 vom deutschen Generalleutnant Rudolf Schmidt zur Kapitulation aufgefordert, widrigenfalls sie von deutschen Flugzeugen angegriffen würde. Erst nachdem der Stadtkommandant Oberst Scharroo bis zum Nachmittag des gleichen Tages der Kapitulationsforderung nicht nachkam, wurde Rotterdam bombardiert, wobei 800 bis 900 Menschen ums Leben kamen. Ein Luftangriff, der nachgewiesenermaßen (u.a. beim französischen Militärhistoriker Philippe Masson) im letzten Moment, als die Holländer – nach bereits verstrichener Frist – einzulenken begannen, sogar noch abgesagt wurde, was jedoch einen der beiden bereits fliegenden Verbände nicht mehr erreichte.

Dazu schreibt der Oxford-Historiker A. J. P. Taylor in „The origins of second world war" (1961): „Die deutsche Bombardierung von Warschau und Rotterdam war Teil eines militärischen Feldzuges, eine Ausdehnung vorausgegangenen Artilleriebeschusses verteidigter Städte" – also ein nach Kriegs- und Völkerrecht zulässiges Zusammenwirken von Boden- und Luftstreitkräften. In Warschau, das ebenfalls eine verteidigte Stadt war, wurde die Zivilbevölkerung von der Deutschen Wehrmacht mehrfach und sogar mit abgeworfenen Flugzetteln aufgefordert, vor Beginn des Bombardements die Stadt zu verlassen – aufgrund des Verhaltens der polnischen Kommandantur leider vergebens.

Ebenso unwahr ist, daß die Terrorbombardements mit den deutschen Angriffen auf London und Coventry begonnen haben. Wahr ist vielmehr, daß die Briten in der Nacht vom 10. zum 11. Mai 1940 mit ihrem Angriff auf die Innenstadt von Mönchengladbach den Bombenkrieg gegen die Zivilbevölkerung eröffneten – wenngleich nur mit wenigen Flugzeugen (18 Whitley-Bombern) und einer geringen Zahl an Todesopfern, da ihnen zu dieser Zeit, wie schon erwähnt, noch keine, für große Flächenbombardements einsetzbare Luftflotte zur Verfügung stand. In den folgenden vier Monaten setzten sie ihre Angriffe fort, wobei allein Berlin achtmal angegriffen wurde. Nachdem wiederholte Warnungen deutscherseits nichts genutzt hatten, erfolgte erst vier Monate nach diesem ersten Angriff vom 10. zum 11. Mai, nämlich am 7. September 1940, der deutsche Gegenschlag auf London – befehlsgemäß und ausschließlich auf kriegswichtige Ziele, wie Markt- und Lagerhallen, Güterbahnhöfe und Docks.

Coventry, eine der wichtigsten Rüstungsschmieden Englands, das zum Symbol für deutschen „Luftterror" wurde, ist erst am 15. November 1940, also ein halbes Jahr nach dem ersten britischen Angriff auf eine deutsche Stadt, bombardiert worden. Obwohl dabei die Kathedrale schwer beschädigt wurde, waren die vorgegebenen Ziele ebenfalls kriegswichtige. Dabei kamen 560 Menschen ums Leben.

Dazu noch einmal Taylor in „The origins of second world war": „Die britische Initiative (zum Luftkrieg) ist völlig klar... Der ‚Blitz' (der deutsche Gegenschlag, R. C.) begann erst, nachdem die Briten schon fünf Monate lang deutsche Städte bombardiert hatten."

Und der englische Unterstaatssekretär J. M. Spaight, eine Autorität auf dem Gebiet des Luftkriegsrechts, schreibt in seinem 1949 in London erschienenen Buch „Air power and war rights": „Wir begannen, Ziele in Deutschland zu bombardieren, ehe die Deutschen dies in England taten. Das ist eine historische Tatsache, die auch öffentlich zugegeben worden ist. Wir brachten London zum Opfer dar, denn die Vergeltung war gewiß. Es ist keine absolute Gewißheit, aber doch sehr wahrscheinlich, daß die Deutschen London und das Industriegebiet nicht angegriffen hätten. Deutschland bemühte sich um ein Stillhalteabkommen im Bombenkrieg, so oft sich dafür die leiseste Chance zu bieten schien."

Schließlich noch der weit über Englands Grenzen hinaus bekannte Militärhistoriker und Schriftsteller Sir Basil Liddell Hart in „History of the second world war": „Die Deutschen waren vollkommen berechtigt, ihren Angriff auf London als Repressalie zu bezeichnen, da sie vor unserem sechsten Angriff auf Berlin erklärt hatten, daß sie zu einer solchen Handlungsweise übergehen würden, falls wir unsere Nachtangriffe auf Berlin nicht einstellten."

So wird eine das deutsche Schuldkonto belastende historische Lüge von Historikern und Militärsachverständigen des einstigen Kriegsgegners widerlegt, ohne daß deutsche Politiker und „Umerzieher" davon Kenntnis nehmen wollen.

Durch die 1942 mit voller Wucht einsetzenden Flächenbombardements deutscher Städte sollte die Bevölkerung in Angst, Schrecken und Panik versetzt, demoralisiert und ihr Durchhalte- und Widerstandswille gebrochen werden. Dieses „moral bombing", wie es die Engländer nannten, bewirkte aber das Gegenteil, ebenso wie die Forderung nach „bedingungsloser Kapitulation" vom 24. Januar 1943 den Widerstandswillen Deutschlands erst recht stärkte.

Durch die Flächenbombardements – später gemeinsam mit den US-Bomberflotten – wurden der Großteil aller deutschen Städte mit 50.000 und mehr Einwohnern in Schutt und Asche gelegt, unersetzbare Kulturgüter zerstört und rund 1 Million Menschen, vorwiegend alte Leute, Frauen und Kinder, davon 54.000 unter 14 Jahren, auf entsetzliche Weise getötet. So wurde ab 1942 der fast tägliche und (oder) nächtliche Massenmord an der Zivilbevölkerung Deutschlands zur Routine-Aufgabe englischer und amerikanischer Flugzeugbesatzungen – einfach durch Betätigung eines Hebels.

Liddell Hart schreibt in seinem Buch „Revolution in warfare" über den Bombenterror gegen die deutsche Zivilbevölkerung, er sei „die unzivilisierteste Art der Kriegsführung, die die Welt seit den Verheerungen der Mongolen gesehen

233

hat". Und an anderer Stelle bezeichnet er ihn als einen „Rückfall in die Barbarei längst vergangener Epochen".

Dieser Rückfall in die Barbarei soll nur an zwei – von Hunderten anderer Beispiele – kurz geschildert werden, sofern man die Hölle in Worten überhaupt schildern kann: an Hamburg und Dresden.

„Operation Gomorrha", so benannte das britische Bombercommand die Angriffswelle auf Hamburg, die größte seit dem „Tausend-Bomber-Angriff" auf Köln vom 31. Mai 1942. – Der Bericht des ersten Buches Mose lautet: „Da ließ der Herr Schwefel und Feuer regnen vom Himmel herab auf Sodom und Gomorrha und vernichtete die Städte und die ganze Gegend und alle Einwohner der Städte und was auf dem Land gewachsen war."

Zwischen dem 25. Juli und dem 3. August 1943 wurde Hamburg mehrmals bombardiert. Der verheerendste Angriff erfolgte in der Nacht vom 27. zum 28. Juli, der „Nacht des Feuersturms". Insgesamt wurden 55.000 Einwohner Hamburgs getötet. Fast eine Million wurde obdachlos. Bei diesem Luftbombardement ereignete sich in einem dichtbesiedelten, mehrere Quadratkilometer großen Stadtteil als Folge des Teppichabwurfs von Minen, Spreng-, Phosphor- und Hunderttausenden von Stabbrandbomben eine Katastrophe, die alle bisherigen Erscheinungen und Folgen des Bombenterrors in den Schatten stellte: der „Feuersturm".

Dabei handelt es sich um die bekannte Tatsache, daß sich jeder offene Brand den notwendigen Sauerstoff aus der umliegenden Luft ansaugt. Entsteht nun ein Brand von mehreren Quadratkilometern Ausdehnung, dann verbinden sich die aus den einzelnen Häuserzeilen und -blocks emporlodernden Flammen zu einer geschlossenen und immer höher werdenden Flammendecke. Im Gebiet des Flächenbrandes selbst entsteht eine Taifunstärke erreichende Luftbewegung. Dabei dienen die Gassen und Straßen als Luftzufuhrkanäle, und gleichzeitig saugt der durch sie rasende, heiße Sturmwind den Brand aus den Häusern in den Straßenraum hinein.

Wie deutsche Wissenschaftler nach den schweren Luftangriffen auf Hamburg untersucht und festgestellt haben, werden durch diese gewaltige Sogwirkung orkanartige Luftbewegungen von einer Stärke ausgelöst, die gewaltiger ist als die in der Natur bekannten Windstärken. Wie in der Meteorologie, ist auch die bei einem Feuersturm entstehende Luftbewegung durch den Ausgleich von Temperaturdifferenzen zu erklären. Während diese in der Meteorologie im allgemeinen 20 bis 30 Grad Celsius betragen, treten bei Feuerstürmen, wie sie in vielen deutschen Städten wüteten, je nach Intensität und Ausdehnung, Temperaturdifferenzen von 600, 800 oder gar 1.000 Grad Celsius auf. Dies hat einen so gewaltigen, orkanartigen, glühend-heißen Sog zur Folge, daß auch die letzten Sauerstoffreste aus allen Räumen, Unterständen und Luftschutzkellern herausgerissen werden. Ebenso verzehrt der Feuersturm unter Luftböen, denen ein Mensch kaum standhalten kann, den Sauerstoff in der Straßenluft. Dabei wird durch die enorme Hitzeentwicklung der Asphalt auf den Straßen aufgeweicht und zum Glühen gebracht, bis er schließlich Feuer fängt. Den Menschen in den Luftschutzkellern, die wegen der ins Unerträgliche zunehmenden Hitze sowie des Entzugs von Sauerstoff ins Freie fliehen wollten, war der Weg durch die Trümmer der unter dem Bombenhagel und den Flächenbränden zusammenbrechenden Straßenzüge vielfach versperrt, so daß sie in den Kellern zu Tausenden verbrannten oder erstickten. Wem die Flucht ins Freie gelang, wurde vom rasenden Feuersturm in die Flammen gerissen und zur lebenden Fackel, bevor er im glühenden Asphalt verbrannte. Auch auf diese grausame Weise kamen Tausende ums Leben – Frauen mit Kindern an der Hand oder in den Armen.

Aus einem Brief eines Schülers an seine Mutter (wiedergegeben bei Günter Böddeker in „Die Flüchtlinge"): „Ich werde nie den Anblick der Überreste einer Mutter mit ihrem Kind vergessen. Sie waren zusammengeschrumpft und zu einem einzigen Stück verkohlt und steckten fest in dem Asphalt. Das Kind muß unter der Mutter gelegen haben, denn man konnte noch deutlich den Körper erkennen, der von den Armen der Mutter umklammert wurde." – Ein Schreckensbild von unzähligen.

Nicht nur in Hamburg und Dresden wurden Feuerstürme entfacht, auch in vielen anderen deutschen Städten bis kurz vor Kriegsende. Würzburg, die „Perle des Barock", war die letzte – noch nach Dresden. Es wurde zu 75 % zerstört.

Der Höhepunkt des Bombenterrors war jedoch Dresden. Hunderttausende von Flüchtlingen aus Schlesien, die schon Furchtbares hinter sich hatten, wählten damals die sächsische Hauptstadt zum Ziel. Denn Dresden erschien ihnen als Zufluchtsort besonders günstig. Sie konnten hoffen, dort warmes Essen, ärztliche Versorgung und Unterkunft zu finden – Dinge, die sie lange hatten entbehren müssen. Überdies war Dresden damals eine völlig intakte Stadt. Von Luftangriffen, die die meisten Großstädte des Reiches schon in Trümmer gelegt hatten, war sie verschont geblieben. Und die Angriffsspitzen der Roten Armee, vor denen die Menschen geflohen waren, waren von Dresden noch weit entfernt. Dresden, so mußte es den Flüchtlingen vorkommen, war für eine ganze Weile ein Hort der Sicherheit.

Die Chefs des alliierten Bomberkommandos, der Engländer Harris und der Amerikaner Doolittle, planten gemeinsam den Angriff. Demnach sollte die Stadt durch einen dreifachen Schlag angegriffen werden. Zwei dieser Angriffe sollten in der Nacht von mehr als 500 britischen Bombern geflogen werden; der dritte während des darauffolgenden Tages von den Amerikanern.

David Irving schreibt in „Der Untergang Dresdens", dem am reichhaltigst und gründlichst dokumentierten Werk über diese Tragödie: „Der Vorteil der Doppelschlagstrategie war, daß die deutschen Jagdgeschwader, die den ersten Angriff fälschlicherweise für den Hauptangriff hielten, gerade gelandet und mit dem Auftanken beschäftigt sein würden, wenn etwa drei Stunden später der zweite Bomberstrom die Reichsgrenze überflog. Darüber hinaus ging man von der praktischen Überlegung aus, daß die Löschzüge und andere Luftschutzmannschaften mit den vom ersten Angriff hervorgerufenen Großbränden völlig in Anspruch genommen sein und dann vom zweiten Schlag überwältigt und überrascht werden würden... Luftmarschall Harris und seine Taktiker hatten errechnet, daß der günstigste Zeitraum zwischen den Angriffen eines solchen Doppelschlages drei Stunden betrug. Wäre der Zwischenraum kürzer, hätten sich die Jagdgeschwader möglicherweise noch nicht aufgelöst. Die Brände hätten nicht genügend Zeit gehabt, sich in den Straßen festzufressen, und die Löschmannschaften würden durch den zweiten Angriff nicht überwältigt werden."

Harris hatte seit Hamburg dazugelernt, wie man einen Feuersturm noch mehr intensiviert und damit noch mehr Menschen in den Flammen umbringen kann: Die Brände müssen Zeit haben, sich in den Straßen und Gassen festzufressen. Dies war der wichtigste Punkt im Angriffskonzept der Briten. Wahrlich – ein satanisches Konzept.

In der Nacht vom 13. Februar 1945, weniger als drei Monate vor Kriegsende, begann der Angriff auf Dresden, also zu einem Zeitpunkt, da der Krieg längst entschieden war und die Niederlage Deutschlands feststand. Das „moral bombing", das den Widerstandswillen brechen sollte, konnte daher nicht mehr als „Argument" für den Massenmord an der deutschen Zivilbevölkerung herhalten, was den Angriff auf Dresden um so krimineller macht.

Überschwere Bomben mit einem Gewicht von 4.000 bis 8.000 Pfund explodierten in Dresdens Altstadt. Ihre Druckwellen zerrissen die Lungen der Menschen bis hinein in die Keller. Die Bomber verteilten ihre Last fächerförmig über die Stadt. Die schweren Sprengbomben hatten den leichten Stabbrandbomben den Weg bereitet, die jetzt zu vielen Hunderttausenden auf Dresden niedergingen. Sie entfachten einen durch die zerbombten Häuser, Straßen und Gassen orkanartig rasenden Feuersturm. Auch der Asphalt geriet in Brand. Feuerwehrautos verglühten darin. Ihre Mannschaften verbrannten im Asphalt.

Wie Günter Böddeker in seiner 1996 in zweiter Auflage erschienenen Dokumentation „Die Flüchtlinge" berichtet, schrieb Hans Rumpf, damals Generalinspekteur der deutschen Feuerpolizei: „Die Feuerlöschkräfte, obwohl über tausend Mann stark und bestens ausgerüstet und geführt, waren einem solchen Wüten gegenüber von vornherein machtlos... Die Bilder, die sich ihnen boten, erfüllten selbst die in der äußeren und inneren Not von hunderten Brandnächten hart gewordenen Männer... mit Entsetzen und Grauen. Die unter dem Bombenhagel und den Zerstörungsbränden zusammenbrechenden Straßenzüge versperrten die Fluchtwege ins Freie und überantworteten viele Tausende dem Feuertod. Es erhob sich ein rasender Feuersturm, dessen übernatürlicher Sog viele Flüchtende widerstandslos in die Flammen riß."

Während das Inferno in Dresden wütete und unzählige Menschen unter den Trümmern, in Hitze, Rauch und Flammen zugrunde gingen, flog Englands strategisches Bomberkommando mit 530 viermotorigen Maschinen zum zweiten Schlag gegen Dresden heran. Keine Sirene warnte die Einwohner der Stadt und die Flüchtlinge vor dem zweiten Angriff, da alle in der Innenstadt beim ersten

Angriff ausgefallen waren. Ziel der Bomberbesatzungen waren diesmal die dunklen Stellen im Flammenmeer, das unter ihnen lag – die noch nicht brennenden Stadtteile, die nun an die Reihe kamen. So wurde ein zweiter Feuersturm entfesselt. Beide vereinigten sich zu einem Flammenmeer gigantischen Ausmaßes. Und die Bombardements zielten auch auf den Großen Garten an den Ufern der Elbe, wo die vielen Trecks der Flüchtlinge halt gemacht hatten.

Unterdessen wurden auf britischen Flugplätzen „fliegende Festungen" der 8. amerikanischen Luftflotte mit Bomben beladen, um gegen Dresden den dritten, den letzten, den absolut tödlichen Schlag zu führen. Über 400 schwere US-Bomber bombardierten zur Mittagsstunde des 14. Februar 1945 die Stadt und zerstörten, was noch nicht zerstört war. Gleichzeitig flogen amerikanische Jagdflugzeuge im Tiefflug über die Ufer der Elbe, die Elb-Wiesen entlang, und schossen mit Bordkanonen auf die dicht abgestellten Trecks und die unzähligen Menschen, die dort Zuflucht gesucht hatten – auf die Flüchtlinge aus Schlesien, vorwiegend Frauen, Kinder und alte Leute.

Der Leiter der Vermißten-Nachweis-Zentrale in Dresden, Hans Voigt, berichtete: „Nie habe ich geglaubt, daß der Tod in so verschiedener Form an den Menschen herantreten kann. Nie habe ich für möglich gehalten, daß Tote in so vielen Gestalten den Gräbern übergeben werden könnten: Verbrannte, Verkohlte, Zerstückelte, Teile von ihnen, als unkenntliche Masse, scheinbar friedlich schlafend, schmerzverzerrt, völlig verkrampft, bekleidet, nackt, in Lumpen gehüllt und als ein kümmerliches Häufchen Asche. Darunter Reste verkohlter Knochen. Und über allem der beißende Rauch und der unerträgliche Verwesungsgeruch."

Die Todesbilanz: Der Befehlshaber der Ordnungspolizei in Dresden, Oberst Grosse, meldete am 22. März 1945 nach Berlin, daß 202.040 Tote registriert worden seien, und zwar überwiegend Frauen und Kinder. Er fügte hinzu, daß damit zu rechnen sei, daß die Zahl noch auf 230.000 ansteigen werde.

Im Buch „Der Zweite Weltkrieg in Bildern und Dokumenten" von Professor Jacobsen werden 250.000 Tote genannt. Im „Report of the Joint Relief 1941–1946" des Internationalen Roten Kreuzes, Genf, ist die Zahl der Dresden-Toten mit 275.000 angegeben, im Volksbrockhaus A-Z mit 300.000 – während anläßlich des jährlichen Gedenktags an den Untergang Dresdens von den deutschen und österreichischen Massenmedien in bewußter Verfälschung der historischen Wahrheit immer nur von 35.000 Toten die Rede ist, denn die furchtbare Wahrheit würde nicht dem „volkspädagogisch erwünschten Geschichtsbild" (Golo Mann) entsprechen.

Am 3. Mai 1963 veröffentlichte die Zeitschrift „New Statesman" folgendes Bekenntnis des Ministers R. Grossmann, der während des Krieges Chef der britischen politischen Kriegsführung gegen Deutschland war: „Diese Zerstörung von Dresden war eines jener Verbrechen gegen die Menschlichkeit, deren Urheber man in Nürnberg vor Gericht gestellt hätte, wäre dieses Gericht nicht in ein reines Instrument alliierter Rache verdreht worden." Der Urheber dieses

237

Völkermordes war Winston Churchill, dem deutsche Politiker den Karlspreis der Stadt Aachen verliehen und eine Straße im Bonner Regierungsviertel nach ihm benannten. Und dem Bomber-General Harris wurde nachträglich in England ein Denkmal errichtet. Unter Anwesenheit der Königin-Mutter.

Abschließend noch ein erstaunliches Zitat – weil ausgerechnet im linksliberalen „Spiegel" und noch dazu aus der Feder des Herausgebers Rudolf Augstein, der am 7. Januar 1985 schrieb: „Das Gespenstische an der Potsdamer Konferenz lag darin, daß hier ein Kriegsverbrechergericht von Siegern beschlossen wurde, die nach den Maßstäben des späteren Nürnberger Prozesses allesamt hätten hängen müssen. Stalin zumindest für Katyn, wenn nicht überhaupt, Truman für die überflüssige Bombardierung von Nagasaki, wenn nicht schon von Hiroshima, und Churchill zumindest als Ober-Bomber von Dresden, zu einem Zeitpunkt, als Deutschland schon erledigt war."

Verbrechen der Tito-Partisanen und der Engländer

Auf dem Staatsgebiet des Königreiches Jugoslawien lebten zu Beginn des Zweiten Weltkrieges rund 540.000 Menschen deutscher Muttersprache. Von ihnen gehörten knapp 510.000 der Gruppe der Donauschwaben an. Den Rest bildeten Altösterreicher Sloweniens. Bis November 1944 wurden über 300.000 Jugoslawiendeutsche von den deutschen Militärbehörden evakuiert oder flohen vor der vorrückenden Roten Armee. Somit fielen zwischen Oktober 1944 und April 1945 200.000 Angehörige der 540.000 Personen zählenden Volksgruppe deutscher Muttersprache unter die Herrschaft der Partisanenbewegung Titos. Von diesen mehr als 200.000 Jugoslawiendeutschen wurden zwischen Herbst 1944 und Frühjahr 1948 rund 65.000, davon 60.000 Donauschwaben, von den Tito-Partisanen umgebracht. Somit fiel jeder Dritte der in seiner Heimat verbliebenen Jugoslawiendeutschen diesem Völkermord zum Opfer.

Diese Zahlen werden im „Weißbuch der Deutschen in Jugoslawien", herausgegeben von der „Donauschwäbischen Kulturstiftung" und erschienen 1955 bei „Universitas", München, genannt und auf rund 1.000 Seiten flächendeckend für alle Orte und Bezirke im gesamten Land, wo deutsche Minderheiten lebten, dokumentiert.

Auch die bereits erwähnte mehrbändige „Dokumentation der Vertreibung der Deutschen aus Ost-Mitteleuropa", herausgegeben vom seinerzeitigen „Bundesministerium für Flüchtlinge und Kriegsbeschädigte", kommt im Band V, dem Jugoslawien-Band, auf Verlustzahlen ähnlicher Größenordnung. Ebenso ist das Werk von Günter Böddeker, „Die Flüchtlinge", als zuverlässige Dokumentation zu nennen – um so mehr, als es sich weitgehend auf die Dokumentation der wissenschaftlichen Kommission der Bundesregierung stützt und beruft; auch jenes von Paul Carell, „Die Gefangenen", das als Standardwerk der Kriegsgefangenengeschichte gilt. Als weitere Dokumentation über den von den Tito-

Partisanen begangenen Völkermord an den Jugoslawiendeutschen sind die „Anmerkungen zur Vertreibung der Deutschen aus dem Osten" des international angesehenen amerikanischen Völkerrechtlers Alfred M. de Zayas zu nennen. Grundsätzlich ist der Partisanenkrieg völkerrechtswidrig. Wie die russischen Partisanen, waren auch die Tito-Partisanen nach geltendem Kriegs- und Völkerrecht keine „Kombattanten" (wie Soldaten jeder regulären Armee), sondern „Freischärler" oder „Banden". Es ist daher falsch, von der „Titoarmee" zu sprechen. Nach dem Völkerrecht sind nur Kombattanten zur Durchführung von Kampfhandlungen berechtigt, Freischärler oder Banden hingegen nur dann, wenn sie eine einheitliche Uniform tragen oder ein aus der Ferne erkennbares Abzeichen, die Waffen offen führen und die bestehenden Gesetze und Gebräuche des Krieges beachten. Da die Tito-Partisanen, ebenso wie die russischen, keine dieser Voraussetzungen erfüllten, standen sie nicht unter dem Schutz des Kriegsrechts, sondern fielen seiner ganzen Härte anheim. „Die deutsche Armee in Jugoslawien stand dem von Tito entfesselten Bandenkrieg nahezu ohnmächtig gegenüber. Die Partisanen, die oft in Zivilkleidung kämpften und ihre Waffen niemals sichtbar trugen, griffen stets aus Verstecken an. Sie kamen aus dem Busch, aus dem Wald, aus dem Gebirge. Sie marterten, verstümmelten und töteten erbarmungslos. Männer des späteren Marschalls Tito hängten gefangene deutsche Soldaten auf oder schlachteten sie mit dem Messer ab", wie bei Böddeker zu lesen ist und von der wissenschaftlichen Kommission der Bundesregierung ebenfalls bestätigt wird.

Gefangene Freischärler dürfen nach geltendem Kriegs- und Völkerrecht hingerichtet werden. Auch Repressalien mit abschreckender Wirkung, wie etwa öffentliche Hinrichtungen, Geiselnahme und Geiselerschießung bis zu einem Verhältnis von 1:10, waren im Zweiten Weltkrieg erlaubt. Daher kann die Hinrichtung gefangener Partisanen oder die Erschießung von Geiseln, soweit sie das Verhältnis von 1:10 nicht übersteigt, niemals und von keinem ordentlichen Gericht zum Gegenstand eines Kriegsverbrechens gemacht werden, was aber in unzähligen Fällen – nicht nur in Jugoslawien – geschehen ist.

Durch den Beschluß des „Antifaschistischen Rates der Volksbefreiung Jugoslawiens" vom 21. November 1944 wurde die gesamte Volksgruppe der Deutschen Jugoslawiens zu „Volksfeinden" erklärt. Er schloß den Vorwurf ein, sie hätten als jugoslawische Staatsbürger den Kampf der „Volksbefreiungsbewegung" nicht mitgetragen und somit das schwere Verbrechen des Landesverrates begangen. Durch diesen Beschluß wurden die Jugoslawiendeutschen mit einem Schlag völlig rechtlos und praktisch als Vogelfreie der Willkür der Tito-Partisanen ausgeliefert – sie wurden Opfer eines ungeheuren Sturmes von Brutalität, Rachsucht und Blutdurst.

Die Vorgangsweise des kommunistischen Partisanenregimes gegen die Deutschen Jugoslawiens weist im wesentlichen vier Arten von Maßnahmen auf, die alle Tausende von Opfern forderten: 1. Racheaktionen; 2. Liquidation von „Volksfeinden"; 3. Internierung in Lagern; 4. Deportation in die Sowjetunion.

239

Die Racheaktionen wurden kurz vor und unmittelbar nach Kriegsende, hauptsächlich im Raum Slowenien und Kärnten, an jugoslawischen Flüchtlingen sowie an deutschen Kriegsgefangenen vollzogen.

Unter der Verantwortung des damaligen bevollmächtigten Ministers für Südosteuropa und den Mittelmeerraum, des späteren englischen Premierministers Harold Macmillan, wurden in der zweiten Maihälfte 1945 von den Engländern weit über 100.000 jugoslawische Flüchtlinge – Serben, Kroaten, Slowenen – mit ihren Frauen und Kindern aus den Lagern in Kärnten (Viktring und Bleiburg) an Titos Partisanen übergeben und von diesen auf grausamste Art und Weise teils sofort, teils auf wochenlangen Todesmärschen umgebracht. Der Großteil von ihnen waren slowenische und kroatische Bauern mit ihren Familien, die vor Titos mordenden und plündernden Partisanen in Österreich Zuflucht gesucht hatten. Dies wird selbst von einem so kompetenten Zeugen wie Milovan Djilas, dem einstigen Kampf- und Weggefährten Titos und vormaligen Stellvertretenden Ministerpräsidenten Jugoslawiens, bestätigt. 1979 schrieb er in der britischen Zeitschrift „Encounter": „Um aufrichtig zu sein, wir verstanden nicht, weshalb die Briten... diese Leute zu uns zurückschickten. Es waren meist einfache Bauern. Sie hatten niemanden umgebracht. Ihr einziges Verbrechen war ihre Angst vor dem Kommunismus... Sie (die Engländer) taten etwas ganz Falsches, als sie die Leute über die Grenze schafften, so wie wir etwas Falsches taten, als wir sie alle erschossen."

Zur gleichen Zeit wurden alle Kosaken, die auf deutscher Seite gegen die Rote Armee gekämpft hatten, von den Engländern an die Russen ausgeliefert. Nirgendwo ist dieses Verbrechen so gründlich dokumentiert wie in den Büchern des russisch-britischen Historikers Graf Nikolai Tolstoi, „Victims of Jalta" und „The minister and the massacres", sowie im Standardwerk „Die Gefangenen" von Günter Böddeker und Paul Carell.

Die Furcht vor der Rache der jugoslawischen Partisanen trieb die Kosaken zum Teil mit ihren Familien dazu, über die Alpen nach Österreich zu ziehen, um sich dort den britischen Streitkräften gefangen zu geben. Die Engländer beließen ihnen sogar ihre Waffen, und bald entwickelte sich zwischen ihnen und ihren englischen Bewachern ein Verhältnis innigen Vertrauens und tiefer Sympathie. Schließlich waren rund 50.000 kosakische Männer, Frauen und Kinder in Lagern versammelt. Die britischen Soldaten wußten zu dieser Zeit noch nichts von der Vereinbarung, die anläßlich der Konferenz von Jalta (4. bis 11. Februar 1945) von den „Großen Drei" getroffen worden war und die besagte, daß alle Sowjetbürger, die sich im Gewahrsam der Westalliierten befanden, an die Russen ausgeliefert zu werden hatten.

Der britische Kommandeur des 5. Korps, Generalleutnant Charles Keigthley, befahl am 24. Mai 1945: „Es ist von allergrößter Wichtigkeit, daß sämtliche Offiziere, und in Sonderheit die höheren Dienstgrade, aufgebracht werden und daß wir keinen von ihnen entkommen lassen. Die sowjetischen Streitkräfte legen darauf ganz besonderen Wert..."

Lord Nicholas Bethell, der als erster die offiziellen Akten der britischen Regierung über die Auslieferung der Kosaken ausgewertet hat, weist in seinem Buch „Das letzte Geheimnis" darauf hin, daß Keightley ein wichtiges Faktum ignorierte, nämlich daß bis auf einen der führenden Kosakenoffiziere alle übrigen Altemigranten bzw. Söhne von Altemigranten waren, die im Ausland geboren und daher nie sowjetische Staatsbürger waren. Gemäß dem Jalta-Abkommen fielen sie nicht unter die Auszuliefernden. Dies war aber den Engländern unbequem, zumal sie wußten, wie sehr die Sowjets gerade auf diese Leute Wert legten. Sie wollten ihrem sowjetischen Verbündeten so gefällig sein wie nur möglich.

Zunächst mußten die Briten ihre Gefangenen veranlassen, die Waffen abzugeben. Dabei half ihnen eine Lüge. Englische Offiziere erklärten ihnen, sie hätten für ihre russischen und italienischen Waffen keine Munition, und wenn die Kosaken bei den Briten in einem zu erwartenden Krieg gegen die Sowjetunion dienen wollten, müßten sie ihre Waffen abliefern. Sie bekämen dafür britische Standardmodelle. Die Kosaken vertrauten ihren Bewachern und gaben die Waffen ab. Neue gab es aber nicht. Dann wurden die Kosakenoffiziere von ihren Soldaten getrennt und in ein Sonderlager zusammengetrieben. Nun wußten sie, was ihnen bevorstand. Drei der Offiziere schnitten sich die Pulsadern auf. Eine Reihe anderer erhängte sich. Am nächsten Morgen, bevor sie die Lastwagen bestiegen, die sie zu den Sowjets bringen sollten, hielten die Kosaken einen Gottesdienst ab, während die Läufe der englischen Gewehre auf sie gerichtet waren. Dann prügelten britische Soldaten mit Gewehrkolben und Hackenstielen die Offiziere auf Lastwagen, die sie Richtung Judenburg (Steiermark) brachten. Auf der Brücke über die Mur, auf deren östlicher Seite die Sowjets warteten, sprangen einige Offiziere über das Geländer, 30 Meter tief, um sich im Fluß zu ertränken. Unmittelbar nach der Übergabe an die Russen wurden die Offiziere in einer Fabrikhalle erschossen. Die Briten und auch viele Ortsbewohner von Judenburg hörten das pausenlose Maschinengewehrfeuer.

Drei Tage nach diesen schrecklichen Ereignissen begannen die Briten mit der Räumung der Lager zwischen Lienz (Osttirol) und Oberdrauburg (Kärnten). Sie zwangen die Kosaken mit aufgepflanzten Bajonetten auf die Lastwagen. Die Kosaken versuchten, ihre Frauen und Kinder vor dem Abtransport zu schützen, indem sie einen dichten Ring um ihre Angehörigen bildeten. Die Briten gingen mit Bajonetten und Kolbenschlägen gegen sie vor. Dazu berichtet Lord Bethell: „Sogar als die Soldaten mit Bajonetten in die Menge stießen, fuhren die Kosaken mit ihren Gebeten fort und rührten sich nicht von der Stelle..." In diesem Tumult zerbrach der Lagerzaun. Viele Kosaken rannten zu einer nahe gelegenen Brücke, die über die Drau führte. Männer, Frauen mit ihren Kindern sprangen aus Verzweiflung von der Brücke in den Fluß, um ihrem Schicksal, an die Russen ausgeliefert zu werden, zu entgehen. Viele Kosaken brachten sich noch während des Transportes um. Britische Offiziere begleiteten die

Transporte eine kurze Strecke bis in die sowjetische Besatzungszone. So wurden sie Zeugen, wie die Rote Armee die Kosaken behandelte. Dabei hielten sich die Rotarmisten zurück, solange britische Offiziere in der Nähe waren. Doch die britischen Offiziere berichteten: „...Einige Minuten später hörten wir Schußsalven, und wir sind sicher, eine ganze Menge von ihnen (den Kosaken) wurde an Ort und Stelle erschossen – nicht gleich auf dem Bahnsteig selbst, aber um die Ecke hinter dem Wald." Alle, die mit dem Leben davonkamen, vor allem Frauen und Kinder. wurden in sibirische Arbeitslager gebracht. Der Kommandeur der Kosaken, Generalleutnant von Pannwitz, wurde von den Sowjets zusammen mit fünf seiner kosakischen Offiziere nach Moskau überstellt und dort am 17. Januar 1947 zum Tod verurteilt und gehängt.

Während das grauenhafte Schicksal der jugoslawischen Flüchtlinge – so wie jenes der Kosaken – im Westen immerhin gewisse Beachtung fand, so ist das Verbrechen an der slowenischen Heimwehr, den sogenannten Domobrancen, kaum in das Bewußtsein der Zeit gedrungen. Letztere waren eine paramilitärische Organisation, die ihre bestimmenden Impulse von der katholischen Kirche erhielt und ausschließlich dazu diente, die nichtkommunistische ländliche Bevölkerung Sloweniens vor Titos Partisanen zu schützen. Ebenfalls als Flüchtlinge in Kärnten, wurden sie von den Engländern aufgefordert, nach Italien zu gehen, wo angeblich eine (jugoslawische) königstreue Armee aufgestellt werden sollte. England werde in nächster Zeit selbst gegen die Sowjetunion kämpfen und Jugoslawien vom Kommunismus befreien – wurde ihnen gesagt. Singend fuhren die Bataillone der Domobrancen aus dem Lager Viktring in Kärnten zu den Bahnhöfen Maria Elend und Rosenbach. Sie wurden in Züge verladen, die Offiziere – zur Täuschung – sogar in Waggons zweiter Klasse. Dann wurden die Türen verschlossen. Als die Insassen merkten, daß sie nicht in Richtung Italien, sondern durch den Karawankentunnel nach Jugoslawien fuhren, war es zu spät. Die Mörder befanden sich schon im Zug. Statt in Italien bei der britischen Schutzmacht, landeten die Domobrancen in den Karsthöhlen der Gotschee. Es ist kaum vorstellbar, was dort an Grausamkeiten geschah. Die Opfer standen tagelang, paarweise mit Telefonkabeln gefesselt, bis sie drankamen, um zu den Karsthöhlen getrieben zu werden, an denen seit Tagen die Feuerstöße ratterten, die die Gefesselten in die mit Leichen gefüllten Höhlen stürzen ließen. Wie durch ein Wunder überlebten einige inmitten der faulenden Leichenberge und wurden später Zeugen dieses unfaßbaren Verbrechens, welches auch durch das Monate später vergiftete Grundwasser jener Gegend ans Tageslicht kam. Auch hier ist Djilas Zeuge. Auf die Frage, wieviele Menschen damals ermordet wurden, antwortete er: „Das weiß niemand genau, und man wird es auch niemals erfahren." Und auf die weitere Frage, wer den Befehl dazu gab, zitierte er Tito: „Es war besser, einmal und für alle Zeiten Schluß zu machen." Inzwischen steht fest, daß es sich um über 40.000 Domobrancen gehandelt hatte.

Soweit zu den Racheaktionen. Nun zur Liquidierung von „Volksfeinden". Sie

242

erfolgte durch die Partisanen unmittelbar nach ihrem Einzug in das jeweilige Gebiet bzw. in den jeweiligen Ort, wo Jugoslawiendeutsche lebten. Darüber gibt es eine Unzahl von Erlebnisberichten, von denen die meisten im Bundesarchiv in Koblenz aufbewahrt sind, unter „Ost-Dok 2" geführt werden und, bei Angabe des betreffenden Ortes, eingesehen werden können. Ebenso befindet sich dort eine Reihe namentlich genannter, für die abscheulichsten Verbrechen verantwortlichen Lagerkommandanten und Lagerverwalter, die niemals zur Verantwortung gezogen worden sind.

Um auch hier wieder dem Leser ein Bild von den Verbrechen der Tito-Partisanen zu geben, die keineswegs Ausnahme, sondern die Regel waren und in allen Orten Jugoslawiens, in denen Deutsche wohnten, stattfanden, sollen im folgenden nur einige wenige geschildert werden, die den angeführten Dokumentationen entnommen sind.

Am Abend des 24. November 1944 wurde in Filipowa (einem Ort in der Wojwodina) allen Deutschen, die zur Zwangsarbeit eingesetzt waren, bedeutet, sie sollen am nächsten Tag zu Hause bleiben. Eine Abteilung Partisanen war im Dorf eingetroffen. In den Straßen wurde ausgetrommelt, daß sich alle Männer und Burschen von 16 bis 60 Jahren unverzüglich vor dem Gemeindehaus einzufinden hätten. So versammelten sich gegen 9 Uhr mehr als 300 männliche Einwohner vor dem Gemeindehaus. Gegen 10 Uhr wurden alle in den umzäunten Kirchhof getrieben, wo sie sich in Viererreihen aufstellen mußten. Sie wurden mit Namen auf Listen geschrieben und in zwei Gruppen getrennt; niemand konnte erahnen, nach welchem Gesichtspunkt. Gegen Mittag fragte der Mesner, ob es erlaubt sei, die Mittagsglocken zu läuten. Er bekam die Erlaubnis und ging in Begleitung eines Partisanen in die Turmstube der Kirche. Als die Glocken ertönten, entblößten die Männer ihre Häupter, schlugen das Kreuzzeichen und beteten den „Engel des Herrn", während die Partisanen hämisch lachten. Die größere Gruppe – 212 Jugendliche und Männer – wurde unter den Augen ihrer verzweifelten Frauen, Kinder und Eltern zum Dorf hinausgeführt. Einige Kilometer außerhalb machte der Zug halt. Zuerst wurden die Männer aufgefordert, einander zu verraten: Wer angebe, welcher der Mitgefangenen ein Anhänger des Schwäbisch-Deutschen Kulturbundes sei, werde freigelassen. Keiner der Männer verriet einen anderen. Hierauf setzten grausame Folterungen ein. Dann trieben die Partisanen die Männer und jungen Burschen auf eine Wiese, wo sich Gruben befanden, in denen deutsche Flakkanonen gestanden hatten. Vor diesen Gruben mußten sich alle nackt ausziehen, wurden mit Stricken aneinandergebunden und dann erschlagen oder erschossen. Auch drei Geistliche waren unter ihnen.

Das Lager „Milchhalle": Schon am 7. Oktober 1944, am Tag nach der Besetzung des Städtchens Groß-Kikinda (im Banat) durch Sowjets und Partisanen, wurde im Rathaus ein Gefängnis für deutsche Männer errichtet. Die ersten Massenerschießungen fanden bereits am 8. Oktober statt. Am 10. wurde das Gebäude der Milchhalle am Ortsende zum Vernichtungslager des Bezirks Kikinda umfunktioniert. Auch hier, wie bei vielen Vernichtungslagern, ist der Lagerkommandant bekannt. Er hieß Dušan Opacič. Die Inhaftierten wurden tagelang sadistischen Folterungen unterworfen, zu Tode gequält oder erschossen. Dem erschütternden Bericht von zwei Frauen zufolge – eine davon Ordensschwester, die ebenfalls als Inhaftierte vom Erdgeschoß der Milchhalle aus mit lähmendem Entsetzen die Folterungen sehen konnten – mußten sich die Männer nackt ausziehen und hinlegen. Die Hände wurden ihnen auf die Rücken gebunden. Zunächst wurden sie mit Ochsenriemen geprügelt. Dann schnitt man ihnen bei lebendigem Leib Streifen von Fleisch aus dem Rücken. Anderen wurden die Nasen, Zungen, Ohren oder Geschlechtsteile abgeschnitten oder die Augen ausgestochen. Die Gefangenen schrien und wanden sich in Krämpfen. Dies dauerte etwa eine Stunde. Dann wurde das Schreien leiser, bis es zuletzt ganz verstummte.

Lager „Alte Mühle": Nach übereinstimmenden Berichten mehrerer Zeugen wurde die „Alte Mühle" am Nordrand der Stadt Betschkerek für einige Monate zum Vernichtungslager für die Jugoslawiendeutschen des Bezirks wie überhaupt für das mittlere Banat. Zwischen 10. Oktober und 25. November 1944 kam es zu Erschießungen von insgesamt 993 Deutschen. Auch aus Gemeinden der Umgebung wurden Hunderte von ihnen in diese Mühle gebracht, ebenso sechzig deutsche Kriegsgefangene und viele deutsche Männer, Frauen und Kinder aus Rumänien, die vor den Russen nach dem Westen geflüchtet, aber nicht mehr weitergekommen waren. Gleich beim Eingang in das Gebäude dieser alten Mühle befand sich ein kleiner Raum, der von den Partisanen als Folterkammer eingerichtet worden war. Jede Nacht, wann immer eine Partisanengruppe, meist in betrunkenem Zustand, Lust verspürte, Deutsche zu quälen und umzubringen, wurden sie in Gruppen oder einzeln in die Folterkammer geholt. Schon in der ersten Nacht massakrierten die Partisanen 25 Männer, einen nach dem anderen. Zuerst wurden ihnen die Zähne eingeschlagen, dann brachte man ihnen mit Gewehrkolbenstößen von hinten Nierenverletzungen bei, brach ihnen durch Kolbenhiebe das Schlüsselbein, warf sie zu Boden, sprang ihnen mit aller Wucht auf den Bauch, brach ihnen die Rippen und tötete sie schließlich, wenn sie nach diesen Qualen noch immer lebten, durch Einschlagen der Köpfe mittels Gewehrkolben oder Stöcken. Sehr häufig geschah dies, während andere Partisanen hierzu Musik machten oder Lieder sangen, und je lauter die Opfer jammerten oder schrien, desto lauter wurde gesungen und desto stärker die Ziehharmonika gespielt.

Kubin – Lager „Seidenfabrik": Was sich in Kubin nach der Besetzung dieses Bezirksortes am 3. Oktober 1944 und der Übernahme der Gewalt durch die Partisanen an Greueltaten ereignete, gehört zum Abscheulichsten, wozu Menschen fähig sind. Am 8. Oktober ließen sie sich im Gemeindeamt von Kubin zu kaum beschreibbaren Mordszenen hinreißen, die im buchstäblichen Abschlachten von Frauen ihren Höhepunkt erreichten. Eine sonst nicht überlieferte Art von grausamer Tötung spielte sich am 18. Oktober 1944 und in der Folge ab: Gruppen von bis zu vierzig Menschen, darunter auch Frauen und Kinder, wurden mit Teer beschmiert, hierauf zu einem Knäuel gefesselt und angezündet. Auch brachte man gefesselte und in Teer getauchte Deutsche auf Kähne, zündete sie an und ließ sie als lebendige Fackeln die Donau abwärts treiben.

Zur Liquidierung von „Volksfeinden" gehört auch eine Maßnahme, die man nach stalinistischem Vorbild als „Aktion Intelligenzija" bezeichnen kann. Etwa ab Mitte Oktober 1944 gewannen die Maßnahmen gegen die nicht geflüchteten und in ihrer Heimat verbliebenen Deutschen eine neue Qualität. Es kamen mobile Erschießungskommandos in die Ortschaften und begannen mit der Verhaftung führender, angesehener und wohlhabender Deutscher, um sie nachher – meist nach grausamen Folterungen – umzubringen. Ausgewählt wurden die „führenden Köpfe" der Orte, unter ihnen manchmal auch jugoslawische Königsanhänger, ehemalige Offiziere der kön.-jug. Armee und vormalige Führer bürgerlich-serbischer Parteien, sodann Industrielle, wohlhabende Gewerbetreibende, reiche Bauern, Angehörige der freien Berufe, Geistliche und Intellektuelle – mithin alles Personen, die zu den „Kapitalisten" und zum bürgerlichen „Klassenfeind" zählten und als potentielle „Konterrevolutionäre" galten. Schließlich hatte Tito seine Ausbildung in der Sowjetunion erhalten und kannte daher das gnadenlose Verfahren gegen die „reaktionäre Intelligenzija". Nach der Okkupation der Bukowina, Galiziens und Ostpolens im Herbst 1939 sowie nach Wiedereingliederung der baltischen Staaten in die UdSSR ging Stalin mit äußerster Brutalität gegen die dortige Intelligenzija vor, indem sie entweder zu vielen Tausenden an Ort und Stelle umgebracht oder nach Sibirien deportiert wurde, von wo die meisten nie mehr zurückkamen. Bekannt in der Literatur wurde allerdings nur, wie bereits erwähnt, die Ermordung von 15.000 polnischen Offizieren, der Elite der polnischen Armee, im Frühjahr 1940 in den Wäldern von Katyn. Die Beispiele für die Vernichtung der „reaktionären Intelligenzija" wurden also auf Stalins Veranlassung vorexerziert und von den Tito-Partisanen getreu diesem Muster nachgemacht.

Eine weitere Maßnahme der Tito-Partisanen gegen die Jugoslawiendeutschen war deren Internierung in Lagern. Dabei muß vor allem auf das Schicksal der Kinder hingewiesen werden. Ihr Martyrium begann um die Weihnachtszeit 1944, als man deren Mütter zur Zwangsarbeit in die Sowjetunion verschleppte und somit eine gewaltsame und unbarmherzige Trennung vollzog. Kurze Zeit darauf, bei der Errichtung der zahlreichen Internierungslager, gab es dann nochmals eine gewaltsame Trennung der Arbeitsfähigen von den Nichtarbeitsfähigen. Das heißt: Die Alten, Schwachen, Kranken und die Kinder brachte man in die berüchtigten Sterbelager – eine Bezeichnung, die für die meisten Lager im wahrsten Sinn des Wortes zutraf. Das rasche Wegsterben der Alten und Kranken, also meist der Großeltern und Verwandten dieser elternlosen Kinder, führte dazu, daß sich nun niemand mehr, außer ältere Geschwister, der Kleinen annehmen konnte.

Aufschlußreich für das Schicksal der Kinder ist deren hoher Anteil als Inter-

245

nierte. So waren beispielsweise am 30. April 1946 – also noch ein Jahr nach Kriegsende – im Lager Rudolfsgnad (Kničanin) von insgesamt 17.990 Lagerinsassen 8.288 Kinder unter 14 Jahren (46 %). Setzt man die annähernd gleiche Zahl, d.h. den Anteil der Kinder in den anderen Internierungslagern des Banats, der Batschka, Slawoniens, Kroatiens und Sloweniens an, so dürften es über 40.000 Kinder gewesen sein, die noch ein Jahr nach Kriegsende interniert waren.

Besonders eindrucksvoll schildert der katholische Priester Wendelin Gruber in seinem 1989 in der dritten Auflage erschienenen Buch „In den Fängen des roten Drachens – Zehn Jahre unter der Herrschaft Titos" seine Begegnungen mit Kindern bei seelsorglichen und humanitären Bemühungen in den Sterbelagern. Daraus einige Passagen:

„Säuglinge und Kinder unter zwei Jahren waren in den letzten Monaten fast restlos dem Hunger und der Kälte zum Opfer gefallen. Es schien jedoch, daß die heranwachsenden Kinder mehr Widerstandskraft als ältere Menschen hatten." An anderer Stelle: „Nachmittags ging ich in die Kinderheime, die in größeren Bauernhöfen untergebracht waren. Da lagen die Kinder, zu zwanzig bis dreißig in einem Zimmer, auf dem Stroh und nur dürftig bedeckt. Nur noch Haut und Knochen an ihnen... krank... voll Skorbutwunden und Krätze... Niemand hat sie gepflegt. Die Kleinen weinen und schreien erbärmlich. Es ist der Hunger, der ihnen aus den Augen schaut. Andere wieder, Buben und Mädchen, liegen da, bewegungslos. Sie haben keine Kraft mehr, zu weinen. So gehe ich von einem Zimmer ins andere; immer das gleiche Bild. Eine Frau, die den Dienst als Kinderpflegerin übernommen hat, führt mich bis ins letzte Zimmer. Vorsichtig zieht sie die Decke von dem Kinderhaufen. Was habe ich da zu sehen bekommen?! ‚Leben die noch?‘, fragte ich erschüttert. Ich beugte mich zu ihnen nieder. Fast nackt liegen die Kleinen da in einer Reihe auf Fetzen. Wirklich nur Haut und Knochen an ihnen. Mit aufgerissenem Mund schnappen sie nur noch nach Luft, dem letzten, was ihnen die Welt noch bieten kann."

Im Lager Molidorf (Molin), Banat: „Wir sind dem Tode ausgeliefert. Im vergangenen Winter sind unsere Leute vor Hunger und Krankheit einfach massenweise umgefallen. Wollen wir trotzdem Gottvertrauen haben und beten, sagte ich. Das hilft hier doch nichts! Den ganzen Tag und die ganze Nacht betet dieses Volk, nichts hat geholfen. Jetzt werden unsere Kinder von diesen Teufelsmenschen weggeführt. Unsere Verstorbenen sind wenigstens erlöst!"

Am Bahnhof von Ungarisch-Zerne (Crnja) vor dem Abtransport von Kindern: „Dort angekommen, bot sich mir ein herzzerreißendes Bild: Auf dem Bahnsteig waren etliche hundert Kinder von Wachposten umzingelt. Die Kinder weinten, schrien, brüllten, schluchzten, stöhnten, daß es mich erschütterte."

In diesem Zusammenhang ist die kleine Broschüre des donauschwäbischen Publizisten Professor Adalbert K. Gauss, „Kinder im Schatten", erwähnenswert, da sie zu den ersten geschriebenen Dokumenten zählt, aus denen die freie Welt eindringlich erfahren konnte – soweit sie dazu überhaupt gewillt war –, was sich im kommunistischen Jugoslawien zutrug und was vor allem mit den elternlosen und verlassenen Kindern geschah. Folgender Satz ist der Broschüre vorangestellt: „Nach vorsichtigen Berechnungen sind 35.000 bis 40.000 volksdeutsche Kinder unter 16 Jahren in Jugoslawien zurückgeblieben. Es liegt an der jugoslawischen Regierung, nachzuweisen, wo sich diese Kinder, lebend oder tot, befinden." – „Unsere Nachkommen", schreibt dann Gauss weiter, „würden uns als erbärmliche Wichte und Taugenichtse ächten, wollten wir diese Ungeheuerlichkeiten unseres zerrütteten Zeitalters der ‚Menschlichkeit' stillschweigend übergehen." Und man übergeht sie stillschweigend – niemand wird geächtet. Professor Gauss ist es auch zu verdanken, daß an die Teilnehmer des vom 15. bis 17. Januar 1950 in Salzburg tagenden Kongresses des Weltkirchenrates eine „Volksdeutsche Denkschrift" (der sogenannte „Salzburger Bericht") überreicht wurde.

Neben diesen Sterbelagern gab es auch Kinderheime für volksdeutsche, von ihren Eltern gewaltsam getrennte Kinder, in denen sie wesentlich besser untergebracht, ausreichend ernährt, ärztlich versorgt und von Aufseherinnen betreut und erzogen wurden. Allerdings im rein kommunistischen Sinn, um aus ihnen dem Tito-Regime treu ergebene Staatsbürger zu machen. Stets wurde ihnen vorgehalten, daß Tito ihnen Brot gebe, Tito nun ihr Vater sei und für sie sorge. Darum müßten sie ihm treu sein. Sie durften nicht mehr miteinander deutsch reden, sondern mußten serbisch sprechen. Religionsunterricht oder Gottesdienst gab es für diese Kinder nicht.

„Der Kummer um diese Kinder bringt mich hierher, Genosse Kommandant", schreibt Wendelin Gruber in seinem erwähnten Buch, nachdem es ihm gestattet worden war, ein solches Kinderheim zu besuchen. „Ja, was meinst du, Pfaffe, daß wir für die Zukunft dieser Kinder nicht Sorge tragen?" antwortete der Kommandant und fuhr fort: „Diese Kinder werden Titos Pioniere und dann tapfere Kämpfer im Sinne unserer Befreiungsrevolution. Aus diesen faschistischen, kapitalistischen Kindern werden, du wirst es sehen, musterhafte und selbstbewußte Mitglieder der befreiten Arbeiterklasse und begeisterte Träger einer besseren Zukunft." Auch das war eine der Maßnahmen des Tito-Regimes gegen Kinder, die von ihren Eltern nichts mehr wußten und auch nie mehr etwas wissen sollten.

Die Tragödie der Jugoslawiendeutschen begann kurz vor Kriegsende und dauerte unvermindert an, als die Waffen schon längst schwiegen. Sie wurde von den demokratischen Mächten des Westens, die vorgaben, gegen Unrecht und für Humanität in den Krieg gezogen zu sein, nicht zur Kenntnis genommen. Noch enttäuschender und erniedrigender für die Überlebenden aber ist, daß diese vor fünfzig Jahren auf brutalste und grausamste Weise durchgeführte ethnische Säuberung, die ein eindeutiger Fall von Völkermord war, in Deutschland, trotz der Dokumentation durch das seinerzeitige „Bundesministerium für Flüchtlinge und Kriegsgeschädigte" sowie andere Dokumentationen, weithin unbekannt blieb, weil sie von den Massenmedien nie aufgegriffen, sondern bewußt verschwiegen wurde. Während die schrecklichen Bilder von Vergewaltigung, Mord und ethnischer „Säuberung" in Bosnien den Menschen in der Bundesrepublik über das Fernsehen in die Wohnungen geliefert wurden, wird das Schicksal, das die Deutschen in Jugoslawien vor fünfzig Jahren erlitten haben, weder von deutschen Politikern noch von den deutschen Medien oder der katholischen Kirche erwähnt. Es wird aus „volkspädagogischen" Gründen dem Vergessen anheimgegeben, ebenso wie das Schicksal der deutschen Kriegsgefangenen.

Als am 20. Oktober 1944 die Schlacht um Belgrad vorbei war, gerieten rund 30.000 deutsche Soldaten in die Gewalt der Sieger. Sie wurden in Gruppen zu vielen Hundert vor Panzergräben geführt und erschossen. Hunderte von Gefangenen, die mit erhobenen Händen aus Häusern und Kellern kamen, wurden auf den Straßen niedergemacht. Nachrichtenhelferinnen wurden auf grausamste Weise gefoltert und umgebracht. Auf einem einzigen Platz in Belgrad starben 5.000 deutsche Soldaten, nachdem sie sich ergeben hatten. Auf dem Hauptbahnhof von Belgrad stand ein Lazarettzug, voll belegt mit verwundeten deutschen Soldaten. Sie alle starben unter den Messern und Dolchen der Partisanen, berichtete eine Rotkreuzschwester. Die Schilderungen des mehrere Tage währenden Massenmordes an deutschen Kriegsgefangenen nach der Einnahme von Belgrad stammen fast ausschließlich von jugoslawischen Bürgern der Hauptstadt, die Augenzeugen dieses in aller Öffentlichkeit durchgeführten Massakers wurden. Das war nur Belgrad. Insgesamt sind, zum Großteil erst nach dem Krieg, über 70.000 deutsche Kriegsgefangene in Jugoslawien ums Leben gekommen.

Im Jahre 1949, vier Jahre nach Ende des Zweiten Weltkrieges, ist in Werschetz (Vršac) eines der schrecklichsten Kapitel deutscher Kriegsgefangenengeschichte geschrieben worden. Werschetz war schon seit 1945 ein berüchtigtes Offiziersgefangenenlager. „Die letzten Zwölfhundert und die Zehntausenden vorher werden diesen Ort als den Vorhof zur Hölle, als das schlimmste Lager der Kriegsgefangenengeschichte nie vergessen", schreibt Paul Carell in „Die Gefangenen". Auch hier, wie in vielen anderen Lagern, sind die Namen der Hauptverantwortlichen bekannt: Ilija Crnčevic (Lagerkommandant) und Franjo Steiner (Politkommissar), beide Tito-Partisanen.

Die wissenschaftliche Kommission der Bundesregierung hat die Ereignisse im Lager Werschetz bis ins kleinste Detail ausgeleuchtet und ihnen einen eigenen Band in ihrer mehrbändigen Darstellung der Geschichte der deutschen Kriegsgefangenen gewidmet. Darin heißt es über den Zweck der Zurückhaltung gefangener deutscher Offiziere: „Ihre Widerstandskraft gegenüber der Vernehmung sollte vollends gebrochen werden. Sie sollten endlich ‚gestehen', Kriegsverbrechen begangen zu haben." – Genau das war es, was die Jugoslawen von den in Werschetz zurückgehaltenen deutschen Leutnants, Hauptleuten, Obristen und Generalen erlangen wollten: Das Geständnis, in Jugoslawien gemordet, gebrandschatzt, geplündert und vergewaltigt zu haben. Mit mittelalterlichen Foltermethoden wurden aus den Gefangenen solche Geständnisse herausgepreßt. Hier nur einige von vielen Beispielen:

So gestand ein Major, nachdem ihm nachts der Dolmetscher, ein Deutscher, zugeflüstert hatte: „Gib zu, daß du Frauen und Kinder umgebracht hast, sonst schlagen sie dich tot, wie schon viele andere vor dir", er habe 120 Frauen und Kinder ermordet und kleine Kinder lebend in die Flammen geworfen.

Ein Oberleutnant der Schutzpolizei gestand, nachdem sein Gesicht mit Zigaretten verbrannt worden war, er habe 1.200 Menschen, vor allem Frauen und Kinder, eigenhändig erschossen.

Ein Hauptmann berichtet, daß gefangene Offiziere mit ansehen mußten, wie einem Kameraden, der sich entkleiden hatte müssen, ein Eimer mit einem Bindfaden an den Hodensack gebunden wurde und der Vernehmer einen Stein nach dem anderen in den Eimer warf, so lange, bis der Betreffende bereit war, alle von ihm gewünschten Aussagen zu machen.

Unter den Folterqualen in Werschetz gestand der Dekan, Professor Walter, der oberste katholische Geistliche der in Jugoslawien eingesetzten Heeresgruppe E, er habe mehrere Frauen vergewaltigt und eine von ihnen im Fluß ertränkt.

General Gerhard Henke gestand nach tagelangen Folterungen seine „Kriegsverbrechen" mit dem Ziel der Unglaubwürdigkeit, indem er behauptete, er hätte über 2.000 Männer und Frauen erschießen, Bauernhöfe plündern und mehrere Ortschaften ganz oder teilweise in Schutt und Trümmer legen lassen; und zwar an Hand einer Landkarte von Jugoslawien überall dort, wo dies ausgeschlossen war und sich jeder Staatsanwalt oder Polizist sofort vom Gegenteil überzeugen konnte. Die Vernehmer waren mit der Geständnisfreudigkeit des Generals so zufrieden, daß sie ihm Extrarationen zuteilten: Wurst, Käse, Butter und Brot.

Die Offiziere in Werschetz hatten nur zwei Möglichkeiten: entweder Verbrechen zu gestehen, die sie nicht begangen hatten, oder aber sich totschlagen zu lassen, wie es mit mehr als fünfzig deutschen Offizieren geschah. Die Jugoslawen kümmerten sich nicht um die Wahrheit; sie wollten Geständnisse haben, die sie in der nationalen Propaganda und bei internationalen Verhandlungen glaubhaft präsentieren konnten. Überdies brauchte man Verantwortliche für die unzähligen Morde der jugoslawischen Partisanen an den eigenen Staatsbürgern. Diese Taten sollten die verurteilten deutschen Kriegsgefangenen durch ihre Geständnisse camouflieren.

Die wissenschaftliche Kommission der Bundesregierung für Kriegsgefangenengeschichte kommt in ihrem Bericht zu dem gleichen Schluß: „Belgrad wollte den Nachweis führen, daß an allem – was während des Krieges in Jugoslawien an Menschenleben vernichtet und an Sachwerten zerstört worden ist – die Deutsche Wehrmacht und sie ganz allein schuld sei, so daß Deutschland dafür jetzt Genugtuung und Reparationen zu leisten hat. Mehr noch: Auch die blutigen Untaten, die der Volkstumskampf zwischen den einzelnen Völkern Jugoslawiens hervorgerufen hat, mußte den Deutschen in die Schuhe gescho-

249

ben werden, sollte der neuerrichtete Viel-Völker-Staat Jugoslawien nicht mit der Hypothek von Rache und Haß der Volksgruppen belastet werden". Und weiter heißt es im Bericht der Kommission über die Motive der jugoslawischen Regierung „Nach jugoslawischen Feststellungen sind zwischen 1941 und 1945 rund 1,700.000 jugoslawische Staatsbürger ums Leben gekommen. Mit ihrem Tod wurde das Konto der deutschen Okkupanten belastet, indem man in Werschetz die simple Formel gebrauchte, jeder deutsche Offizier habe während des Krieges Erschießungen durchgeführt und befohlen." – Abgesehen davon, daß diese Zahl weit übertrieben sein dürfte, ist der überwiegende Teil der Opfer die Folge des blutigen und brutalen Volkstumskampfes zwischen den Völkern Jugoslawiens.

Auch der evangelische Landesbischof von Braunschweig, Helmut Johnsen, wurde umgebracht, weil die Jugoslawen seine Heimkehr nach Deutschland fürchteten; er hatte zuviel im Lager Werschetz gesehen.

Sterben mußte auch der alles und alle überstrahlende Mann der jugoslawischen Kriegsgefangenenlager: Karl Adalbert Graf von Neipperg, Abt auf Stift Neuburg, der im Krieg als Militärseelsorger die Betreuung deutscher Soldaten in Jugoslawien übernommen hatte. Nach tagelangen, von Partisanen brutalst angetriebenen Fußmärschen landete er im Offizierslager Werschetz. Die Folterknechte ertrugen diesen Mann hier nicht, da er die Gefangenen seelsorglich betreute, heimlich die Messe las, sie tröstete und ermutigte. Die Verantwortlichen von Werschetz ließen ihn am 23. Dezember 1948 ermorden. Man fand ihn mit durchschnittener Kehle. Die Nägel der großen Zehen waren ausgerissen, der Körper mit schwarzen Flecken bedeckt, die von schweren Schlägen herrühren mußten. „Wenn es ein Mann verdient hätte, als Vorbild für christliche Tugend und Glaubenskraft in finsteren Zeiten gerühmt und verehrt zu werden, so er, der Tröster und Märtyrer, der Abt von Werschetz", schreibt Paul Carell in „Die Gefangenen".

Diese Ereignisse sind nur einzelne Beispiele aus einer schier endlosen Kette grausamster Verbrechen auf dem Balkan während und nach dem Zweiten Weltkrieg.

Im Winter 1949 begannen vor einem Militärgericht in Werschetz die Prozesse gegen die deutschen Offiziere, die im Lager gefoltert und zu Geständnissen erpreßt worden waren. Es war dies das zwölfte Verfahren, das die Jugoslawen gegen gefangene Offiziere der Deutschen Wehrmacht veranstalteten.

Da trat etwas ein, womit sie nicht gerechnet hatten. Am 27. Januar 1950 erklärte der deutsche Bundeskanzler Dr. Konrad Adenauer vom Rednerpult des Deutschen Bundestages aus: „Besonders erschütternd sind die neuesten Nachrichten über das Schicksal der Kriegsgefangenen, die in Jugoslawien unter dem Vorwand von Untersuchungen über Kriegsverbrechen zurückgehalten worden sind... Lassen Sie mich", rief der Kanzler, „ein Wort an die gesamte Weltöffentlichkeit richten: Hier handelt es sich um solche Vergehen und Verbrechen gegen die Menschlichkeit, daß die gesamte Öffentlichkeit auf der ganzen Welt

250

sich dagegen empören muß." Dann sagte er zu den Abgeordneten: „Sie werden verstehen, meine Damen und Herren, daß diese Vorgänge uns nicht zum Abschluß eines Handelsvertrages mit Jugoslawien ermutigen." Auf wirtschaftliche Vorteile durch einen Handelsvertrag war aber der Titostaat äußerst erpicht.

Die wissenschaftliche Kommission der Bundesregierung für Kriegsgefangenengeschichte über die Folgen, die Adenauers Rede für die Gefangenen hatte: „Vielleicht erklärt sich hieraus, daß die Todesurteile an den Österreichern vollstreckt wurden, während man die deutschen Todeskandidaten zu Freiheitsstrafen begnadigte und schließlich repatriierte."

Verbrechen der Amerikaner und Franzosen an deutschen Kriegsgefangenen

Daß eine große Anzahl von deutschen Kriegsgefangenen in den Jahren 1945 und 1946 in amerikanischen und französischen Kriegsgefangenenlagern starb, war bekannt, wurde allerdings nie besonders erwähnt. Vierzig Jahre danach erfuhr die Weltöffentlichkeit durch das aufsehenerregende Buch des kanadischen Redakteurs James Bacque, „Other losses", daß es sich dabei um Verbrechen viel größeren Ausmaßes gehandelt hat, als bisher angenommen.

Bacques Buch erschien 1991 in deutscher Fassung unter dem Titel „Der geplante Tod". Die Akten, die diese Verbrechen bekunden und belegen, wurden teils vernichtet, teils verfälscht, und teils wurden sie jahrzehntelang als „geheim" unter Verschluß gehalten. In mühevoller Kleinarbeit und nach jahrelangen Recherchen hat Bacque die Mosaiksteine dieser erschütternden Verbrechen zusammengetragen. Dabei ging es ihm nicht um „Aufrechnen", um das Wühlen in alten Wunden oder um das Aufreißen neuer Gräben, sondern, wie jedem redlichen Historiker, allein darum, der geschichtlichen Wahrheit zu ihrem Recht zu verhelfen.

Nachdem große Teile Deutschlands bereits in der Hand der Westalliierten waren, kam es zu den ersten Massengefangennahmen deutscher Soldaten. Viele Hunderttausende befanden sich in Gefangenenlagern der Alliierten, sowohl in Deutschland als auch in Frankreich und Belgien. Da Briten, Kanadier und Amerikaner die Genfer Konvention unterzeichnet hatten, waren sie dazu verpflichtet, die deutschen Kriegsgefangenen, so gut es ging, gemäß den Bestimmungen dieser Konvention zu behandeln – was sie auch taten. Nicht zuletzt auch deshalb, da sich auf der anderen Seite ebenfalls Hunderttausende ihrer eigenen Soldaten in deutscher Kriegsgefangenschaft befanden und eine schlechte Behandlung der deutschen Kriegsgefangenen zu Repressalien auf der Gegenseite geführt hätte.

Dies änderte sich jedoch schlagartig mit der bedingungslosen Kapitulation der Deutschen Wehrmacht und dem Ende des Krieges am 8. Mai 1945, da ab die-

sem Zeitpunkt deutscherseits keinerlei Repressalien gegenüber Kriegsgefangenen der Alliierten in deutschen Lagern mehr zu erwarten beziehungsweise nicht mehr möglich waren.

Die Schweiz war während des Krieges Deutschlands diplomatische Schutzmacht.
Dies gab ihr und dem Schweizerischen Roten Kreuz verschiedene Rechte, darunter jenes, Kriegsgefangenenlager mit deutschen Wehrmachtsangehörigen
jederzeit auf die Einhaltung der Bestimmungen der Genfer Konvention hin kon-
trollieren und inspizieren zu können — freilich nur im Westen, da die Sowjets
diese Konvention nie unterzeichnet haben. Unter direkter Mißachtung der Verpflichtungen, die die USA mit ihrer Unterzeichnung der Genfer Konvention eingegangen waren, verweigerte die Regierung der Vereinigten Staaten dem Internationalen Komitee vom Roten Kreuz ab dem 8. Mai 1945 die Erlaubnis, Kriegsgefangenenlager zu betreten, die deutschen Kriegsgefangenen zu besuchen und
ihnen auf welche Art und Weise auch immer Hilfe angedeihen zu lassen. Gleichzeitig „entließ" sie die Schweiz als Schutzmacht Deutschlands. Die Nachricht
des US-Außenministeriums, mit der dem Schweizer Botschafter in Washington
dies mitgeteilt wurde, trägt das Datum 8. Mai 1945.

Nach der bedingungslosen Kapitulation und dem Abhandenkommen jeglicher
deutschen Regierung – Großadmiral Dönitz war von Hitler in den letzten Kriegs-
tagen zu dessen Nachfolger und damit zum Regierungschef ernannt, von den
Alliierten aber mitsamt seiner Regierung verhaftet worden – wäre die Rolle der
Schweiz als Schutzmacht nicht weniger, sondern, im Gegenteil, noch wichtiger geworden. Denn nach dem 8. Mai wurde von den Amerikanern den hunderttausenden deutschen Kriegsgefangenen in amerikanischer Hand der PoW-Status (Prisoner of War-Status) entzogen, und sie wurden als „Disarmed Enemy
Forces" bezeichnet beziehungsweise eingestuft, was die Engländer und Kanadier mit ihren deutschen Kriegsgefangenen zu tun verweigerten. Dieser völkerrechtswidrige Akt der Amerikaner – Kriegsgefangenen ihren Status zu nehmen – entkleidete letztere nicht nur jeden kriegs- und völkerrechtlichen
Schutzes, sondern entband die Amerikaner auch von der in der Genfer Konvention vorgeschriebenen Verpflichtung, Kriegsgefangene ausreichend zu
ernähren. Auf diese Weise wurde nahezu eine Million deutscher Soldaten zum
Hungertod verurteilt – einem geplanten Tod. Geplant vom Oberbefehlshaber
der amerikanischen Streitkräfte in Europa und späteren Präsidenten der Vereinigten Staaten, General Eisenhower, und genehmigt von den CCS – den kom-
binierten Stabschefs –, wie James Bacque eindeutig nachweist und an Hand
zahlreicher Dokumente belegt.

Alle Entscheidungen über die Behandlung der Gefangenen wurden aus-
schließlich von der US-Armee in Europa getroffen, wenngleich die Engländer
und Kanadier sich nicht an alle diese Entscheidungen hielten, wie etwa die
Aberkennung des PoW-Status. Eine dieser Entscheidungen war, deutsche
Kriegsgefangene den Franzosen zu übergeben. Sie verstieß ebenfalls gegen die
Genfer Konvention, da sie nur unter der Voraussetzung hätte erfolgen dürfen,

daß die Franzosen gemäß dieser Konvention handeln würden, was sie aber nicht taten, sondern die ihnen übergebenen rund 700.000 deutschen Kriegsgefangenen genauso behandelten wie die Amerikaner, ja zum Teil sogar noch schlimmer.

Nicht nur dem Schweizerischen Roten Kreuz wurde der Zutritt zu den Kriegsgefangenenlagern der Amerikaner und Franzosen sowie jede Hilfe für deutsche Kriegsgefangene verweigert, auch anderen, sich spontan bildenden Hilfsorganisationen wurde die Erlaubnis dazu nicht erteilt.

Nachweisbar befanden sich nach Kriegsende in Lagerhäusern noch immer die proteinhaltigen 13,500.000 Lebensmittelpakete des Roten Kreuzes, die im Mai 1945 vom Internationalen Komitee übernommen worden und für deutsche Kriegsgefangene bestimmt waren. Auf Weisung der Amerikaner und unter der Verantwortung Eisenhowers durften sie nicht verteilt werden. Allein diese Pakete des Roten Kreuzes hätten mit allergrößter Wahrscheinlichkeit den hunderttausendfachen Hungertod deutscher Kriegsgefangener in amerikanischen und französischen Lagern verhindert und sie bis zum Frühjahr 1946 am Leben erhalten, als die Entlassung der Überlebenden begann.

Dies alles wurde damals verheimlicht und unter Lügen verdeckt, bis das Rote Kreuz sowie die beiden französischen Tageszeitungen „Le Monde" und „Le Figaro" scharfe Kritik an den Zuständen in den Lagern übten und versuchten, öffentlich die Wahrheit zu sagen. Eine dieser Lügen war die Behauptung, es übersteige die Kräfte Frankreichs und der USA, die deutschen Kriegsgefangenen am Leben zu erhalten. Wenn es ihre Kräfte überstieg – weshalb haben sie sie dann nicht unverzüglich entlassen und nach Hause zu ihren Familien geschickt, statt sie dem Hungertod preiszugeben? Der Krieg war ja längst zu Ende, und es gab keinerlei Grund mehr, die Gefangenen zu Hunderttausenden in provisorisch errichteten Lagern mit Stacheldrahtverhauen und unter freiem Himmel festzuhalten.

„Der Widerstand gegen diese düsteren Greuel reichte nicht annähernd aus, um das Gewissen der Nation (gemeint ist die französische) zu wecken, die sich mit Stolz ihrer ‚Mission Civilisatrice' rühmte", schreibt James Bacque gegen Ende seines Buches.

Und im letzten Satz heißt es: „Unter allen diesen Leuten, von denen man glaubte, daß sie guten Willens seien und anständig, gab es so gut wie niemanden, der die Männer schützte, in deren sterbenden Leibern sich unsere tödliche Heuchelei ausdrückte. Während wir den Sieg unserer Tugend öffentlich feierten, begannen wir insgeheim, sie zu verlieren."

Die Vertreibung der Sudetendeutschen

Beneš war der entscheidende Initiator und theoretische Begründer der Austreibung von drei Millionen Sudetendeutschen. Die Vertreibung war für ihn eine „notwendige Operation", radikal, aber gesundend, die eine Generation betraf, aber für die nachfolgenden Generationen zusehends belangloser werden sollte. Man hatte einen Konfliktherd ein für alle Mal ausgemerzt.

Am 27. November 1943 wandte sich Beneš als das Haupt der im Londoner Exil lebenden tschechoslowakischen Regierung über BBC an die im Protektorat Böhmen und Mähren lebenden Tschechen mit den Worten: „In unserem Lande wird das Ende des Krieges mit Blut geschrieben werden. Den Deutschen werden wir ohne Gnade um ein Vielfaches zurückzahlen, was sie an unserem Land seit 1938 begangen haben. Die ganze Nation wird in diesen Kampf verwickelt sein. Es wird keinen Tschechoslowaken geben, der an dieser Aufgabe nicht teilnehmen wird, und es wird keinen Patrioten geben, der nicht gerechte Rache nehmen wird für das Leiden, das die Nation erfahren hat." Zwei Wochen später veröffentlichte Beneš diese Rede in der angesehenen britischen Monatsschrift „The Central European Observer".

Schon drei Wochen zuvor, am 3. November 1943, hatte der Befehlshaber der tschechoslowakischen Streitkräfte im Ausland, General Ingr, über den Londoner Rundfunk einen Aufruf erlassen, in dem es hieß: „Wenn unsere Stunde kommt, dann wird die gesamte Nation den alten Kampfruf der Hussiten ausstoßen: ‚Schlagt sie, tötet sie, laßt niemanden am Leben! Jedermann soll sich die für ihn geeignete Waffe besorgen, mit der er den Deutschen die größten Wunden schlagen kann. Sollten Feuerwaffen nicht zur Hand sein, dann sollte irgendein Instrument, mit dem man schneiden, stechen und schlagen kann, bereitgestellt und versteckt werden.' Britische Tageszeitungen, darunter „News chronicle" vom 4. November 1943, brachten den Aufruf in großer Aufmachung. Ebenso wie die Vertreibung der Deutschen aus Ost-Mitteleuropa, erhielt auch die der drei Millionen Sudetendeutschen bei der Konferenz in Potsdam die Zustimmung Trumans, Stalins und Attlees, mit der gemeinsamen Erklärung, die „Aussiedlung", wie sie es nannten, müsse in „geregelter und humaner Weise durchgeführt werden". Es handelte sich im Grund nur um die Absegnung dessen, was bereits seit 1943 (Konferenz von Teheran) beschlossene Sache war. Wie in Ost-Mitteleuropa, geriet auch diese „Aussiedlung" zum Völkermord, dem zwischen 250.000 und 300.000 Sudetendeutsche zum Opfer fielen – einem Völkermord (der begrifflich auch den Tatbestand der Austreibung umfaßt), zu dem sogar das Staatsoberhaupt sowie der Befehlshaber der tschechoslowakischen Streitkräfte im Ausland aus dem Exil in England ihre Landsleute in Böhmen und Mähren aufgerufen hatten.

Vor dem Gebäude des Rundfunksenders Prag II fuhr am Mittag des 5. Mai 1945 ein Lkw vor. Bewaffnete Männer sprangen herab, erschossen die Wachmannschaften, stürmten das Gebäude, trieben die Techniker und Sprecher aus den Senderäumen. Wenig später erscholl es aus Radio und Lautsprechern, die mittlerweile in den Straßen Prags angebracht und mit dem Sender unmittelbar verbunden waren: „Die Deutsche Wehrmacht ergibt sich... Russische Panzer stehen an den Grenzen von Prag. Es lebe die tschechoslowakische Republik und ihr Präsident. Es lebe Stalin und die glorreiche Rote Armee... Tod

den Deutschen!... Tod den deutschen Okkupanten!... Aufstand! Aufstand!"
Das Fanal des Aufstandes brannte lichterloh. Die schrille Stimme aus dem Lautsprecher des Senders Prag II gab alle Deutschen der Raub- und Mordlust der tschechischen Bevölkerung preis. Jetzt mußten die Tschechen keine Vergeltung von deutschen Truppen mehr befürchten. Jetzt waren deutsche Soldaten, deutsche Frauen, Kinder und Männer in der Stadt vogelfrei. Das Blut der Deutschen begann in Strömen zu fließen. Ganz gleich, ob sie Zivilisten oder Wehrmachtsangehörige waren, ob Frauen, Kinder oder Männer. Die Bevölkerung konnte nun ungestraft morden, Sadisten konnten quälen, Räuber und Diebe sich bereichern, wie es ihnen in den Sinn kam. Jene, die gleich an Ort und Stelle niedergemacht wurden, hatten das bessere Los. Denn Unzählige wurden gefoltert, aus ihren Wohnungen gezerrt und erschlagen oder gleich aus den Fenstern auf die Straße geworfen. Prag war kurz vor Kriegsende, wegen der völligen Ruhe und Sicherheit, die dort herrschte, zur Lazarettstadt erklärt worden. Tausende verwundete deutsche Soldaten standen daher in den verschiedenen Lazaretten unter dem Schutz des Roten Kreuzes, was die Tschechen nicht daran hinderte, in diese einzudringen und viele Soldaten gleich in ihren Betten umzubringen oder sie auf die Straße zu treiben, wo sie von der Bevölkerung niedergemacht wurden. Auch hatte man deutsche Soldaten, die in den Straßen Prags aufgegriffen wurden, gefesselt auf die Straße gelegt und von russischen Panzern, die von Tschechen herbeigerufen und dazu ermuntert wurden, zermalmen lassen. Andere wiederum hatte man in der Nacht vom 5. zum 6. Mai an Straßenlaternen auf dem Prager Wenzelsplatz an den Füßen, mit dem Kopf nach unten, aufgehängt, mit Benzin übergossen und unter dem ihre Schmerzensschreie übertönenden Gejohle der versammelten Menge als menschliche Fackeln bei lebendigem Leibe verbrannt.
Aber nicht nur in Prag, im ganzen Protektorat und im Sudetenland bedeutete die Stimme, die durch den Prager Sender nach dem Blut der Deutschen schrie, Inhaftierung, Verlust ihrer gesamten Habe, Folter und Tod. Die Aufrufe von Beneš und Ingr zum Völkermord befolgend, fuhren Tschechen scharenweise in die von Deutschen seit über 800 Jahren bewohnten Gebiete, um sie aus ihren Häusern zu jagen, in improvisierte Gefängnisse und Lager zu pferchen, sie zu berauben und auszuplündern und Abertausende von ihnen zu ermorden, zum Teil auf bestialischste Weise.
Von allen Dokumentationen und Schriften zu diesem Thema ist die ausführlichste, umfassendste und authentischste die Gesamtdokumentation mit dem Titel „Die Vertreibung der deutschen Bevölkerung aus der Tschechoslowakei", die im Auftrag des damaligen Bundesministeriums für Heimatvertriebene, Flüchtlinge und Kriegsgeschädigte ab 1950 durch eine unabhängige, von der Bundesregierung eingesetzte Historikerkommission erstellt wurde und rund tausend Seiten umfaßt. Auch diese Dokumentation wurde Jahre hindurch der breiten Öffentlichkeit aus „volkspädagogischen" Gründen vorenthalten.
Aus der langen Reihe der Greueltaten, die sich überall, sowohl im Protektorat

Böhmen und Mähren als auch im Sudetenland, in jedem Dorf, in jeder Stadt ereignet haben und in der genannten Dokumentation unter jeweiliger Angabe des Ortes und der Zeit, zum Teil auch der Namen der Verantwortlichen zweifelsfrei belegt sind, sollen im folgenden nur einige wenige kurz geschildert werden, um auch hier wiederum dem Leser ein Bild von den namenlosen Leiden zu vermitteln, die Deutsche nach Kriegsende erdulden mußten.

Neun Tage nach der Kapitulation drangen sogenannte tschechische Partisanen (die sich erst nach der Kapitulation formiert hatten und die es während der Protektoratszeit überhaupt nicht gab) in großer Anzahl in die von Deutschen bewohnte Stadt Landskron in Mähren ein. Sie trieben die Männer mit Peitschen auf dem Marktplatz zusammen. Dort war ein Tisch aufgestellt, an dem die Tschechen Gericht spielten. Jeder Deutsche mußte vor diesem Richtertisch die letzten Schritte auf den Knien rutschen. Das Gericht verurteilte die herangeschleppten Deutschen entweder zu Prügelstrafen bis zu hundert Schlägen oder zum Tod durch Erschießen oder Erhängen. Die gellenden Schreie der Geprügelten waren den ganzen Tag über in grauenerregender Stärke zu hören. Damit vermengten sich ununterbrochen die Salven aus Gewehren und Maschinenpistolen. Ein Kandelaber vor dem Gasthaus „Schmeiser" diente als Galgen, an dem Deutsche gehängt wurden. Vor dem Aufgang zum Rathaus befand sich ein Luftschutz-Wasser-Bassin, in das mehrere Deutsche hineingeworfen wurden. Die Tschechen schossen dann auf sie. Die am Leben gebliebenen wurden herausgezogen, an eine Mauer gestellt und mit Maschinenpistolen erschossen. Der Terror in der Stadt Landskron hielt zwei Tage an. Nahezu hundert Deutsche begingen aus Angst und Verzweiflung Selbstmord.

Ende Mai 1945 wurden in der Ortschaft Kaaden in der Nähe der Stadt Reichenberg die Deutschen mit Lautsprechern auf den Marktplatz befohlen. Diesmal sollten die Familienangehörigen zuschauen, wie die Männer starben. Manchen Frauen, die sich wegwenden wollten, hielten die Tschechen den Kopf fest und befahlen: „Hinschauen!"

Am 30. Mai 1945 wurden die Deutschen aus Brünn, der Hauptstadt Mährens, auf die Straßen gejagt und von tschechischen Arbeiter-Milizen zum Sammelplatz für den „Todesmarsch" getrieben. Es waren über 30.000, überwiegend Alte, Kranke, Frauen und Kinder. Sie mußten die ganze Nacht auf dem Sammelplatz verbringen, während russische Soldaten kamen, die sich Frauen und Mädchen holten, um sie zu vergewaltigen. Viele von ihnen kamen nicht mehr zurück. Als es dann hell wurde, begann der Todesmarsch zur etwa 80 km entfernten österreichischen Grenze. Der Elendszug wurde von den Tschechen auf brutalste Weise angetrieben. Wer nicht weiter konnte, wurde erschlagen oder erschossen und am Straßenrand liegengelassen. Etwa 2.000 tote Deutsche säumten die Straße zwischen Brünn und Nikolsburg, nahe der Grenze. Als die Österreicher erkannten, was sich da durch Regen und Pfützen heranwälzte, sperrten sie die Grenze. Die Deutschen aus Brünn durften nicht nach Österreich, und sie durften auch nicht nach Hause. Die Tschechen pferchten sie in

der kleinen Ortschaft Porlitz, unweit der Grenze, in Baracken und in fensterlose Räume eines Getreidesilos. Laut Augenzeugenberichten starben sie dort wie die Fliegen, nachdem Ruhr und Typhus ausgebrochen waren. Die wissenschaftliche Kommission der Bundesregierung schreibt über das Lager Porlitz: „Die Masse der Deutschen vegetierte wochen- und monatelang unter den entsetzlichsten Bedingungen dahin. Da insbesondere die hygienischen Voraussetzungen für die Unterbringung so vieler Menschen fehlten, raffte die Typhusepidemie Hunderte der von Entbehrungen entkräfteten Lagerinsassen hinweg." Schließlich ließen die Österreicher die Sudetendeutschen ins Land. Aber es war kein Ruhmesblatt für die Republik, diese armen Teufel zunächst abgewiesen und wochenlang ihrem Schicksal überlassen zu haben. Hunderten wäre der Tod in Porlitz erspart geblieben, hätte Österreich menschlich und christlich gehandelt.
Der Todesmarsch der Deutschen von Brünn war ein Vorgang, der sich im Frühjahr und Sommer 1945 in vielen Orten des Protektorats und des Sudetenlandes wiederholte – oft unter noch schlimmeren Begleitumständen.
Am Morgen des 9. Juni hingen in der Stadt Komotau im nordöstlichen Sudetenland rote Plakate. Auf ihnen befahlen die Tschechen der gesamten deutschen männlichen Bevölkerung vom 13. bis zum 65. Lebensjahr, sich um 10 Uhr vormittags auf dem Jahn-Turnplatz einzufinden. Um diesen herum standen tschechische Soldaten. Sie befahlen den Männern auf dem Platz, die Oberkörper zu entblößen. Dann ertönte das Kommando: „Hände hoch!" Tschechen schritten die erste Reihe der deutschen Männer und Knaben ab, auf der Suche nach Angehörigen der SS. Dann packten sie einzelne von ihnen, rissen sie aus der Reihe und schlugen mit Gewehrkolben und mit Bleikugeln versehenen Knuten so lange auf die Wehrlosen ein, bis sie tot zusammenbrachen. Unter ihnen befand sich auch ein Kriegsinvalide, dem beide Arme fehlten. Tschechische Frauen, die am Rand des Platzes standen, klatschten dazu, lachten und riefen: „Sie haben schon wieder einen", oder: „Der bewegt sich noch."
In einem Vorort der sudetendeutschen Stadt Aussig waren in ein Lagerhaus Granaten, Panzerfäuste und andere Munition gebracht worden, die zuvor in der Umgebung gefunden worden waren. Dieses Munitionslager explodierte am 3. Juli 1945 um 15.45 Uhr. Eine halbe Stunde später begann in der Stadt der Massenmord an den Deutschen, die an der weißen Armbinde, die sie tragen mußten, erkenntlich waren. Bereits einen Tag zuvor war einigen Deutschen aufgefallen, daß am Bahnhof von Aussig zirka 300 Personen sehr zweifelhaften Aussehens einem aus Prag kommenden Zug entstiegen, ausgerüstet mit allerlei Instrumenten, wie Zaunlatten, Brechstangen, Schaufelstielen etc.. Nun schlugen sie damit wahllos auf Deutschsprechende und weiße Armbinden Tragende ein, bis diese zusammenbrachen. Da an diesem Tag um 15 Uhr Betriebsschluß war und vor allem die bei der Firma „Schicht" Beschäftigten über die Elbebrücke nach Hause gehen mußten, waren dort die wildesten Gruppen am Werk. Frauen mit Kinderwagen wurden in den Fluß geworfen und dann von tschechischen Soldaten, die sich am Gemetzel beteiligten, als Zielscheiben im Was-

ser benutzt. Dabei wurde so lange auf sie geschossen, bis sie nicht mehr aus den Fluten auftauchten. In das große Wasserreservoir am Hauptplatz warf man ebenfalls Deutsche hinein, und sobald sie wieder hochkamen, drückte man sie mit Stangen wieder unter das Wasser, bis sie tot waren.

Die wissenschaftliche Kommission der Bundesregierung schreibt über das Massaker von Aussig: „Die genaue Zahl der Opfer wird sich nie ermitteln lassen. Die Angaben schwanken zwischen 1.000 und 2.700." Die tschechische Regierung behauptete, die Explosion sei vom nationalsozialistischen „Wehrwolf" ausgelöst worden. Aber sie erklärte nicht, weshalb sich ausgerechnet an diesem 31. Juli 1945 ungewöhnlich viele tschechische Soldaten und aus Prag angereiste Zivilisten in der Stadt Aussig befanden. Es ist daher mit allergrößter Wahrscheinlichkeit anzunehmen, daß die Explosion von den Tschechen selbst ausgelöst wurde, um eine Provokation für das Massaker an den Deutschen vorweisen zu können.

Eine der ersten Maßnahmen, die Beneš unmittelbar nach seiner Rückkehr aus dem Exil verfügte, war eine Generalamnestie für alle am Massaker an den Deutschen beteiligten Mörder, Sadisten, Räuber und Diebe – und das war ein beachtlicher Teil der tschechischen Bevölkerung. Denn nirgendwo haben sich Zivilisten an der Austreibung und Ermordung von Deutschen auch nur annähernd in einem so hohen Ausmaß beteiligt wie die tschechische Bevölkerung des Protektorats. Und wer sich nicht daran beteiligt hatte, hielt die Austreibung dennoch für richtig. Keine einzige Stimme, nicht einmal vom tschechischen Klerus, hat sich damals gegen die Verbrechen und das Unrecht der Austreibung erhoben.

Wenn dieser Völkermord, dem über eine Viertelmillion Deutsche zum Opfer fielen, von Tschechen mit der „gerechten Rache" des tschechischen Volkes – zu der Beneš am 27. November 1943 aufgerufen hatte – für die Unterdrückung durch die Deutschen und für den Terror und die Leiden, die sie ihnen während der Zeit des Protektorates zugefügt hatten, gerechtfertigt oder zumindest begründet wird, so ist dies eine historische Unwahrheit – eine Unwahrheit, die sogar in der sogenannten „deutsch-tschechischen Versöhnungserklärung" vom Dezember 1997 festgehalten ist, wenn es darin u.a. wörtlich heißt: „Die deutsche Seite ist sich auch bewußt, daß die nationalsozialistische Gewaltpolitik gegenüber dem tschechischen Volk dazu beigetragen hat, den Boden für Flucht, Vertreibung und zwangsweise Aussiedlung nach Kriegsende zu bereiten." – Und kein Wort über den Völkermord, dem 250.000 Deutsche zum Opfer fielen.

Dabei erging es den Tschechen während des Krieges viel besser als den Bewohnern der anderen besetzten Länder: Böhmen und Mähren wurden nicht zum Kriegsschauplatz. Das Land mit seinen vielen, schönen Städten und unzähligen Kulturdenkmälern blieb unversehrt. Es fielen keine Bomben. Junge Tschechen mußten nicht als Soldaten sterben. Hunger und einschneidende materielle Entbehrungen kannte man im Protektorat nicht. Es lebte sich viel besser als im Reich. Und von Gewaltpolitik war bis zum Attentat auf Heydrich nichts zu spüren. Dies kann nicht nur jeder bestätigen, der während des Krieges dort lebte – wie der Autor dieses Buches –, sondern wird auch von einem profunden Kenner der damaligen Situation und einem aufrechten tschechischen Patrioten bezeugt: von Ferdinand O. Miksche, der, wie erwähnt, als Planungsoffizier im persönlichen Stab General de Gaulles im Krieg auf französischer Seite gegen Deutschland gekämpft hat. In seinem 1990 erschienen, vielbeachteten Buch „Das Ende der Gegenwart" schreibt er: „Übrigens haben die Tschechen, trotz des Verlustes ihrer Selbständigkeit 1939, während des Zweiten Weltkrieges besser gelebt als später unter der Herrschaft der Kommunisten. Ihr Land wurde von Bombenangriffen verschont. Sie mußten keinen Wehrdienst leisten. Ihre Industrien, von den Deutschen weiter ausgebaut, arbeiteten auf Hochtouren für Hitler. Im Bereiche wirtschaftlicher Zusammenarbeit mit dem Dritten Reich lagen die Tschechen an zweiter Stelle hinter den Belgiern. Nie seither kassierten tschechische Arbeiter so hohe Löhne wie in Hitlers Protektorat. Die Verpflegungslage war besser als im Reich und die Zahl der politisch Verfolgten im allgemeinen nicht größer als in Deutschland selbst."

Die Tatsache der fast hundertprozentigen Kollaboration mit den Deutschen sowie das Fehlen jeglichen Widerstandes gegen die Okkupanten haben vermutlich niemanden so irritiert und beunruhigt wie Beneš in seinem Londoner Exil. Aufgrund der nachweisbar erfolgten und wiederholten englischen Kritik, daß es im Protektorat keinerlei Widerstand gäbe, wurde ihm bewußt, das etwas geschehen müsse, um der Welt zu zeigen, daß es doch Widerstand gibt. So inszenierte er das Attentat vom 27. Mai 1942 auf den Stellvertretenden Reichsprotektor Reinhard Heydrich, der einige Tage danach an den erlittenen Verletzungen starb. Die Attentäter kamen aber nicht aus dem Protektorat, sondern wurden aus England bei Nacht heimlich eingeflogen und mit Fallschirmen abgesetzt. Es hieß, daß sie sich in der kleinen tschechischen Ortschaft Lidice versteckt hielten. Deshalb wurden als Vergeltung alle männlichen Einwohner des Ortes über 16 Jahre erschossen (es waren 109), die Frauen in das Konzentrationslager für Frauen nach Ravensbrück gebracht und die Kinder auf deutsche Familien verteilt; die Ortschaft wurde zerstört. In den folgenden Wochen wurde das Standrecht verhängt, und es kam noch zu zahlreichen Hinrichtungen, wobei die Zahl der Opfer unbekannt ist.

Seither ist Lidice zum Symbol für den deutschen Terror und zu einer zusätzlichen Begründung für die „gerechte Rache" der Tschechen geworden.

Die Vertreibung der Deutschen aus Ostdeutschland

Der Roten Armee folgte im Osten Deutschlands die polnische Verwaltung. Sie wurde vor allem von Milizen ausgeübt. Über diese vermerkt die wissenschaftliche Kommission der Bundesregierung, daß ihre „überstürzte Aufstellung" dazu geführt hatte, daß sie „aus sehr fragwürdigen Elementen zusammengesetzt" war und daß durch sie „den Deutschen ein ausgeprägter Deutschenhaß begegnete und ein wahrer Sadismus in der Erfindung von Grausamkeiten und sonstigen Erniedrigungen".

Nach all den Leiden, Schrecken und Grauen, die die deutsche Bevölkerung im Osten durch die Soldaten der Roten Armee hatte erleiden müssen, standen ihr nun der endgültige Verlust von Heimat, Haus und Hof, die vollständige Ausplünderung und die brutale Austreibung für alle Zeit bevor, bei der weitere Hunderttausende ums Leben kommen sollten.

In der zweiten Hälfte Juni 1945 setzten sich überall Einheiten der polnischen Milizen in Marsch. Ihr Ziel waren alle Ortschaften in jenem Gebiet, das sich östlich der Flüsse Oder und Neiße auf einer Breite von über 100 Kilometern von der Ostsee im Norden bis nach Schlesien im Süden erstreckte. Dabei gingen die polnischen Milizen am jeweiligen Einsatzort nach einem „kriegsmäßigen" Plan vor: Eine Gruppe bildete einen Ring um die Ortschaften, eine zweite bewachte die Straßen und die Ortsein- bzw. -ausgänge, damit niemand entkommen konnte, und eine dritte Gruppe schließlich drang, oft mit der Schußwaffe im Anschlag, in die Häuser ein. Die Bewohner mußten sie unter Zurücklassung ihrer gesamten Habe binnen weniger Minuten verlassen und durften nur das Allernötigste an Bekleidung und Lebensmitteln mitnehmen. Kranke und Gebrechliche kamen in Lager, in denen sie zu vielen Tausenden starben – durch Folter und Gewalt, Hunger und Krankheit. Hunderttausende, darunter viele Frauen und Kinder bis zu 15 Jahren, wurden den Russen übergeben und zur Zwangsarbeit in die Sowjetunion deportiert. Nach Unterlagen des Deutschen Roten Kreuzes wurden insgesamt 874.000 deutsche Zivilpersonen in die UdSSR verschleppt. Rund die Hälfte von ihnen kehrte nie mehr zurück. Andere wiederum durften auf ihren Höfen bleiben, im Stall oder am Heuboden wohnen und mußten den neuen Herren und Besitzern – polnischen Familien, die in unmittelbarer Folge einzogen – als Zwangsarbeiter dienen. Alle übrigen – die Masse der rund 9 Millionen vertriebenen Deutschen – wurden entweder, zusammengepfercht in Viehwaggons, Richtung Westen abtransportiert, was oft viele Tage dauerte, oder in tagelangen Fußmärschen nach Westdeutschland getrieben. Bei diesen Transporten bzw. Märschen wurde den Unglücklichen von den sie begleitenden und brutalst antreibenden Milizen auch noch der letzte Rest ihrer Habe, soweit noch irgendwie brauchbar, gestohlen. Wer bei den Gewaltmärschen nicht mehr weiterkonnte, wurde erschossen und am Straßenrand liegengelassen. Wer im Viehwaggon starb, an Hunger, Krankheit oder eisiger Kälte, wurde hinausgeworfen. Vor allem Frauen, kleine Kinder und alte Leute fielen den schonungslosen, brutalen Methoden der Vertreibung massenweise zum Opfer.

Über all dies gibt es unzählige, in ihrer ganzen Tragik übereinstimmende Erlebnisberichte, die durchwegs dokumentiert sind, sowohl von der wissenschaftlichen Kommission der Bundesregierung im mehrbändigen Werk „Dokumentation der Vertreibung der Deutschen aus Ost-Mitteleuropa", als auch im Standardwerk von Günter Böddeker, „Die Flüchtlinge", mit dem Untertitel „Die Vertreibung der Deutschen aus dem Osten" sowie bei Alfred M. de Zayas in „Die Anglo-Amerikaner und die Vertreibung der Deutschen" und „Anmerkungen zur Vertreibung".

Truman, Stalin und Attlee (Churchill war nicht mehr Premierminister), die vom 17.Juli bis zum 2.August 1945 in Potsdam konferierten, kamen laut Artikel XIII des Potsdamer Protokolls überein: „Die drei Regierungen... erkennen die Notwendigkeit einer Verlegung der in Polen, der Tschechoslowakei und Ungarn verbliebenen deutschen Bevölkerung oder Teilen derselben nach Deutschland an. Sie erklären übereinstimmend, daß jede stattfindende Umsiedlung in geregelter und humaner Weise durchzuführen sei." Aus dieser „humanen Umsiedlung" wurde die größte und schrecklichste Vertreibung aller Zeiten.

Hören wir, was prominente Staatsbürger der Siegermächte zur Vertreibung sagen.

Im April 1950 erklärte Senator William Langer vor dem US-Senat: „Die Massenvertreibung ist eines der größten Verbrechen, an welchem wir direkt Anteil haben... In der gesamten Geschichte findet sich nirgends ein so scheußliches Verbrechen aufgezeichnet wie in den Berichten über die Begebenheiten in Ost- und Mitteleuropa. Schon 15 bis 20 Millionen wurden von den Stätten ihrer Vorfahren entwurzelt, in die Qual einer lebendigen Hölle geworfen oder wie Vieh über die Verwüstungen Osteuropas getrieben. Frauen und Kinder, Alte und Hilflose, Unschuldige und Schuldige wurden Greueltaten ausgesetzt, die noch von niemandem übertroffen wurden."

Anklage erhebt auch der weltweit bekannte britische Philosoph Bertrand Russell indem er am 19. Oktober 1945 in der Londoner „Times" schreibt: „In Osteuropa werden jetzt von unseren Verbündeten Massendeportationen in einem unerhörten Ausmaß durchgeführt, und man hat ganz offensichtlich die Absicht, viele Millionen Deutsche auszulöschen... Das gilt nicht als Kriegsakt, sondern als Teil einer bewußten ‚Friedens-Politik‘."

Der englische Verleger und bekannte jüdische Autor Victor Gollancz beurteilt in seinem denkwürdigen Buch „Our threatened values" die Vertreibung folgendermaßen: „Insofern das Gewissen der Menschheit jemals wieder empfindlich werden sollte, werden diese Vertreibungen als die unsterbliche Schande all derer im Gedächtnis bleiben, die sie veranlaßt oder sich damit abgefunden haben... Die Deutschen wurden vertrieben... mit dem denkbar höchsten Maß von Brutalität." – So spricht ein Jude über das Verbrechen der Vertreibung von Millionen Deutschen. Der ehemalige deutsche Bundespräsident Richard von Weizsäcker hingegen, Sohn eines der führenden Staatsmänner des Dritten Reiches, nannte dieses Verbrechen verharmlosend „West-Wanderung".

Ansonsten gab es wenig Stimmen des Protestes gegen dieses in der Geschichte wohl einmalige Verbrechen. Es wurde von all jenen, die es veranlaßt oder sich damit abgefunden haben, hingenommen, ohne als „unsterbliche Schande im Gedächtnis zu bleiben", wie Gollancz schreibt.

Eine Stimme muß allerdings noch erwähnt werden: Die Stimme Churchills, der neben Truman und Stalin mitverantwortlich war für die Vertreibung. Drei Tage nach der Kapitulation Deutschlands schickte er in später – allzuspäter – Einsicht der furchtbaren Begebenheiten im Osten ein denkwürdiges Telegramm an den Präsidenten der Vereinigten Staaten, Harry S. Truman, der dem verstorbenen Franklin D. Roosevelt im Amt gefolgt war: „Ich fürchte, daß im Verlauf des russischen Vorrückens durch Deutschland schreckliche Dinge geschehen sind… Längs der russischen Front ist ein Eiserner Vorhang niedergegangen. Wir wissen nicht, was dahinter vor sich geht…" In diesem Zusammenhang äußerte Churchill den zwar nicht dokumentierten, aber mündlich überlieferten berühmten Satz: „Ich glaube, wir haben das falsche Schwein geschlachtet."

Zu den schrecklichen Dingen, die hinter dem Eisernen Vorhang geschehen sind, gehören auch die vom polnischen staatlichen Sicherheitsdienst (nicht zu verwechseln mit den Milizen) betriebenen Lager für Deutsche – neben den zahllosen Gefängnissen der polnischen Milizen. Erst im Jahre 1995 erfuhr die deutsche Öffentlichkeit davon, und zwar durch die deutsche Ausgabe des im Jahre 1993 in den USA unter dem Titel „An eye for one eye" erschienenen Buches des jüdischen Autors und ehemaligen Kriegskorrespondenten der CBS, John Sack, „Auge um Auge". Das Buch erzählt die Geschichte von Juden, die Rache für den Holocaust nahmen. Erwähnenswert, weil für die ungebrochene Macht der „Umerzieher" bezeichnend, ist, daß dieses Buch im renommierten Piper-Verlag hätte erscheinen sollen, jedoch eine Woche vor dem Publikationstermin, offensichtlich unter dem Druck bundesdeutscher „Radikalumerzieher", gestoppt wurde, um, wie es hieß, „Beifall von der falschen Seite zu vermeiden". Die 6.000 bereits gedruckten Bücher wurden vernichtet.

Vorausgegangen war eine Medienkampagne, an deren Spitze die „Frankfurter Rundschau" stand. Das Blatt warf dem jüdischen Autor vor, „antisemitische Rohkost" zu Papier gebracht zu haben, obwohl Sack zu Beginn seines Buches ausführlich und mit Nachdruck auf die NS-Verbrechen an Juden eingeht. Nach diesem Zwischenspiel fand sich schließlich ein relativ kleiner, weniger bekannter, sogar eher links-orientierter, dafür aber mutiger Verlag (Kabel), der John Sacks Buch in der deutschen Fassung herausbrachte und enormen Verkaufserfolg erzielte.

Sack hat für sein Buch sieben Jahre lang recherchiert und vor allem in Deutschland, in den USA, Polen und in Israel unzählige Dokumente gesichtet, die Auskunft geben über Juden im polnischen staatlichen Sicherheitsdienst, über die Posten, die sie in Verwaltung und Aufsicht der Gefangenenlager für Deutsche innehatten, über die Zahl der Gefängnisse und Konzentrationslager und über die Zahl der Deutschen, die dort ums Leben kamen. Überdies hat er auch eine Reihe von nach dem Krieg in den USA, Polen und Israel lebenden ehemaligen jüdischen Lagerkommandanten und Aufsehern interviewt sowie viele überle-

262

bende Deutsche. „Ich war mir klar", schreibt Sack, „daß ich als Reporter – und als Jude, der, wie die Thora gebietet, aufrichtiges Zeugnis ablegen muß – verpflichtet war, die Wahrheit zu schreiben, wie immer sie aussehen mochte. Ich hoffte, die Wahrheit würde eine Geschichte nicht nur von jüdischer Rache sein, sondern auch von jüdischer Erlösung."

Die polnischen Konzentrationslager für Deutsche unterstanden, wie schon gesagt, dem staatlichen Sicherheitsdienst. Laut Sack war es Stalin, der Juden angeheuert und im Staatssicherheitsdienst untergebracht hatte. So waren in vielen polnischen Städten, wie etwa in Kattowitz, Kielce, Breslau, Danzig, Stettin, die Polizeichefs Juden. Ebenso waren auch die Kommandanten und Aufseher in vielen Konzentrationslagern, die zum Teil ehemalige deutsche KZs waren, Juden. Der staatliche Sicherheitsdienst unterhielt insgesamt 1.255 Lager für Deutsche, darunter viele kleine. Praktisch in jedem von ihnen starben zwanzig bis fünfzig Prozent der Insassen an Hunger, Krankheit und unfaßbaren Greueltaten: Männer, Frauen, Kinder und alte Leute, deren einziges Verbrechen es war, Deutsche zu sein. Auf Anordnung des Deutschen Bundestages wurde vom Bundesarchiv in Koblenz, in dem sich Tausende Dokumente über diese Verbrechen befinden, eine Geheimstudie durchgeführt, die dem Bundestag am 8. Mai 1974 vorgelegt wurde. Der Bericht schloß mit den Worten: „In den polnischen Lagern und Gefängnissen waren vermutlich mehr als 200.000 Menschen inhaftiert, von denen zwanzig bis fünfzig Prozent starben. Dies würde bedeuten, daß zwischen 40.000 und 100.000, sicherlich aber mehr als 60.000, hier umkamen." Nach Sacks Schätzung starben 60.000 bis 80.000 (darunter 132 katholische Priester), denn in manchen Lagern kamen achtzig Prozent der Insassen ums Leben, was der Bericht nicht erwähnt.

Der einzige Protest, zu dem es kam, war der des Amerikanischen Roten Kreuzes, nachdem dem US-Botschafter in Warschau Berichte und auch Gerüchte über Greueltaten in den Lagern für Deutsche zugetragen worden waren. Drei der in Warschau stationierten Rot-Kreuz-Mitarbeiter fuhren nach Kattowitz und sprachen beim dortigen Sekretär des staatlichen Sicherheitsdienstes, dem Juden Pinek Maka, vor. „Was wollen Sie? fragte Maka. – „Wir möchten die schlesischen Lager inspizieren". – „Wenn Sie damals nicht in Auschwitz waren, brauchen Sie auch jetzt nirgendwo hinzugehen... Sie haben den Juden nicht geholfen, und ich denke nicht daran, Ihnen jetzt zu Gefallen zu sein", sagte Maka. Darauf die Amerikaner: „Das werden wir nach Warschau melden." – „Tun Sie das. Ich respektiere das Rote Kreuz nicht... Gehen Sie zum Teufel!" schrie Pinek Maka auf englisch, und die drei Männer vom Amerikanischen Roten Kreuz machten, daß sie fortkamen. Sie fuhren zurück nach Warschau und reichten bei Jacob Bermann, dem jüdischen Leiter des staatlichen Sicherheitsdienstes, Beschwerde ein. Ebenfalls vergeblich.

Von den Greueltaten, die sich in den polnischen Lagern des Staatssicherheitsdienstes ereignet haben und die durchwegs zweifelsfrei belegt sind – teils durch Dokumente und übereinstimmende, unabhängig voneinander gemachte Aussagen Überlebender, teils durch offene, freiwillige Geständnisse noch lebender Lagerkommandanten oder Aufseher –, soll hier nur eine von unzähligen mit den Worten Sacks kurz beschrieben werden, da sie wohl das furchtbarste Beispiel dafür ist, was Haß und krankhafte menschliche Phantasie an perversester Grausamkeit hervorzubringen vermögen: Am schlimmsten traf es die Frauen aus Grüben (einem Ort in Schlesien). Im Krieg hatte die SS in einer großen Wiese bei Lamsdorf (in unmittelbarer Nähe von Grüben) rund 500 Polen begraben, die laut Sack nicht ermordet, sondern an Typhus gestorben waren. Czeslaw Geborski, der jüdische Lagerkommandant, befahl den Frauen, die Leichen der Polen auszugraben. Die Frauen gruben und übergaben sich, als die Leichen, schwarz wie der Inhalt einer Kloake, zum Vorschein kamen; die Gesichter verwest, das Fleisch zähflüssig wie Leim. Die Aufseher, die sich schon des öfteren als Psychopathen erwiesen hatten, etwa, wenn sie eine Frau zwangen, Urin und Blut zu trinken und menschlichen Kot zu essen oder wenn sie einer Frau einen ölgetränkten Fünfmarkschein in die Vagina steckten und anzündeten – diese Aufseher befahlen den Grübner Frauen: „Legt euch zu ihnen!" Die Frauen gehorchten. Nun riefen die Aufseher: „Umarmt sie! Küßt sie! Liebt sie!" und stießen die Frauen mit den Gewehrkolben gegen die Hinterköpfe, bis sie mit Augen, Nase und Mund tief im Schleim der verrotteten Leichen steckten. Von den ins Lager zurückgekehrten Frauen starben in den nächsten Tagen vierundsechzig an Typhus oder infolge des Leichengifts, mit dem sie sich infiziert hatten.

Die Austreibung der Deutschen aus den Gebieten, in denen sie viele Jahrhunderte lang zu Hause gewesen waren, ist mit dem Begriff „Vertreibung" nur unzulänglich charakterisiert. Denn es geht nicht nur um das völkerrechtliche Verbrechen der zwangsweisen Aussiedlung, sondern auch um den unfaßbaren Terror und entfesselten Sadismus bei deren Durchführung. Auch der Begriff „Vertreibungsverbrechen" ist inhaltlich nicht wirklich zutreffend. Denn es handelte sich ganz eindeutig um das Verbrechen des Völkermordes, welches inhaltlich, wie erwähnt, auch die Vertreibung einschließt, wobei zu bemerken ist, daß kein einziger Täter jemals zur Rechenschaft gezogen wurde, obwohl in vielen Fällen die Namen bekannt sind. Erstmals wurde wenige Monate vor Drucklegung dieses Buches jetzt in Slowenien Anzeige gegen zwei Männer wegen „Beteiligung am Völkermord, begangen an der deutschen Volksgruppe in Slowenien" erstattet. Über den Ausgang des Verfahrens kann noch nichts gesagt werden, die Anzeige wird allerdings von prominenten Politikern wie Dr. Lojze Peterle und dem ehemaligen Verteidigungsminister Jansa unterstützt und wurde von der Staatsanwaltschaft angenommen.

Nicht das Ausmaß dieser größten Massenvertreibung der Weltgeschichte bestimmt die Einzigartigkeit und Einmaligkeit des historischen Geschehens, auch nicht die schrecklichen Greueltaten, die dabei geschehen sind, ja, nicht einmal die Millionen Toten. Der eigentliche Kern der Massenaustreibungen aus Ost-Mitteleuropa nach Beendigung des Krieges besteht darin, daß alles geplant, beschlossen und gebilligt wurde von jenen Kriegsgegnern Deutschlands, die sich zur Begründung ihres Kampfes auf die höchsten sittlichen Prinzipien, christlichen Werte und Ideale, auf die Verteidigung und Rettung der christlich-abendländischen Zivilisation, auf die Würde des Menschen, seine Freiheit und seine Rechte beriefen, wie dies Roosevelt und insbesondere Churchill wiederholte Male taten. In dieser zynischen und schamlosen Heuchelei liegt die Einzigartigkeit und Einmaligkeit dieses Verbrechens, das ausländische Kommentatoren das „größte Menschheitsverbrechen aller Zeiten" nennen. Es als Folge nationalsozialistischer Schreckensherrschaft zu bezeichnen, wie dies häufig geschieht, ist entschieden zurückzuweisen. Denn damit soll diesem größten Menschheitsverbrechen zumindest der Anschein einer Rechtfertigung gegeben und überdies das deutsche Schuldkonto zusätzlich belastet werden. Nach Völkerrecht – ebenso wie nach jedem gesunden Rechtsempfinden – gibt es kein einziges Verbrechen, und mag es noch so groß sein, das die auch nur annähernde Rechtfertigung für andere Verbrechen sein könnte. Ein Mord ist auch als Antwort auf einen Mord nicht gerechtfertigt. Jede Schuld ist eine Individualschuld und muß ausschließlich vom Täter gesühnt werden.

Am 4. September 1948, zu einer Zeit, als deutsche Politiker noch Rückgrat und den Mut zur historischen Wahrheit besaßen, erklärte der sozialdemokratische Abgeordnete Bitom im Bayerischen Landtag u.a.: „...Die Weltöffentlichkeit, die die Unmenschlichkeit der Naziverbrechen in allen Sprachen der Welt verurteilt hat, schwieg sich über die Greuel an den Ausgewiesenen und Vertriebenen in allen diesen Weltsprachen aus. Einwandfreie Feststellungen haben ergeben, daß die Scheußlichkeiten, die nach dem Krieg begangen worden sind, die Scheußlichkeiten, die während des Krieges verübt wurden, bei weitem übertroffen haben. Nach vorsichtigen Schätzungen sind aus den Gebieten Osteuropas etwa 20 Millionen Menschen vertrieben worden, von denen etwa 3 bis 5 Millionen ihr Leben lassen mußten... Ich frage, warum will die Weltöffentlichkeit diese Grausamkeiten bei der Austreibung und die himmelschreienden Ungerechtigkeiten in den Straf- und Vernichtungslagern für Deutsche nicht ebenso verurteilen und anprangern, wie sie das in Nürnberg getan hat? Etwa deshalb, weil es sich hier nur um deutsche Menschen handelt? Es ist fast so, als ob man abgesprochen hätte, diese Greueltaten totzuschweigen. Aber wer schweigt, macht sich schuldig." Und man hat es abgesprochen. Die Greueltaten wurden totgeschwiegen und werden es immer noch, obwohl es wissenschaftliche Dokumentationen darüber gibt, die allerdings viele Jahre hindurch der deutschen Öffentlichkeit vorenthalten wurden und sogar heute noch weitgehend unterdrückt werden. Sogar noch nach dem Zusammenbruch des Ostblocks im Herbst 1989 und der Wiedervereinigung Deutschlands werden Verbrechen der Kommunisten totgeschwiegen, wie zum Beispiel die im Jahre 1992 in unmittelbarer Nähe der von den Siegern weiterbetriebenen Konzentrationslager Buchenwald, Sachsenhausen und Oranienburg (in der „DDR") entdeckten Massengräber ermordeter deutscher Zivilisten, darunter viele Frauen und Jugendliche. Ihre Zahl wurde auf 30.000 bis 40.000 geschätzt. Jeweils nur einen einzigen Tag berichteten das deutsche und österreichische Fernsehen darüber. Dann folgte Schweigen. Kein Kläger, kein Richter griff den Fall auf. Keine Illustrierte, kein Nachrichtenmagazin berichtete ausführlich darüber. Die Täter bleiben unbehelligt, die Verantwortlichen ungeschoren. Sie leben auf freiem Fuß unter uns. Liegt da nicht die Vermutung einer zumindest passiven Komplizenschaft nahe?

Nun wieder zurück zu den Polen.

Sie erhielten von den Siegern als Kompensation für jenen Teil Ostpolens, den sich die Sowjetunion einverleibt hatte, im Westen 104.000 Quadratkilometer Land – ein Viertel des Deutschen Reiches, auf dem vor Beginn des Krieges rund 11 Millionen Deutsche gelebt hatten. Es diente überwiegend der Landwirtschaft und war als solches Haupterzeugungsgebiet von Nahrungsmitteln für die gesamtdeutsche Bevölkerung. Sein Wegfall mußte zwangsläufig zu einer einschneidenden Verknappung in der Lebensmittelversorgung Westdeutschlands führen, da für die Ernährung der Menschen, die nun im Rest von Deutschland zusammengepfercht waren, die Bodenfläche bei weitem nicht mehr ausreichte. Daher drohte in den ersten Nachkriegsjahren eine Hungerkatastrophe größten Ausmaßes, die bereits jeder massiv zu spüren bekam. Verschärft wurde diese Situation noch zusätzlich durch die Demontage deutscher Industrieanlagen, mit der die Besatzungsmächte nach der Konferenz von Potsdam begannen. Jedes Werk, das demontiert wurde – Stahlwerke, Röhrenwerke, Fabriken für landwirtschaftliche Maschinen, Werften etc. – bedeutete nicht nur den Verlust von Arbeitsplätzen, sondern zugleich auch die Verringerung der Möglichkeiten, durch Produktion und Exporte Geld für den Ankauf von Nahrungsmitteln zu verdienen. So schienen Hunger und Armut für viele Jahre das Leben der Deutschen zu bestimmen.

All diese Maßnahmen waren Teil des sogenannten „Morgenthau-Planes". Henry C. Morgenthau war damals jüdischer US-Finanzminister und enger Berater und Freund Roosevelts. Sein konkreter Plan, den er bereits 1944 dem amerikanischen Präsidenten vorgetragen und der zum Gegenstand hatte, wie mit Deutschland nach dem Krieg zu verfahren sei, sah die „Pastoralisierung" Deutschlands durch Zerstörung der deutschen Industrie vor. Das heißt mit anderen Worten: Das besiegte Deutschland müsse in ein Land mit vorwiegend agrarischem und weidewirtschaftlichem Charakter umgewandelt werden, damit es in Zukunft nie mehr die Möglichkeit haben würde, Krieg zu führen. Darauf war die Demontage beziehungsweise Ausschaltung der kriegsstiftenden und kriegsermöglichenden deutschen Industrie gerichtet.

Der Morgenthau-Plan wurde im September 1944 in Quebec von Roosevelt und Churchill gebilligt und in eine Direktive für den Oberkommandierenden der amerikanischen Besatzungstruppen in Deutschland umgesetzt. Obwohl Roosevelt seine bereits geleistete Unterschrift später wieder zurückzog, bildete der Morgenthau-Plan die Grundlage der amerikanischen Deutschlandpolitik bis zum Sommer 1947.

Wie der amerikanische Außenminister Cordell Hull in seinen „Memoirs" (1948) feststellte, würde der Morgenthau-Plan „in Deutschland alles hinwegfegen mit Ausnahme des Landes, und die Deutschen müßten auf dem Lande leben. Dies würde bedeuten, daß nur 60 % der deutschen Bevölkerung sich aus dem deutschen Boden (der durch den Verlust der Ostgebiete um ein Viertel verringert war; R. C.) würden ernähren können, und die anderen 40 % würden sterben." Hull spricht hier vom Tod von ungefähr 20 Millionen Deutscher. Die westliche Presse sowie die Öffentlichkeit reagierten weitgehend mit einer Absage an derartige Racheaktionen, wie sie der Morgenthau-Plan bedeutete – ganz wie Hull es erhofft und erwartet hatte. Die Deutschen auszuhungern und sie damit radikal zu dezimieren, so meinten einige Männer, deren Stimmen im öffentlichen Leben Gewicht hatten, würde uns enormen moralischen Schaden zufügen. Einer dieser Männer, beispielgebend für viele, war wiederum der bekannte englisch-jüdische Verleger und Autor Victor Gollancz, der 1945 die britische Besatzungszone in Deutschland besuchte. In einer leidenschaftlichen Schrift mit dem Titel „Leaving them to their fate: The ethics of starvation" (London 1946) heißt es u.a.: „Ich möchte hungernden Deutschen etwas zu essen geben, und ich möchte ihnen nicht aus politischen Erwägungen heraus etwas zu essen geben, sondern weil sie mir leid tun. Und ich bin fest davon überzeugt, daß ich damit nicht allein dastehe." Und an anderer Stelle: „Schenkt man den Männern unseres öffentlichen Lebens Glauben, dann müßte man meinen, daß Mitleid und Barmherzigkeit ausgesprochen schändlich seien und daß Eigennutz eine grundlegende ethische Pflicht sei..."

Diese für Deutschland so bedrohliche und verhängnisvolle Situation, die durch den teuflischen Morgenthau-Plan hervorgerufen worden war, konnte erst durch den Marshall-Plan endgültig abgewendet werden.

Am 5. Juni 1947 hielt der neue amerikanische Außenminister, der Fünf-Sterne-General George C. Marshall, an der Universität von Harvard eine Rede, die Hoffnung auch für das hungernde, in Trümmern liegende, mit Vertriebenen überfüllte Deutschland verhieß: „Die Vereinigten Staaten müssen tun", erklärte Marshall, „was immer sie tun können, um weltweit normale wirtschaftliche Verhältnisse zu schaffen, denn ohne wirtschaftliche Stabilität kann es keine politische Stabilität und damit keinen Frieden geben... Und darum wenden wir uns... einzig und allein gegen Hunger und Armut, Verzweiflung und Chaos." Noch im gleichen Jahr setzte die amerikanische Regierung unter ihrem Präsidenten Harry S. Truman das Europäische Wiederaufbauprogramm in Gang, das unter dem Namen „Marshall-Plan" bekannt geworden ist. Er war das materielle Fundament für das spätere sogenannte Deutsche Wirtschaftswunder.

Nicht so human wie George C. Marshall, sondern eher ähnlich diabolisch wie Morgenthau dachte Josef Stalin. Seine Absicht war, mit der von ihm nicht nur gebilligten, sondern erbarmungslos und brutalst geförderten Vertreibung der Deutschen aus den Ostgebieten die Not in den westlichen Besatzungszonen Deutschlands bis zur Verzweiflung der Bevölkerung zu steigern – in der Hoffnung, dadurch eine revolutionäre Situation in Westdeutschland zu schaffen, die die Menschen schließlich dem Bolschewismus zuführen würde, da sie sich nur von ihm – und nicht mehr von den Westmächten – Rettung erhoffen konnten. Gottlob verkalkulierte sich Stalin diesmal, obwohl die Voraussetzungen für eine revolutionäre Situation bereits gegeben waren. Aber die Millionen von Deutschen, die vor der Roten Armee geflohen waren, waren alle Zeugen der namenlosen Brutalität und Grausamkeit der Soldaten dieser Armee. Sie hatten kommunistische Herrschaft erleben und erleiden müssen. Sie wußten – zum Unterschied der im Westen Lebenden, vor allem der sogenannten Intellektuellen – aus eigener, hautnaher Erfahrung, was Kommunismus bedeutete, und waren daher für ihn verloren, ganz gleich, in welcher Maske und mit welchen Argumenten er auftreten mochte.

Die Charta der deutschen Heimatvertriebenen

Abschließend sollen die wesentlichsten Passagen aus der „Charta der Deutschen Heimatvertriebenen" wiedergegeben werden, die am 5. August 1950 in Stuttgart verkündet wurde, zumal sie Zeugnis ablegt von der bewundernswerten geistig-sittlichen und zutiefst christlichen Grundhaltung und Denkungsart, die sich die Deutschen aus dem Osten trotz allem Entsetzlichen, das ihnen widerfahren ist, bewahrt haben: „Im Bewußtsein ihrer Verantwortung vor Gott und den Menschen, im Bewußtsein ihrer Zugehörigkeit zum christlich-abendländischen Kulturkreis, im Bewußtsein ihres deutschen Volkstums und in der Erkenntnis der gemeinsamen Aufgabe aller europäischen Völker, haben die erwählten Vertreter von Millionen Heimatvertriebenen nach reiflicher Überlegung und nach Prüfung ihres Gewissens beschlossen, dem deutschen Volk und der Weltöffentlichkeit gegenüber eine feierliche Erklärung abzugeben, die die Pflichten und Rechte festlegt, welche die deutschen Heimatvertriebenen als ihr Grundgesetz und als unumgängliche Voraussetzung für die Herbeiführung eines freien und vereinten Europa ansehen.
1.: Wir Heimatvertriebenen verzichten auf Rache und Vergeltung. Dieser Entschluß ist uns ernst und heilig im Gedanken an das unendliche Leid, welches im besonderen das letzte Jahrzehnt über die Menschheit gebracht hat.
2.: Wir werden jedes Beginnen mit allen Kräften unterstützen, das auf die Schaffung eines geeinten Europas gerichtet ist, in dem die Völker ohne Furcht und Zwang leben können.
3.: Wir werden durch harte, unermüdliche Arbeit teilnehmen am Wiederaufbau Deutschlands und Europas.
Wir haben unsere Heimat verloren. Heimatlose sind Fremdlinge auf dieser Erde. Gott hat die Menschen in ihre Heimat hineingestellt. Den Menschen mit Zwang von seiner Heimat trennen, bedeutet, ihn im Geiste töten. Wir haben dieses Schicksal erlitten und erlebt. Daher fühlen wir uns berufen und verlangen, daß

das Recht auf die Heimat als eines der von Gott geschenkten Grundrechte der Menschheit anerkannt und verwirklicht wird... Die Völker der Welt sollen ihre Mitverantwortung am Schicksal der Heimatvertriebenen als der vom Leid dieser Zeit am schwersten Betroffenen empfinden.

Die Völker sollen handeln, wie es ihren christlichen Pflichten und ihrem Gewissen entspricht.

Die Völker müssen erkennen, daß das Schicksal der deutschen Heimatvertriebenen, wie aller Flüchtlinge, ein Weltproblem ist, dessen Lösung höchste sittliche Verantwortung und Verpflichtung zu gewaltiger Leistung fordert. Wir rufen Völker und Menschen auf, die guten Willens sind, Hand anzulegen ans Werk, damit aus Schuld, Unglück, Leid, Armut und Elend für uns alle der Weg in eine bessere Zukunft gefunden wird."

ZUSAMMENFASSUNG

Weshalb werden die namenlosen Verbrechen der Sieger und einstigen Kriegsgegner mit einer Mauer des Schweigens umgeben? Damit sie nicht in das historische Bewußtsein der Nachkriegsgeneration dringen. Da sollen nur jene Verbrechen haften bleiben und ständig in Erinnerung gerufen werden, die Deutsche begangen haben, um deren angebliche „Einmaligkeit" zu begründen und den Blick auf andere Verbrechen von wahrhaft gigantischem Ausmaß dauerhaft zu verstellen. Diese werden totgeschwiegen und der Vergessenheit anheimgegeben. So starben die Millionen deutscher Zivilisten – Männer, Frauen und Kinder – zweimal. Einmal durch die Hand der Täter, das zweite Mal durch das Tot-Schweigen und Vergessen-Machen.

Wer spendet diesen Millionen unschuldiger Opfer, vergewaltigter Frauen, geschändeter Mädchen, den verdienten Respekt und ein ehrliches Gedenken? Wo gibt es Denkmäler, Gedenkstätten, Mahnmale für sie? Solche gibt es fast nur für die Verbrechen der Deutschen. Und in aller Welt werden immer wieder neue errichtet. Bei uns und im Ausland legen wir Kränze an den Gedenkstätten für die Opfer des Nationalsozialismus nieder. Sind heute ein deutscher Bundespräsident oder Bundeskanzler, ein deutscher Minister oder Politiker oder ein kirchlicher Würdenträger denkbar, der an einer Gedenkstätte für die Opfer der Vertreibung niederkniet oder einen Kranz hinlegt? Ist gar ein politischer Repräsentant Polens, der Sowjetunion, Jugoslawiens, Tschechiens, nicht zu vergessen der USA, Englands oder Frankreichs denkbar, der so etwas tut? Undenkbar – allein schon, weil es kaum derartige Gedenkstätten gibt. Und als Reagan so etwas Ähnliches tat, indem er einen deutschen Soldatenfriedhof besuchte, auf dem auch Männer der Waffen-SS begraben waren, da löste dies Empörung aus.

Zu den Feiern am 8. Mai 1995, als sich die bedingungslose Kapitulation der Deutschen Wehrmacht und damit das Ende des Krieges zum fünfzigsten Male jährten, sprachen deutsche Politiker von der „Befreiung" Deutschlands durch die Sieger. In den ersten zehn bis fünfzehn Jahren nach dem Krieg hätte es kein deutscher Politiker gewagt, vor den Zeitzeugen der unmenschlichen Tragödien, die sich in den letzten Monaten des Krieges und noch zwei Jahre danach in Mittel- und Osteuropa abspielten, von einer allgemeinen „Befreiung" der Deutschen zu sprechen. Die berechtigte Empörung der damals noch lebenden vielen Millionen Leidensträger hätte ihn vermutlich hinweggefegt. Damals hatten die Lügen der „Umerziehung" noch nicht die selbsterlebte Wirklichkeit verdrängen können. Die totale Niederlage und das vielmillionenfache Leid in eine „Befreiung" umzufälschen, gelang ihr erst viel später, aber dafür um so gründlicher, wie die Feiern zum 8. Mai bewiesen.

Mit der einseitigen Verkündigung einer Befreiung Deutschlands durch die Sieger öffnete man überdies einen Weg, endlich auch die Vertriebenen ganz zu vergessen. Sie stören die Befreiungsphilosophie und deren vereinfachende Thesen schon durch ihre bloße Existenz zu sehr.

Wer eigentlich wurde denn damals wirklich befreit? In erster Linie waren es die Insassen von Gefängnissen, Arbeitslagern und Konzentrationslagern. Aber selbst hier offenbar nicht alle, wie die angesehene Zeitung „Die Welt" am 15. März 1995 berichtete: „Tausende von KZ-Häftlingen, die von der sowjetischen Armee 1945 befreit wurden, sind anschließend in den sowjetischen GULag verschleppt worden. Viele von ihnen sind in sowjetischen Lagern umgekommen."

Im 80-Millionen-Volk der Deutschen stellt der Personenkreis, der wirklich befreit wurde oder sich, aus welchen Gründen auch immer, befreit fühlte, jedenfalls eine kleine Minderheit, einen sehr geringen Prozentsatz dar. Für die überwiegende Mehrheit war es keine „Befreiung" – allein schon per definitionem: Denn Befreite stehen niemals auf der Seite der Verlierer, sondern stets auf der der Gewinner. Befreit kann man doch nur vom dem werden, was gegen den eigenen Willen existiert. Wenn also Deutschland vom Nationalsozialismus befreit wurde, so setzt dies voraus, daß die Deutschen in ihrer überwiegenden Mehrheit Gegner Hitlers und des NS-Regimes waren – daß also dieses Regime gegen ihren eigenen Willen existierte, ihnen gegen ihren eigenen Willen aufgezwungen wurde. Dies war aber nicht der Fall. Daher ist die Parole der Befreiung schon rein gedanklich ein Widersinn. Ein Widersinn auch deshalb, da die Deutschen zwar „befreit" wurden, doch zugleich nicht nur Verlierer sind, sondern auch mit dem Vorwurf, Schuldige zu sein, belastet wurden und sich noch dazu ständig selbst damit belasten.

Abgesehen von dieser – nüchterner Logik widersprechenden – Befreiungsphilosophie kann man unmöglich von „Befreiung" sprechen angesichts der himmelschreienden Völkerrechtsverbrechen der Sieger und ehemaligen Kriegsgegner, die in ihrer Dimension, Planung, Durchführung und Brutalität alles Bisherige in der Geschichte übertrafen. Wie kann man da noch reinen Gewissens und in ehrlicher, gerechter Gesinnung von „Befreiung" reden, ohne damit die vielen Millionen unschuldiger Opfer zu verhöhnen, ihnen die letzte Ehrerbietung zu nehmen und sie in die Dunkelheit endgültigen Vergessens zu stoßen?

ANHANG

Dokumentation von zwei wesentlichen Artikeln von FOCUS und FAZ, kurz vor dem Rückzug der „Wehrmachtsausstellung" 1999.

Frankfurter Allgemeine Zeitung, 22. 10. 1999, Nr. 246, S. 2

„Zehn Prozent der Bilder zeigen eindeutig Taten der Wehrmacht"

g-n. FREIBURG, 21. Oktober. Auch die Zeitschrift „Geschichte in Wissenschaft und Unterricht" (GWU) beschäftigt sich in ihrer neuesten Ausgabe, wie die „Vierteljahrshefte für Zeitgeschichte" (VfZ), mit der Wanderausstellung „Vernichtungskrieg. Verbrechen der Wehrmacht 1941 bis 1944", die demnächst auch in amerikanischen Städten gezeigt werden soll. In der VfZ schrieb der polnische Historiker Bogdan Musial, in GWU äußert sich der ungarische Historiker Krisztián Ungváry, darüber hinaus hat dort Dieter Schmidt-Neuhaus exemplarisch den Fall Tarnopol in der Wehrmachtsausstellung untersucht.
Aus alldem ergibt sich ein beträchtlicher Umfang an Irrtümern und Fehldeutungen. Ungváry kommt zu dem Schluss, dass von 801 Bildern im Ausstellungskatalog des „Hamburger Instituts für Sozialforschung" über die Hälfte weder Verbrechen noch Kriegshandlungen zeigen, weitere 63 lediglich Kriegshandlungen. 333 Bilder zeigen Leichen oder Verbrechen. Unter diesen Bildern seien 185, bei denen man die Täter nicht kenne. 62 Bilder seien mit fehlerhaften Bildunterschriften versehen; bei 71 Bildern seien die Täter nachweislich nicht Angehörige der Wehrmacht. Von den 801 Bildern dokumentieren zehn Prozent eindeutig Taten der Wehrmacht: Hinrichtungen oder Erniedrigungen des Feindes.
Unter den Bildern mit Todesopfern seien viele, bei denen die Täter zwar Deutsche gewesen seien, aber nicht Angehörige der Wehrmacht, sondern deutscher Polizeieinheiten, der SS und des SD sowie litauischer, lettischer, ukrainischer oder russischer Hilfswilligen-Verbände, wieder andere waren sowjetische Täter oder finnische, ungarische und kroatische Soldaten. Bei über siebzig Bildern enthielten die Unterschriften sachliche Fehler oder stellten Aufnahmen desselben Ereignisses mit einander widersprechenden Orts-, Zeit- und Täterangaben dar.
Ungváry beschreibt die methodischen Fehler anhand einiger Beispiele. Zu den Exekutionen in Stari Becej, ungarisch Obecse (Vojvodina), schreibt er, das Gebiet habe zum Königreich Ungarn gehört, zwischen 1941 und 1944 seien dort keine deutschen Truppen gewesen. Also hätten dort auch keine deutschen Soldaten an den in der Bildunterschrift behaupteten Geiselerschießungen von elf jugendlichen „zur Sühne" beteiligt sein können. „Keine der Behauptungen ist wahr. Es waren nicht elf, sondern zwölf. Es

waren bis auf drei keine Jugendlichen. Sie wurden nicht ,zur Sühne' exekutiert, sondern durch ein ungarisches Kriegsgericht wegen Landesverrats, Mordes, unerlaubten Waffenbesitzes, Sabotage unter anderem zum Tode durch den Strang verurteilt und Mangels geübtem Henker erschossen. Alle Angeklagten waren ungarische Staatsbürger und Mitglieder der Kommunistischen Partei, ihr Anführer hatte einen ungarischen Gendarmen erschossen. Ursprünglich waren 22 Personen angeklagt, davon 16 zum Tode verurteilt, vier aber vom ungarischen Generalstabschef begnadigt." Ebenso falsch seien die Angaben zum Vorfall in Senta (Zenta), wo deutsche Wehrmachtsangehörige Juden zur Zwangsarbeit eingeteilt haben sollen. Zenta war ebenfalls ungarisch. Ungarn hätten jüdische Landsleute zum Arbeitseinsatz zusammengetrieben, ohne Hilfe oder Instruktionen der Wehrmacht. Entsprechende Fehler weist der ungarische Historiker auch den Bildern aus Zombor (Sombor) in der Vojvodina nach, auch für die Ermordung von Polen und Ungarn in Zloczów bei Lemberg, die der NKWD, die sowjetische Geheimpolizei, vor dem Einmarsch der Wehrmacht begangen habe.

Um die Verbrechen der 6. Armee, die in Stalingrad unterging, zu beweisen, zeige die Ausstellung, wie Dieter Schmidt-Neuhaus darlegt, vier Bilder von Kriegsverbrechen in Tarnopol, von denen drei dem NKWD zuzuschreiben sind, keines aber der 6. Armee, die nie näher als 100 Kilometer an Tarnopol herankam. Das gleiche gelte für Bilder aus Minsk, mit denen die Aussteller die 6. Armee verbinden. Das Bild eines Erhängten (Nr. 76 im Katalog) trägt die Unterschrift „Unbekannter Ort, UdSSR oder Polen". Ungváry weist nach, dass dasselbe Bild das erste Mal im Jahre 1964 veröffentlicht wurde. Auf diesem Foto trägt der Erhängte ein Schild mit der Aufschrift „Ich bin ein Feigling". Es zeigt demnach einen deutschen Deserteur. Auf dem Foto der Ausstellung ist der Text auf dem Schild wegretuschiert.

In elf Fällen weist Ungváry den Autoren des Katalogs nach, dass sie verschiedene Bilder von denselben Vorgängen auf verschiedenen Seiten so präsentierten, als dokumentierten sie unterschiedliche Ereignisse. Er bemerkt zahlreiche Ungenauigkeiten, falsche Zuordnungen, unzulängliche Erforschung der Herkunft der Bilder, mangelnde Vorsicht gegenüber Fälschungen durch örtliche Behörden bei der Vorbereitung von Schauprozessen, verzerrte oder unzureichende und darum irreführende Begleittexte. Er stieß auf 37 Fälle, in denen der Katalog Berichte, Befehle und Verbrechen der SS, des SD und auch der Waffen-SS zitiert und als Wehrmachtsverbrechen behandelt, da die Wehrmacht in einem indirekten Zusammenhang damit stand. Die spätere Behauptung der Aussteller, sie hätten damit nur den „Kontext" der Verbrechen darstellen wollen, könne nicht akzeptiert werden, schreibt Ungváry, weil mit solchen unsystematischen Kontexten die Relation zwischen Verbrechen der Wehrmacht und Verbrechen der SS, des SD, von Verbündeten und Gegnern gerade nicht dargestellt werde.

Focus, 8. 11. 1999

WEHRMACHTSAUSSTELLUNG
Demontage der Dilettanten

Fiasko für die angeblichen Volksaufklärer Reemtsma und Heer:
Die Bilderschau wird wegen schwerer Fehler gestoppt

Aus dem Glaubensbekenntnis eines Hochstaplers: Nur der Betrug habe Aussicht auf „Erfolg und lebendige Wirkung in den Menschen", der eine „nicht völlig in die Wirklichkeit eingetretene Wahrheit" so mit angeblichen Fakten ausstaffiere, dass diese „von der Welt anerkannt und gewürdigt" werde. Mit diesem Credo rechtfertigte der Briefträger Gert Postel seine legendären Umtriebe als „Amtsarzt Dr. Dr. Bartholdy".

Auf Postels frivole Weisheit könnten sich auch die gebeutelten Veranstalter der Wehrmachtsausstellung berufen. Man habe doch, beteuern sie, nur bei der historischen Wahrheit, dass deutsche Soldaten für Kriegsverbrechen mitverantwortlich seien, auf die Sprünge geholfen. Bei den angeblichen Fakten, den Fotos und Dokumenten der Schau, habe es zwar hie und da gehapert - aber Betrug sei das nun wirklich nicht. Jan Philipp Reemtsma, Chef des Hamburger Instituts für Sozialforschung und Finanzier der Wehrmachtsausstellung: „Ich wehre mich entschieden gegen den Vorwurf der absichtlichen Täuschung." Derart entrüstete sich Reemtsma am vergangenen Donnerstag in einem Kellerraum seines Instituts vor Dutzenden Journalisten und Kameraleuten, um dann die für ihn bittere Entscheidung zu verkünden: Die Wanderschau wird aus dem Verkehr gezogen. Fachleute sollen jedes Dokument, jedes Bild und jede Bildzeile prüfen. Wie viele Exponate einer Überprüfung wohl standhalten werden? Reemtsma: „Ich weiß es nicht." Damit dürfte klar sein: Wohl kaum ein Bild oder Text der Wehrmachtsausstellung ist bis jetzt von den Hamburgern ernsthaft und wissenschaftlich geprüft worden.

Über vier Jahre war die schockierende Fotosammlung eines der wichtigsten Themen öffentlicher Debatten, in 32 Städten waren knapp 900 000 Besucher auf den als Eisernes Kreuz postierten Stellwänden mit einer angeblichen „Dimension historischer Wirklichkeit" (Reemtsma) konfrontiert worden. „Judenquälen", „Galgen", „Tote Zonen" hießen die düsteren Kapitel: Leichenberge, Erhängte, grinsende Soldaten, Gefangene mit ausgemergelten, apathischen Gesichtern. Jetzt steht fest: Reemtsma und sein Ausstellungsleiter Hannes Heer deklarierten etliche Opfer der sowjetischen Terrortruppe NKWD als Wehrmachtsopfer. Jetzt steht fest: Die Ausstellung übernahm Bilder mit irgendwelchen Bildlegenden aus irgendwelchen Archiven - massenhaft und ungeprüft. Heer und Reemtsma, zwei unerschrockene Heroen der Volksaufklärung, sind entzaubert als Schlamper und Stümper. Für den Berliner Historiker Jörg Friedrich ist die Schau nur noch eine „primitive Tendenzveranstaltung". Was vier Jahre als „historiografische Spitzenleistung" gefeiert worden war, sei innerhalb weniger Tage zu einem „Machwerk" geschrumpft, die

275

„Legende von der sauberen Wehrmachtsausstellung" erledigt. Von Anfang an war die miese Qualität der Ausstellung bekannt; von Anfang an musste jeder Mahner damit rechnen, vom Hamburger Institut mit allen juristischen Mitteln „gnadenlos verfolgt" zu werden, erinnert sich Rolf-Dieter Müller vom Militärgeschichtlichen Forschungsamt in Potsdam, der schon 1995 vor dem Dilettantismus der Schau gewarnt hatte. Wenn Reemtsma und Heer ihre Anwälte mal gerade nicht an die Front schickten, wurden Kritiker sofort von strammen Meinungshütern standrechtlich diffamiert. Als ein Münchner Oberstaatsanwalt und ausgewiesener Experte für NS-Verbrechen ein wegen des Verdachts der Volksverhetzung eröffnetes Ermittlungsverfahren gegen Heer und Reemtsma einstellte und dabei anzumerken wagte, die Ausstellung sei einseitig und wissenschaftlich bedenklich, richtete Heribert Pranti von der „Süddeutschen Zeitung" (SZ): Die Staatsanwaltschaft verstehe davon nichts, und ein Qualitätsurteil über die Ausstellung sei „auch nicht ihre Sache". Denkpolizeilich war bis zuletzt das Hamburger Wochenblatt „Die Zeit" aktiv. Die im Oktober veröffentlichten schweren Vorwürfe des polnischen Historikers Bogdan Musial, die schließlich das Aus für die Wehrmachtsausstellung bedeuteten, kommentierte das Blatt erdbebensicher: „Nichts Neues im Fotostreit". Und die SZ wies alle Journalistenkollegen öffentlich an, Musials Kritik sei keineswegs sensationell und demnach auch kein Thema für die Titelseite. Letzte Bastion der Reemtsma-Verteidiger: Die Ausstellung sei doch gut gemeint gewesen. Ludger Volmer, grüner Staatsminister im Auswärtigen Amt, erklärte vergangenen Mittwoch in einer Fragestunde des Parlaments allen Ernstes, die Ausstellung sei „außerordentlich wertvoll und wichtig". Immerhin habe sie über „üble Machenschaften" der Wehrmacht aufgeklärt. Trauriger Kommentar von Historiker Michael Stürmer in der „Welt" angesichts derart grotesker Rettungsversuche: „Die Entschuldigung, der aufklärerische Zweck rechtfertige unaufklärerische Texte und Bilder, führt ins Bodenlose." Denn dann zähle „nicht mehr die Wahrheit, sondern allein Gesinnung". Genau dies ist die schwerste Hypothek, die Reemtsmas Bankrott-Veranstaltung hinterlässt: Die seit Jahrzehnten unbestrittene Tatsache, dass Wehrmachtssoldaten und insbesondere Generäle tief verstrickt gewesen waren in den von den Nazis geführten Vernichtungskrieg in Russland, steht urplötzlich wieder zur Debatte. Schon vor 18 Jahren hatte Helmut Krausnick in seiner grundlegenden Studie „Hitlers Einsatzgruppen" festgestellt, es sei „zu einer weit gehenden, in ihrem Ausmaß erschreckenden Integration des Heeres in das Vernichtungsprogramm und die Vernichtungspolitik Hitlers gekommen". Während der Forscher Krausnick sich und die Leser in eine quälend genaue Analyse der Dokumente zwang, um die historische Wahrheit Millimeter um Millimeter auszugraben, verzichteten Reemtsma und sein Angestellter Heer weit gehend auf Differenzierung und Quellenstudium. Die Ausstellung, so Kritiker Friedrich in der „Berliner Zeitung", gebe keine Auskunft über die Rechtslage im Zweiten Weltkrieg, verzichte auf Informationen über die Greueltaten der Kriegsgegner und verschweige auch das „Wesensmerkmal" des Heeres, die Befehlskette und die Verteilung von Verantwortlichkeit. Hier komme „Geschichtsaufklärung völlig ohne Geschichte aus".

Welch phantastisches Ausmaß die Schludrigkeit der Ausstellungsmacher erreichte, erfuhr FOCUS am vorvergangenen Freitag. In einem stundenlangen Gespräch gestanden Reemtsma und Heer ein, die Bilder mit den in den Archiven vorgefundenen Fotozeilen quasi ungeprüft in die Ausstellung übernommen zu haben. Auf die Frage, ob man die Bildzeilen mit dem Wissensstand anderer Archive abgeglichen habe, beschied Heer: „Wenn Sie anfangen, Bildzeilen von Archiv zu Archiv abzugleichen, dann können Sie aufhören, als Historiker zu arbeiten." Und Reemtsma erklärte, man habe nie gefragt, ob sich in dem Archiv, aus dem man das jeweilige Bild gefischt hatte, „inzwischen Zweifel" an den Bildzeilen ergeben hätten. Geschichtslehrer Heer rechtfertigt: „Das ist nicht üblich. Sehen Sie, das ist ein arbeitsteiliger Vorgang. Historiker machen nicht alles selber, so wie Ärzte auch nicht alles selber machen."

Erst nachdem FOCUS im April 1997 massive Zweifel an einer bestimmten Bildzeile übte, sei man ins Grübeln geraten. Heer wörtlich: „Für die von Ihnen begonnene Debatte sind wir Ihnen dankbar. Ich sage das jetzt ohne Koketterie und ohne taktische Überlegung: Die Intervention von FOCUS hat sich insofern gelohnt."

Wie kalt ihn die Intervention in Wahrheit bis heute lässt, offenbarte Taktiker Heer im selben Gespräch. FOCUS hatte – ebenfalls im April 1997 – klargestellt, wie Heer das am 30. Oktober 1941 begangene Massaker an 4500 Juden in dem Ort Nieswicz der Wehrmacht angedichtet hatte. In der Ausstellung und im Katalog (S. 118) hieß es bis zuletzt, eine Wehrmachtskompanie habe die Juden des Ghettos Nieswicz ermordet. Dies sei durch die Zentrale Stelle zur Aufklärung von NS-Verbrechen „ermittelt". Die Wahrheit: Die Ludwigsburger Akten belegen das Gegenteil. Als Exekutionskommando fungierten „litauische Hilfswillige" eines deutschen Polizeibataillons. Nur ein einziger Wehrmachtssoldat stand im Verdacht, als Ortskommandant die Mörder unterstützt zu haben. Auf die Frage, warum er nicht endlich die erlogene Zeile zu Nieswicz in seiner Schau korrigiere, antwortete Heer vorvergangenen Freitag, die Zeile sei „nicht falsch". Sie sei „unsere Deutung".

Erst am vergangenen Donnerstagabend, Stunden nachdem er einen Ausstellungsstopp verkündet hatte, lenkte Reemtsma ein: Die Zeile zu Nieswicz werde auf jeden Fall geändert. Die 4500 Juden seien nicht von Wehrmachtseinheiten ermordet worden.

Wie hatte Reemtsma 97 bei der Ausstellungseröffnung in Frankfurt gesagt: „Die Tatsachen verlangen ihr Recht."

aktuell

Wie Meinung „produziert" wird

Vom skrupellosen Mißbrauch eines Fotos
von Dr. Albrecht Jebens

Halbes Bild: „Erschießungsszene": Musterbeispiel für Fälschung durch Weglassung.

Immer wieder taucht bei Befürwortern der Anti-Wehrmacht-Ausstellung das Argument auf, daß es „keine schlüssigen Beweise für die Fälschung von Fotos" dieser Ausstellung gäbe. So verteidigte unlängst auch der Oberbürgermeister von Aachen die Durchführung selbiger Ausstellung in Aachen, ohne sich – wie das üblich zu sein scheint – mit den Argumenten der Reemtsma-Heer-Gegner auch nur auseinanderzusetzen. KAMERADEN hat wiederholt Fälschungen nachgewiesen, hier eine weitere, besonders krasse Bildfälschung.

Bekannt ist seit langem, daß die Anti-Wehrmacht-Ausstellung schon allein deshalb keinen wissenschaftlichen Kriterien standhält, weil fast alle ausgestellten Fotos weder nach Ort, Zeitpunkt noch Grund des Geschehens erklärt werden können. Als unlängst deutsche Soldaten in Israel zu Besuch waren, sah man in der Presse, so im „Hamburger Abendblatt" (6. Mai, Seite 3) ein sicherlich nicht zufällig zustande gekommenes Foto ❶. Es zeigt junge Soldaten in der israelischen Gedenkstätte Jad Vaschem vor dem Hintergrund eines Fotos, das nicht nur bei Goldhagen, sondern eben auch bei Reemtsma/Heer verwendet wird ❷. Es ist ein scheinbar eindeutiges, abstoßendes Foto. Es stellt angeblich einen deutschen Wehrmachts- oder Polizeisoldaten bei der Erschießung einer Jüdin und ihres Kindes dar. Symbolisch zielt der Wehrmachtssoldat auch auf die jungen Soldaten

von heute; diesen Eindruck soll das Bild ganz bewußt vermitteln.

Zweifel angebracht? Obwohl irgend etwas am Bild, nämlich die Zielrichtung des Gewehrs, nicht zu stimmen scheint, werden keine Zweifel geäußert, jedenfalls nicht in der Uni-Sono-Presse unserer Tage. So entfaltet besagtes Erschießungsfoto seine Wirkung, nicht nur in Israel vor sprachlosen deutschen Soldaten, sondern eben auch beim nichtsahnenden Publikum in Deutschland, das eingeknickt und reuebewußt den Reemtsma/Heer-Agitatoren seine Reverenz erweist.

Die Wahrheit ist aber eine ganz andere, und zwar diametral entgegengesetzte. Nachdem wohl kaum einem Kriegsfoto wie diesem so zahlreiche, völlig verschiedene Bildunterschriften verpaßt worden sind, indem die Angaben über Tatort und Tatzeit, von Finnland bis zum Schwarzen Meer, von Polen bis Rußland, und zwischen 1939 und 1944 variieren, **erschien in der zweitgrößten schwedischen Tageszeitung „Svenska Dagsbladet" am 10. Nov. 1996 (bereits!) unter der Überschrift „Mit der Schere als Waffe" folgender Text und dazu, noch viel bedeutsamer, das vollständige Foto der „Erschießungsszene" ❸:**

„Daniel Goldhagens kontroverse Studie ist mit einigen Fotos illustriert, die in vielen Fällen die Beschreibungen des Buches verdeutlichen und anschaulich machen. In einigen Fällen fühlt man jedoch Unsicherheit, ob die Bilder tatsächlich zeigen, was die Bildtexte angeben. Auf Seite 407 (in der deutschen Übersetzung des Goldhagen-Buches auf Seite 476) wird ein Bild wiedergegeben, das in vielen Büchern über den Zweiten Weltkrieg reproduziert wurde. Es zeigt einen Soldaten, der offenbar auf eine fliehende Frau mit einem Kind in den Armen zielt. Goldhagen sagt, das Bild zeige „einen deutschen Soldaten, der eine jüdische Mutter mit Kind tötet". Das Bild ist jedoch stark beschnitten. **Sieht man das ganze Bild, spielt sich eine ganz andere Szene ab.** Rechts im Bild sieht man drei Männer, die Schutz hinter etwas, das wie ein überdecktes landwirtschaftliches Gerät aussieht, suchen. Offenbar suchen sie Schutz vor einem Schußwechsel oder einer anderen Gefahr, die von rechts au-

„Hamburger Abendblatt"-Text: „Ein Bild, das nie vergessen wird: Soldaten der Bundeswehr in der Holocaust-Gedenkstätte Jad Vaschem vor einem Foto, das zeigt, wie ein Soldat der Wehrmacht eine Jüdin und ihr Baby auf dem Arm erschießt."

Vollständiges Bild: Der Soldat (links) schießt auf einen Gegner außerhalb des Bildes. Die Mutter und ihr Kind und die Zivilisten suchen Schutz

ßerhalb des Bildes kommt. **Der deutsche Soldat zielt nicht auf die Frau, sondern auf diese Gefahr. Die Frau mit dem Kind läuft nach vorn, um Schutz gemeinsam mit den Männern hinter diesem Gerät zu suchen.**

Bildbeweis? In Goldhagens Buch wird nur die linke Hälfte dieses Bildes wiedergegeben, die zeigen soll, wie ein deutscher Soldat eine jüdische Mutter mit Kind tötet.

Das vollständige Bild, hier wiedergegeben aus einer amerikanischen populärhistorischen Arbeit, erlaubt eine ganz andere Deutung."

Diese Entlarvung indessen hinderte das Pariser Blatt „France Soir" nicht, am 30. April 1997 mit Hilfe des halben, also manipulierten Fotos den Lagerterror im Konzentrationslager Ravensbrück/Havel zu „dokumentieren". Auch in Jad Vaschem wird die Wahrheit nicht zur Kenntnis genommen. Obwohl auch der bekannteste deutsche Fotoexperte, Professor Croy, festgestellt hat, daß der deutsche „Täter" an seinen „Opfern" vorbeischießt, hindert dies die Bild- und Geschichtsfälscher in keiner Weise, das Volk gegen die Wehrmacht weiter aufzuhetzen. Man scheint sich des Meinungsmonopols sicher zu sein. Fragt sich nur, wie lange noch …

Faksimile: Kameraden 6/98

Oben: *Papst Johannes Paul II. bei seinem Besuch in Auschwitz am 10. 10. 1982 vor den steinernen Gedenktafeln, die in 19 Sprachen verkündeten, daß in diesem Lager vier Millionen Menschen ermordet worden seien.*

Rechts: *Dieselbe Stelle, nachdem im Juli 1990 auf Anweisung des Direktors des Auschwitz-Museums die 19 Tafeln mit der Begründung entfernt worden waren, die Zahl von vier Millionen sei überhöht. Heute geht man von 700.000 Toten in Auschwitz aus (vgl. S 189 f).*

PERSONENREGISTER

Adenauer, Konrad 20, 25, 26, 28, 187, 250f
Adorno, Theodor W. 12
Albaz, Jewgenija 147f
Alexander, Lord Rupert 27
Arendt, Hannab 122, 153f, 163, 167, 184, 230
Arlossarow, Chaim 159
Attlee, Clement 254, 261
Augstein, Rudolf 17, 238

Bacque, James 251ff
Baeck, Leo 121, 151
Ball, John C. 211
Balzac, Honoré de 11
Barlasz, Chaim 180
Barnes, Harry Elmer 18, 84, 101
Bauer, Jehuda 160f, 161, 164, 166, 168, 171,
    177ff, 199, 230
Bauer, Otto 64
Beaverbrook, Sir William 231
Becher, N. 179
Beck, Josef 82, 84f, 90, 97f
Beck, Ludwig 74, 85, 95
Becker, Fritz 137
Beneš, Edvard 70f, 79, 93, 253ff, 258f
Ben Gurion, David 180
Berija, Lawrentij 131
Bermann, Jacob 263
Bernadotte, Folke Graf 171, 179, 230
Bethell, Lord Nicholas 208f, 241
Bikermann, Josef 145
Bitom, L. 265
Blomberg, Werner von 34
Blüm, Norbert 230
Blumentritt, N. 115
Böddeker, Günter 225, 235, 236, 238ff, 261
Bonnet, Georges 78, 97
Bormann, Martin 120
Brand, Joel 180
Brauchitsch, Walter von 85, 219
Bredow, N. von 33
Broder, Henryk M. 155f
Broszat, Martin 31, 39, 51, 166, 182f, 186,
    199, 203
Buber, Martin 155, 171, 203
Bullock, Alan 104
Burckhardt, Carl J. 68, 93, 109, 179, 230
Burg (Ginsburg), J. C. 9, 16, 153, 165, 169,
    176, 185, 231
Butler, Rupert 186
Butz, Arthur 193f

Cadogan, Sir Alexander 87
Calleo, David P. 13
Carell, Paul 238, 240, 248, 250
Caroll, E. Malcolm 56
Chamberlain, Houston Stewart 143
Chamberlain, Neville 72f, 78, 86f, 108, 122
Chamberlain, William H. 231
Chorin, Schalom Ben 203
Chruschtschow, Nikita 93
Churchill, Winston 14, 41, 56, 59, 72ff, 86ff,
    95, 105ff, 109, 114f, 121, 124f, 129, 144f,
    202, 208, 210f, 231, 238, 261, 262, 265,
    268
Chwalkowsky, František 77
Conquest, Robert 147
Creveld, Martin van 27, 41
Cvetkovič, Dragiša 124

Dahlerus, Birger 87, 95, 97f, 108
Danilov, Walerij 137f
Darwin, Charles 142f
Deichelmann, N. 228
Desloch, Otto 214
Diwald, Hellmut 18, 21, 32, 41, 60
Djilas, Milowan 240, 242
Dollfuß, Engelbert 68
Doolittle, N. 235
Dönitz, Karl 113, 229, 252
Dregger, Alfred 20, 28, 230

Eberstein, Karl Frhr. von 158
Eden, Sir Anthony 42, 62, 180, 209
Ehrenburg, Ilja 186, 221f, 224
Eichmann, K. Adolf 153, 161ff, 167f, 175f,
    179, 181, 183ff
Eisenhower, Dwight D. 13, 252f
Eisner, Kurt 54
Eitner, Hans Jürgen 39
Engelhardt, Konrad 229
Engels, Friedrich 200
Epstein, Jakovlev 147
Erhard, Ludwig 37, 39
Ernst, Karl 33

Fahr, Denis 144
Falkenhausen, Alexander von 118
Faurisson, Robert 193
Fernet, N. 117
Fest, Joachim 40f, 48, 66, 75, 81, 85
Fish, Hamilton 85, 87, 101

Flandin, P. Etienne 62
Florstedt, Hermann 201
Foch, Ferdinand 112
Ford, Henry 44
Franco, Francisco 123, 178
François-Poncet, André 82
Frank, Hans 167
Fromme, F. Karl 15

Galen, Clemens Graf von 41
Gauss, Adalbert K. 246f
Geborski, Czeslaw 264
Gehlen, Reinhard 224
Geisel, Eike 155f
Gensoul, Marcel Bruno 114
Gilessen, Günther 137, 232
Giovanetti, N. 99
Gobineau, Arthur de 143
Goebbels, Josef 102, 158f, 173
Goerdeler, Carl-Friedrich 81
Goldhagen, Daniel Jonah 16f
Goldmann, Emma 144
Goldmann, Nahum 28f, 141, 146, 149, 151f
    164, 166, 170f, 180f, 187, 203
Goldstein, N. 19f
Gollancz, Victor 261f, 267
Gorbach, Alfons 26
Gorbatschow, Michail 209
Göring, Hermann 29, 33, 82, 95, 100, 105,
    108, 127, 158f, 167, 172f, 174, 176
Grosse, N. 237
Grossmann, R. 237
Gruber, Wendelin 246f
Grünewald, Adam 201
Grynszpan, Herschel 158
Guderian, Heinz 104, 202, 214

Habermas, Jürgen 15
Habsburg, Otto von 20
Hacha, Emil 77
Haffner, Sebastian 31, 37f, 75, 119ff, 126, 172
Halder, Franz 136
Halevi, Benjamin 122, 183
Halifax, Lord Edward 56, 65f, 78, 85f, 95ff,
    99, 108, 116, 120
Hamann, Brigitte 40, 142
Hamilton, Herzog von 128
Harris, Sir Arthur 231, 235f, 238
Hassel, Kai Uwe von 26
Hausser, Paul 25
Hedin, Sven 105
Heer, Hannes 23f
Heisl, M. 103
Henderson, Sir Neville 87, 94f, 97
Herke, Gerhard 249
Henrici, Gotthard 213, 219
Herriot, Eduard 63

Herrmann, Hajo 196f
Herzl, Theodor 151f, 167
Heß, Rudolf 127ff, 158f
Heuss, Theodor 60
Heydrich, Reinhard 33, 102, 161f, 167f, 172ff,
    183, 259
Hilberg, Raoul 164, 167, 169, 178ff, 184, 188,
    190, 198, 199, 201f, 212, 230
Hilger, Gustav 131
Hillgruber, Andreas 81, 105
Himmler, Heinrich 33, 153, 159, 162, 167,
    173f, 179, 180, 183, 185, 230
Hindenburg, Paul von 34, 47
Hinkel, Hans 155, 157
Hirschmann, Ira 179
Hiss, Alger 91
Hitler, Adolf 13f, 28, 31ff, 40ff, 47ff, 62f, 72ff,
    81ff, 89, 91ff, 98ff, 102, 105ff, 110ff, 120,
    126ff, 132ff, 136ff, 141ff, 148f, 149, 151,
    154, 158ff, 165f, 168, 172, 174ff, 181, 183,
    188, 215, 231, 252, 259, 272
Hoffmann, Joachim 132f, 138f, 186, 210f,
    215f, 217, 221, 225
Hoffmann, Walter 214
Hoggan, David L. 52, 84, 96, 101
Honsik, Gerd 198, 200
Hoßbach, Friedrich 52, 175
Höhne, Heinz 159
Höß, Rudolf 185f, 201
Höttl, Wilhelm 185
Hull, Cordell 267
Huntziger, Charles 112f

Ingr, N. 254 f
Innitzer, Theodor 68
Irving, David 183, 235f
Iwanow, S. P. 134

Jackson, Robert 29
Jacobsen, N. 237
Jagschitz, Gerhard 198f
Jaruzelski, Wojciech 209
Jaspers, Karl 184
Johnsen, Helmut 250
Jouvenel, Bertrand de 62f
Jung, Edgar J. 34

Kaas, Ludwig 48
Kadell, Franz 209
Kaganowitsch, Lasar 147
Kalinin, Michail 131
Kaltenbrunner, Ernst 179
Kamenew, Sergej 144
Karpow, Wladimir 137
Kautsky, Benedikt 200
Kautsky, Karl 200
Kehrig, Manfred 215

Kehrl, Hans 104
Keigthley, Charles 241f
Keitel, Wilhelm 47, 74, 103, 112f, 136
Kempner, Robert 172ff, 176
Kempowski, Walter 37, 75
Kennedy, Joseph 86f
Kennan, George F. 222
Kimche, David 163
Kimche, Jon 163
Klein, Burton H. 38, 104
Klemperer, Victor 150
Koch, Karl 201
Kohl, Helmut 81
Kogon, Eugen 193
König, Pierre 26
Kopelew, Lew 223f
Korotych, Vitalis 211
Kostrba-Skalicky, Oswald Frhr. von 103
Kubizek, August 40, 105f
Kubovy, N. 174, 185
Kun, Béla 54, 144
Kuznezow, N. G. 134, 136

Langbein, Hermann 200
Langer, William 261
Laks, Szymon 200f
Lanzmann, Claude 204
Launay, Jacques de 52
Lehndorff, Hans Graf von 228
Lenin 54, 88, 144, 205
Leuchter, Fred 195f, 198
Lewi, Werner 157
Lex, Ritter von 49
Liddel Hart, Sir Basil 26, 27, 84, 111, 115, 117
233f
Lindemann, Georg 214
Lippmann, Walter 11
Lipski, Josef 97f
Lloyd George, David Earl of Dwyfor 42, 56,
59
Löwenstein, N. 150f
Lüdde-Neurath, Walter 113
Lueger, Karl 17, 141f
Lüftl, Walter 195, 196f
Lukacs. John 50f, 92, 116, 118
Lustiger, Arno 144, 212
Luxemburg, Rosa 55, 144

Mackensen, von 214
Macmillan, Harold 240
Maclean, Fitzroy 125
Maier, Christian 28, 205
Maier, Reinhold 49
Maka, Pinek 263
Man, Hendrik de 118
Mann, Golo 12, 39, 237
Manstein, Rüdiger von 74, 103, 137

Margolina, Sonja 146ff
Martin, Claude 178
Marshall, George 26, 267
Marx, Karl 142f, 144
Masaryk, Thomas G. 71
Maser, Werner 33, 40, 137
Masson, Philippe 27, 105, 112, 132, 223, 232,
255
Mayer, Arno J. 175, 183, 190, 194, 204, 225
Mechlis, Lev 220
Meir, Golda 122, 164
Mihaijlović, Draža, 125
Miksche, F. Otto 18, 55, 101, 103, 112, 188,
259
Mildenstein, Leopold Frhr. von 153
Milward, Alen S. 104
Mitterand, François 27
Molotow, Wjatscheslaw 92, 127f, 131, 221
Montgomery, Bernard 123
Morgenthau, Henry C. 266f
Moyne, Lord 180
Musial, Bogdan 23
Mussolini, Benito 49, 66, 68, 70, 98f, 123,
168, 178

Naujocks, Alfred 102
Neipperg, Karl Adalbert Graf von 250
Neulen, Hans Werner 120
Neurath, Konstantin Frhr. von 52
Nitti, Francesco 59
Nizer, Louis 13
Nolte, Ernst 21, 39, 53, 54, 56, 71, 82, 90, 100,
121, 123, 126, 144, 155, 176, 182f, 202, 231
Norman, Montague 165

Ogilvie-Forbes, Sir 87, 97

Pacelli, Eugenio (Pius XII.) 41, 99f, 115, 179
Pannwitz, Helmut von 242
Paszkowski, Roman 210
Pätzold, Kurt 175
Paul von Jugoslawien 124
Petain, Philippe 112, 114, 116
Peterle, Lojze 264
Picker, Henry 40, 119, 158, 169
Pilsudski, Josef 82f
Piper, Franticzek 189
Polkes, Feivel 161
Porsche, Ferdinand 43
Pressac, Jean Claude 186, 190ff, 198, 200

Radek, Karl 54
Rademacher, Franz 168
Raeder, Erich 114
Rassinier, Paul 192f
Rath, Ernst von 158
Reagan, Ronald 271
Reemtsma, Jan Philipp 23f

Reitlinger, Gerald 167, 178, 188, 198
Remer, Otto Ernst 196
Renner, Karl 67, 69
Ribbentrop, Joachim von 82, 85f, 92, 98, 100, 127, 202
Robinson, Jacob 28f
Robinson, Nebemiah 28f
Röhm, Ernst 32f
Rokossowskij, Konstantin 225
Rommel, Erwin 123, 202
Roosevelt, Franklin D. 13, 50, 85f, 101, 106, 121, 126, 202, 208, 231, 261, 262, 265, 266
Röpke, Wilhelm 37
Rublee, George 165, 178
Rudenko, Roman 208
Rudolf, Germar 195ff
Runciman, Lord Walter 71
Rundstedt, Carl Rudolf von 15
Russell, Bertrand 261

Sack, John 262ff
Seeds, Sir William 91
Seyß-Inquart, Arthur 68
Shertock, Moshe 180
Sikorski, Wladislaw 209
Singer, Kurt 155ff
Sinowjew, Grigorij 144
Skorzeny, Otto 66
Smolen, Kazimiers 190
Sokolnikow, Grigorij 144
Solschenizyn, Alexander 147, 223, 255
Spaight, J. M. 233
Süßmuth, Rita 211
Suworow (Pseudonym), Victor 133ff
Swerdlow, Jacob 144
Schacht, Hjalmar 39, 165f, 168f
Schally, Kazimir 209
Schamir, Yitzhak 162
Schattenberg, Ulrich 207
Scheidemann, Philipp 58
Schleicher, Kurt von 33
Schmidt, Paul 168
Schmidt, Rudolf 232
Schönerer, Georg Ritter von 17, 141f, 148
Schreiber, Friedrich 162
Schrenck-Notzing, Caspar von 12f
Schukow, Grigorij 131f, 137, 221, 224
Schulenburg, Werner Graf von der 92
Schuschnigg, Kurt 67f
Schwerin-Krosigk, Johann Graf von 113
Stäglich, Wilhelm 194
Stahlecker, Walter 167
Stauffenberg, Schenk von 41, 81
Stalin 54, 72, 88, 91f, 100f, 106f, 124f, 131f, 134ff, 205, 208, 209, 210ff, 221, 222, 245, 254, 261, 262, 263, 267f

Stern, Abraham 162
Stern, Peter 40
Strang, Sir William 91
Strauß, Franz Josef 20
Stresemann, Gustav 58, 82, 84
Stülpnagel, K. H. 219

Taft, Robert 30
Taylor, A. J, Percivale 84, 104f, 232f
Thalheimer, August 54
Timoschenko, Konstantinowitsch 137, 221
Tiso, Josef 79
Tito 125, 238ff, 245, 247
Tolstoi, Nikolai Graf 240
Topitsch, Ernst 136f
Treitschke, Heinrich von 143
Trotzki, Leo 132, 144
Truman, Harry S. 254, 261, 262, 267

Ungvary, Krisztian 23
Uris, Leon 26
Uritzki, Moises 144

Vansittart, Sir Robert 13
Vogel, Robert 178
Voigt, Hans 237

Walendy, Udo 176
Walter, N. 249
Wassilewski, Alexander M. 132, 135, 137
Weber, Max 22
Weber, Wilhelm 214
Weichs, Maximilian Frhr. von 115
Weishaupt, Spartakus 144
Weizmann, Chaim 121f, 151
Weizsäcker, Ernst von 202
Weizsäcker, Richard von 202, 261
Weliczker-Wells, Leon 169ff
Wiesel, Elie 16f, 20, 211
Wiesenthal, Simon 16, 20, 194f
Willars (Pseudonym), Christian 73f
Wilson, Woodrow 57
Wisliceny, Dieter 185
Wolffsohn, Michael 203
Wolski, Marek 211
Woroschilow, Kliment 91, 131, 221
Wouk, Hermann 26
Wulf, Joseph 171

Zayas, Alfred M. de 90, 212ff, 225, 239, 261
Zimmermann, Friedrich 18
Zündel, Ernst 195

VERWENDETE LITERATUR

ALBAZ, Jewgenija, Geheimimperium KGB, München (DTV) 1992
ARENDT, Hannah, Eichmann in Jerusalem, München (Piper) 1994

BACQUE, James, Other losses, London (Mac Donald) 1990
BARNES, Harry Elmer, Die deutsche Kriegsschuldfrage, Tübingen (Deutsche Hochschullehrerzeitung) 1968
BARNES, Harry Elmer, Revisionism, a key to peace, 1980
BAUER, Jehuda, Freikauf von Juden, Frankfurt/M. (Jüdischer Verlag) 1996
BAUER, Jehuda, The holocaust in historical perspective, New York (Holmes & Meier) 1981
BAUER, Otto, Der Weg zum Sozialismus, Wien (Brand) 1919
BECKER, Fritz, Im Kampf um Europa, Graz (Leopold Stocker Verlag) ²1993
BIKERMANN, Josef, An die Juden in aller Welt, 1924
BIKERMANN, Josef, Rußland und die Juden, 1924
BÖDDEKER, Günter, Die Flüchtlinge, Frankfurt/M. (Ullstein) 1996
BROSZAT, Martin, Die Genesis der Endlösung, o. O., o. J.
BROSZAT, Martin, Plädoyer für die Historisierung des Nationalsozialismus, 1985
BULLOCK, Alan, Hitler and the origins of the second world war, London (Oxford University Press) 1967
BURG (GINSBURG), J. C., Schuld und Schicksal - Europas Juden zwischen Henkern und Heuchlern, München (Damm) 1965
BURG (GINSBURG), J. C., NS-Verbrechen, München (G. Fischer) 1968
BUTLER, Rupert, Legions of death, Feltham (Hamlyn Paperbacks) 1983
BUTZ, Arthur R., The hoax of the twentieth century, Brighton (Historical Review Press) 1977

CALLEO, David P., The German Problem reconsidered, Cambridge (Cambridge University Press) 1979
CARELL, Paul, Die Gefangenen, Berlin (Ullstein) 1980
CAROLL, E. Malcolm, Sowjet communism and western opinion 1919-1921, Chapel Hill (University of North Carolina Press) 1965
CHAMBERLAIN, Houston Stewart, Die Grundlagen des 19. Jahrhunderts, München (Bruckmann) 1922
CHAMBERLAIN, William H., Amerikas zweiter Kreuzzug, Bonn (Athenaeum) 1952
CHORIN, Schalom Ben, Bruder Jesus, München (List) 1967
CHRUSCHTSCHOW, Nikita, Erinnerungen, Band 2, 1971
CHURCHILL, Winston, Memoiren, 1. Band, Bern (Scherz) 1953
CONQUEST, Robert, Harvest of sorrow, Edmonton (University of Alberta Press) 1987
CREVELD Martin, Fighting Power, German and U.S. Performance 1939-1945, West Port (Greenwood Press) 1983
CZERNIN, Rudolf, Wahrheit und Lüge. Eine Abrechnung mit dem Sozialismus, München (Universitas) 1992

DANILOV, Walerij, Hat Stalin einen Überfall auf Deutschland vorbereitet? - Aus den Geheimquellen des sowjetischen Generalstabes, Moskau 1992
DIWALD, Hellmut, Deutschland ewig Vaterland, Frankfurt/M. (Ullstein) 1990
DIWALD, Hellmut, Die Geschichte der Deutschen, Frankfurt/M. (Ullstein) 1987

EDEN, Sir Anthony, Facing the dictators, o. O., o. J.
EHRENBURG, Ilja, Vojna, 3 Bde., Moskau (Gos. Izdat. Chudoz. Lit.) 1943
EITNER, Hans Jürgen, Hitlers Deutsche, Gernsbach (Katz) 1990

FAHR, Denis, Die Beherrschung Rußlands, o. O., o. J.

FAURISSON, Robert, Annales d'histoire revisioniste, 1987

FEST, Joachim, Hitler. Eine Biographie, Berlin (Ullstein) 1997

FEST, Joachim, Staatsstreich - Der lange Weg zum 20. Juli, München (Goldmann) 1997

FISH, Hamilton, Der zerbrochene Mythos - Roosevelts Kriegspolitik 1933-1945, Tübingen (Grabert) 1982

FRANÇOIS-PONCET, André, Von Versailles bis Potsdam, Mainz (Kupferberg) 1949

FROMME, F. Karl, Strafrecht und Wahrheit, in: FAZ vom 22.4.1994

GAUSS, Adalbert K., Kinder im Schatten, o. O., o. J.

GEISEL, Eike, und BRODER, Henryk M., Premiere und Pogrom, Berlin (Siedler) 1992

GIOVANETTI Monsignore, Der Vatikan im Krieg, Köln (Bachem) 1961

GOLDHAGEN, Daniel Jonah, Hitlers willige Vollstrecker, Berlin (Siedler) 1996

GOLDMANN, Nahum, Das jüdische Paradox, Köln (Europäische Verlagsanstalt) 1978

GOLDMANN, Nahum, Mein Leben als deutscher Jude, München (Langen-Müller) 1980

GOLLANCZ, Victor, Leaving them to their fate: The ethics of starvation, London (Gollancz) 1946

GOLLANCZ, Victor, Our threatened values, London (Gollancz) 1946

GRUBER, Wendelin, In den Fängen des roten Drachens - Zehn Jahre unter der Herrschaft Titos, Jestetten (Miriam-Vlg.) 1989

GUDERIAN, Heinz, Panzer-Leader, London (Futura Books) 1979

HAFFNER, Sebastian, Anmerkungen zu Hitler, München (Kindler) 1994

HAFFNER, Sebastian, Nachwort zu Walter Kempowski, Haben Sie Hitler gesehen?, Hamburg (Knaus) 1979

HAMANN, Brigitte, Hitlers Wien, München (Piper) 1996

HARRIS, Sir Arthur, Bomber Command, o. O., o. J.

HEISL, M., Die Kampfpanzer 1916-1966, 1966

HERZL, Theodor, Der Judenstaat, Zürich (Manesse) 1986

HESS, Wolf Rüdiger, Rudolf Heß: "Ich bereue nichts", Graz (Leopold Stocker Verlag) ³1998

HEUSS, Theodor, Hitlers Weg, Stuttgart (Union Dtsch. Vlg. Ges.) 1932

HILBERG, Raoul, Die Vernichtung der europäischen Juden, Berlin (Olle und Wolter), 1982

HITLER, Adolf, Mein Kampf, 2 Bde., 1925

HOFFMANN Joachim, Die Sowjetunion bis zum Vorabend des deutschen Angriffs, o. O., o. J.

HOFFMANN Joachim, Die Kriegsführung aus der Sicht der Sowjetunion, o. O., o. J.

HOFFMANN Joachim, Stalins Vernichtungskrieg. Planung und Ausführung 1941-1945, München (Herbig) 1999

HOGGAN, David L., Der erzwungene Krieg, Tübingen (Grabert) 1990

HÖHNE, Heinz, Der Orden unter dem Totenkopf, München (C. Bertelsmann) 1976

HÖSS, Rudolf, Kommandant in Auschwitz. Hg. von Martin Broszat, München (DTV) 1978

IRVING, David, Der Untergang Dresdens, München (C. Bertelsmann) 1977

IRVING, David, Hitlers War, London (Hodger & Stoughton) 1977

IVANOW S. P., Die Anfänge des Krieges, 1974

KADELL, Franz, Die Katyn-Lüge, München (Herbig) 1991

KALTENEGGER, Roland, Titos Kriegsgefangene. Folterlager, Hungermärsche und Schauprozesse, Graz (Leopold Stocker Verlag) 2001

KAUTSKY, Benedikt, Teufel und Verdammte, Wien (Gutenberg) 1948

KEHRING, Manfred, Zum Geleit, in: Joachim Hoffmann, Stalins Vernichtungskrieg, München 1999

KEHRL, Hans, Bilanz des Zweiten Weltkrieges, o. O., o. J.

KEMPNER, Robert, Das Dritte Reich im Kreuzverhör, München (Bechtle) 1969

KEMPOWSKI, Walter, Haben Sie Hitler gesehen? Hamburg (Knaus) 1979

KENNAN, George F., Memoiren eines Diplomaten, Stuttgart (Goverts) 1968

KENNEDY, Joseph. Forestal-Diaries, New York 1951

KIMCHE, Jon und David, The secret roads: The illegal migration of a people 1938-1948, o. O., o. J.

KLEIN, Burton H., Germanys economic preparation for war, 1955

KLEMPERER, Victor, Ich will Zeugnis ablegen bis zum letzten. Tagebücher 1933-1945, Berlin (Aufbau) 1999

KOGON, Eugen, Der SS-Staat, München (Kindler) 1988

KOPELEW, Lew, Aufbewahren für alle Zeit, München (DTV) 1982

KOSTRBA-SKALICKY, Oswald, Bewaffnete Ohnmacht, o. O., o. J.

KUBIZEK, August, Adolf Hitler - Mein Jugendfreund, Graz (Leopold Stocker Verlag) ⁶1995

KUBOVY, N., Das wiedergefundene Land, in: Jüdische Zeitschrift vom 15.12.1960

LAKS, Szymon, Musik in Auschwitz, Düsseldorf (Droste) 1998

LANGBEIN, Hermann, Menschen in Auschwitz, Wien (Europa-Verlag) 1995

LANZMANN, Claude, La Catastrophe du Revisionisme, in: Les temps modernes, November 1993

LAUNAY, Jacques, L'histoire contemporaine, 1964

LIDDEL HART, Sir Basil, History of the second world war, London (Cassell) 1970

LIDDEL HART, Sir Basil, Lebenserinnerungen, Düsseldorf (Econ) 1976

LUKACS, John, Churchill und Hitler - Der Zweikampf, München (Piper) 1995

LUSTIGER, Arno, Zum Kampf auf Leben und Tod - Vom Widerstand der Juden 1933-1945, Köln (Kiepenheuer & Witsch) 1994

MARGOLINA, Sonja, Das Ende der Lügen, Berlin (Siedler) 1992

MARTIN, Claude, Franco. Eine Biographie, Graz (Leopold Stocker Verlag) 1995

MARX, Karl, Eine Welt ohne Juden, o. O., o. J.

MASER, Werner, Der Wortbruch, München (Olzog) 1994

MASER, Werner, Adolf Hitler. Legende - Mythos - Wirklichkeit, München (Bechtle) ¹¹1997

MASSON, Philippe. Die deutsche Armee. Geschichte der Wehrmacht 1935-1945, München (Herbig) 1996

MAYER, Arno J., Why did the heavens not darken - The final solution in history, o. O., o. J.

MAYER, Arno J., Der Krieg als Kreuzzug, Reinbek (Rowohlt) 1989

MEIR, Golda, Mein Leben, Hamburg (Hoffmann und Campe) 1977

MIKSCHE, F. Otto, Das Ende der Gegenwart, München (Herbig) 1990

MILWARD, Alen S., The German economy at war, London (Athlone Press) 1967

NEULEN, Hans Werner, Europa und das Dritte Reich - Einigungsbestrebungen im deutschen Machtbereich, München (Universitas) 1987

NIZER, Louis, What to do with Germany, London (Hamilton) 1944

NOLTE, Ernst, Der europäische Bürgerkrieg 1917-1945, Frankfurt/M. (Propyläen) 1987

NOLTE, Ernst, Streitpunkte, Berlin (Propyläen) 1993

PICKER, Henry, Hitlers Tischgespräche im Führerhauptquartier 1941-1942, Stuttgart (Seewald) 1977

PRESSAC, Jean Claude, Les crématoires d'Auschwitz, Paris (CNRS) 1993

RADEK, Karl, Der Platz des Faschismus in der Geschichte, 1934

RASSINIER, Paul, Was ist Wahrheit? Leoni (Druffel) 1979

RASSINIER, Paul, Die Jahrhundertprovokation, Tübingen (Grabert) 1990

RASSINIER, Paul, Die Lüge des Odysseus, München (Damm) 1964

RASSINIER, Paul, Das Drama der europäischen Juden, Hannover (Pfeiffer) 1965

REICHEL, Peter, Der schöne Schein des Dritten Reiches, Frankfurt/M. (S. Fischer) 1996

REITLINGER, Gerald, Die Endlösung, München (Kindler) 1964

SACK, John, An eye for one eye, New York (Basic Books) 1993

SCHMIDT, Paul, Statist auf diplomatischer Bühne, Wiesbaden (Aula) 1983

SCHREIBER, Friedrich, Kampf um Palästina, München (Langen-Müller) 1992
SCHRENCK-NOTZING, Caspar von, Charakterwäsche. Die Politik der amerikanischen
  Umerziehung in Deutschland, Frankfurt/M. (Ullstein) 1996
SCHUKOW, Grigorij, Erinnerungen, Olten (Fackel Vlg.) 1970
SMOLEN, Kazimiers, Auschwitz 1940-1945, Katowice (Krajowa. Agent.) 1981
SOLSCHENIZYN, Alexander, Ostpreußische Nächte, Darmstadt (Luchterhand) 1976
SPAIGHT, J. M., Air power and war rights, London (Longman) 1947
STÄGLICH, Wilhelm, Der Auschwitz-Mythos, Legende oder Wirklichkeit, Tübingen
  (Grabert) 1979
STERN, Peter, Hitler - Der Führer und das Volk, München (DTV) 1981
SUWOROW, Victor, Der Eisbrecher - Hitler in Stalins Kalkül, Stuttgart (Klett Cotta) 1990

TAYLOR, A. J. Percivale, The origins of the second world war, London (Hamilton) 1961
THE LEUCHTER REPORT, The first forensic examination of Auschwitz, London (Focal
  Point Pub.) 1989
THE LUEFTL REPORT, in: Journal of historical review, 12/1992-1993
TOLSTOI, Nikolai, Victims of Jalta, o. O., o. J.
TOPITSCH, Ernst, Stalins Krieg, München (Olzog) 1986
TREITSCHKE, Heinrich, Preußische Jahrbücher, Berlin (Reimer) 1879

VANSITTART, Sir Robert, Black Record, London (Hamilton) 1941
VERTREIBUNG der deutschen Bevölkerung aus der Tschechoslowakei (Dokumentation
  der Vertreibung der Deutschen aus Ost-Mitteleuropa, Bd. 4.1, hg. vom Bundesministerium
  für Vertriebene, Flüchtlinge und Kriegsgeschädigte), Bonn 1957
VOGEL, Robert, Ein Stempel hat gefehlt, München (Droemer Knaur) 1977

WASSILEWSKI, Alexander M., Sache des ganzen Lebens - Erinnerungen, Berlin
  (Militärverlag der DDR) 1977
WEISSBUCH der Deutschen aus Jugoslawien (hg. von der Donauschwäbischen
  Kulturstiftung), München (Universitas) 1990
WELICZKER-WELLS, Leon, Und sie machten Politik - Die amerikanischen Zionisten und
  der Holocaust, München (Knesebeck), 1989
WIESEL, Elie, Legends of our Time, New York (Schoken) 1985
WIESEL, Elie, Paroles d'etranger, Paris (Seuil) 1982
WOLFFSOHN, Michael, Meine Juden, eure Juden, 1997
WOLFFSOHN, Michael, Eine Amputation des Judentums, in: FAZ vom 15.4.1993

ZAYAS, Alfred M. de, Die Anglo-Amerikaner und die Vertreibung der Deutschen, München
  (DTV) 1985
ZAYAS, Alfred M. de, Die Wehrmachtsuntersuchungsstelle, München (Heyne) 1981
ZAYAS, Alfred M. de, Anmerkungen zur Vertreibung der Deutschen aus dem Osten,
  Stuttgart (Kohlhammer) 1993
ZAYAS, Alfred M. de, Vertreibung der deutschen Bevölkerung aus der Tschechoslowakei
  München (DTV) 1984

Vom selben Autor:

Wahrheit und Lüge
Eine Abrechnung mit dem Sozialismus

Universitas 1992

Aus unserem Programm:

Leopold Stocker Verlag
Graz – Stuttgart